국제자본시장법시론

—국제적 증권공모발행에서 투자설명서책임의 준거법—

국제자본시장법시론

-국제적 증권공모발행에서 투자설명서책임의 준거법-

이 종 혁

경인문화사

서 문

자본시장 국제화의 심화에 따라 국제적인 자본시장 불법행위가 빈발하고 그 준거법 문제가 부각되고 있다. 이 책은 자본시장 불법행위의 한 유형인 투자설명서 부실표시에 따르는 민사책임, 즉 투자설명서책임의 준거법 결정원칙에 관한 것이다. 자본시장저촉법 내지 국제자본시장법의 전체상이 아니라 일단 그 영역에 속하는 대표적인 주제만을 취급하고 있기에 제목에 시론이라는 말을 붙였다.

국제적 증권공모발행의 경우 투자설명서책임의 준거법은 시장지에 주목하여 결정할 수밖에 없다. 원칙적으로 시장지는 발행인이 관할당국에 투자설명서를 제출하고 발행인, 인수인 등이 투자자에 대한 청약의 권유를 위하여 투자설명서를 사용·교부한 공모지를 의미함과 동시에, 부실표시 없는 투자설명서를 작성·교부할 의무가 있음에도 이를 이행하지 않은 공모신고의무지를 의미한다. 행동지법으로서의 시장지법의 일원적 적용을 위하여 불법행위지의 의미에 관한 행동지-결과발생지 이원주의와 불법행위지원칙에 우선하는 당사자자치원칙, 종속적 연결원칙, 공통상거소지원칙은 국제사법상 일반예외조항(제8조)을 동태적으로 운영함으로써 회피할 수 있다. 자본시장법상 역외적용조항(제2조)은 민사책임, 형사처벌, 행정제재의 삼자에 대하여 서로 다른 의미를 가지고, 그 중 투자설명서책임과 같은 민사책임의 맥락에서는 국제사법에 대한 특칙으로 기능할 수 없다. 이 책은 위와 같은 논지의 필자의 법학박사학위논문인 "국제적 증권공모발행에서 투자설명서 부실표시책임의 연구 - 준거법 결정원칙을 중심으로"(서울대학교 대학원, 2019년 8월)를 수정·보완한 것이다. 필자의 학위논문이 출간될 수 있도록 법학연구총서로 선정해주신 서울대학교 법학연구소에 감사드린다.

그동안 부족한 필자를 국제거래법학과 국제사법학의 웅숭깊은 세계로 인도해주시고 학위논문 준비과정에서 아낌없이 은혜를 베풀어주신 석광현 선생님께 깊이 감사드린다. 국제거래법학과 국제사법학이 그 존재의의를 확인받기 위한 인정투쟁마저 불사하여야 하고 그 연구의 전통을 확립하고 있지 못한 척박한 우리 현실에서, 무엇을 어떻게 할 것인가라는 방법론상 고민에 직면할 때마다 선생님의 글을 전범으로 삼을 수 있다는 것은 큰 행운임을 실감한다. 학위논문 심사과정에서 귀중한 조언을 주신 정순섭 교수님, 최봉경 교수님, 송옥렬 교수님, 천창민 교수님께도 깊이 감사드린다. 부족한 필자를 동료로 받아주신 한양대학교 법학전문대학원 교수님들의 후의도 잊을 수 없다. 필자를 낳아 길러주신 부모님의 은혜를 가슴 깊이 새기면서 앞으로 더욱 정진할 것을 다짐한다. 이 책을 사랑하는 부모님께 바친다.

2021년 5월
왕십리 연구실에서
이 종 혁

목 차

표 목차

약어표

1. 법 령

1933년법	Securities Act of 1933
(또는 미국 증권법, 1933년 증권법)	
1934년법	Securities Exchange Act of 1934
(또는 미국 증권거래소법, 1934년 증권거래소법)	
국제물품매매협약	국제물품매매계약에 관한 국제연합 협약(United Nations Convention on Contracts for the International Sale of Goods, CISG)
국제증권감독기구	International Organization of Securities Commissions (IOSCO)
금융상품거래법	金融商品取引法
금융상품시장지침Ⅱ	Directive 2014/65/EU of the European Parliament and of the Council of 15 May 2014 on markets in financial instruments and amending Directive 2002/92/EC and Directive 2011/61/EU (recast) (MiFID Ⅱ)
금융서비스시장법	Financial Services and Markets Act 2000
대리상지침	Council Directive 86/653/EEC of 18 December 1986 on the coordination of the laws of the Member States relating to self-employed commercial agents (Commercial Agent Directive)
도드-프랭크법	Dodd-Frank Wall Street Reform and Consumer Protection Act
독점규제법	독점규제 및 공정거래에 관한 법률
로마협약	Convention on the law applicable to contractual obligations opened for signature in Rome on 19 June 1980 (80/934/EEC)

로마 I 규정	Regulation (EC) No. 593/2008 of the European Parliament and of the Council of 17 June 2008 on the law applicable to contractual obligations (Rome I)
로마II 규정	Regulation (EC) No. 864/2007 of the European Parliament and of the Council of 11 July 2007 on the law applicable to non-contractual obligations (Rome II)
민법시행법	Einführungsgesetz zum Bürgerlichen Gesetzbuche (EGBGB)
법적용통칙법	法の適用に関する通則法
브뤼셀 I 개정규정	Regulation (EU) No. 1215/2012 of the European Parliament and of the Council of 12 December 2012 on jurisdiction and the recognition and enforcement of judgments in civil and commercial matters (recast)
브뤼셀 I 규정	Council Regulation (EC) No. 44/2001 of 22 December 2000 on jurisdiction and the recognition and enforcement of judgments in civil and commercial matters
외환 및 외국무역법	外国為替及び外国貿易法
유럽연합기능조약	Treaty on the Functioning of the European Union (TFEU)
유럽연합조약	Treaty on European Union (TEU)
자본시장법	자본시장과 금융투자업에 관한 법률
증권발행공시규정	증권의 발행 및 공시 등에 관한 규정
증권투자설명서법	Gesetz über die Erstellung, Billigung und Veröffentlichung des Prospekts, der beim öffentlichen Angebot von Wertpapieren oder bei der Zulassung von Wertpapieren zum Handel an einem organisierten Markt zu veröffentlichen ist (Wertpapierprospektgesetz, WpPG)
투자설명서규정	Regulation (EU) 2017/1129 of the European Parliament and of the Council of 14 June 2017 on the prospectus to be published when securities are offered to the public or admitted to trading on a regulated market, and repealing Directive 2003/71/EC

투자설명서지침	Directive 2003/71/EC of the European Parliament and of the Council of 4 November 2003 on the prospectus to be published when securities are offered to the public or admitted to trading and amending Directive 2001/34/EC
Regulation S	Rules Governing Offers and Sales Made Outside the United States without Registration under the Securities Act of 1933

2. 기 관

유럽사법재판소	유럽연합 사법재판소의 Court of Justice*
유럽연합 사법재판소	Court of Justice of the European Union (CJEU)
유럽연합 집행위원회	European Commission
유럽증권시장감독청	European Securities and Markets Authority (ESMA)

3. 판 결

Amazon EU 판결	*Verein für Konsumenteninformation v. Amazon EU Sàrl*, Case C-191/15 (ECLI:EU:C:2016:612)
Bier 판결	*Handelskwekerij G. J. Bier BV v. Mines de Potasse d'Alsace SA*, Case C-21/76, [1976] ECR 01735 (ECLI:EU:C:1976:166)
eDate/Martinez 판결	*eDate Advertising GmbH v. X and Olivier Martinez, Robert Martinez v. MGN Limited*, Cases C-509/09, C-161/10, [2011] ECR I-10269 (ECLI:EU:C:2011:685)
Handte 판결	*Jakob Handte & Co. GmbH v. Traitements Mécano-chimiques des Surfaces SA*, Case C-26/91, [1992] ECR I-03967 (ECLI:EU:C:1992:268)

---

* 유럽연합 사법재판소는 사법재판소(Court of Justice), 일반재판소(General Court), 그리고 일반재판소에 부속한 특별재판소(specialised courts)로 구성된다. 유럽연합조약 제19조 및 유럽연합기능조약 제257조 참조. 그 중 사법재판소를 일반적으로 유럽사법재판소(European Court of Justice)라고 한다.

Ingmar 판결	*Ingmar GB Ltd v. Eaton Leonard Technologies Inc.*, Case C-381/98, [2000] ECR I-09305 (ECLI:EU:C:2000:605)
Kolassa 판결	*Harald Kolassa v. Barclays Bank plc*, Case C-375/13 (ECLI:EU:C:2015:37)
Kronhofer 판결	*Rudolf Kronhofer v. Marianne Maier and Others*, Case C-168/02, [2004] ECR I-06009 (ECLI:EU:C:2004:364)
Morrison 판결	*Robert Morrison, et al., Petitioners, v. National Australia Bank Ltd. et al.*, 130 S.Ct. 2869 (2010), 561 U.S. 247 (2010)
ÖFAB 판결	*ÖFAB, Östergötlands Fastigheter AB v. Frank Koot, Evergreen Investments BV*, Case C-147/12 (ECLI:EU:C:2013:490)
Peters 판결	*Martin Peters Bauunternehmung GmbH v. Zuid Nederlandse Aannemers Vereniging*, Case C-34/82, [1983] ECR 871 (ECLI:EU:C:1983:87)
Réunion Européenne SA 판결	*Réunion Européenne SA and Others v. Spliethoff's Bevrachtingskantoor BV, and the Master of the vessel Alblasgracht V002*, Case C-51/97, [1998] ECR I-06511 (ECLI:EU:C:1998:509)
Shevill 판결	*Fiona Shevill, Ixora Trading Inc., Chequepoint SARL and Chequepoint International Ltd v. Presse Alliance SA*, Case C-68/93, [1995] ECR I-00415 (ECLI:EU:C:1995:61)
Universal Music 판결	*Universal Music International Holding BV v. Michael Tétreault Schilling, Irwin Schwartz and Josef Brož*, Case C-12/15 (ECLI:EU:C:2016:449)
2014년 Szpunar 의견서	Advocate General Szpunar, Opinion in Case C-375/13 of 3 September 2014 (ECLI:EU:C:2014:2135)
2016년 Szpunar 의견서	Advocate General Szpunar, Opinion in Case C-12/15 of 10 March 2016 (ECLI:EU:C:2016:161)

제1장

서 론

제1절 연구의 목적

위험하지 않은 투자는 없다. 투자자는 위험을 감수하고 투자를 결정한다. 그러므로 투자자는 투자에 따르는 위험을 충분히 인지한 상태에서 투자판단[1]을 할 수 있어야 한다. 이는 투자자 보호를 위한 필수적 전제조건이다. 증권을 공모[2]하는 경우에 투자자가 투자위험을 인지할 수 있도록 발행인이 작성하여 직접 또는 인수인이나 주선인을 통하여 투자자에게 교부하는 문서가 바로 투자설명서(prospectus, Prospekt)이다. 발행시장은 유통시장과 달리[3] 증권이 투자자에게 투자대상으로 처음 제공되는 시장이므로, 투자자의 정확한 투자판단을 위하여는 해당 모집 또는 매출에 관한 정보뿐만 아니라 발행인에 관한 정보가 정확히 기재된 투자설명서가 투자자에 대한 투자권유 과정에서 사용되고 투자자에게 교부되

1) 투자판단이란 금융투자상품, 부동산, 부동산 관련 권리 등 투자대상자산의 종류, 종목, 취득·처분 여부, 취득·처분의 방법·수량·가격 및 시기 등에 대한 판단을 말한다. 자본시장법 제6조 제7항 및 동법 시행령 제6조의2 참조.

2) 자본시장법은 '공모(公募)'라는 용어 대신에 '모집(募集)'과 '매출(賣出)'이라는 용어를 사용한다. 모집이란 50인 이상의 투자자에게 새로 발행되는 증권의 취득의 청약을 권유하는 것을 말하고, 매출이란 50인 이상의 투자자에게 이미 발행된 증권의 매도의 청약을 하거나 매수의 청약을 권유하는 것을 말한다. 자본시장법 제9조 제7항 및 제9항 참조. '공모'라는 용어를 직접 사용하면서 그 의미를 명시하는 법률로 부동산투자회사법이 있는데, 그 제14조의8에 따르면, 공모란 발행하는 주식을 일반의 청약에 제공하는 것을 의미한다. 반면에 선박투자회사법, 여신전문금융업법, 중소기업창업지원법, 문화산업진흥기본법, 벤처기업육성에 관한 특별조치법, 소재·부품전문기업 등의 육성에 관한 특별조치법 등은 투자 목적의 회사 또는 조합으로서 자본시장법 제9조 제19항에 따른 사모집합투자기구에 해당하지 않는 것을 소극적으로 지칭하기 위하여 '공모'라는 용어를 사용한다.

3) 발행시장(primary market)이란 투자자가 회사가 발행한 증권을 최초로 취득하는 시장을 말한다. 반면에 유통시장(secondary market)이란 회사가 이미 발행한 증권을 투자자 상호간에 거래하는 시장을 말한다. 김건식/정순섭[2013], 161면.

는 것이 무엇보다도 중요하다. 자본시장법은 이를 강제하기 위하여 행정규제와 형사처벌을 규정하고 있을 뿐만 아니라, 투자설명서의 중요사항에 관하여 허위의 기재가 있거나 중요사항의 기재가 누락됨으로써 투자자가 손해를 입은 경우에는 발행인, 인수인, 주선인 등이 그 손해를 배상할 책임이 있다고 규정하는데,[4] 이것이 바로 투자설명서 부실표시책임, 즉 투자설명서책임(prospectus liability, Prospekthaftung)이다.[5]

우리 자본시장은 이미 상당한 정도로 대외개방이 진행되었고, 국제적 증권발행,[6] 즉 내국회사의 외국에서의 증권발행과 외국회사의 국내에서의 증권발행 모두 활발하다.[7] 국제적 증권발행의 경우에도 발행시장에서의 투자자의 위험은 국내 증권발행과 마찬가지로 존재하고, 발행인이 부실표시 없는 투자설명서를 작성하고 인수인이나 주선인이 투자자에게 그것을 사용·교부[8]할 필요성 역시 마찬가지로 존재하며, 실제로 이와

---

4) 자본시장법 제125조 제1항.

5) 이하에서는 투자설명서 부실표시로 인한 손해배상책임, 즉 투자설명서 부실표시책임을 '투자설명서책임'이라고 약칭하기로 한다. 같은 용례로 석광현(2019c), 349면 이하 참조. 山内惟介(2012), 196頁은 '투자설명서 설명책임', 민법주해/최흥섭[2009], 제535조, 253면; 주석민법/전하은[2014], 제535조, 209면은 '안내서책임'이라고 한다. 한편 우리 자본시장법 제125조 제1항 및/또는 그에 상응하는 외국법 규정을 지칭하기 위하여는 '투자설명서책임규정' 또는 '투자설명서책임조항'이라는 용어를 사용하기로 한다.

6) 이하에서는 모집과 매출을 포함하는 증권의 공모발행을 편의상 '증권발행'이라고 약칭하기로 한다.

7) 현황의 상세는 이영훈 등[2005], 423-437면; 한국은행[2016], 17-21면; 한국예탁결제원[2018], 552면 이하, 584면 이하 참조. 2007. 8. 외국회사가 코스닥시장에 최초 상장된 이래 2020. 12.말 현재 원주 형태로 유가증권시장에 1개, 코스닥시장에 13개, 증권예탁증권(Korea Depositary Receipts, KDR) 형태로 코스닥시장에 7개 외국회사가 상장되어 있다. 한국거래소 전자공시 홈페이지(https://dev-kind.krx.co.kr) '상장종목현황' 항목 참조.

8) 자본시장법 제124조 제1항 및 제2항 각호에 비추어 보면, 투자설명서의 '사용'과 '교부'는 개념상 구별된다. 사용은 교부에 한정하지 않고 투자설명서의 내용을 구두 기타 방법으로 투자자에게 제공·주지시키는 일체의 행위를 의미한

관련된 문제상황이 발생하기도 한다.[9] 결국 중요한 점은 각국의 법체계가 부실표시 없는 투자설명서의 작성·사용·교부를 강제하기 위하여 정립하고 있는 행정규제, 형사처벌, 민사책임이 국제적 증권공모발행의 경우 어떤 근거로 어느 범위까지 적용될 수 있는가 하는 것이다.[10] 이는 "국외에서 이루어진 행위로서 그 효과가 국내에 미치는 경우에도" 적용된다고 규정하는 우리 자본시장법 제2조의 역외적용 문제로 취급함이 보통이나, 민사책임조항은 규제목적 내지 금지효과의 달성뿐만 아니라 손해의 전보도 목적으로 하므로, 행정규제조항 및 형사처벌조항과 달리 국제사법의 방법론에 의한 준거법 결정원칙, 특히 불법행위의 준거법 결정규칙과의 상호연관을 의식하여야 한다.[11]

다. 장근영(2009), 52-53면; 임재연[2019], 455-456면 참조. 다만, 투자설명서책임의 주체로 자본시장법 제125조 제1항 제6호에 규정된 "투자설명서를 교부한 자"에서 '교부'의 개념에는 '사용'이 포함된다고 해석하여야 한다. 김건식/정순섭[2013], 236면; 김병연 등[2017], 257면.

9) 중국원양자원유한회사는 2009. 5. 한국거래소 유가증권시장에 원주를 상장하였는데, 당시 투자자에게 교부한 사업설명서(현행 자본시장법상 투자설명서)에는 대주주의 보호예수기간이 1년으로 기재되어 있었다. 보호예수가 해제되면 주식의 매도물량 증가로 주가가 하락할 위험이 있다. 그런데 한국예탁결제원은 2009. 11. 2. 중국원양자원유한회사의 보호예수기간이 6개월이라고 잘못 발표하여 시장에 혼란을 초래하였고, 사업설명서상 보호예수기간에 관한 기재의 허위 여부가 문제되었다. 이데일리 2009. 11. 3.자, "중국원양 보호예수 '때아닌 진실게임', 알고보니" 제하 기사 참조.

10) 자본시장법은 하나의 금지행위에 행정규제, 형사처벌, 민사책임을 중층적으로 결합하거나 일체적으로 적용함으로써 일정한 규제목적 내지 금지효과를 달성하고자 한다. 金融法委員会(2002), 10頁, 註23. 행정규제, 형사처벌, 민사책임의 결합 양태를 일률적으로 설명할 수는 없고, 개별적 분석이 필요하다. 후술 제3장 제4절 Ⅳ. 참조.

11) 국내문헌 중 이를 선구적으로 검토한 예로 석광현(2001a), 627면; 김건식/정순섭(2004), 55면 참조.

문제상황의 일례는 다음과 같다.[12] 상하이 증권거래소에 주식이 상장되어 있는 중국회사가 한국에서 신주(원주)를 공모발행 및 상장하기 위하여 주간사 인수인(대표주관회사)으로 한국 증권회사를 선정하여 인수계약을 체결하였고, 한국 인수인은 주선인(청약사무취급기관)으로 다른 한국 증권회사와 일본 증권회사를 선정하여 함께 청약사무취급단을 구성하였다.[13] 일본 투자자[14]가 공모에 응하여 일본 주선인을 통하여 청약을 신청하였고, 일본 투자자에게 배정된 신주의 인수대금은 일본 주선인에 개설된 투자자 명의의 계좌로부터 이체되었다.[15] 그런데 중국

12) 이하의 문제상황은 가정적인 것이고, 모든 조건은 중국, 한국, 일본의 관련법령에 위반되지 않음을 전제한다.

13) 여기의 예는 복수의 주선인을 상정한 것이다. 주간사 인수인은 청약사무취급기관으로 구성된 판매단과 판매단계약을 체결한다. 한편 주간사 인수인인 한국 증권회사가 일본 증권회사를 인수인(참가 인수인 또는 공동 주간사 인수인)으로 선정하여 인수단계약을 체결함으로써 함께 인수단을 구성할 수도 있다. 인수단계약의 체결은 인수계약의 체결 전에 후자의 체결을 조건으로 행하여진다. 김건식/정순섭[2013], 263-265면. 다만, 인수인 또는 주선인으로서 일본 증권회사의 일본 투자자에 대한 청약의 권유행위가 일본 금융상품거래법상 공모에 해당하는 경우에는 일본에서의 발행공시규제를 준수하여야 한다.

14) 여기의 '일본 투자자'는 일본 외환 및 외국무역법 제6조 제1항 제5호에 규정된 일본 거주자임을 전제로 논의한다. 松尾直彦(2011), 282頁; 구로누마/권종호 譯[2015], 26면 참조. 따라서 일본 거주자인 한국 국적자도 '일본 투자자'일 수 있다. 일본 외환 및 외국무역법 제6조 제1항 제5호 및 제6호에 따르면, 거주자란 일본 내에 주소 또는 거소가 있는 자연인 및 일본 내에 주된 사무소가 있는 법인을 말하고, 비거주자의 일본 내의 지점, 출장소 기타 사무소는 법률상 대리권이 있는지 여부와 관계없이 그 주된 사무소가 외국에 있는 경우에도 거주자로 본다고 하며, 비거주자란 거주자 이외의 자연인 및 법인을 말한다. 이는 우리 외국환거래법 제3조 제1항 제14호 및 제15호와 같은 태도이다. 우리 자본시장법에서도 한국 투자자는 외국환거래법 제3조 제1항 제14호에 규정된 한국 거주자임을 전제로 논의하여도 무방할 것이다. 이는 자본시장법 제2조에 규정된 효과기준의 해석과 관련하여 의미를 가진다. 일례로 증권발행공시규정 제2-2조의2는 한국 투자자를 외국환거래법에 따른 거주자로 규정한다.

15) 여기의 일본 투자자는 우리 외국환거래규정상 외국인투자자이다(외국환거래규정 제7-36조 제1항 참조). 외국인투자자는 국내원화증권에 투자하기 위하여

발행인은 중국에서 투자설명서에 우리 자본시장법상 요건을 충족하지 못하는 부실표시를 행하기로 모의(謀議)·준비·실행하였고, 한국 인수인과 일본 주선인은 주의의무를 해태하여 이를 인지하지 못하였으며, 부실표시 있는 투자설명서가 일본 투자자에게 교부되었다.[16] 그리하여 투자설명서 부실표시로 손해를 입은 일본 투자자가 한국 법원에서 불법행위의 결과발생지가 그의 상거소지 또는 송금계좌 소재지인 일본이라고 주장하면서 일본법에 따라 중국 발행인, 한국 인수인, 일본 주선인을 상대로 손해배상을 청구하였다고 가정하자. 이때 한국 법원은 우리 국제사법상 불법행위의 준거법 결정원칙이나 예외조항을 통하여 한국법이 준거법으로 지정되므로 중국 발행인, 한국 인수인, 일본 주선인[17]에 대하여

국내 외국환은행에 본인 명의의 투자전용 대외계정 및 투자전용 비거주자 원화계정을 개설하여 자금을 예치·처분할 수 있고, 투자중개업자 등이 외국환은행에 투자중개업자 등의 명의로 개설한 투자전용 외화계정을 이용하여 자금을 예치·처분할 수도 있다(외국환거래규정 제7-37조 제1항, 제7-38조, 제7-37조 제2항 및 제3항 참조).

16) 일본 주선인은 일본 투자자에게 한국어로 최초 작성된 투자설명서의 일본어 번역본을 교부하였다고 가정한다. 일본 내에서 증권을 공모하려는 경우 정보공시는 일본어가 원칙이고, 외국회사가 일본에 상장하려는 경우에만 외국 기준에 의한 정보공시를 영어로 할 수 있다고 한다. 구로누마/권종호 譯[2015], 215면.

17) 다만, 우리 자본시장법 제125조 제1항 제5호 및 동법 시행령 제135조 제2항 제2호는 주선인이 2인 이상인 경우 주간사 주선인만이 투자설명서책임주체라고 규정한다. 위 문제상황에서 한국 인수인은 한국 주선인과 일본 주선인을 선정하였는데, 전자가 주간사 주선인이고 후자는 참가 주선인에 불과하다면, 준거법이 한국법인 경우 후자에 대하여는 자본시장법상 투자설명서책임 대신에 민법상 불법행위책임만을 추궁할 수 있다. 일본 금융상품거래법은 주선인이라는 개념을 사용하는 대신에 그 제15조 제1항 내지 제4항 등에서 "금융상품거래업자, 등록금융기관 또는 금융상품중개업자"를 병렬적으로 언급하는 방법으로 우리 자본시장법상 주선인을 지칭하는데, 이들은 내각총리대신의 등록을 받은 금융기관이어야 한다. 일본 금융상품거래법 제2조 제9항, 제2조 제11항 및 제33조의2, 제2조 제12항 참조. 반면에 우리 자본시장법상 주선인은 금융위원회로부터 한국에서의 금융투자업 인가를 받았는지 여부와는 무관한 기능적 개념

일본법이 적용될 수 없고 한국법이 적용되어야 한다고 판단할 수 있는가? 아니면 우리 국제사법에 따라 지정되는 준거법에 관계없이 우리 자본시장법 제2조의 역외적용규정을 통하여 동법 제125조가 중국 발행인, 일본 주선인에 대하여 적용되는가? 중국 발행인이 최초 상장지, 부실표시 모의·준비·실행지가 중국이므로 자신에게는 중국법이 적용되어야 한다고 주장하는 경우 한국 법원은 이를 배척할 수 있는가?

위와 같은 논의가 중요한 이유는 투자설명서책임에 대한 각국의 입법태도에 상당한 차이가 있기 때문이다. 일부 국가에서는 투자설명서책임에도 일반민사법을 적용하나, 대부분의 국가에서는 행정규제법상 의무와 결부된 민사책임조항을 일반민사법에 대한 특칙으로 자본시장관련법[18]에 규정하고,[19] 투자자가 실제로 투자설명서를 읽고 이해하였는지 여부와 무관하게,[20] 증명책임의 전환, 손해배상액의 추정, 시효의 연장

이다. 따라서 위 문제상황에서 일본 주선인에 대한 청구의 경우 일본법에 의하는 때에는 일본 금융상품거래법상 투자설명서책임규정을 원용할 여지가 있으나, 한국법에 의하는 때에는 우리 자본시장법상 투자설명서책임규정을 원용할 수 없다.

18) 이하에서는 우리 자본시장법과 관련법령을 포함하여 각국이 자본시장을 규율하기 위하여 제정한 법령을 통칭하는 경우에는 '자본시장관련법'이라는 용어를 사용하기로 한다. 자본시장관련법은 사법적(私法的) 성격의 자본시장거래법(Kapitalmarkthandelsrecht)과 공법적 성격의 자본시장질서법(Kapitalmarktordnungsrecht)으로 구분되는데, 민사책임조항은 전자에 속하고 행정규제조항과 형사처벌조항은 후자에 속한다. 삼자의 적용범위는 상이한 원리에 따라 결정되므로 자본시장법 제2조가 가지는 의미도 동일할 수 없다. 석광현(2019c), 343면. 천창민(2013), 1043면은 후자를 자본시장제도법이라고 한다. 자본시장거래법은 일반민사법에 대한 특칙으로서 금융거래계약의 체결과 이행, 자본시장법 위반에 따른 불법행위책임 등에 관한 것을 말한다. Garcimartín(2007), p. 73. 민사책임조항을 자본시장질서법으로 분류할 수도 있다는 견해로 Einsele(2017), SS. 788-790 참조.

19) 이것이 특별법상 투자설명서책임(spezialgesetzliche Prospekthaftung)이고, 민법상(또는 일반민사법상) 투자설명서책임(bürgerlichrechtliche Prospekthaftung)과 구별된다. von Hein(2008), S. 373.

등 손해를 입은 투자자에게 유리한 규정을 두고 있다.[21] 투자설명서책임규정은 자본시장 관계자들에게 행위규범으로 작용하고, 잠재적인 손해배상책임의 가능성은 금융조달비용으로 인식된다. 따라서 투자설명서책임의 준거법으로 어느 국가의 법이 적용되는지는 국제적 증권공모발행에서 법률적 위험을 평가함에 있어서 중요한 요소로 작용한다.[22]

외국적 요소가 있는 자본시장 불법행위(Finanzmarktdelikte)로 인한 민사책임이 문제되는 경우 어느 국가의 법이 이 문제를 규율하여야 하는지를 규명하는 것이 국제자본시장법(internationales Kapitalmarktrecht) 내지 자본시장저촉법(또는 자본시장국제사법)(Kapitalmarktkollisionsrecht)의 과제이고,[23] 본서의 목적은 그 하위분야에 해당하는 국제적 증권공모발행에서 투자설명서책임의 준거법 결정원칙에 관하여 고찰하는 것이다.

제2절 연구의 범위

본서의 연구범위는 투자설명서책임의 준거법 결정원칙을 중심으로 국제사법 차원의 논의에 한정함을 원칙으로 하나, 필요한 범위에서는 실질법 차원의 논의를 포함한다. 본서의 연구범위와 관련하여 특기할 사항은 다음과 같다.

---

20) 현실에서는 투자설명서를 실제로 읽고 이해하는 투자자는 일반투자자가 아니라 기관투자자이다. Kronke(2000), p. 309. 그러나 각국의 발행공시규제는 투자설명서가 투자자에게 교부된 이상 모든 투자자가 투자설명서를 실제로 읽고 이해하였다고 간주하는 전제 위에서 투자자보호제도를 설계하고 있다.

21) Garcimartín(2011), pp. 450-451. 우리 자본시장법은 시효의 연장을 규정하고 있지 않다.

22) Garcimartín(2011), p. 451.

23) Hopt/Wiedemann/Assmann[2004], Einleitung, Rn. 690ff. 참조.

첫째, 발행공시서류 중 투자설명서만을 주로 논의한다. 미국, 일본, 우리나라는 증권신고서와 투자설명서로 이원화하여, 전자는 관할당국(competent authority)[24]에 제출하여 수리를 받아야 하는 신고서류로, 후자는 투자자에게 교부하여야 하는 투자권유문서로 규정하는 반면에, 유럽연합의 경우 신고서류와 투자권유문서를 투자설명서로 일원화하여 관할당국에 제출하여 승인을 받아야 하는 문서이자 승인 후 투자권유 목적으로 투자자에게 교부하여야 하는 문서로 규정하고 있다. 본서는 로마II 규정과 우리 국제사법의 비교법적 검토를 위하여 공통적인 발행공시서류인 투자설명서를 기준으로 투자설명서책임을 검토한다.

둘째, 특정국가의 자본시장관련법상 규제, 특히 발행공시규제의 적용을 받는 증권을 대상으로 논의한다. 외국에서 외화표시로 발행되는 국제채(international bond)에는 외국채(foreign bond)와 유로채(eurobond)가 있고,[25] 전자는 표시통화국의 자본시장관련법에 따라 대개 그 국가의 인수단을 통하여 그 국가의 투자자에게 발행·인수·판매되는 반면에, 후자는 특정국가의 규제를 받지 않고 표시통화국 이외의 국가에서 국제적인 인수단을 통하여 표시통화국 이외의 투자자에게 발행·인수·판매된다.[26]

---

24) 관할당국이란 발행공시규제에 따른 행정규제법상 의무의 이행과 준수를 감독하는 각국의 관할 행정기관을 말한다. 투자설명서규정 제31조 제1항 참조. 우리나라의 경우 금융위원회와 금융감독원이 이에 해당한다. 다른 역어로 관할기관, 관할관청, 감독기관, 감독관청 등이 있을 수 있으나, 이하에서는 '관할당국'이라는 용어를 사용하기로 한다.

25) 외국채와 유로채의 성격을 동시에 가지는 글로벌채권(global bond)도 있다. 박훤일[1995], 146-147면; 이태희[2001], 314면; 최성현/신종신[2014], 227면; 홍대희[2017], 7면.

26) 박훤일[1995], 146-147면; 석광현(2001a), 598면; 이태희[2001], 313-314면; 최성현/신종신[2014], 226-227면; 홍대희[2017], 5-7면. 유로채는 표시통화국이 그 발행과 유통을 규제하지 않으므로 별도의 허가절차 없이 발행의 형태, 조건, 시기 등을 비교적 자유롭게 정하여 발행할 수 있다. 박훤일[1995], 146-148면; 홍대희[2017], 6-7면; 김상만[2018], 467-468면. 다만, 유로채의 경우에도 자율규제는 존재하고, 발행인 소속국에서 외국환규제 등이 존재할 수 있으며, 공모 형태로

따라서 본서는 유로채에 관하여 논의하지 않는다. 다만, 유로채에는 특정국가의 자본시장관련법상 규제가 적용되지 않을 뿐이고, 외국적 요소가 있는 실체법상 쟁점의 준거법 결정이 문제됨은 물론이다.[27)]

셋째, 국제사법 차원의 논의는 준거법 결정원칙인 협의의 국제사법에 한정한다. 국제적 증권공모발행의 증가에 따라 투자자가 국제민사소송을 통하여 투자설명서책임을 청구할 필요도 점차 증가하고 있다. 이 경우 준거법 결정뿐만 아니라 국제재판관할, 외국재판의 승인·집행을 포함하는 광의의 국제사법이 문제될 수 있다.[28)] 다만, 본서에서는 순전한 재산적 손해가 발생한 사안에서의 브뤼셀 I 개정규정에 따른 불법행위지 특별관할과 같이 준거법 결정원칙의 정립에 참고할 수 있는 국제재판관할규칙을 함께 검토한다.[29)]

넷째, 민사책임을 발생시키는 자본시장관련법 위반행위에는 여러 종류가 있으나, 본서는 투자설명서 부실표시만을 논의의 대상으로 한다. 본서는 투자설명서책임과 비교하기 위한 범위에서만 증권신고서 부실표시로 인한 민사책임, 시세조종, 미공개정보이용, 부정거래행위 등 불공정거래행위로 인한 민사책임, 적합성원칙 또는 설명의무 위반에 따른 민사책임 등을 논의한다.[30)]

발행되는 경우 투자설명서가 작성됨이 보통이다. 이태희[2001], 318-320면; 青木浩子[2000], 156-165頁 참조.

27) 사채발행의 요건·효력·절차, 사채의 조건, 사채권의 양도, 담보설정, 사채권자집회 등의 준거법이 문제될 수 있다. 석광현(2001a), 611-622면; 석광현(2004), 587면 이하; 심인숙(2010), 712-713면 참조. 무권화·부동화된 유럽포괄사채권(European Global Certificate)에서 사채권자의 지위, 발행인과 사채권자 간의 권리·의무 등의 준거법 등에 관한 대법원 2010. 1. 28. 선고 2008다54847 판결 및 그에 대한 평석으로 심인숙(2010), 697면 이하; 오영준(2010), 85면 이하; 허항진(2010), 171면 이하; 천창민(2014), 123면 이하 참조.

28) 석광현(2009), 68면.

29) 후술 제3장 제2절 Ⅱ. 4. 나. 참조.

30) 후술 제2장 제2절 Ⅲ. 참조. 한편 국제적 공개매수에서 공개매수자 등의 배상책임의 준거법이 문제될 수 있다(자본시장법 제142조 참조). 국제적 공개매수

다섯째, 발행시장에서의 투자설명서책임만을 논의의 대상으로 하고, 유통시장에서의 투자설명서책임은 논의하지 않는다. 입법론으로는 논의의 여지가 있으나,[31] 우리 대법원 판례가 유통시장에서의 투자설명서책임을 인정하지 않기 때문이다.[32]

여섯째, 투자설명서 부실표시에 대한 자본시장법상 행정규제, 형사처벌, 민사책임 중에서 민사책임을 주된 논의의 대상으로 한다. 국제적 증권공모발행에서 발생하는 민사책임의 경우 우리 자본시장법 제2조의 역외적용규정을 행정규제, 형사처벌, 민사책임에 통일적으로 적용함으로써 역외적용규정을 특별저촉규정으로 이해할지, 아니면 전통적인 준거법 결정원칙의 체계 내에서 규범조화적으로 해석할지를 검토하기 위하여 필요한 범위에서 행정규제와 형사처벌의 역외적용을 논의한다.[33]

제3절 연구의 방법

국제적 증권발행에서 투자설명서책임이 문제되는 경우에 그 준거법을 결정하기 위한 적절한 원칙을 규명하기 위하여 본서에서는 다음과 같은 방법에 의하여 논의를 진행한다.

첫째, 유럽연합과 각국의 법제를 비교법적으로 검토한다. 불법행위의 준거법 결정규칙(당사자자치원칙, 공통상거소지원칙 포함), 예외조항(종

의 준거법 문제 일반에 관하여는 천창민(2013), 1055-1065면; 藤澤尚江(2012), 165-170, 189-195頁; 元永和彦(1991), 964-968頁 참조. 국제적 공개매수의 경우 회사의 속인법이 규율하는 문제와 시장지법이 규율하는 문제를 구분하는 접근법이 일반적이다.

31) 김건식/정순섭[2013], 237-239면; 김정수[2014], 560면 참조.

32) 후술 제2장 제2절 Ⅱ. 2. 참조.

33) 후술 제3장 제4절 Ⅳ. 참조.

속적 연결원칙 포함), 국제적 강행법규 등에 관하여 주로 유럽연합의 역내통일규범인 로마II규정을 주된 비교의 대상으로 설정한다. 한편 1933년 증권법과 1934년 증권거래소법의 역외적용에 관한 미국에서의 논의를 분석하고, 역외적용 법리가 준거법 결정원칙과의 관계에서 가질 수 있는 의미를 논구한다. 또한 투자설명서책임의 준거법 결정원칙에 관한 특별저촉규정이 있는 스위스의 입법례를 검토하고, 독일국제사법협회가 제시한 로마II규정의 개정안을 검토한다.

둘째, 유럽사법재판소의 판례를 분석한다. 특히 유럽사법재판소가 순전한 재산적 손해가 발생한 사안의 국제재판관할의 맥락에서 불법행위지 특별관할(브뤼셀 I 개정규정 제7조 제2항)을 판단하기 위하여 제시한 기준을 검토하는데, 그 이유는 이를 로마II규정에 따른 투자설명서책임의 준거법 결정원칙으로 원용할 수 있기 때문이다.[34] 또한 사기금지조항의 역외적용을 위하여 종래 미국 연방항소법원이 취하였던 효과기준, 행위기준, 혼합기준, 그리고 2010년 미국 연방대법원의 Morrison 판결이 취한 거래기준을 분석한다.

셋째, 발행인 소재지, 시장지, 투자자 소재지가 불법행위지원칙에 따라 행동지 및/또는 결과발생지로 파악되어 결합할 수 있는 경우의 수를 유형화하여 검토한다(단일불법행위지 유형, 격지불법행위 유형, 산재불법행위 유형). 이를 통하여 자본시장법 제2조의 특별저촉규칙으로서의 보충적 기능의 가능성을 검토한다. 또한 행동지-결과발생지 결합유형을 다시 분류하여 그 유형별로 불법행위지원칙을 적용한 결과와 역외적용규정을 적용한 결과를 비교함으로써, 우리 자본시장법 제125조의 국제적 강행법규성을 인정함에 따른 실익을 검토한다.

---

34) 로마II규정 전문(前文, Recital) 제7항은 로마II규정의 적용범위(substantive scope)와 개별조항(provisions)은 브뤼셀 I 개정규정 및 로마 I 규정과 일관되게 해석되어야 함을 명시한다.

제4절 본서의 구성

본서의 제2장에서는 투자설명서책임제도의 기초를 형성하고 있는 개념과 이론에 관하여 분석한다. 투자설명서책임의 개념, 투자설명서책임제도의 목적과 이론적 근거, 그리고 투자설명서책임의 실질법상 법적 성질론과 저촉법상 성질결정론에 관하여 고찰한다.

제3장에서는 로마II규정과 우리 국제사법의 해석론에 대한 비교법적 분석, 그리고 유럽사법재판소 등의 판례에 대한 분석을 중심으로 투자설명서책임의 적절한 준거법 결정원칙을 모색한다. 이를 위하여 불법행위지원칙에 의한 해결(투자설명서책임의 경우 당사자자치 인정 여부에 관한 논의 포함), 예외조항을 통한 준거법 지정에 의한 해결, 역외적용 법리가 준거법 결정원칙에 대하여 가지는 함의(투자설명서책임규정의 국제적 강행법규로서의 성질에 관한 논의 포함), 투자설명서책임을 독립적 연결대상으로 입법하는 방법에 의한 해결을 차례로 검토한다.

제4장에서는 논의를 정리하고 향후의 과제를 모색한다.

제2장

투자설명서책임의 기초이론

제1절 논의의 순서

여기에서는 국제적 증권공모발행에서 발생할 수 있는 투자설명서책임과 관련된 기초이론을 검토한다. 먼저 투자설명서책임의 개념요소를 구체적으로 분석하고, 투자설명서책임을 구별개념인 증권신고서 부실표시책임, 부정거래행위에 대한 민사책임, 투자자보호의무 위반책임, 유럽연합의 투자설명서 역내통용체계와 비교·검토한다(제2절). 다음으로 투자설명서책임제도의 목적인 투자자 보호와 자본시장 질서유지, 그리고 그 이론적 근거인 사적 집행 이론과 시장사기 이론을 고찰한다(제3절). 마지막으로 실질법 차원에서 투자설명서책임의 법적 성질에 관한 독일과 우리의 논의, 그리고 저촉법 차원에서 투자설명서책임의 성질결정에 관한 유럽연합과 우리의 논의를 검토하는데, 국제사법에 의한 준거법 결정의 최초 단계에서 등장하는 성질결정의 쟁점과 그 준거법(또는 해결기준)에 관하여도 함께 검토한다(제4절).

제2절 투자설명서책임의 개념

Ⅰ. 기본개념

1. 투자설명서의 개념

투자설명서(prospectus)란 증권의 공모시 청약의 권유를 위하여 발행인이 작성하여 직접 또는 인수인이나 주선인을 통하여 투자자에게 교부하는 문서를 말한다.[1] 일반적으로 투자설명서에는 발행인에 관한 정보와 해당 증권에 관한 정보가 포함된다. 우리 자본시장법은 투자설명서의 개념에 관하여 정의하지 않으므로 해석상 논란이 있다.[2] 투자설명서의 개념은 투자설명서책임의 범위와 결부되어 있는데, 투자설명서의 개념을 넓게 파악하는 경우 투자설명서책임의 적용범위가 확대되나, 해석론에 의한 적용범위의 확대는 법적 불확실성을 초래할 위험이 있다.[3]

투자설명서의 개념을 넓게 이해하는 견해는 자본시장법의 규제목적을 강조하여 투자설명서라는 명칭에 관계없이 투자권유 목적으로 작성·교부되는 모든 문서가 투자설명서에 해당한다고 한다.[4] 신문·방송·잡지 등을 통한 광고, 안내문·홍보전단 등 인쇄물 배포, 투자설명회 개최, 전자통신 등의 방법으로 작성·교부되는 모든 문서는 투자권유 목적으로 제공되는 한 모두 투자설명서에 해당하고, 자본시장법상 발행공시규제의 적용대상이라는 것이다.[5] 미국 증권법은 라디오, 텔레비전을 통한 청

1) 김건식/정순섭[2013], 211면; 김병연 등[2017], 246면.
2) 구 증권거래법에도 사업설명서의 개념에 관한 정의규정은 없었다.
3) 이준섭(2003), 11면.
4) 김건식/정순섭[2013], 212-213면; 김정수[2014], 541면; 임재연[2019], 462면. 구 증권거래법상 사업설명서의 개념에 관하여 같은 견해로는 강대섭(1992), 56-58면; 안문택[1985], 165면; 신영무[1987], 225면; 서완석[2007], 350-351면.

약의 권유도 투자설명서의 개념에 포함시키고 있다.[6]

반면에 투자설명서의 개념을 좁게 이해하는 견해는 법적 안정성을 강조하여 투자설명서의 구성(표제부와 본문) 및 기재사항에 관한 규정에 따라 작성된 문서만이 투자설명서에 해당한다고 한다.[7] 증권신고서와 투자설명서 이외의 문서에 부실표시가 있더라도 손해배상책임에 관한 자본시장법상 특칙은 적용되지 않는다는 것이다. 이 경우 자본시장법 제179조의 일반적 부정거래행위에 대한 손해배상책임 또는 민법 제750조의 일반불법행위책임이 문제될 뿐이다.

한편 어느 투자권유문서가 투자설명서라는 명칭을 사용하고 있지 않더라도, 모집 또는 매출을 위하여 법률상 의무로서 작성되었고, 자본시장법과 하위법령의 요구사항보다 더 많은 내용이 기재되었으며, 일반인의 열람에 제공되고 청약자에게 교부되었다면, 투자설명서의 개념에 포함될 수 있다는 절충적 견해도 있다.[8]

사견으로는 투자설명서의 구성과 기재사항에 관한 자본시장법 규정에 따라 작성된 문서만이 투자설명서에 해당한다고 본다.[9] 투자설명서의 미제출, 미사용, 미교부, 부실표시 등의 경우 형사처벌이 부과될 수 있으므로,[10] 투자설명서의 개념은 형사법의 대원칙인 죄형법정주의에 따라 엄격히 해석하여야 한다.[11] 구체적으로 보면 다음과 같다.

---

5) 청약의 권유에 관한 자본시장법 시행령 제2조 제2호의 정의규정에 기초한 입론이다. 다만, 문서성이 없는 구두의 청약은 이에 포함될 수 없다. 김건식/정순섭[2013], 213면.

6) 미국 증권법 제2조 (a)항 (10)호.

7) 김용재[2016], 263면; 윤승한[2016], 344-345면.

8) 이준섭(2003), 13면. 구 증권거래법에서의 논의이다.

9) 여기에 전자문서 형태의 투자설명서가 포함됨은 물론이다. 이에 관하여는 자본시장법 제124조 제1항 및 제436조에 별도의 규정이 있다. 그것의 국제사법적 함의에 관하여는 후술 제3장 제2절 Ⅱ. 5. 참조.

10) 자본시장법 제444조 제13호 다목 및 제446조 제21호 내지 제23호.

11) 자본시장법상 어느 조항 또는 그에 포함된 개념이 행정규제, 형사처벌, 민사책

첫째, 자본시장법은 발행인으로 하여금 발행인의 본점, 청약사무를 취급하는 장소 등에 투자설명서를 비치하고 일반인의 열람에 이를 제공하도록 하고,[12] 금융위원회로 하여금 3년간 이를 일정한 장소에 비치하고 인터넷 홈페이지 등을 이용하여 공시하도록 하는데,[13] 좁게 이해한 투자설명서를 제외한 기타 투자권유문서는 그와 같은 자본시장법 규정의 적용을 받지 않는다. 발행인의 투자설명서 비치·열람제공의무는 자본시장법이 발행공시규제의 일환으로 규정하고 있는 것이므로, 이와 같은 의무에 의한 제약을 받지 않는 문서를 투자설명서의 개념에 포함시켜 투자설명서책임의 적용대상으로 규율할 수는 없다.

둘째, 좁게 이해한 투자설명서에 해당하지 않는 투자권유문서는 대부분 자본시장법상 간이투자설명서에 해당할 수 있고,[14] 그 경우 이에 관한 자본시장법 규정의 적용을 받으며, 이것이 좁게 이해한 투자설명서에 해당하지 않는 투자권유문서에 대한 규제의 상한으로 자본시장법이 예정하고 있는 것이라고 보아야 한다. 간이투자설명서에는 일정한 사항이 기재되어야 하는데,[15] 발행인에게 불리한 정보를 생략하거나 유리한 정보만을 선별하여 기재할 수는 없다.[16] 간이투자설명서는 증권신고서 수

임에 공통되는 근거로 규정되어 있는 경우 그것이 형사처벌의 근거로 작용하는 때에는 죄형법정주의에 따라 엄격히 해석하고, 행정규제 또는 민사책임의 근거로 작용하는 때에는 그보다 느슨하게 해석하자는 견해가 있을 수 있다. 그러나 입법자의 명시적 의사가 확인되거나 기타 예외적인 사정이 없는 한, 그와 같은 견해는 정당화될 수 없다.

12) 자본시장법 제123조 제1항.

13) 자본시장법 제129조 제2호.

14) 같은 견해로 김은집(2008), 13면, 주40. 간이투자설명서란 투자설명서에 기재하여야 할 사항 중 일부를 생략하거나 중요한 사항만을 발췌하여 기재 또는 표시한 문서, 전자문서 기타 이에 준하는 기재 또는 표시로서 발행인이 대통령령으로 정하는 방법에 따라 작성한 것을 말한다. 자본시장법 제124조 제2항 제3호 및 동법 시행령 제134조 참조.

15) 자본시장법 시행령 제134조 제1항 참조.

16) 자본시장법 시행령 제134조 제2항.

리 후 투자권유 과정에서 신문·방송·잡지 등을 이용한 광고, 안내문·홍보전단 또는 전자전달매체를 통하여 사용될 수 있고, 이는 증권신고 효력발생 후 투자설명서의 사용과 동일한 기능을 수행한다.[17]

셋째, 증권 공모시 투자자의 요구가 있는 경우에만 사업설명서를 교부하도록 하였던 구 증권거래법과 달리,[18] 자본시장법은 투자자에 대한 투자설명서 교부를 강제하는데, 투자설명서의 구성과 기재사항을 명시하고, 투자설명서 미제출·미사용·미교부에 대하여 형사처벌까지 부과하므로,[19] 이제는 투자설명서의 개념을 넓게 이해할 필요가 없어졌다.

입법론으로는 자본시장법에 투자설명서의 정의규정을 명시함이 바람직하다.[20] 행정규제, 형사처벌뿐만 아니라 투자설명서책임이라는 민사책임도 투자설명서의 개념과 결부되어 있기 때문이다.

---

17) 자본시장법 제124조 제2항 제1호 및 제3호 참조. 이 경우에도 자본시장법 제124조 제1항에 따라 투자자에게 정식투자설명서를 교부할 의무가 면제되지는 않는다. 간이투자설명서를 사용하여 투자권유를 하는 경우에도 자본시장법이 정한 방법을 따르지 않으면 형사처벌이 부과될 수 있다. 자본시장법 제446조 제23호.

18) 구 증권거래법 제13조 제1항.

19) 투자설명서의 교부 없이 증권의 매매계약이 체결되는 경우 이에 관한 자본시장법 규정은 효력규정이 아니라 단속규정이므로, 해당 거래의 사법상 효력을 부정할 수는 없다. 김건식/정순섭[2013], 228-229면; 김주영(2013), 49면; 임재연[2019], 460면 참조. 다만, 증권의 매매계약이 체결된 이후 아직 이행이 완료되기 전인 경우에는 자본시장법이 방지하고자 하는 사태가 완료되지 않았으므로, 해당 거래의 사법상 효력을 부정하여야 한다. 김건식/정순섭[2013], 229면 및 주 107. 자본시장법 제125조에 의한 구제로 충분하므로 이 경우에도 거래안전을 고려하여 사법상 효력을 인정하여야 한다는 견해로 임재연[2019], 461면. 그러나 투자설명서 미교부는 투자설명서 부실표시의 개념에 포함되지 않으므로, 자본시장법 제125조에 의한 구제로는 충분하지 않다. 후술 제2장 제2절 Ⅰ. 3. 참조.

20) 입법례로는 미국 증권법 제2조 (a)항 (10)호; 일본 금융상품거래법 제17조 참조.

2. 투자설명서의 기재사항

투자자는 투자설명서에 기재되어 있는 사항에 의지하여 투자판단을 행하므로 자본시장법은 투자설명서에 기재되어야 하는 최소한의 정보에 관하여 명시한다.[21] 투자설명서에는 증권신고서에 기재된 내용과 다른 내용이 표시되지 않아야 하고 증권신고서의 기재사항이 누락되지 않아야 한다.[22] 따라서 실무상 투자설명서는 증권신고서와 동일한 내용으로 작성됨이 일반적이다.[23]

발행인은 표제부와 본문으로 구분하여 투자설명서를 작성하여야 한다.[24] 먼저 투자설명서의 표제부에는 ① 발행회사의 명칭, ② 증권의 종목, ③ 대표주관회사의 명칭, ④ 증권신고의 효력발생일, ⑤ 해당 증권의 모집가액 또는 매출가액, ⑥ 청약기간, ⑦ 납부기간, ⑧ 해당 증권신고서의 사본과 투자설명서의 열람장소, ⑨ 자본시장법에 따른 안정조작 또는

---

21) 발행인은 자본시장법 제123조, 동법 시행령 및 금융위원회 고시인 증권발행공시규정의 제반규정을 준수하여 투자설명서를 작성하여야 한다.

22) 자본시장법 제123조 제2항 본문. 한편 외국어로 작성된 투자설명서를 교부할 수 있는지가 문제된다. 예컨대 증권신고서에 기재되지 않은 사항이 추가로 기재된 투자설명서를 청약의 권유를 위하여 투자자에게 교부하는 경우이다. 김건식/정순섭[2013], 781면은 설명의무의 맥락에서 교부문서가 외국어로 작성되어 있더라도 무방하다고 한다. 투자설명서의 경우에도 투자자 보호에 지장이 없는 한 마찬가지일 것이다.

23) 투자설명서는 투자권유문서이므로 증권신고서보다 유연하게 작성되어도 무방하나, 자본시장법 제123조 제2항 때문에 실무상으로는 투자설명서와 증권신고서가 완전히 동일하게 작성되고 제목에만 차이가 있을 뿐이다. 성희활[2018], 228면.

24) 자본시장법 시행령 제131조 제1항. 예비투자설명서의 기재사항에 관하여는 자본시장법 시행령 제133조 제1항, 간이투자설명서의 기재사항에 관하여는 자본시장법 시행령 제134조 제1항 참조. 본문의 ① 내지 ⑨은 자본시장법 시행령 제131조 제2항 제9호의 위임에 따라 증권발행공시규정 제2-14조 제1항 각호에 규정되어 있고, 본문의 ④ 내지 ⑪은 자본시장법 시행령 제131조 제2항 제1호 내지 제8호에 규정되어 있다.

시장조성을 하려는 경우[25] 증권시장에서 안정조작 또는 시장조성이 행하여질 수 있다는 뜻, ⑩ 청약일 전일(前日)까지는 해당 증권신고서의 기재사항 중 일부가 변경될 수 있다는 뜻, ⑪ 정부가 증권신고서의 기재사항이 진실 또는 정확하다는 것을 인정하거나 해당 증권의 가치를 보증 또는 승인하는 것이 아니라는 뜻 등이 기재되어야 한다.

다음으로 투자설명서의 본문에는 증권의 종류에 따라 증권신고서에 기재한 사항을 기재하여야 하는데,[26] 일반적으로 투자설명서에 기재하여야 하는 주요사항에는 ① 모집 또는 매출에 관한 사항으로서, 모집 또는 매출에 관한 일반사항, 모집 또는 매출되는 증권의 권리내용, 모집 또는 매출되는 증권의 취득에 따른 투자위험요소, 모집 또는 매출되는 증권에 대한 인수인의 의견, 직접공모의 경우 증권분석기관의 평가의견, 자금의 사용목적 등이 있고, ② 발행인에 관한 사항으로서, 회사의 개요, 사업의 내용, 재무에 관한 사항, 회계감사인의 감사의견, 이사회 등 회사의 기관 및 계열회사에 관한 사항, 주주에 관한 사항, 임원 및 직원에 관한 사항, 이해관계자와의 거래내용 등이 있다.[27] 다만, 기업경영 등 비밀유지와 투자자 보호 간의 형평 등을 고려하여 투자설명서에는 증권신고서에 기재된 사항 중 일부를 생략할 수 있다.[28]

주목할 점은 외국법인 등[29]에 대하여는 외국법인으로서의 특성과 투자자 보호 목적을 고려하여 투자설명서에 추가기재사항이 요구된다는

25) 자본시장법 제176조 제3항 제1호 및 제2호 참조.
26) 자본시장법 시행령 제131조 제3항 제1호 내지 제5호.
27) 자본시장법 시행령 제125조 제1항 제1호 내지 제3호 참조.
28) 자본시장법 제123조 제2항. 생략할 수 있는 사항은 군사기밀보호법에 따른 군사기밀에 해당하는 사항이거나 발행인의 업무 또는 영업에 관한 것으로서 금융위원회의 확인을 받은 사항에 국한된다. 자본시장법 시행령 제131조 제5항.
29) 증권발행공시규정 제2-14조 제2항 제3호는 '외국법인 등의 투자설명서의 기재사항'에 관하여 특별히 규정하면서 ① 외국기업이 증권(집합투자증권 제외)을 발행하는 경우, ② 외국기업 이외의 외국법인 등이 증권(집합투자증권 제외)을 발행하는 경우, ③ 외국법인 등이 집합투자증권을 발행하는 경우를 구분한다.

것인데,[30] ① 모집 또는 매출에 관하여는 변호사의 법률검토의견이 추가로 기재될 것이 요구되고, ② 발행인에 관하여는 주요사항보고서 및 거래소 공시사항 등의 진행·변경상황, 주주총회 의사록 요약, 우발채무, 제재현황, 결산기 이후 발생한 주요사항, 장래계획에 관한 사항의 추진실적, 자금의 사용내역 등이 추가로 기재될 것이 요구된다. 그리고 외국법인 등이 증권을 모집 또는 매출하는 경우에는 국제증권감독기구에서 제정한 공시기준에 맞추어 금융감독원장이 정하는 증권신고서 서식을 사용할 수 있고,[31] 이 경우 투자설명서에도 그 내용이 기재될 것이다.

한편 미래의 재무상태, 영업실적 등에 대한 예측 또는 전망, 즉 예측정보(soft information)가 투자설명서에 기재될 수 있는지가 문제된다. 우리 자본시장법은 이를 허용하고,[32] 일정한 요건에 따라 예측정보가 기재 또는 표시되는 경우에는 발행인 등이 투자설명서책임을 부담하지 않는다고 규정한다.[33] 흥미롭게도 최초기업공개(initial public offering, IPO), 즉

30) 자본시장법 시행령 제129조 및 제131조 제3항 제5호, 증권발행공시규정 제2-11조.

31) 증권발행공시규정 제2-11조 제1항 제4호. 국제증권감독기구는 1998년 외국 발행인에 의한 지분증권의 국제적 발행 및 최초상장에 관한 국제공시기준(International Disclosure Standards for Cross-Border Offerings and Initial Listings by Foreign Issuers)을 채택하였고, 2005년 외국 발행인에 의한 채무증권의 국제적 발행 및 상장에 관한 국제공시원칙(International Disclosure Principles for Cross-Border Offerings and Listings of Debt Securities by Foreign Issuers)을 채택하였다. 이는 국제적인 공시기준 통합 노력의 일환이다. Arner(2002), pp. 659-665; 장근영(2004), 496면 이하; 이지은(2012), 126면 참조.

32) 자본시장법 제125조 제2항. 미국 회사는 투자설명서의 재무상태 및 경영성과에 대한 설명 및 분석(Management's Discussion and Analysis, MD&A) 부분을 통하여 회사의 경영진이 잠재적 투자자에게 회사의 재무건전성, 성장가능성 등에 대한 의견을 제공한다. 이는 투자설명서에서 경영진의 의견에 기초한 작성이 허용되는 유일한 부분이라고 한다. 회사법의 해부/안수현 譯[2014], 제9장, 438-439면; 배성현[2014], 36면 참조.

33) 예측정보에 대하여 투자설명서책임이 면제되기 위하여는 ① 표시가 예측정보라는 사실이 밝혀져 있어야 하고, ② 예측 또는 전망과 관련된 가정이나 판단의 근거가 밝혀져 있어야 하며, ③ 표시가 합리적 근거나 가정에 기초하여 성실하게

주권비상장법인이 최초로 주권을 모집 또는 매출하는 경우에는 예측정보에 대한 투자설명서책임이 면제되지 않는다.[34)]

3. 투자설명서 부실표시의 개념

우리 자본시장법은 투자설명서 부실표시의 유형으로 ① 투자설명서의 중요사항에 관한 허위의 기재 또는 표시와 ② 중요사항의 기재 또는 표시의 누락을 명시한다.[35)] 여기에서 중요사항이란 투자자의 합리적인 투자판단 또는 해당 금융투자상품의 가치에 중대한 영향을 미칠 수 있는 사항을 말한다.[36)] 중요사항 여부는 법원이 개별사안마다 구체적으로 판단한다.[37)] 문제는 투자자에게 오해를 유발할 수 있는 오인표시(또는 오인기재)(misleading statement)도 부실표시에 포함되는지 여부이다.[38)] 우리 자본시장법은 이에 관하여 명시적으로 규정하지 않으나, 투자자가 불충분하거나 불완전한 정보만을 토대로 잘못된 투자판단을 할 수 있다는 점에서 허위기재 또는 기재누락과 다르지 않다고 보아야 한다.[39)] 입법

행하여졌어야 하고, ④ 표시에 대하여 예측치와 실제 결과치가 다를 수 있다는 주의문구가 밝혀져 있어야 한다. 자본시장법 제125조 제2항 제1호 내지 제4호.

34) 자본시장법 제125조 제3항.

35) 허위기재 또는 기재누락 여부는 투자설명서 작성시점을 기준으로 판단하여야 한다. 김건식/정순섭[2013], 231면은 기재가 행하여진 때가 기준시점이라고 한다.

36) 자본시장법은 설명의무에 관한 제47조 제3항에서 중요사항의 의미를 정의하고 있다.

37) 구 증권거래법에서 대법원 2009. 7. 9. 선고 2009도1374 판결은 중요사항이란 "당해 법인의 재산·경영에 관하여 중대한 영향을 미치거나 유가증권의 공정거래와 투자자 보호를 위하여 필요한 사항으로서 투자자의 투자판단에 영향을 미칠 수 있는 사항"을 의미한다고 판시하였다.

38) 오인기재에는 ① 기재 자체가 한편으로는 진실하나 다른 한편으로는 허위인 '모호한 기재'와 ② 기재된 사실 자체는 진실하나 투자자의 오인을 방지하기 위하여 필요한 사실이 누락된 '절반만 진실한 기재', 즉 '반진실표시(半眞實表示)'가 모두 포함된다. 김건식/정순섭[2013], 231면.

론으로는 명문규정을 두는 것이 바람직하다.[40] 다른 문제는 투자설명서 미교부도 부실표시에 포함되는지 여부이다. 우리 자본시장법은 투자설명서 미교부를 형사처벌 대상으로 규정하나, 이에 대하여 투자설명서책임을 부담시키지는 않는다. 해석론으로 투자설명서 미교부를 부실표시에 포함시키는 것은 문언의 가능한 의미를 넘어서는 유추로서 허용되지 않는다고 본다.[41] 입법론으로는 명문규정을 두는 것이 바람직하다.[42]

투자설명서의 정확성을 판단하는 기준시점은 증권신고서의 경우와 마찬가지로 청약일 전일(前日)이라고 보아야 한다.[43] 발행인은 증권신고서의 효력발생일에 투자설명서를 금융위원회에 제출하여야 하므로,[44] 기준시점을 청약일 전일이라고 보아도 무방할 것이다. 반면에 증권신고서는 일단 제출시점을 기준으로 정확성을 판단하여야 하나, 청약일 전일까지 일정한 중요사항을 정정하고자 하거나 투자자 보호를 위하여 정정할 필요가 있는 경우 정정신고서를 제출함으로써 정정할 수 있다.[45] 결국 증권신고서도 정확성을 최종적으로 판단하는 기준시점은 청약일 전일이다.

---

39) 김건식/정순섭[2013], 231면; 임재연[2019], 479면. 자본시장법 제119조 제5항 및 동법 시행령 제124조 제2호는 대표이사와 신고업무를 담당하는 이사가 확인·검토할 의무가 있는 대상으로 허위기재, 기재누락뿐만 아니라 오인기재도 규정하고 있다.

40) 미국 증권법 제11조 (a)항, 영국 금융서비스시장법 제397조, 일본 금융상품거래법 제18조 제1항은 오인기재에 관하여 명문규정을 두고 있다.

41) 같은 견해로 김건식/정순섭[2013], 231면.

42) 미국 증권법 제12조 (a)항 (1)호, 독일 증권투자설명서법 제24조 제1항, 일본 금융상품거래법 제16조는 투자설명서 미교부에 대하여 별도의 민사책임을 규정한다.

43) 김건식/정순섭[2013], 226면.

44) 자본시장법 제123조 제1항.

45) 자본시장법 제122조 제3항.

Ⅱ. 투자설명서책임의 구체적 분석

1. 개 관

투자설명서책임이란 투자자에게 교부된 투자설명서에 부실표시가 있었던 경우에 일정한 배상책임자가 부실표시로 인하여 손해를 입은 투자자에게 부담하는 배상책임을 말한다. 자본시장에 대하여 발행공시규제를 가하는 많은 국가는 자본시장관련법에 일반불법행위책임에 대한 특칙으로 투자설명서책임규정을 두고, 고의 또는 과실, 인과관계, 손해발생, 손해배상액 등에 관한 추정을 통하여 증명책임을 전환시키는 태도를 취한다. 그런데 투자설명서 부실표시로 인하여 손해를 입은 투자자는 자본시장관련법상 특칙을 원용하지 않고 같은 배상책임자를 상대로 민사법상 일반불법행위책임 또는 계약체결상 과실책임의 성립을 주장하여 손해배상을 청구할 수 있고, 자본시장관련법에 배상책임자로 규정되어 있지 않은 자에 대하여도 이를 청구할 수 있다. 이 경우 자본시장관련법상 투자설명서책임과의 청구권 경합이 인정되는 것이 일반적이다.[46)]

2. 청구권자

자본시장법 제125조 제1항은 투자설명서책임의 청구권자를 "증권의 취득자"라고만 규정한다. 여기의 취득자에 모집 또는 매출에 응하여 증권을 취득한 자, 즉 발행시장에서의 취득자가 포함됨은 의문이 없으

46) 대법원 1997. 9. 12. 선고 96다41991 판결; 대법원 1998. 4. 24. 선고 97다32215 판결; 대법원 1999. 10. 22. 선고 97다26555 판결 및 김정수[2014], 578면; 임재연[2019], 476면 참조. 영국 법원은 금융서비스시장법상 청구가 인정되지 않는 경우에만 보통법상 청구를 인정한다. Encyclopedia EPL/Hellgardt[2012], Prospectus Liability, p. 1385. 영국 보통법상 부실표시 법리에 관한 상세는 이호정[2003], 209-242면 참조.

나,[47] 유통시장에서의 취득자, 즉 전득자도 포함되는지는 포함설[48]과 불포함설[49]의 대립이 있고,[50] 판례는 불포함설의 입장이다.[51] 포함설도 입

47) 김건식/정순섭[2013], 237면; 김정수[2014], 557면; 김병연 등[2017], 253면; 임재연[2019], 482-483면.

48) 김건식/정순섭[2013], 237면; 김정수[2014], 558, 560면; 임재연[2019], 483-484면. 포함설의 근거는 다음과 같다. 첫째, 발행시장에서의 취득자와 유통시장에서의 취득자를 차별할 합리적 이유가 없다. 둘째, 투자설명서는 공모가 완료된 후에도 금융위원회에 의하여 3년간 일정한 장소에 비치되고 인터넷 홈페이지 등을 이용하여 공시되므로(자본시장법 제129조 제2호), 투자설명서상 부실표시는 유통시장에서의 거래에도 영향을 미친다. 셋째, 발행공시 후 최초로 사업보고서, 반기보고서 또는 분기보고서가 제출되기 전에는 발행시장에서 공시된 투자설명서 등에 기재된 정보에 기초하여 주가가 형성되므로 적어도 그 기간 동안의 전득자는 보호할 필요성이 있다.

49) 대법원 2015. 12. 23. 선고 2013다88447 판결이 제시하고 있는 불포함설의 근거는 다음과 같다. 첫째, 자본시장법은 증권의 발행시장에서의 공시책임과 유통시장에서의 공시책임을 엄격하게 구분하면서 그 손해배상청구권자와 책임요건을 별도로 정하고 있다(자본시장법 제125조, 제162조 참조). 둘째, 자본시장법 제125조는 자본시장법이 특별히 책임의 요건과 손해의 범위를 정하고, 책임의 추궁을 위한 증명책임도 전환시켜 발행시장에 참여하는 투자자를 보호하기 위하여 규정한 조항이다. 셋째, 자본시장법 제3편 제1장의 다른 조에서 말하는 '청약'은 모두 발행시장에서의 증권의 취득 또는 매수의 청약을 의미하므로 같은 장에 속한 자본시장법 제125조 제1항 단서에서 증권 취득자의 악의를 판단하는 기준시로 정한 '취득의 청약을 할 때'도 발행시장에서 증권의 취득 또는 매수의 청약을 할 때로 보는 것이 자연스럽다.

50) 참고로 일본 금융상품거래법 제22조 제1항은 유가증권신고서에 부실표시가 있는 경우에는 유통시장에서의 취득자도 금융상품거래법 제21조 제1항 제1호(유가증권신고서를 제출한 회사의 당시 임원 등) 및 제3호(유가증권신고서상 감사증명 관련 서류에 허위가 없음을 증명한 공인회계사 또는 감사법인)의 자를 상대로 손해배상을 청구할 수 있다고 별도로 규정한다. 유통시장에서의 취득자라고 하더라도 유가증권신고서 부실표시가 아닌 투자설명서 부실표시를 이유로는 손해배상을 청구할 수 없고, 유통시장에서의 취득자의 경우 손해배상청구의 상대방에서 금융상품거래법 제21조 제1항 제2호 및 제4호에 규정된 발행인, 매출인, 인수인 또는 주선인을 제외한다.

51) 대법원 2015. 12. 23. 선고 2013다88447 판결 참조. 구 증권거래법 제14조에 관한 판례는 대법원 2002. 5. 14. 선고 99다48979 판결; 대법원 2002. 9. 24. 선고

법론으로는 일정한 기간 내의 전득자로 한정하여야 한다는 견해가 유력하다.[52] 전득자가 민법상 불법행위에 기하여 손해배상을 청구할 수 있음은 물론이다.

3. 배상책임자

투자설명서 부실표시에 대한 배상책임자는 투자설명서의 작성자 또는 교부자, 증권의 매출인, 인수인 또는 주선인이다.[53] 투자설명서의 작성자는 증권의 발행인이고,[54] 인수인이 투자설명서 작성업무를 사실상 대행하였더라도 인수인을 작성자로 볼 수는 없으며,[55] 법인이 아니더라도 투자설명서를 작성할 책임이 있고 부실표시에 대한 권한과 책임이 있는 자연인이 포함된다.[56] 투자설명서의 교부자는 직접공모의 경우에는 발행인이고, 간접공모의 경우에는 인수인[57] 또는 주선인[58]이다. 배상

2001다9311, 9328 판결; 대법원 2008. 11. 27. 선고 2008다31751 판결 등 참조.

52) 김건식/정순섭[2013], 237-238면.

53) 자본시장법 제125조 제5호 내지 제7호. 유의할 점은 자본시장법 제125조 제1항은 ① 증권신고서 부실표시와 투자설명서 부실표시 양자 모두에 대하여 배상책임이 있는 자, ② 증권신고서 부실표시에 대하여만 배상책임이 있는 자, ③ 투자설명서 부실표시에 대하여만 배상책임이 있는 자를 구분하여 규정한다는 것이다. 위 ①에 해당하는 배상책임자는 매출인, 인수인 또는 주선인이고(자본시장법 제125조 제1항 제5호 및 제7호), 위 ③에 해당하는 배상책임자는 투자설명서의 작성자 또는 교부자이다(자본시장법 제125조 제1항 제6호). 위 ②에 관하여는 후술 제2장 제2절 Ⅲ. 1. 참조.

54) 자본시장법 제123조 제1항.

55) 서울지방법원 남부지원 1994. 5. 6. 선고 92가합11689 판결 참조. 이에 관한 소개와 평석은 박준/정순섭[2016], 56면 이하 참조.

56) 변제호 등[2015], 434면.

57) 인수인은 대개 자본시장법상 투자매매업자이다. 박준/정순섭[2016], 36면; 한국은행[2016], 261면. 주간사 인수인은 증권신고서와 투자설명서의 초안 작성 등 중요한 역할을 수행하나, 참가 인수인은 대개 배정 받은 물량을 판매하는 단순한 역할만 수행하므로 과도한 책임을 부담한다는 비판으로 성희활[2018], 242

책임을 부담하는 인수인에는 주간사 인수인뿐만 아니라 인수단을 구성하는 참가 인수인도 포함된다.[59] 주선인이 2인 이상인 경우에는 주간사 주선인만이 배상책임을 부담한다.[60] 한편 명문의 규정은 없으나, 배상책

면. 그러나 투자자는 인수인의 평판을 신뢰하고 증권을 매수하거나 그 청약을 하므로, 인수인은 투자자로 하여금 해당 증권에 대한 투자를 확신하도록 할 뿐만 아니라, 그 증권이 공모되는 자본시장에 대하여도 신뢰를 가지도록 하는 역할을 수행한다. 인수인은 발행인이 제공하는 정보에만 의존하지 않고 선량한 관리자로서 추가정보 확인, 제3자로부터의 의견 청취, 독립적 검증 실시 등 합리적 노력을 경주하여야 한다. 이것이 인수인의 투자설명서책임의 근거이다. 손영화(2011), 59-60면; 김병연 등[2017], 3-4면; 임재연[2019], 503면 및 서울남부지방법원 2014. 1. 17. 선고 2011가합18490 판결 참조.

58) 주선인은 대개 자본시장법상 투자중개업자이다. 김건식/정순섭[2013], 263면; 박준/정순섭[2016], 36면. 청약사무라는 단순한 업무에 비하면 과도한 책임을 부담한다는 비판으로 성희활[2018], 242면. 우리 자본시장법은 구 증권거래법과 달리 주선을 인수의 개념에서 제외하나, 인수인과 주선인은 일반투자자에 대한 투자권유라는 동일한 기능을 수행하고, 일반투자자에의 분매를 위한 판매압력이라는 동일한 경제적 유인이 있으므로, 일반투자자에게 발생할 수 있는 위험을 방지하기 위하여 동일한 책임을 부담하여야 한다. 당초 우리 자본시장법은 주선을 인수의 개념에서 제외한 것에 상응하게 주선인을 투자설명서책임주체에서 제외하였으나, 2013. 5. 28.의 개정으로 주선인도 투자설명서책임주체에 포함시켰다.

59) '참가 인수인'이라는 용어가 일반적이지는 않으나, 주간사 인수인(또는 주간사회사, 대표주관회사)(managing underwriter/principal underwriter)과 개념적으로 구별할 필요가 있으므로 '참가'라는 단어를 추가하였다. 2017. 5. 8. 개정 전의 자본시장법 시행령 제135조 제2항 제1호는 인수인이 2인 이상인 경우 주간사 인수인, 즉 "발행인 또는 매출인으로부터 직접 증권의 인수를 의뢰받아 인수조건 등을 정하는 인수인"만이 배상책임자라고 규정하였으나, 2017. 5. 8. 개정으로 인수단을 구성하는 모든 인수인, 즉 주간사 인수인과 참가 인수인 모두 배상책임자로 규정되었다. 종전의 자본시장법 시행령의 태도에 대한 비판으로는 손영화(2011), 64-67면 참조.

60) 자본시장법 시행령 제135조 제2항 제2호는 주선인이 2인 이상인 경우 "발행인 또는 매출인으로부터 인수 외의 방법으로 그 발행인 또는 매출인을 위하여 해당 증권의 모집·사모·매출을 할 것을 의뢰받거나 그 밖에 직접 또는 간접으로 증권의 모집·사모·매출을 분담할 것을 의뢰받아 그 조건 등을 정하는 주선인"만이 배상책임자라고 규정한다(밑줄은 자본시장법 제9조 제13항에 있는 주선

임자들은 공동불법행위자로서 부진정 연대책임을 부담한다.[61] 청구권자는 어느 배상책임자에 대하여든 손해의 전부에 대한 배상을 청구할 수 있으므로 권리구제에 효과적이다.[62] 투자설명서 부실표시가 문제된 상황에서는 인수인의 자력이 가장 양호할 것이므로 인수인이 투자설명서 책임청구의 상대방이 되는 경우가 많다.[63]

4. 발생사유

투자설명서책임의 발생사유는 투자설명서 중 중요사항에 관하여 허위의 기재 또는 표시가 있거나 주요사항이 기재 또는 표시되지 않는 것이다. 여기의 투자설명서에는 예비투자설명서와 간이투자설명서가 포함되나,[64] 전술하였듯이 기타 공모를 위하여 일반에 제공하는 투자권유문서는 그에 포함되지 않는다.[65] 한편 중요사항이란 투자자의 합리적인 투자판단 또는 해당 금융투자상품의 가치에 중대한 영향을 미칠 수 있는 사항을 말하고,[66] 전술하였듯이 중요사항에 관한 허위기재 또는 기재

인의 정의규정과 차이가 있는 부분을 필자가 표시). 주선인의 경우에도 인수인과 마찬가지로 '주간사 주선인'과 '참가 주선인'이라는 용어를 구별하여 사용할 수 있을 것이다.

61) 김병연 등[2017], 257면; 성희활[2018], 241면; 임재연[2019], 498면; 서울지방법원 2000. 6. 30. 선고 98가합114034 판결. 손해를 배상한 자가 다른 배상책임자에게 부담부분에 관한 구상권을 행사할 수 있음은 물론이다. 임재연[2019], 498면. 미국 증권법 제15조, 독일 증권투자설명서법 제21조 제1항 및 제24조 제1항은 연대책임을 명시한다.

62) 반면에 실제로 손해를 배상한 배상책임자는 자신의 행위에 비하여 과도한 책임을 부담하게 된다. 성희활[2018], 241면.

63) Wood[2008], para. 23-15.

64) 자본시장법 제125조 제1항.

65) 전술 제2장 제2절 Ⅰ. 1. 참조. 이는 민법의 불법행위규정, 자본시장법 제179조의 일반적 부정거래행위규정에 의하여 규율되어야 한다. 김건식/정순섭[2013], 230면; 김병연 등[2017], 252면.

누락 이외에 오인기재도 포함된다.[67]

5. 면책사유

투자설명서책임의 배상책임자가 면책되는 사유는 ① 배상책임자가 상당한 주의를 다하였음에도 불구하고 투자설명서 부실표시 사실을 알 수 없었음을 증명하는 경우와 ② 증권의 취득자가 취득의 청약을 할 때에 투자설명서 부실표시 사실을 안 경우이다.[68] 위 ①이 배상책임자의 무과실을 면책사유로 규정하고 있으므로 피해자는 배상책임자의 과실을 증명할 필요가 없다. 이는 과실의 증명책임을 피해자에서 배상책임자로 전환한 것이다.[69] 판례에 따르면, 상당한 주의를 하였음에도 불구하고 부실표시 사실을 알 수 없었음을 증명한다는 것은 투자자가 자신의 지위에 따라 합리적으로 기대되는 조사를 한 후 그에 의하여 부실표시가 없다고 신뢰하였고, 그렇게 신뢰할 만한 합리적 근거가 있었음을 증명하는 것을 말한다.[70] 우리 자본시장법은 발행인에 대하여 무과실책임을 규정하고 있는 미국, 일본의 입법례와 달리, 발행인도 면책이 가능하다고 규정하고 있으나, 상당한 주의라는 문언을 엄격히 해석함으로써 발행인의 면책을 제한하여야 한다.[71] 논란의 여지는 있으나, 위 ②의 증명책임도 배상책임자에게 있다고 보아야 한다.[72] 취득자의 악의는 취득의

66) 자본시장법 제47조 제3항.
67) 전술 제2장 제2절 Ⅰ. 3. 참조.
68) 자본시장법 제125조 제1항 단서.
69) 김건식/정순섭[2013], 240면
70) 대법원 2002. 9. 24. 선고 2001다9311판결; 대법원 2007. 9. 21. 선고 2006다81981 판결; 대법원 2014. 12. 24. 선고 2013다76253 판결; 대법원 2015. 12. 23. 선고 2015다210194 판결 참조.
71) 김건식/정순섭[2013], 241면.
72) 김건식/정순섭[2013], 242면; 자본시장법 주석서/유석호/남궁주현[2015], 제125조, 647면; 임재연[2019], 504면; 대법원 2007. 9. 21. 선고 2006다81981 판결.

청약시를 기준으로 판단하여야 하므로, 그때 선의이었다면 나중에 부실표시 사실을 알게 되었더라도 손해배상청구에는 영향이 없다.[73)]

6. 손해배상액의 추정

자본시장법은 투자설명서책임청구에서 투자자의 손해배상액 증명을 원조하기 위하여 특칙을 두고 있다. 추정손해배상액은 투자자가 해당 증권을 취득하기 위하여 실제로 지급한 금액에서, 손해배상청구소송의 변론종결시의 해당 증권의 시장가격(시장가격이 없는 경우 추정처분가격)을 공제한 금액이고,[74)] 손해배상청구소송의 변론종결 전에 해당 증권을 처분한 경우에는 그 처분가격을 공제한 금액이다.[75)] 이와 같은 추정규정은 다양한 요인에 의하여 결정되는 주가의 등락에서 부실표시로 인한 하락을 분리하여 인과관계를 증명하는 것이 투자자로서는 사실상 곤란함을 고려한 것이다.[76)] 다만, 배상책임자는 투자자에게 발생한 손해액의 전부 또는 일부가 배상책임자의 부실표시로부터 발생한 것이 아님을 증명하는 경우에는 그 부분에 대하여 배상책임을 부담하지 않는다.[77)]

7. 인과관계

투자설명서 부실표시와 손해 간에는 거래인과관계(transaction causation)와 손해인과관계(loss causation)가 문제된다. 전자는 투자자가 부실표

73) 임재연[2019], 504면.
74) 미국, 일본의 입법례는 소 제기시를 기준시점으로 규정한다. 임재연[2019], 512-513면.
75) 자본시장법 제126조 제1항 제1호 및 제2호.
76) 헌법재판소 1996. 10. 4. 선고 94헌가8 결정 참조.
77) 자본시장법 제126조 제2항. 그러나 주가 하락의 원인이 부실표시 때문인지가 불분명하다는 정도의 증명만으로는 인과관계를 부정할 수 없다. 대법원 2007. 10. 25. 선고 2006다16758, 16765 판결 참조.

시 있는 투자설명서를 읽고 그 내용을 진실한 것으로 신뢰하여 증권을 취득하는 거래를 하였다는 인과관계를 말하고, 후자는 투자자에게 발생한 손해가 투자설명서 부실표시로 인하여 발생한 것이라는 인과관계를 말한다.[78] 우리 자본시장법에서도 시장사기 이론에 근거하여 미국의 판례가 정립한 거래인과관계를 요구한다면,[79] 이를 증명책임 전환의 문제로 이해하여 거래인과관계를 넓게 인정할 수 있을 것이다. 투자자가 투자설명서를 읽었든 읽지 않았든 거래인과관계는 인정되므로, 투자자는 손해배상청구를 위하여 투자설명서를 읽었음을 증명할 필요가 없는 반면에, 배상책임자는 면책을 위하여 투자자가 투자설명서를 읽지 않았음을 증명하는 것만으로는 부족하고, 투자자가 부실표시 사실을 알았다는 점까지 증명하여야 한다.[80] 한편 손해인과관계는 증명이 용이하지 않은데, 전술하였듯이 그 증명책임은 자본시장법 제125조 제1항 단서에 의하여 배상책임자에게 전환되어 있으므로,[81] 배상책임자가 부실표시와 손해발생 간의 인과관계의 부존재를 증명하여야 한다.[82]

8. 집단소송에 의한 구제

증권거래와 관련된 일정한 종류의 손해배상은 증권관련집단소송법에 따라 집단소송의 형태로 청구할 수 있다.[83] 증권관련집단소송이란 증권

---

78) 김병연 등[2017], 258-259면; 임재연[2019], 517, 519면 참조. 김건식/정순섭[2013], 242면, 주140은 전자는 손해배상책임의 성립에 관한 문제이고, 후자는 손해배상의 범위에 관한 문제라고 한다.

79) 김정수[2014], 553면은 우리 자본시장법은 거래인과관계를 요구하지 않는다고 한다. 장근영(2016), 778-790면은 거래인과관계는 전통적인 대면거래에서만 문제되고, 우리 자본시장법에서는 거래인과관계와 손해인과관계를 통합적으로 고려하자고 한다.

80) 김건식/정순섭[2013], 243-244면.

81) 전술 제2장 제2절 Ⅱ. 5. 참조.

82) 대법원 2002. 10. 11. 선고 2002다38521 판결.

의 매매 기타 거래과정에서 다수인에게 피해가 발생한 경우 그 중의 1인 또는 수인이 대표당사자가 되어 수행하는 손해배상청구소송을 말하는데,[84] 이를 통하여 제기할 수 있는 청구는 ① 자본시장법 제125조에 따른 증권신고서 또는 투자설명서의 부실표시로 인한 손해배상청구, ② 자본시장법 제162조에 따른 사업보고서, 반기보고서 및 분기보고서의 부실표시로 인한 손해배상청구, ③ 자본시장법 제175조, 제177조, 제179조에 따른 미공개중요정보이용행위, 시세조종, 부정거래행위에 관한 손해배상청구, ④ 자본시장법 제170조에 따른 회계감사인의 부실감사에 대한 손해배상청구의 네 가지 종류로 한정된다.[85]

문제는 증권관련집단소송법 제3조 제2항이 증권관련집단소송에 의한 손해배상청구는 주권상장법인[86]이 발행한 증권의 매매 기타 거래로 인한 것이어야 한다고 규정하고 있으므로,[87] 주권비상장법인이 최초기업공개에 따라 상장을 위하여 신주를 공모하는 경우가 그에 해당하는지 여부이다. 최초기업공개 전에는 주권상장법인일 수 없으므로 문면상으로는 그에 해당하지 않는 것처럼 보이나, 증권관련집단소송법의 목적과 취지에 비추어 보면, 자본시장법 위반행위 시점에 주권비상장법인이었

---

83) 증권관련집단소송의 제기, 허가절차, 소송당사자, 소송절차, 손해배상액 산정방식, 분배절차 등에 관한 상세는 강현중(2005), 57-65면; 최정식[2008], 169-250면 참조.

84) 증권관련집단소송법 제2조 제1호.

85) 증권관련집단소송법 제3조 제1항 제1호 내지 제4호.

86) 증권관련집단소송법 제3조 제2항이 원용하는 자본시장법 제9조 제15항 제3호에 따르면, 주권상장법인이란 ① 증권시장에 상장된 주권을 발행한 법인 또는 ② 주권과 관련된 증권예탁증권이 증권시장에 상장된 경우에는 그 주권을 발행한 법인을 말한다. 여기의 증권시장은 한국거래소가 증권의 매매를 위하여 개설한 시장을 말하므로(자본시장법 제8조의2 제2항 및 제4항 제1호), 한국 증권시장에 상장된 회사이면 내국회사, 외국회사를 불문하고 그 회사가 발행한 증권의 매매 기타 거래로 인한 손해배상청구는 집단소송에 의할 수 있다.

87) 주권상장법인에 한정하지 않고, 자본시장법 제9조 제15호 제1호 내지 제4호의 상장법인, 비상장법인, 주권상장법인, 주권비상장법인으로 증권관련집단소송법의 적용범위를 확대하자는 개정론으로 최광선(2014), 208-211면 참조.

더라도 손해배상청구 시점에 주권상장법인인 경우에는 주권비상장법인이 상장을 위하여 신주를 공모하는 과정에서의 행위에 대하여도 동법이 적용된다고 해석하여야 한다.[88]

다른 문제는 증권관련집단소송법 제4조가 증권관련집단소송의 토지관할 및 사물관할에 관하여 '피고의 보통재판적 소재지를 관할하는 지방법원 본원 합의부'를 전속관할로 정하고 있으므로,[89] 발행인, 인수인, 주선인 등 투자설명서책임주체 중에서[90] 외국회사를 상대로 집단소송에 의하여 투자설명서책임청구를 제기하는 경우에도 증권관련집단소송법 제6조,[91] 민사소송법 제5조 제2항[92]에 따라 한국 내에 있는 그 사무소,

---

88) 좌담회/김주영, 신필종(2004), 12면; 김건식/정순섭[2013], 252면.

89) 증권관련집단소송의 피고가 복수인 경우에는 각 피고의 보통재판적 소재지 관할 지방법원에 별도로 소를 제기하여야 하고, 증권관련집단소송법 제14조에 따라 병합심리할 수 있을 뿐인데, 이는 집단소송의 취지에 부합하지 않는다는 비판이 동법 제정 직후부터 줄곧 제기되었다. 좌담회/이상윤(2004), 13-14면; 김주영(2013), 54-55면. 좌담회/이승한(2004), 13면을 참고하여 최소한의 개정을 가하는 입법론을 제시하자면, 증권관련집단소송법 제4조를 "증권관련집단소송은 자본시장과 금융투자업에 관한 법률 제9조 제15항 제3호에 따른 주권상장법인의 보통재판적 소재지를 관할하는 지방법원 본원 합의부의 전속관할로 한다"라고 개정하거나(밑줄은 개정이 필요한 부분의 표시), 밑줄 부분을 단순히 "제3조 제2항에 따른 주권상장법인"이라고 개정함이 바람직하다. 최승재 등[2017], 49-50면은 "피고가 수인인 경우 피고 중 1인에게 관할권이 있는 지방법원 본원 합의부의 전속관할로 할 수 있다"는 규정을 신설하자고 한다. 변환봉(2014), 168-170면은 증권관련집단소송법 제4조에 "다만, 이 경우에는 민사소송법 제31조의 규정에도 불구하고 같은 법 제25조의 규정을 준용한다"라는 단서 조항을 신설하여 관련재판적을 인정하는 개정안을 제시한다. 이송에 의하여 해결하자는 다른 개정안은 변환봉(2014), 169면, 주175 참조. 한편 증권관련집단소송의 경우에도 지식재산권, 국제거래에 관한 소의 특별재판적에 관한 민사소송법 제24조를 준용하였어야 한다는 비판으로 강현중(2005), 58면; 같은 취지의 개정안으로 최승재 등[2017], 48-50면 참조.

90) 대법원 2016. 11. 4.자 2015마4027 결정은 증권관련집단소송의 피고가 증권의 발행인에 한정된다는 주장을 배척하였다.

91) 증권관련집단소송법 제6조는 '민사소송법의 적용'이라는 표제하에 다음과 같

영업소 또는 업무담당자의 주소지를 관할하는 지방법원에 전속관할이 있는지 여부이다. 법문상 이를 긍정하여야 하나, 한국에서 인가를 받아 영업하고 있는 외국 금융기관이 아닌 한, 한국 내에 사무소, 영업소 또는 업무담당자를 두고 있는 경우는 이례적일 것으로 보인다. 또한 투자설명서책임에 관한 한국법원에서의 집단소송의 승소판결을 외국법원에서 승인·집행하려는 경우 또는 외국법원에서의 집단소송의 승소판결을 한국법원에서 승인·집행하려는 경우에 승인요건으로서의 간접관할의 구비 여부와 관련하여 복잡한 문제가 발생할 여지가 있다.[93]

9. 종합적 정리

우리 자본시장법에 따르면, 투자설명서책임은 발행시장에서의 증권 취득자가 발행인, 매출인, 인수인, 주선인(청약사무취급기관) 등을 상대로 투자설명서에 허위기재, 기재누락, 오인표시 등 부실표시가 있음을 이유로 제기할 수 있고, 배상책임자가 상당한 주의를 하였음에도 불구하고 투자설명서 부실표시 사실을 알 수 없었음을 증명하는 경우 또는 증

이 규정하고 있다: "증권관련집단소송에 관하여 이 법에 특별한 규정이 없는 경우에는 민사소송법을 적용한다."

92) 민사소송법 제5조(법인 등의 보통재판적)는 다음과 같이 규정한다(밑줄은 필자가 추가): "① 법인, 그 밖의 사단 또는 재단의 보통재판적은 이들의 주된 사무소 또는 영업소가 있는 곳에 따라 정하고, 사무소와 영업소가 없는 경우에는 주된 업무담당자의 주소에 따라 정한다. ② 제1항의 규정을 외국법인, 그 밖의 사단 또는 재단에 적용하는 경우 보통재판적은 대한민국에 있는 이들의 사무소·영업소 또는 업무담당자의 주소에 따라 정한다." 민사소송법 제31조는 전속관할이 정하여진 소에 대하여 적용되지 않는 조항으로 민사소송법 제5조를 열거하고 있지 않으므로, 민사소송법 제5조는 증권관련집단소송에 적용된다.

93) 미국에서의 집단소송에 의한 판결의 한국에서의 승인·집행 가능성에 관하여는 서홍석(2015), 94-156면 참조. 외국에서의 집단소송에 의한 판결의 유럽연합 개별 회원국에서의 승인·집행 가능성에 관하여는 Fentiman(2014), pp. 100-105; Bosters[2017], pp. 159-217 참조.

권의 취득자가 취득의 청약을 할 때에 투자설명서 부실표시 사실을 안 경우가 아닌 한 배상책임자는 면책되지 않으며, 손해배상액은 원칙적으로 투자자의 취득가격에서 변론종결시 시장가격을 공제한 금액으로 추정된다. 거래인과관계와 손해인과관계가 모두 필요하나, 이들은 증명책임이 배상책임자에게 전환되어 있다. 또한 증권관련집단소송법에 의한 집단소송 형태로도 투자설명서책임을 청구할 수 있다.

III. 구별개념

1. 증권신고서 부실표시책임

우리 자본시장법은 증권신고서에 부실표시가 있는 경우 일정한 자에게 손해배상책임을 인정한다.[94] 실무상 투자설명서는 증권신고서와 동일한 내용으로 작성되고, 증권신고서책임은 자본시장법 제125조 이하에 투자설명서책임과 병렬적으로 규정되어 있으므로 요건과 효과에 차이가 없으며, 증권신고서와 투자설명서의 양자 모두 부실표시가 있으면 손해배상책임을 인정하는 이유는 투자자가 증권신고서와 투자설명서의 내용을 실제로 읽고 이해하였기 때문이 아니라 투자자 보호와 자본시장 건전성 유지라는 자본시장법의 정책목표를 달성하기 위한 것이다. 바꾸어 말하면, 금융위원회에 제출되는 신고서류의 일종인 증권신고서와 달리 투자설명서는 투자권유 과정에서 투자자에게 실제로 사용·교부된다는 사실이 별다른 의미를 가질 수는 없다는 것이다. 따라서 증권신고서책임과 투자설명서책임의 구별이 현실적으로는 실익이 없다고 볼 수도 있으나, 다음과 같은 차이점이 엄연히 존재함에 유의하여야 한다.

---

94) 자본시장법 제125조 제1항 참조. 이하에서는 증권신고서 부실표시에 따른 손해배상책임을 '증권신고서책임'이라고 약칭하기로 한다.

첫째, 증권신고서책임의 배상책임자의 범위는 투자설명서책임의 그것과 다소 차이가 있다. 자본시장법은 증권신고서책임의 배상책임자로 ① 증권신고서의 신고인, 즉 발행인과 신고 당시의 발행인의 이사,[95] ② 증권신고서의 작성을 지시하거나 집행한 업무집행지시자,[96] ③ 증권신고서의 기재사항 또는 그 첨부서류가 진실 또는 정확하다고 증명하여 서명한 공인회계사, 감정인 또는 신용평가를 전문으로 하는 자, 변호사, 변리사 또는 세무사 등 공인된 자격을 가진 자(그 소속단체 포함),[97] ④ 증권신고서의 기재사항 또는 그 첨부서류에 자기의 평가, 분석, 확인 의견이 기재되는 것에 대하여 동의하고 그 기재내용을 확인한 자,[98] ⑤ 인수인 또는 주선인, ⑥ 매출인을 규정하고 있는데,[99] 발행인(투자설명서 작성자), 매출인, 인수인 또는 주선인은 투자설명서책임의 배상책임자에

95) 자본시장법 제125조 제1항 제1호. 이사가 없는 경우 이에 준하는 자를 말하고, 법인의 설립 전에 신고된 경우 그 발기인을 말한다. 신고 당시 발행인의 이사는 신고에 관여하였는지 여부와 무관하게 손해배상책임을 부담한다. '신고 당시'는 증권신고서의 제출시, 수리시, 효력발생시 중 제출시를 의미하고, '이사'는 주주총회에서 선임되지 않은 이른바 비등기이사를 포함하지 않는다. 김건식/정순섭[2013], 232-233면.

96) 자본시장법 제125조 제1항 제2호. 업무집행지시자는 이사와 달리 증권신고서의 작성을 지시 또는 집행한 경우에만 손해배상책임을 부담한다. 업무집행지시자가 증권신고서의 작성을 지시하거나 집행하였음은 원고가 증명하여야 한다. 김건식/정순섭[2013], 233면.

97) 자본시장법 제125조 제1항 제3호 및 동법 시행령 제135조 제1항. 공인회계사, 감정인 등의 책임은 그가 증명하여 서명한 사항에 관한 부실표시에 한정된다. 김건식/정순섭[2013], 234면; 김정수[2014], 459-460면; 변제호 등[2015], 432면.

98) 자본시장법 제125조 제1항 제4호. 이에 해당하는 자는 대체로 자본시장법 제125조 제1항 제3호에 열거된 전문가일 것이다. 발행인이 제공한 자료에 기초하여 의견을 작성하였는데, 제공 받은 자료에 허위 또는 누락이 있어서 잘못된 의견을 작성한 경우에는 그 사실만으로 면책을 주장할 수는 없고, 상당한 주의를 다하였음에도 제공 받은 자료에 허위 또는 누락이 있었음을 알 수 없었다는 점까지 증명하여야 한다는 견해가 유력하다. 고창현/김연미(2004), 45-46면; 김건식/정순섭[2013], 235면.

99) 자본시장법 제125조 제1항 제5호 및 제7호.

도 해당하나, 위 ① 중 발행인의 이사, 그리고 위 ② 내지 ④는 투자설명서의 배상책임자에는 해당하지 않는다. 투자설명서책임과 비교하면, 증권신고서책임은 발행인의 내부자, 그리고 증권의 공모에 관한 중요정보의 진실성을 보장한 전문가를 배상책임자로 추가하고 있다.

둘째, 증권신고서와 투자설명서는 그 작성 목적에 차이가 있다. 투자설명서는 증권 공모시 투자자에게 청약을 권유하기 위하여 사용·교부함으로써 투자판단에 필요한 정보를 제공하기 위한 문서인 반면에, 증권신고서는 모집 또는 매출의 실시 전에 관할당국의 심사를 받기 위하여 관할당국에 제출하는 서류이다.[100)]

셋째, 증권신고서와 투자설명서는 공히 일정한 장소에 비치되어야 하고 인터넷 홈페이지 등을 통하여 공시되어야 하나(비치·공시의무),[101)] 비치 장소와 일반인의 열람에의 제공 여부에 차이가 있다. 증권신고서는 원칙적으로 금융위원회에만 비치되는 반면에,[102)] 투자설명서는 그에 더하여 증권의 발행인의 본점, 한국거래소, 청약사무를 취급하는 장소에 비치되고, 일반인의 열람에 제공된다.[103)] 다만, 양자 모두 인터넷을 통하여 공시되므로, 비치 장소와 일반인의 열람에의 제공 여부의 차이가 투자자에 대한 정보공시기능 측면에서 중요한 의미를 가지는 것은 아니다.[104)]

---

100) 금융감독원[2018], 206면; 김병연 등[2017], 246면; 성희활[2018], 227면. 이 점에서 증권신고서를 통한 공시는 간접공시, 투자설명서를 통한 공시는 직접공시라고 할 수 있다. 黒沼悦郎[2016], 105頁.

101) 자본시장법 제129조 제1호 및 제2호. 인터넷 홈페이지를 이용한 공시는 금융감독원 전자공시시스템(http://dart.fss.or.kr)에 의한다. 증권발행공시규정 시행세칙 제11조.

102) 자본시장법 제129조.

103) 자본시장법 제123조 제1항 및 자본시장법 시행규칙 제13조 제1항 각호.

104) 성희활[2018], 227면은 인터넷의 등장으로 전자공시시스템이 도입되기 전에는 증권신고서와 투자설명서가 엄격히 구별되어 투자설명서가 투자자에게 중요한 의미를 가졌으나, 이제는 양자를 구별하는 것의 의미가 퇴색하였다고 한다.

2. 부정거래행위에 대한 민사책임

자본시장규제는 공시규제와 불공정거래규제로 대별할 수 있다.[105] 투자설명서책임은 전자 중 발행공시규제의 일환으로 민사책임을 규정한 것이다. 자본시장법은 후자에 대하여도 민사책임을 규정하는데, 여기에는 미공개 중요정보 이용과 시세조종이라는 구체적 불공정거래행위 유형에 대한 민사책임규정뿐만 아니라,[106] 일반적·포괄적인 불공정거래행위, 즉 부정거래행위에 대한 민사책임규정도 있다.[107]

투자설명서책임과의 관계에서 중요한 의미를 가지는 것은 자본시장법 제178조 제1항 제2호이다. 해당 조항은 부정거래행위책임의 근거 중 하나로 금융투자상품의 매매(증권의 경우 모집, 매출, 사모 포함) 기타 거래와 관련하여 부실표시 있는 문서 기타 기재 또는 표시를 사용하여 금전 기타 재산상 이익을 취하고자 하는 행위를 규정한다. 이를 위반한 자는 그 위반행위로 인하여 금융투자상품의 매매 기타 거래를 한 자가 그 매매 기타 거래와 관련하여 입은 손해를 배상할 책임을 부담한다.[108]

부실표시에 따른 부정거래행위책임은 투자설명서책임과 달리 발행시장에서의 취득자뿐만 아니라 유통시장에서의 취득자도 제기할 수 있고,[109] 위반행위사실을 안 날로부터 2년, 행위가 있은 날로부터 5년의 소멸시효가 규정되어 있다.[110] 이는 청구권자가 부실표시를 안 날로부터 1

105) 김건식/정순섭[2013], 385면.

106) 자본시장법 제175조 및 제177조.

107) 자본시장법 제179조. 상세는 김건식/정순섭[2013], 427-430면; 임재연[2019], 1032-1057면 참조. 이하에서는 부정거래행위에 대한 민사책임을 '부정거래행위책임'이라고 약칭하기로 한다. 부정거래행위책임의 근거 중 하나인 자본시장법 제178조 제1항 제1호는 미국의 Rule 10b-5와 유사한 포괄적 사기금지조항이다. 상세는 임재연[2009], 302면 이하; 최승재[2016], 163면 이하 참조.

108) 자본시장법 제179조 제1항.

109) 투자설명서책임의 청구권자에 관하여는 전술 제2장 제2절 Ⅱ. 2. 참조.

110) 자본시장법 제179조 제2항은 "제1항에 따른 손해배상청구권은 청구권자가 제

년, 증권신고서 효력발생일로부터 3년의 제척기간을 규정하는 투자설명서책임보다 투자자에게 유리하다.[111] 그러나 "금전, 그 밖의 재산상의 이익을 얻고자 하는 행위"라는 문언에 비추어 보면, 투자설명서책임과 달리 주관적 요건으로서 고의가 요구되고[112] 재산상 이익을 취하려는 목적도 요구되나, 그가 현실적으로 재산상 이익을 취하였을 것까지 요구하는 것은 아니다.[113] 투자설명서 부실표시로 인한 손해배상을 부정거래행위책임의 형태로 청구하는 투자자는 부정거래행위자의 고의와 목적을 증명하여야 한다는 점에서 투자설명서책임을 청구하는 것보다 불리하다.

3. 투자자보호의무 위반책임

자본시장법은 금융투자업자가 부담하는 투자자보호의무의 일종으로 적합성원칙과 설명의무를 규정하고 있다.[114] 이들은 발행공시규제의 일종인 투자설명서책임과 달리 영업행위규제에 해당한다. 적합성원칙이란

178조를 위반한 행위가 있었던 사실을 안 때부터 2년간, 그 행위가 있었던 때부터 5년간 이를 행사하지 아니한 경우에는 시효로 인하여 소멸한다"고 규정한다.

111) 자본시장법 제127조. 임재연[2019], 523면 참조.

112) 임재연[2019], 1053면.

113) 형법상으로는 결과범이 아니라 목적범이다. 이는 구 증권거래법 제188조의4 제4항 제2호에 대한 1997. 1. 13. 개정으로 변경된 것이다. 대법원 2006. 4. 14. 선고 2003도6759 판결 참조. 따라서 타인에게 오해를 유발함으로써 금전 기타 재산상 이익을 취득하려는 목적으로 중요사항에 관한 부실표시 문서를 이용하는 경우 바로 범죄가 성립하고, 실제 타인에게 오해 유발하거나 금전 기타 재산상 이익을 취득할 필요는 없다. 부실표시 문서 이용행위와 타인의 오해 사이의 인과관계와도 무관하다.

114) 성희활[2018], 186면은 전자는 'know-your-customer rule'로서 주관적 의무이고, 후자는 'know-your-security rule'로서 객관적 의무라고 한다. 금융투자업자가 일반투자자에게 파생상품 등을 판매하는 경우에는 적정성원칙도 준수하여야 한다. 자본시장법 제46조의2 참조. 투자자보호의무의 법리에 관한 상세는 권순일[2002], 142면 이하; 최승재[2016], 91면 이하 참조.

금융투자업자는 투자자의 일반투자자 또는 전문투자자 여부를 확인하여야 하고(투자자 구분), 일반투자자에게 투자권유를 하기 전에 일반투자자의 투자목적, 재산상황, 투자경험 등의 정보를 파악하여야 하며(고객조사의무), 일반투자자에게 투자권유를 하는 경우에는 파악한 정보에 비추어 그 일반투자자에게 적합하지 않은 투자권유를 하지 않아야 한다는 원칙을 말한다.[115] 이는 부적합한 투자권유를 하지 않을 소극적 의무이다.[116] 자본시장법에는 적합성원칙 위반에 따른 민사책임에 관한 명문규정이 없으나, 판례는 자본시장법 제정 전부터 적합성원칙 위반으로 인한 투자자보호의무 위반을 불법행위책임의 발생원인으로 인정하였고,[117] 이는 자본시장법하에서도 마찬가지이다.[118]

한편 설명의무란 금융투자업자가 일반투자자를 상대로 투자권유를 하는 경우 금융투자상품의 내용, 투자에 따르는 위험 등을 일반투자자가 이해할 수 있도록 설명하여야 하는 의무를 말한다.[119] 설명의무 위반의 경우에는 자본시장법이 손해배상책임을 명시적으로 규정하고 있다.[120]

---

115) 자본시장법 제46조 제1항 내지 제3항. 상세는 김건식/정순섭[2013], 767-775면; 성희활[2018], 182-184면; 임재연[2019], 206-212면 참조.

116) 임재연[2019], 206면.

117) 대법원 2008. 9. 11. 선고 2006다53856 판결; 대법원 2013. 11. 28. 선고 2013다23891 판결 등 참조.

118) 대법원 2015. 1. 29. 선고 2013다217498 판결; 대법원 2017. 6. 15. 선고 2015다47075 판결 참조. 후자의 판결은 금융기관의 고객보호의무로서의 적합성원칙과 설명의무는 신의칙 또는 법령에 의하여 인정되는 의무일 뿐, 그 후 체결되는 계약에 근거하여 발생하는 의무가 아니고, 신의칙과 법령이 금융기관에 위와 같은 의무의 준수를 요구한다는 이유로 상대방인 고객에게 그 의무에 상응하는 채권이 발생한다고 볼 수 없으며, 금융기관이 적합성원칙이나 설명의무를 위반하는 경우 이는 불법행위를 구성할 수는 있지만, 고객에 대한 채무불이행을 구성하지는 않는다고 판시하였다.

119) 자본시장법 제47조 제1항. 또한 동조 제2항 및 제3항 참조. 상세는 김건식/정순섭[2013], 777-785면; 임재연[2019], 214-224면 참조.

120) 자본시장법 제48조 제1항 및 제2항.

금융투자업자인 인수인, 주선인이 부실표시 있는 투자설명서를 사용·교부하는 방식으로 설명의무를 위반하는 경우에는 투자설명서책임과 설명의무 위반책임 간의 청구권 경합이 인정될 것이다.

4. 유럽연합의 투자설명서 역내통용체계

유럽연합은 1999년 채택된 금융서비스통합 실행계획(Financial Services Action Plan)[121]의 일환으로 2003년 투자설명서지침을 제정하였고,[122] 그 법적 형식을 각 회원국의 이행법률 제정이 필요한 이사회지침(Directive)에서 각 회원국에 직접 적용되는 이사회규정(Regulation)으로 변경하여,[123] 2017년 투자설명서규정을 제정하였고,[124] 이는 2019. 7. 21.부터 시행되고 있다. 투자설명서지침과 투자설명서규정의 핵심적 내용은 ① 발행인, 모집인(offeror)[125]의 증권 공모(offer of securities to the public)[126]

---

121) 유럽연합은 1985년 내부시장(internal market)의 개념을 도입하였고, 단일한 역내금융시장의 실질적 형성·운영을 위한 금융서비스통합 실행계획이 각 회원국에 의하여 실행되고 있다. 상세는 이용우[2011], 3-38면 참조.

122) 투자설명서지침의 개관은 Fischer-Appelt/Werlen(2004a), pp. 389-393; Fischer-Appelt/Werlen(2004b), pp. 448-451 참조. 투자설명서지침 제정의 배경과 경과, 각 조문별 해설, 투자설명서지침 제정 전의 각 회원국의 법제와 국내이행을 위한 법률 개정사항 등은 de Carlos Bertrán (ed.)[2005] 참조.

123) 보카르트/함인선 譯[2014], 114-121면; 나카무라/박덕영 등 譯[2018], 113-114면 참조.

124) 국문자료로는 천창민(2018), 1-8면 참조.

125) 투자설명서규정 제2조 (i)호에 따르면, 증권을 공모하는 법인 또는 자연인을 말한다.

126) 공모의 개념은 투자설명서규정 제2조 (d)호의 정의규정 참조. 다만, 일정한 요건에 해당하는 공모는 투자설명서규정의 적용범위에서 제외된다. 투자설명서규정 제3조 제2항 참조. 투자설명서규정의 적용대상인 증권은 금융상품시장지침Ⅱ의 제4조 제1항 제44호에 규정된 양도가능증권(transferable securities)에서 동 지침 제4조 제1항 제17호에 규정된 단기금융시장상품(money market instrument) 중 만기 12개월 미만인 것을 제외한 것을 말한다. 투자설명서규정

및 규제대상시장(regulated market)[127]에의 상장(admission to trading) 전 투자설명서 공시·교부의무(obligation to publish a prospectus),[128] ② 투자설명서에 대한 회원국 관할당국(competent authority)의 승인(approval),[129] ③ 어느 한 회원국에서 승인 받은 투자설명서의 다른 회원국에서의 상호인정(mutual recognition)[130]이다. 공시기준의 통일과 투자설명서의 국가간

의 적용범위에 해당하지 않는 유형의 증권에 대하여는 각 회원국이 개별적으로 규율한다.

127) 이를 '정규시장'으로 번역한 예로는 천창민(2018), 5, 7면.

128) 투자설명서규정 제3조 제1항 및 제3항. '증권의 발행(issuance)'과 구별하기 위하여 '투자설명서 발행의무'라고 번역하기보다는 우리 자본시장법상 용어와 투자설명서규정 제21조의 내용을 참고하여 '투자설명서 공시·교부의무'라고 번역하였다. 이하 유럽연합의 투자설명서 역내통용체계를 설명하는 부분에서 같다. 'publication of the prospectus'라는 표제의 투자설명서규정 제21조는 발행인, 모집인, 규제대상시장에의 상장 신청인(person asking for admission to trading on a regulated market)과 유럽증권시장감독청이 웹사이트 등을 통하여 일반대중이 투자설명서를 이용할 수 있도록 하여야 한다고 규정하고, 특히 동조 제11항은 발행인, 모집인, 규제대상시장에의 상장 신청인 또는 증권을 모집·판매하는 금융중개기관(financial intermediaries placing or selling the securities)은 잠재적 투자자의 요구가 있으면 무료로 투자설명서 사본을 실물(durable medium)로 교부(delivery)하여야 한다고 규정한다. 한편 증권의 공모와 규제대상시장에의 상장은 상호 연관되어 있으나, 개념적으로 구별된다. 전자가 있은 후에 후자가 행하여짐이 보통일 것이다. 양자 모두에서 동일한 투자설명서가 사용될 수 있음은 물론이다.

129) 절차의 상세는 투자설명서규정 제20조 참조.

130) 이를 '상호승인'이라고 번역할 수도 있으나, 외국의 공법상 규제의 효력의 인정은 민사소송법 제217조에 따른 외국재판의 승인과 개념적으로 구별되므로 의도적으로 '인정'이라는 단어를 사용하였다. 같은 용례로 장근영(2004), 394면. '상호승인' 또는 '상호주의(reciprocity)'라는 용례로 이상복(2013), 201면 이하; 김화진[2016], 22면; 青木浩子[2000], 264-266頁, '상호인증'이라는 용례로 이진(2014), 325면 이하 참조. 이진(2014), 330-347면은 국제금융규제체계의 두 방식으로 규제의 조화(harmonization)와 함께 상호인정을 제시하고, 금융규제 상호인정의 이론적 배경을 거래비용과 감독비용의 증가, 규제공백의 위험으로 설명하며, 상호인정의 유형을 다자간 상호인정(유럽연합 모델), 양자간 상호인정(미국/호주 모델), 개방형 상호인정(APEC/ASEAN 모델)으로 구분한다.

패스포트 메커니즘(cross-border passport mechanism)은 유럽연합 역내자본시장의 효율적 기능을 촉진한다.[131]

투자설명서규정은 투자설명서 기재사항의 정확성 확보를 위하여 공적 집행(public enforcement)과 사적 집행(private enforcement)을 모두 규정한다. 공적 집행은 사전적 감독(*ex ante* control)을 위하여 투자설명서가 본원국(또는 원천국)(home Member State, Herkunftsstaat),[132] 즉 발행인이 등록사무소(registered office)를 가지고 있는 회원국의 관할당국에서 반드시 승인(approval)을 받아야 한다는 것이다.[133] 투자설명서는 발행인에 관한 정보와 증권에 관한 정보를 포함하고 있어야 하고,[134] 이는 투자자가 발행인과 그 도산가능성 및 증권에 화체된 권리에 대하여 정보가 제공된 평가(informed assessment)를 하기에 충분하여야 한다.[135] 투자설명서의 통일적인 양식, 기재사항, 승인절차 등은 유럽연합 집행위원회가 제정한 위임규정에 상세히 규정되어 있다.[136]

---

131) 투자설명서규정 전문 제3항.

132) 투자설명서규정 제2조 (m)호 (i)목 및 (ii)목 참조. 한편 유럽연합 역외에서 설립된 발행인의 경우 투자설명서규정상 본원국은 해당 증권을 최초로 공모하고자 하거나 최초로 규제대상시장에의 상장이 신청되는 회원국으로 한다. 투자설명서규정 제2조 (m)호 (iii)목.

133) 투자설명서지침 제13조 제1항 참조. 靑木浩子[2000], 264-266頁은 '모국감독주의(母國監督主義, home country control approach)'라고 한다. 다만, 관할당국의 역할은 투자설명서의 외형에 대한 통제로 제한된다. 관할당국은 투자설명서가 투자설명서규정상 기준을 충족하였음과 투자설명서에서 제공하는 정보가 불완전하다거나 모호하다고 판단할 만한 합리적 근거가 없음을 인증(verification)함에 불과하고, 해당 정보의 옳고 그름을 인증하는 것은 아니다. 투자설명서 승인에 대한 관할당국의 책임은 각 회원국의 국내법이 규율하는데(투자설명서규정 제20조 제9항), 관할당국은 증권이나 발행인의 성질과 관련하여 아무런 책임을 부담하지 않는다고 규정함이 보통이다. Garcimartín(2011), p. 450. 따라서 투자설명서가 관할당국의 승인을 받았다는 사실이 투자설명서책임을 부정하는 근거가 될 수는 없다.

134) 투자설명서규정 제6조 제1항 참조.

135) Garcimartín(2011), p. 450.

반면에 사적 집행의 경우 투자설명서규정은 모든 회원국에 투자설명서에 기재된 정보에 대하여 책임이 있는 자에게 민사책임을 부과하는 법령을 제정할 의무를 부과하고,[137] 최소한 일정한 범위의 자연인 또는 법인은 투자설명서책임을 부담하여야 한다고 규정하고 있을 뿐이다.[138] 따라서 투자설명서지침과 마찬가지로 투자설명서규정에서도 투자설명서책임은 각 회원국의 서로 다른 국내법의 내용이 여전히 중요하다.[139]

투자설명서의 상호인정을 위한 승인의 이전(또는 관할당국의 변경)(transfer of approval)은 발행인, 모집인 등의 신청이 있으면 본원국 관할당국이 유럽증권시장감독청에의 사전통지와 다른 회원국 관할당국의 동의를 받아 행한다.[140] 본원국 관할당국은 발행인, 모집인 등의 신청이 있으면 그 신청을 접수한 날로부터 1영업일 내에, 또는 그 신청이 투자설명서 초안과 함께 제출되었으면 해당 투자설명서가 승인을 받은 날로부터 1영업일 내에, 유치국(host Member State) 관할당국에 해당 투자설명서가 투자설명서규정에 부합하게 작성되었음을 증명하는 승인증명서(certificate

136) 유럽연합 집행위원회는 2019. 3. 14. 위임규정(Commission Delegated Regulation)을 제정하였다. 하나는 투자설명서의 양식, 내용, 심사, 승인 등에 관한 Commission Delegated Regulation (EU) 2019/980 of 14 March 2019 supplementing Regulation (EU) 2017/1129이고, 다른 하나는 간이투자설명서(summary of a prospectus)에 기재될 핵심금융정보(key financial information)에 관한 기술적 기준, 투자설명서 공시·교부 및 분류, 증권의 광고, 투자설명서 첨부서류, 공시포털 등에 관한 Commission Delegated Regulation (EU) 2019/979 of 14 March 2019 supplementing Regulation (EU) 2017/1129이다. 두 위임규정의 세부명칭은 편의상 생략하였다.

137) 투자설명서규정 제11조 제2항 제1문.

138) 투자설명서규정 제11조 제1항이 명시하는 투자설명서책임주체는 발행인이나 그 행정조직, 운영조직 또는 감독조직, 모집인, 규제대상시장에의 상장 신청인 또는 보증인(guarantor)이다.

139) 유럽연합 전체 회원국들의 투자설명서책임법제에 관한 조사보고서는 ESMA(2013), ESMA/Annex III(2013) 참조.

140) 투자설명서규정 제20조 제8항 제1문. 투자설명서지침 제13조 제5항 제1문은 다른 회원국 관할당국의 동의만을 규정하고 있었다.

of approval)와 해당 투자설명서의 전자적 사본을 통지하여야 한다.[141] 이는 유럽증권시장감독청에도 동시에 통지되어야 한다.[142] 발행인, 모집인 등의 위 신청에는 투자설명서 등의 번역이 발행인, 모집인 등의 책임으로 작성·첨부되어 있어야 한다.[143] 유치국 관할당국은 다른 회원국 관할당국이 승인한 투자설명서에 대한 추가적인 승인 또는 행정절차를 진행할 수 없다.[144] 해당 투자설명서는 다른 회원국에서의 공모 또는 규제대상시장에의 상장을 위하여도 유효하다.[145] 이것이 유럽연합 역내 단일패스포트(single passport)로서의 실익이다.[146] 한편 종래 투자설명서지침 체제에서는 투자설명서의 상호인정원칙이 국제사법 규칙은 아니라고 보았는데,[147] 투자설명서규정 체제에서는 다르게 볼 여지도 있다.[148]

---

141) 투자설명서규정 제25조 제1항 제1문.
142) 투자설명서규정 제25조 제3항.
143) 투자설명서규정 제25조 제1항 제2문.
144) 투자설명서규정 제24조 제1항 제2문.
145) 투자설명서규정 제24조 제1항 제1문.
146) 우리나라, 호주, 뉴질랜드, 싱가포르 간에 최초로 논의가 시작된 아시아 펀드 패스포트(Asia Region Funds Passport, ARFP)가 제도적으로 도입된다면 유사한 실익이 있을 것이다. 상세는 김종민[2013], 3면 이하; 이상복(2013), 216면 이하 참조. 정부는 2018. 6. 15. 국회에 우리나라와 집합투자기구 교차판매에 관한 협약 등을 체결한 외국과의 상호간에 집합투자증권 교차판매 절차를 간소화하기 위한 자본시장법 개정안(의안번호: 2013919)을 제출하였다.
147) Wegen/Lindemann(1999), para. 6.04에 따르면, 그 이유는 다음과 같다. 첫째, 어느 회원국에서 형성된 법적 사실이 다른 회원국에서 적용되는 것은 국제사법 규칙을 적용한 결과가 아니고, 외국법의 효력을 인정하기 위하여 국내법의 효력을 자발적으로 제한한 결과도 아니며, 오히려 국내 실질법 차원의 입법적 결단을 따랐을 뿐이다. 다만, 여기에서의 외국법은 진정한 의미에서의 그것은 아니다. 유럽연합의 모든 회원국은 이사회지침을 국내법상으로 이행하고 있었기 때문에, 하나의 회원국에서 적용되는 모든 규제와 기준은 다른 회원국의 그것과 같은 내용이었다. 둘째, 상호인정원칙은 외국법의 적용을 의미하지 않고, 국내법 차원에서 독자적인 입법적 결단을 통하여 외국 행정기관에 의한 공법상 행위의 효력을 인정함을 의미할 뿐이다.
148) 근자에 유럽연합을 중심으로 논의되고 있는 외국 공문서에 기록되거나 외국

제3절 투자설명서책임의 목적과 이론적 근거

Ⅰ. 목 적

1. 투자자 보호

자본시장관련법상 규제의 일차적 목적은 투자자 보호이고, 이차적 목적이 자본시장 질서유지(또는 건전성 유지)이다.149) 자본시장관련법에 의한 투자자 보호는 일반적인 소비자 보호와는 다른 방법으로 행하여진다. 후자의 경우에는 소비자기본법 등 소비자보호법제를 통하여 상품의 품질을 보증하고 결함 있는 상품으로부터 소비자를 보호하는 반면에, 전자의 경우에는 증권의 가치를 보증하는 것이 아니라 자기책임원칙에 따라 투자판단의 결과를 투자자에게 귀속시키되, 그 전제로서 증권의 가치를 판단하기 위한 충분한 정보를 투자자에게 제공하는 것이다. 바꾸어 말하면, 발행인, 인수인 등과 투자자 간의 정보의 비대칭과 불균형을 해소함으로써 투자자의 합리적인 투자판단을 가능하도록 하는 것이다.150)

행정기관에 등록되어 있는 '법적 상태의 승인(recognition of legal situation)'의 문제로 이해할 여지가 있다. 법적 상태의 승인에 관하여는 일단 Lehmann (2016b), pp. 11-43 참조.

149) 임재연[2009], 3면 참조.

150) Kalss(2007), pp. 71-73; 김주영(2013), 45면; 홍승일(2016), 114면 참조. 대법원 2013. 11. 28. 선고 2011다96130 판결은 투자설명서 기재 내용의 계약적 구속력이 문제된 사건에서 투자설명서 제도의 취지에 관하여 다음과 같이 설시하였다(밑줄은 필자가 추가): "전문적인 금융지식이 부족한 일반투자자로서는 신탁약관 및 취득하고자 하는 수익증권의 내용을 이해하기가 쉽지 않기 때문에 신탁약관 및 수익증권의 내용을 보충적으로 설명하고 구체화하는 내용의 투자설명서를 작성하여 투자자에게 제공함으로써 간접투자에서 정보의 비대칭성을 극복하고 투자자로 하여금 신탁약관 및 취득하고자 하는 수익증권의 내

투자설명서의 양대 목적은 정보제공목적(Informationzweck)과 투자권유목적(Werbezweck)인데,[151] 투자자 보호라는 목적을 고려한다면 전자가 주된 것이라고 할 수 있다. 각국의 자본시장관련법은 증권 공모시 정확하게 작성된 투자설명서의 작성·제출·사용·교부의무와 그 위반시 행정규제, 형사처벌과 함께 민사책임을 규정함으로써 투자설명서의 정보제공목적을 달성하고자 한다.[152]

한편 간접공모의 경우 인수인은 인수의무가 있는 증권을 투자자에게 분매하려는 판매압력을 받으므로 투자자에게 적극적으로 투자권유를 하게 된다.[153] 따라서 인수인의 판매압력으로부터 투자자를 보호하기 위하여도 발행공시규제의 일환으로 투자설명서책임이 필요하다.[154]

2. 자본시장 질서유지

투자설명서책임제도의 일차적 목적 내지 직접적 효과는 투자설명서 부실표시로 인하여 손해를 입은 투자자가 손해를 전보 받는 것이지만, 궁극적인 목적은 투자설명서 부실표시의 경제적 유인이 있는 발행인, 인수인 등이 잠재적인 손해배상책임을 우려하여 투자자의 투자판단에 필요한 중요정보를 정확히 공시하도록 강제함으로써 발행공시규제의 의도, 즉 자본시장의 질서유지 내지 공정성·신뢰성·효율성 제고라는 정책목표를 달성하는 것이다.[155] 이것이 투자설명서책임제도의 사전적 감독

용을 충분히 이해할 수 있도록 하려는 데 있다."

151) Santelmann[2003], S. 38.

152) 김건식/정순섭[2013], 225면.

153) 구로누마/권종호 譯[2015], 39-40면 참조.

154) 박승배(2010), 184-185면 참조. 이지은(2012), 125면은 투자자 보호제도는 국가의 후견인적 지위에 기초하고 있다고 설명한다.

155) 자본시장법 제1조의 목적조항 및 Garcimartín(2011), p. 450; 구로누마/권종호 譯[2015], 6, 49, 75면 참조.

(*ex ante* control) 기능이다. 이를 통하여 충분한 정보를 제공 받은 투자자가 자본시장에서의 거래에 참여함으로써 적정한 가격이 형성되어 시장가격의 왜곡이 방지될 수 있다.[156] 어느 국가도 발행인으로 하여금 임의로 공시제도를 선택하도록 허용하지 않는다.[157] 또한 투자설명서책임에 따른 손해배상액은 금융투자업자가 행할 자발적 보상의 기준이자 관할당국이 행할 금융분쟁조정의 기준으로 기능할 수 있다.[158]

자본시장 질서유지를 통한 금융자원의 효율적 배분을 위하여는 증권의 발행인 또는 증권의 가치가 충분한 정보에 기초하여 정확히 평가되어야 한다. 이를 통한 효율적인 가격결정은 기업이 시장원리에 따라 자금을 조달하기 위한 전제조건이다.[159] 기업이 사업에 필요한 자금을 은행 등 금융기관으로부터 차입하는 경우에는 금융기관이 사업의 수익성을 평가함으로써 대출금의 이율, 변제기 등이 결정되는 반면에, 기업이 주식이나 사채를 발행하여 투자자로부터 직접 자금을 조달하는 경우에는 주식의 수량이나 사채의 이율은 증권회사를 통하여 많은 투자자의 판단을 집약하여 결정된다. 결국 증권회사가 전문성을 발휘하고 시장원리가 적정하게 작동할 수 있도록 시장의 제반조건을 정비하는 것이 자본시장을 통한 금융자원의 효율적 배분, 즉 장래성 있는 유망기업이 유리한 조건으로 사업자금을 조달할 수 있도록 하는 것의 요체라고 할 수 있다.[160] 투자설명서를 통한 공시는 진입조건(terms of entry)을 충족한 기업의 최초기업공개와 유상증자를 촉진하는 기능을 한다.[161]

---

156) 구로누마/권종호 譯[2015], 8면 참조. 종래의 정보제공모델에 대한 문제제기로 김정연(2017), 374-375면 참조. 다만, 지분증권, 채무증권의 공모는 파생상품을 일반투자자에게 판매하는 경우에 비하여 정보제공모델이 여전히 타당할 가능성이 높다.

157) 회사법의 해부/안수현 譯[2014], 제9장, 434면.

158) 김주영(2013), 44면.

159) 회사법의 해부/안수현 譯[2014], 제9장, 426면; 김화진[2015], 277-278면 참조.

160) 구로누마/권종호 譯[2015], 3-4면.

161) 회사법의 해부/김건식 譯[2014], 제2장, 78-79면 및 주21 참조.

자본시장은 불특정 다수인 간의 비대면거래가 많고, 정보가 가격결정에 핵심적 역할을 수행하므로, 허위의 정보 또는 정보의 부족으로 인한 불확실성은 가격에 반영되고, 이는 금융비용을 증가시킨다.[162] 적정한 가격이 형성되어야 금융자원의 효율적 배분도 가능한데, 충분한 정보의 제공은 자원배분의 왜곡을 방지하기 위한 핵심적 수단이다.[163] 궁극적으로는 정확한 투자정보 제공을 통한 국민의 투자활동 촉진으로 국민의 자산이 증가함으로써 국민경제의 건전한 발전도 도모할 수 있다.[164]

Ⅱ. 이론적 근거

1. 사적 집행 이론

종래 미국에서는 자본시장관련법 위반에 따른 손해배상책임에 대하여 사적 집행(private enforcement)이라는 관점에서 실증분석에 기초한 법경제학적인 논의가 많이 행하여져 왔다. 이는 관할당국이 행정규제와 형사처벌에 의하여 사전적으로 개입하는 '규제(regulation)'와 민사법상 손해배상책임제도를 이용하여 사후적으로 배상책임을 부과하는 '책임규칙(liability rule)'이라는 양대 억지수단(deterrent) 중에서 무엇을 선택할지 또는 양자를 어떻게 결합할지의 문제로 논의되어 왔다.[165]

---

162) Garcimartín(2011), p. 449.

163) 구로누마/권종호 譯[2015], 4, 7-8면.

164) 구로누마/권종호 譯[2015], 4-5, 8-9면.

165) 경제학적 논의의 상세는 김일중/모병욱(2006), 119-124면 참조. 행정제재로서의 과징금과 형사처벌로서의 벌금은 상한이 정하여져 있고, 자본시장에서의 불법행위를 통하여 취할 수 있는 부당이득에 비하면 약소한 수준이므로, 행정제재와 형사처벌만으로는 자본시장에서의 불법행위를 근본적으로 억제할 수 없다. 또한 행정제재와 형사처벌은 손해를 입은 투자자에 대한 직접적 보

자본시장에서의 위법행위를 통제하기 위한 기존의 방법론은 셋으로 대별할 수 있다.[166] 첫 번째는 자본시장에 대하여 아무런 규제를 가하지 않고 계약법, 불법행위법 등 일반적인 민사법 체계 내에서 사후적으로 구제하는 방법이다. 정부의 규제가 없더라도 시장참여자들에 의한 자율규제가 가능하다는 것이다.[167] 두 번째는 자본시장관련법을 통하여 사적 소송(private litigation)[168]을 용이하게 제기할 수 있도록 하는 방법이다. 정부가 자본시장관련법에 고의·과실, 인과관계, 손해배상액 추정 등을 정형화하여 규정함으로써 투자자가 사적 소송에서 직면하는 불확실성과 소송비용을 감소시켜 사적 소송을 촉진할 수 있다는 것이다.[169] 세 번째는 관할당국이 공적 집행(public enforcement)으로서 행정규제와 형사처벌을 가하는 방법이다. 손해배상 요건의 정형화만으로는 사적 소송이 촉진될 수 없고, 관할당국이 준입법권, 준수사권, 인사개입권 등 막강한 재량권을 통하여 발행인의 활동에 적극적으로 관여하여야 한다는 것이다.[170]

1960년대의 자본시장 방임주의이론 이후 1970년대부터는 규제와 책임규칙이라는 양대 억지수단 간의 선택을 전제로 논의가 행하여졌다. 1970년대의 고전적인 법경제학적 논의는 이분법적 택일을 전제로 상황별로 어느 억지수단의 경제적 성과가 우월한지를 검토하는 방법론을 채택하였고,[171] 현재까지도 큰 영향력이 있는 1980년대의 연구에서는 규제와

상이 아니므로 별도의 제재수단이자 손해전보수단으로서 민사책임이 요구된다. 성희활[2018], 240면.

166) 이하는 La Porta/Lopez-de-Silanes/Shleifer(2006), pp. 1-5를 기초로 김일중/모병욱(2006), 125면 이하에 정리된 경제학적 분석을 법학적 관점에서 정리한 것이다.

167) 김일중/모병욱(2006), 125-126면 참조.

168) 단순히 '민사소송'이라고 번역할 수도 있으나, 사적 집행으로서의 성격을 강조하기 위하여 '사적 소송'이라는 용어를 사용하였다. 같은 용례로 임재연[2009], 13면.

169) 김일중/모병욱(2006), 126-128면 참조.

170) 김일중/모병욱(2006), 128-130면 참조.

171) 김일중 등(2007), 98면 참조.

책임규칙이라는 양자의 억지수단이 현실에서 가지는 경제적 성과를 다음과 같이 정리하였다. 즉, 책임규칙을 선택하여야 하는 상황은 ① 자본시장법 위반행위자가 관할당국보다 그 위반행위가 초래할 위험성에 관한 정보를 파악하기가 용이한 경우와 ② 관할당국이 규제업무를 효과적으로 수행하기 위하여 소요되는 각종 행정비용이 과도한 경우이고, 규제를 선택하여야 하는 상황은 ③ 자본시장법 위반행위자가 자신의 행위로부터 초래되는 피해를 배상할 능력이 충분한 경우, 즉 판결의 집행불능이 문제되지 않는 경우와 ④ 자본시장법 위반행위자가 자신이 초래한 피해를 이유로 실제로 사적 소송을 제기당할 가능성이 낮은 경우이다.[172] 그러나 각국의 자본시장관련법은 규제 또는 책임규칙을 선택적으로 채택하기보다는 양자를 결합하는 경우가 많았기 때문에 종래의 논의는 현실을 적실성 있게 설명하지는 못하고 있었다.[173]

실증연구에 따르면,[174] 자본시장에서의 위법행위의 억지수단은 ① 공시규제(공시요건의 구체성과 범위), ② 민사규제(손해배상책임에 근거한 소 제기의 용이성), ③ 행정규제(규제를 집행하는 관할당국의 재량권과 규제위반시 제재의 수준, 즉 공적 집행의 강도)를 구분하여 검토하여야 하는데,[175] 위 ②, 즉 자본시장관련법을 통하여 공시규제와 책임규칙을 결합함으로써 사적 소송을 촉진하는 방법이 가장 적절하다고 한다.[176]

172) 김일중 등(2007), 98-99면 참조.
173) 김일중 등(2007), 99면. 유럽연합의 투자설명서지침과 투자설명서규정은 사적 집행보다는 투자자보호와 시장접근성에 주안점을 두고 있는 것처럼 보이나, 사적 집행에 관하여는 유럽연합의 개별 회원국이 규율하고 있을 뿐이다. 따라서 유럽연합 차원의 규범에 사적 집행에 관한 내용이 최소화되어 있다고 하더라도 이를 문제라고 할 수는 없다. Schammo[2011], p. 240.
174) 상세는 La Porta/Lopez-de-Silanes/Shleifer(2006), pp. 1-32 참조. 이는 전세계 49개국의 공시규제와 책임규칙의 결합형태에 관한 실증연구이다.
175) 황진자(2011), 197-198면 및 주13 참조.
176) 김일중/모병욱(2006), 130-132면. 소비자기본법 등 금융소비자 관련 법제는 위 ②를 도외시하고 위 ①과 ③에만 치중하고 있다는 지적으로 황진자(2011), 198면.

2. 시장사기 이론

시장사기 이론이란 증권시장에서 거래되는 증권의 가격은 거래시점에 공시된 모든 정보를 반영하여 형성된다는 전제에서, 공시된 정보가 중요사항에 관하여 부실표시가 있는 경우 시장가격은 실제의 정당한 가치를 반영하지 못하고, 부실공시된 정보에 기초한 가격으로 거래한 당사자는 부실표시로 인하여 손해를 입은 것으로 추정된다는 이론을 말한다.[177] 증권거래는 비대면방식이 대부분이므로, 손해를 입은 투자자로 하여금 부실표시와 개별 증권거래 간의 인과관계, 즉 거래인과관계를 통상의 방법으로 증명할 것을 요구하는 것은 비현실적이다.[178]

미국 연방대법원은 Basic 판결[179]에서 원고가 단지 부실표시를 신뢰하였다는 복멸 가능한 추정(rebuttable presumption of reliance)을 원용함으로써 거래인과관계를 증명할 수 있다고 판시하여 시장사기 이론에 근거한 증명책임의 전환을 인정하였다.[180] 시장사기 이론의 배경은 1970년대 미국에서 제창된 효율적 자본시장 가설(efficient capital market hypothesis)이다.[181] 증권거래는 매도인과 매수인 사이에 시장이 마치 대리인과 같이 개입하여 가용한 모든 정보에 기초한 현재의 적정한 시장가격을 투

2020. 3. 24. 국회를 통과한 금융소비자 보호에 관한 법률도 마찬가지이다.

177) 김용재[2016], 265-266면.

178) 김화진[2016], 52면.

179) *Basic Incorporated v. Levinson*, 485 U.S. 224 (1988).

180) 김화진[2015], 360-367면; 김화진[2016], 51-57면.

181) 이에 관한 선구적인 경제학적 연구로 Fama(1970) 참조. Fama(1970), pp. 413-416에 따르면, ① 정보가 시장가격에 반영되는 정도가 낮은 시장에서는 과거의 정보가 현재의 가격에 반영되고, ② 그 정도가 중간인 시장에서는 공개된 모든 정보가 가격에 반영되며, ③ 그 정도가 높은 시장에서는 미공개정보를 포함한 모든 정보가 가격에 반영된다고 한다. 공시규제에 기초한 증권시장은 위 ②에 해당한다. 黒沼悦郎[2016], 11頁은 위 ①을 약도(弱度, weak form)의 시장, 위 ②를 준강도(準强度, semi-strong form)의 시장, 위 ③을 강도(强度, strong form)의 시장이라고 한다.

자자가 알게 하고, 투자자는 이를 신뢰하여 시장가격으로 거래하며, 시장가격에 반영되는 정보에는 대부분의 공개정보가 포함된다. 부실표시도 여기의 공개정보에 해당하므로, 부실표시를 포함한 모든 정보에 대한 투자자의 신뢰를 추정할 수 있고, 이는 문제되는 부실표시가 증권의 가격을 왜곡시키지 않았다거나 원고가 그와 같은 사실을 알았더라도 거래를 하였을 것을 증명함으로써 번복될 수 있을 뿐이다.[182] 우리 대법원도 인과관계 맥락에서 시장사기 이론을 채택한 것으로 평가된다.[183]

---

182) 김용재[2016], 266면.

183) 김화진[2016], 57면; 장근영(2016), 767-768면. 대법원 1997. 9. 12. 선고 96다41991 판결; 대법원 2007. 10. 25. 선고 2006다16758, 16765 판결; 대법원 2016. 12. 15. 선고 2015다243163 판결 등은 시장사기 이론에 의하여 거래인과관계를 인정하였다고 평가된다. 우리 대법원은 "일반투자자로서는 그 대상기업의 재무상태를 가장 잘 나타내는 사업보고서의 재무제표와 이에 대한 감사보고서가 정당하게 작성되어 공표된 것으로 믿고 주가가 당연히 그에 바탕을 두고 형성되었으리라는 생각 아래 대상기업의 주식을 거래한 것으로 보아야 한다"고 판시하였다(밑줄은 필자가 추가).

제4절 투자설명서책임의 성질결정

Ⅰ. 서 설

증권 공모시 투자자가 계약관계를 직접 형성하는 상대방은 일정하지 않다. 이는 증권 공모 및 취득과 관련된 행위를 위한 계약관계의 구체적인 양태에 따라 차이가 있다. 특히 문제되는 행위는 인수와 주선이다. 인수[184]는 총액인수와[185] 잔액인수[186]로 구분되고, 주선[187]은 인수 없이

184) 인수(underwriting)란 증권의 공모를 원조하기 위하여 필요한 업무를 담당하거나, 발행되는 증권의 전체 물량이 투자자에게 분매되지 않는 경우 발행인에게 초래되는 위험을 부담하는 것이다. 김건식/정순섭[2013], 262면.

185) 총액인수(firm commitment underwriting)란 제3자에게 증권을 취득시킬 목적으로 ① 그 증권의 전부 또는 일부를 취득하거나 ② 취득하는 것을 내용으로 하는 계약을 체결하는 행위 또는 ③ 이를 전제로 발행인 또는 매출인을 위하여 증권의 모집·사모·매출을 하는 것을 말한다. 자본시장법 제9조 제11항 제1호(번호는 필자가 추가).

186) 잔액인수(stand-by commitment underwriting)란 제3자에게 증권을 취득시킬 목적으로 ① 그 증권의 전부 또는 일부에 대하여 이를 취득하는 자가 없는 때에 그 나머지를 취득하는 것을 내용으로 하는 계약을 체결하는 것 또는 ② 이를 전제로 발행인 또는 매출인을 위하여 증권의 모집·사모·매출을 하는 것을 말한다. 자본시장법 제9조 제11항 제2호(번호는 필자가 추가). 결국 잔액인수는 응모총액이 모집총액에 미달하는 경우 인수인이 미소화분을 인수하는 것을 말한다. 과거의 인수계약 실무는 총액인수계약에도 사실상 잔액인수에 해당하는 내용이 포함되는 등 총액인수와 잔액인수를 엄밀히 구분하지 않았다. 김건식/정순섭[2013], 263면, 주178 참조. 그러나 금융투자협회가 2008. 12. 30. 제정한 「증권 인수업무 등에 관한 규정」(최근 개정은 2020. 11. 30.)을 보면 현재의 실무는 총액인수와 잔액인수를 엄밀히 구분한다.

187) 주선(또는 모집주선)(best-efforts underwriting)이란 자본시장법 제9조 제11항에 따른 인수 외에 발행인 또는 매출인을 위하여 해당 증권의 모집 또는 매출을 하거나 그 밖에 직접 또는 간접으로 증권의 모집 또는 매출을 분담하는 것을 말한다. 자본시장법 제9조 제13항.

발행사무, 판매사무만 담당하는 것이다.[188] 그러나 우리 자본시장법 제125조 제1항에 규정되어 있듯이 투자자는 증권 공모시 계약관계를 직접 형성하였는지 여부와 무관하게 발행인, 인수인, 주선인 등을 상대로 투자설명서책임을 청구할 수 있다. 투자설명서책임은 자본시장관련법이 정하는 법정책임이나, 문제는 그 법적 성질이 불법행위책임, 계약책임(또는 계약체결상 과실책임) 중 무엇인가 하는 것이다.

실질법 차원에서 법적 성질에 관한 논의는 저촉법 차원에서 성질결정과 밀접한 관련이 있는데, 후술하듯이 성질결정을 위하여는 일단 법정지 실질법의 태도와 각국 실질법을 비교하여 획득되는 개념을 검토하여야 하기 때문이다.[189] 또한 투자설명서책임을 불법행위책임으로 성질결정하더라도, 계약관계의 존재 여부는 준거법 결정의 맥락에서 종속적 연결원칙과 결부되어 있는데, 불법행위가 계약과 밀접한 관련이 있거나, 불법행위로 인하여 계약이 침해되는 경우에는 계약의 준거법이 불법행위에도 적용되기 때문이다.[190]

증권 공모시 투자자와의 계약관계 존재 여부는 개별사안마다 차이가 있을 것이다. 투자자가 상대방과 계약관계를 직접 형성하는 경우에는 투자설명서책임의 법적 성질을 계약책임(또는 계약체결상 과실책임)으로 보고, 그렇지 않은 경우에는 이를 불법행위책임으로 보자는 견해가 있을 수 있고, 양자를 구별하지 않고 투자설명서책임의 법적 성질은 불법행위책임이나 계약책임(또는 계약체결상 과실책임) 중 어느 하나로 보자는 견해도 있을 수 있다.[191] 그러나 저촉법 차원에서 중요한 문제는 투자설

---

188) 수수료를 수취하고 증권을 투자자에게 판매하는 업무만을 담당하는 청약사무취급기관이 주선인에 해당한다. 한국상장회사협의회[2016], 12면.

189) 후술 제2장 제4절 Ⅲ. 2. 참조.

190) 로마Ⅱ규정 제4조 제3항 제2문 및 우리 국제사법 제32조 제3항 참조.

191) 실질법 차원에서 투자설명서 부실표시에 대하여 일반민사법에 근거하여 손해배상을 청구하는 경우 이를 계약체결상 과실책임으로 구성하는 국가로는 독일, 오스트리아, 이탈리아 등이 있다. Kalss(2007), pp. 86-90; ESMA/Annex

명서책임을 청구하는 상대방과의 계약관계 존재 여부에 따라 투자설명서책임의 준거법이 달라지는 결론이 바람직한가 하는 것이다.

Ⅱ. 투자설명서책임의 법적 성질

1. 독일에서의 논의

독일에서는 실질법 차원에서 투자설명서책임의 법적 성질에 관하여 많은 논의가 있었다. 일찍이 1896년 제정된 증권거래소법(Börsengesetz, BörsG)에서 규제대상시장(organisierter Markt 또는 regulierter Markt)[192]에서 거래되는 증권에 관한 투자설명서책임을 규정한 이래 개별법령에서 특별법상 투자설명서책임(spezialgesetzliche Prospekthaftung)을 별도로 규정하였다.[193] 파생상품거래와 규제대상시장 외에서의 증권거래가 활성화되면서 회색자본시장(graue Kapitalmarkt)이 등장함에 따라 독일 법원은 이에 대응하기 위하여 민법상 투자설명서책임(bürgerlichrechtliche Pros-

---

III(2013), pp. 4-7, 88, 145 참조. 다만, 이들 국가는 일반불법행위책임으로의 구성도 인정한다.

192) 유럽연합 투자설명서지침의 국내이행을 위하여 제정된 증권투자설명서법도 같은 용어(organisierter Markt)를 사용한다. 유럽연합의 투자설명서지침과 투자설명서규정은 'geregelter Markt'(영어로는 regulated market)라는 용어를 사용한다.

193) 증권거래소법 제44조 내지 제47조 외에도 공모투자설명서법(Verkaufsprospektgesetz, VerkProspG) 제13조, 투자회사법(Gesetz über Kapitalanlegegesellschaften, KAGG) 제19조, 제20조, 해외투자법(Auslandinvestment-Gesetzes, AuslInvestmG) 제12조 등이 투자설명서책임을 규정하고 있었다. Hopt/Voigt/Ehricke[2005], Deutschland, S. 190ff. 참조. 증권거래소법 제정 전에도 일반상법전(Allgemeines Deutsches Handelsgesetzbuch, ADHGB)이 주선인의 일반적 책임에 관하여 규정하고 있었다. Encyclopedia EPL/Hellgardt[2012], Prospectus Liability, p. 1384. 독일은 유럽연합 차원의 투자설명서책임법제 통일화 기조에 따라 특별법상 투자설명서책임에 관한 법제를 단일화하여 증권투자설명서법을 2005. 7. 1.부터 시행하였다.

pekthaftung)의 개념을 정립하였다. 현행법상으로는 증권투자설명서법에 따른 투자설명서 미작성·미교부와 투자설명서 부실표시에 대한 민사책임뿐만 아니라 민법에 따른 계약체결상 과실책임과 불법행위책임이 인정될 수 있다.[194)]

종래 민법상 투자설명서책임의 법적 성질에 관하여는 계약상 인정되는 설명의무 위반에 따른 계약책임이라는 견해, 비계약적 성질의 불법행위책임이라는 견해, 다수설로서 신뢰보호의무 위반에 따른 계약체결상 과실책임이라는 견해가 주장되었는데, 견해의 대립은 공동불법행위책임과 사용자책임에 관한 독일 민법 제830조와 제831조의 적용 가능성과 관련하여 실질법 차원에서 의미가 있었다.[195)]

계약체결상 과실책임의 개념은 독일 민법상 불법행위법의 경직성과 불충분성을 극복하기 위하여[196)] 신뢰책임(Vertrauenshaftung)을 근거로 독일 연방대법원이 판례를 통하여 정립한 법리이고, 그 적용범위가 지속적으로 확대되어 왔다. 투자설명서책임은 계약체결상 과실책임의 유형 중[197)] 계약이 유효하게 체결되었으나 계약의 교섭 또는 체결에 간접적

---

194) ESMA/Annex III/BaFin(2013), pp. 87-88. 독일 증권투자설명서법 제25조 제2항은 특별법상 투자설명서책임 외에 민법상 투자설명서책임이 인정됨을 명시한다.

195) Groβ[2016], § 21 WpPG, Rn. 9.

196) 개관은 Encyclopedia EPL/von Hein[2012], *Culpa in Contrahendo*, pp. 430-431 참조. 독일 민법은 생명, 신체, 건강, 자유, 소유권 기타 권리에 대한 침해(제823조 제1항), 보호법규 위반(제823조 제2항), 공서양속 위반(제826조)만을 불법행위책임의 발생원인으로 규정한다. 즉, 일반적인 재산적 손해는 보호법익으로 규정하고 있지 않다. 또한 독일 민법은 대리인 또는 이행보조자의 과책에 대하여 본인이 책임을 부담한다고 규정하고(제278조), 본인이 아닌 대리인 또는 이행보조자가 스스로 계약의 상대방에 대하여 부담하는 책임은 불법행위법에 의하여 규율되는데, 독일 민법은 불법행위의 성립을 위하여 고의의 존재를 요구하므로(제826조), 대리인 또는 이행보조자가 과실로 계약상대방에게 손해를 입힌 경우에는 대리인 또는 이행보조자에게 책임을 부담시킬 수 없다. 민법주해/최흥섭[2009], 제535조, 268면 참조.

197) 계약체결상 과실책임의 유형은 다음과 같이 분류함이 일반적이다: ① 비계약

으로 관여한 제3자의 유책적 행태로 인하여 상대방에게 손해가 발생한 경우(이른바 제3자책임)의 대표적인 예로 논의되었다.[198] 그러나 독일 연방대법원이 계약체결상 과실책임의 근거를 개인적·주관적 신뢰가 아닌 전형적·객관적 신뢰로 설명하기 시작하자 이것이 본질에 있어서 불법행위책임과 차이가 없다는 유력한 비판이 제기되었다.[199] 독일 민법은 2002년 개정으로 계약체결상 과실책임의 법리를 제311조 제2항과 제3항에 입법화하였고,[200] 민법상 투자설명서책임은 그에 해당하게 되었으며,[201] 투자설명서 미작성·미교부 또는 부실표시가 보호법규 위반(제823

적 법익이 침해된 경우, 즉 생명, 신체, 재산에 관한 보호의무를 위반한 경우, ② 계약교섭을 부당하게 일방적으로 파기한 경우, ③ 무효 기타 사유로 효력이 없는 계약을 체결한 경우, ④ 계약이 유효하게 체결되었으나 상대방의 설명의무 위반으로 내용상 불리한 계약을 체결한 경우, ⑤ 계약이 유효하게 체결되었으나 계약교섭 또는 계약체결에 관여한 제3자의 유책적 행태로 인하여 상대방에게 손해가 발생한 경우(이른바 제3자책임). 상세는 민법주해/최흥섭[2009], 제535조, 254-271면 참조. 주석민법/전하은[2014], 제535조, 208-209면은 위 ⑤를 위 ④의 한 유형으로 파악한다.

198) 독일 연방대법원은 제3자책임은 ① 제3자가 그 계약체결에 대하여 고유한 경제적 이익을 가지고 있어서 마치 자신의 업무를 수행하듯이 계약교섭을 행한 경우와 ② 제3자가 계약상대방에 대하여 특별한 개인적 신뢰를 유발하였고 이를 통하여 계약교섭에 영향을 미친 경우에 성립할 수 있다고 한다. 또한 독일 연방대법원은 제3자책임이 인정되는 제3자의 범위를 ⓐ 대리인, ⓑ 계약체결에 직접적으로 관여하였던 자, ⓒ 계약체결에 간접적으로 관여하였던 자로 점차 확대하였고, 투자설명서책임은 위 ⓒ에 해당한다는 것이다. 민법주해/최흥섭[2009], 제535조, 268-271면 참조.

199) Christian von Bar의 견해이다. 상세는 민법주해/최흥섭[2009], 제535조, 253면 참조.

200) 계약체결상 과실책임은 "채권관계는 그 내용에 좇아 각 당사자에 대하여 상대방의 권리, 법익 및 이익을 위하여 배려할 의무를 부담시킬 수 있다"고 규정하는 독일 민법 제241조 제2항과 결부되어 있다. 독일 민법 제311조 제2항과 제3항의 내용은 양창수 譯[2018], 161면 참조.

201) 투자자가 직접 채권관계를 형성한 자에 대하여는 독일 민법 제311조 제2항에 근거한 투자설명서책임청구가 가능하고, 직접 채권관계를 형성하지는 않은 제3자에 대하여는 동법 제311조 제3항에 근거한 투자설명서책임청구가 가능하다. 다만, 투자설명서책임주체로부터 직접 증권을 취득한 매수인만이 민법

조 제2항)이나 고의의 공서양속 위반(제826조)에 해당하는 경우에는 민법상 불법행위책임이 성립할 수도 있다.[202]

2. 한국에서의 논의

우리나라에서는 투자설명서책임을 민법 제750조의 불법행위책임규정에 대한 특칙으로 이해하는 것이 일반적이다.[203] 자본시장법상 투자설명서책임규정은 투자자가 발행공시규제를 위반한 발행인, 인수인 등으로부터 충분하고 효과적으로 손해전보를 받을 수 있도록 증명책임 전환 등 민법상 일반원칙을 수정하고 있다. 우리 대법원도 투자설명서책임은 민법상 불법행위책임과는 별도로 인정되는 법정책임이나, 그 실질은 민법상 불법행위책임에 해당한다고 판시하였다.[204] 따라서 자본시장법상 투자설명서책임과 민법상 불법행위책임이 각각의 요건을 모두 충족하는 경우에는 투자자는 양자를 모두 행사할 수 있다(청구권 경합).[205] 전술하였듯이 투자설명서를 작성할 책임이 있고 부실표시에 대한 권한과 책임이 있는 자연인도 투자설명서책임주체에 해당할 수 있으므로,[206] 경우

상 계약체결상 과실책임을 주장할 수 있다. ESMA/Annex III/BaFin(2013), p. 88.

202) 독일 민법 제823조 제2항의 보호법규에는 시장사기에 대하여 형사처벌을 부과하는 독일 형법 제264조a이 포함된다고 한다. ESMA/Annex III/BaFin(2013), p. 88.

203) 석광현/정순섭(2010), 58면; 김건식/정순섭[2013], 229면; 장근영(2016), 757면; 임재연[2019], 476면 참조.

204) 대법원 2015. 11. 27. 선고 2013다211032 판결; 대법원 2016. 9. 28. 선고 2014다221517 판결. 전자에 관한 소개와 평석은 박준/정순섭[2016], 78면 이하 참조.

205) 서울지방법원 1996. 8. 28. 선고 96나15298 판결은 "피해자가 굳이 증권거래법에 의한 손해배상책임보다 엄격한 요건을 갖추고 있고, 입증이 곤란한 민법상의 불법행위책임을 주장하는 것까지 배제하는 취지는 아니라 할 것"이라고 판시하였다. 자본시장법상 여러 특칙에도 불구하고 민법상 불법행위책임을 추궁하는 이유는 자본시장법에 규정된 단기의 제척기간에 비하여 민법 제766조에 규정된 소멸시효기간(손해 및 가해자를 안 날로부터 3년, 불법행위를 한 날로부터 10년)이 투자자에게 더 유리할 수 있기 때문이다. 임재연[2019], 477-478면.

에 따라서는 민법 제756조에 따른 사용자책임이 인정될 수도 있다.[207]

우리나라에서는 독일처럼 투자설명서책임을 계약체결상 과실책임의 일종으로 논의하지는 않는 것으로 보인다.[208] 우리 민법은 독일 민법과 달리 일반적·포괄적 불법행위책임조항을 두고 있으므로 독일 민법의 특수성에 유래한 계약체결상 과실책임의 개념을 별도로 인정하여야 하는지는 논란이 있다.[209] 다만, 우리 대법원은 구 간접투자자산운용업법에 따른 투자설명서의 기재 내용은 일정한 경우에 신탁약관의 내용과 결합하여 '계약적 구속력'을 가진다고 판시하였는데,[210] 이와 같은 태도를 발

---

206) 전술 제2장 제2절 Ⅱ. 3. 참조.

207) 투자설명서책임에 관한 사건은 아니나, 대법원 2012. 3. 29. 선고 2011다80968 판결은 금융회사 직원이 구 간접투자자산운용업법에 따른 펀드에 관한 허위의 자산운영보고서를 송부한 사건에서 금융회사의 사용자책임에 따른 손해배상책임을 인정하였다. 펀드 판매회사의 직원이 가격변동이나 금리변동에 따른 위험이 내재한 펀드에 가입한 고객에게 원금손실이 발생한 사실을 고지하지 않고 오히려 수익이 발생한 것처럼 허위사실을 기재한 자산운영보고서를 송부함으로써 고객으로 하여금 환매시기를 결정할 수 있는 기회를 상실하게 하여 투자손실을 입힌 불법행위에 대하여, 대법원은 펀드 판매회사의 사용자책임을 인정하여 그 직원의 사용자로서 고객에게 손해배상의무가 있다고 판단하였다. 간단한 평석으로는 양호승, "2012년 분야별 중요판례분석 ⑫ 자본시장법", 법률신문 2013. 5. 3.자 참조.

208) 한기정(2006), 186-187면은 발행공시규제가 아니라 영업행위규제의 맥락에서, 금융기관이 금융거래계약 체결 전에 광고, 고객관계설정, 투자권유, 판매 등의 과정에서 부담하는 의무를 신의칙상 주의의무의 일종으로서의 '계약체결상 주의의무'라고 하고, 이를 위반하면 계약체결상 과실책임을 부담한다고 한다.

209) 계약체결상 과실책임의 독자성을 인정하는 견해로 곽윤직[2003a], 55면 이하; 송덕수[2019], D-47 이하 참조. 이를 부정하는 견해로 양창수(1991), 386면 이하 참조.

210) 대법원 2013. 11. 28. 선고 2011다96130 판결은 다음과 같이 판시하였다(밑줄은 필자가 추가): "구 간접투자자산운용업법 제28조, 제56조 제1항, 제2항의 투자설명서에 관한 규정 및 취지에 비추어 보면, 투자설명서의 기재 내용 자체가 투자신탁계약의 당사자들 간에 당연히 계약적 구속력이 있다고 볼 수는 없다. 투자설명서에 기재된 내용이 신탁약관의 내용을 구체화하는 내용인 경우 신탁약관의 내용과 결합하여 계약적 구속력을 가진다. 다만, 그 기재 내용이

전시킨다면 투자설명서책임을 계약책임 또는 계약체결상 과실책임으로 보아야 한다는 결론에 도달할 여지가 있다. 또한 당사자들 간에 지식과 정보의 격차가 현저한 금융투자상품 매매계약과 같은 경우 정보제공의 무는 부수적 의무가 아니라 주된 의무이므로, 정보제공의무 위반은 계약의 효력에 직접적 효력을 미치는 강제력을 가진다는 견해[211] 역시 동일한 입론이 가능할 여지가 있다.

3. 당사자별 투자자와의 계약관계 존재 여부 검토

발행인은 증권을 직접 공모할 수도 있고, 인수계약을 체결하여 인수인, 주선인을 통하여 판매함으로써 간접적으로 공모할 수도 있다. 전자가 직접공모(direct public offering)이고, 후자가 간접공모(indirect public offering)인데, 전자는 인수위험을 발행인이 직접 부담하나 후자는 이를 인수인이 부담한다. 직접공모가 증권 공모의 방법으로 일반적이지는 않으나,[212] 우리 자본시장법은 이를 금지하지 않는다.[213]

직접공모의 경우 발행인과 투자자 간에 증권의 취득에 관한 계약관계가 직접 성립한다.[214] 인수인, 주선인을 통한 간접공모의 경우에는 발행인과 투자자 간에 계약관계가 직접 성립할 수도 있고,[215] 그렇지 않을

개별약정으로서 구속력을 가질 수는 있지만, 개별약정으로서 구속력이 있는지 여부는 투자설명서에 기재된 구체적인 내용, 그 내용이 기재된 경위와 당사자의 진정한 의사 등을 종합적으로 고려하여 판단하여야 한다."

211) 최현숙(2006), 248면.

212) 임재연[2019], 407면 참조.

213) 직접공모는 발행인이 직접 발행사무를 담당하는 자기모집과 제3자가 이를 대행하는 위탁모집으로 구분된다. 맹신균[2017], 306면. 자본시장법 시행령 제125조 제1항 제2호 바목 및 제2항 제9호는 주권비상장법인이나 설립 중의 법인이 인수인의 인수 없이 지분증권을 공모하는 경우를 상정하고 있다. 김건식/정순섭[2013], 261면.

214) 구로누마/권종호 譯[2015], 25면.

수도 있으나,[216] 인수인(대개 주간사 인수인) 및/또는 주선인이 발행인의 대리인으로서 증권을 모집하는 때에는 발행인과 투자자 간에 계약관계가 직접 성립한다.[217][218] 매출의 경우에도 마찬가지이다. 직접공모의 경

---

215) 김건식/정순섭[2013], 266면은 증권은 인수인, 주선인 등 중개기관을 거쳐(구체적으로는 발행인 → 공동주관회사 → 인수인 → 판매단 → 투자자) 양도되는 것이 아니라 발행인이 투자자에게 직접 양도하는 것이라고 보아야 하고, 극히 예외적인 경우가 아닌 한, 발행인과 투자자 간에 계약관계가 직접 성립한다고 한다.

216) Huber/Bach[2011], Art. 4 Rome II, para. 44; Palandt/Thorn[2013], Art. 4 Rom II, Rn. 30 참조.

217) 채권의 발행시장에 따라 발행인은 주간사 인수인과만 인수계약을 체결하기도 하고(영국/유럽), 주간사 인수인과 참가 인수인을 구별하지 않고 인수단 전체와 인수계약을 체결하기도 한다(미국). 후자의 경우 주간사 인수인이 인수단을 대표하여 인수계약을 체결하고, 각 인수인이 개별적으로 인수책임을 부담한다. 전자의 경우 주간사 인수인은 발행인의 대리인으로서 연대인수책임을 부담한다. 어느 경우든 주간사 인수인이 발행인의 대리인이 된다. 신영무[1987], 532-534면; 홍대희[2017], 22-25면 참조. 채권은 인수계약 체결 당시 발행되어 있지 않고 납입일에 발행됨이 보통이다. 발행인의 대리인인 주간사 인수인은 인수계약 체결에 즈음하여 판매단에 채권의 매도를 청약하고 판매단이 이를 승낙함으로써 발행인과 판매단 간에 매매계약이 성립한다. 납입일까지 인수계약의 해제사유가 발생하지 않는 한 납입일에 계약이 이행된다. 김영무 등[1989], 19면 참조.

218) 발행인과 주간사 인수인 간에 체결되는 인수계약에 따른 계약책임의 경우 국가별로 실무에 큰 차이가 있다. 미국에서는 인수인이 투자설명서책임을 부담하는 경우 이를 발행인에게 전가하는 면책약정(indemnification)이 인수계약이 포함되는 것이 일반적이다. 박준(2017), 42면 이하 참조. 다만, 부실표시에 대하여 인수인이 악의인 경우뿐만 아니라 악의가 아닌 경우에도 연방항소법원이 면책약정의 효력을 부정함에 따라 미국의 법률실무상으로는 인수계약에서 면책약정을 제외한 부분에 대하여만 효력·집행 가능성에 관한 법률의견을 제공하거나, 면책약정 전체에 대하여 이를 제공하지 않는다고 한다. 박준(2017), 46-49면 참조. 우리나라에서도 인수계약에 면책약정이 포함되는 예가 많은데, 그것이 공서양속에 반하여 무효인지는 논란의 여지가 있다. 박준(2017), 49-55면 참조. 한편 영국에서도 투자설명서 부실표시가 있는 경우 발행인과 그 이사가 인수인에게 계약책임을 부담한다는 내용이 인수계약에 표준적으로 포함

우 매출인과 투자자 간에 계약관계가 직접 성립하고, 인수인, 주선인이 개입하는 경우 매출인과 투자자 간의 직접적 계약관계의 성립 여부는 거래의 구체적 양태에 따라 다르며, 주간사 인수인 등이 매출인의 대리인으로서 개입하는 때에는 매출인과 투자자 간에 계약관계가 직접 성립할 것이다.

인수인, 주선인은 투자자와의 관계에서 금융기관과 고객 간의 계약관계가 존재하나, 이는 증권양수도 자체와 직접 관련된 계약관계는 아니다. 주간사 인수인이 발행인의 대리인으로서 증권을 공모하는 경우에는 발행인과 투자자 간에 계약관계가 직접 성립되고, 다른 인수인, 주선인과 투자자 간에는 증권양수도에 관한 계약관계가 형성되지 않는다. 그러나 경우에 따라서는 인수인이 발행인과의 사이에 체결한 인수계약에 근거하여 발행인으로부터 증권을 취득한 다음에 투자자와의 사이에 체결한 증권양수도계약에 근거하여 투자자로 하여금 증권을 취득하게 할 수도 있다. 이 경우에는 인수인과 투자자 간에 증권양수도계약이 직접 성립한다.

4. 준거법 결정원칙에의 함의

유의할 점은 투자설명서책임은 투자자와 투자설명서책임주체 간에 계약관계가 직접 존재하는지 여부와 무관하게 성립할 수 있다는 것이다. 투자자가 증권을 취득한 이상 발행인, 인수인, 주선인 등은 투자설명서에 부실표시가 있는 경우에는 투자자와의 사이에 계약관계가 있는지 여부와 무관하게, 투자자가 청약시점에 부실표시 사실을 알았든 그렇지 않든, 투

되나, 유럽연합의 다른 국가에서는 일반적으로 그렇지 않다. 유럽연합 집행위원회가 2015년 실시한 투자설명서지침에 관한 설문조사에서 영국의 이익단체인 TheCityUK가 제출한 의견 참조. 이는 https://ec.europa.eu/eusurvey/publication/prospectus-directive-2015?surveylanguage=en에서 열람이 가능하다.

자설명서책임을 부담한다. 따라서 투자설명서책임은 투자자 보호와 자본시장 질서유지라는 규제목적의 달성에 봉사하는 특수한 불법행위책임이라고 보아야 하고, 설령 투자자가 그와 계약관계가 존재하는 투자설명서책임주체에 대하여 제기한 청구라고 하더라도, 계약 자체에서 유래하는 계약책임이라거나 계약체결을 향한 과정에서 발생하는 계약체결상 과실책임의 일종이라고 볼 것은 아니다. 투자자와 계약관계가 존재하는 경우에는 계약책임으로 볼 여지가 있다고 하더라도, 같은 기회에 행하여진 증권공모발행에서 투자자와 계약관계가 존재하는 상대방에 대하여 청구한 투자설명서책임은 계약책임이고 그렇지 않은 경우에는 불법행위책임이라고 보는 것은 불필요한 혼란을 초래할 수 있다고 생각된다.

Ⅲ. 투자설명서책임의 저촉법상 성질결정

1. 성질결정의 의의

성질결정(characterization, classification, Qualifikation)이란 외국적 요소가 있는 생활사실을 적절한 저촉규정에 포섭하기 위한 목적에서의 개별 국제사법 규정에 있는 체계개념(Systembegriff)의 해석을 말한다.[219] 이를 통하여 개별 저촉규정의 사항적 적용범위가 획정되고,[220] 생활사실은 특정한 저촉규정의 연결대상에 포섭되어 그 저촉규정에 따라 지정되는 준거법을 통하여 생활사실을 둘러싸고 있던 법률관계의 전모가 파악된다. 성질결정은 법률관계를 발생시킨 생활사실 자체에 주목하여야 하는 것이지, 법률관계에 기초한 청구의 목적에 주목하여야 하는 것이 아니다.[221] 개별 저촉규정이 연결대상으로 특정한 생활사실을 명시하고 있

219) 석광현[2013], 23면.
220) 이호정[1985], 102면; 석광현[2013], 23면.

는 경우에는 성질결정이 문제되지 않으나, 판단의 대상인 생활사실과 개별 저촉규정에 명시된 연결대상이 정확히 일치하는 경우는 많지 않으므로 성질결정이 중요할 수밖에 없다.

2. 성질결정의 준거법

가. 학설의 개관

성질결정의 준거법 내지 성질결정 문제의 해결기준은 국제사법의 전통적인 난제 중 하나이다.[222] 이에 관하여는 다음과 같이 다양한 학설이 주장되어 왔다.[223] ① 법정지 실질법(*lex civilis fori*)의 체계개념을 기준으로 성질결정을 하자는 견해(법정지법설),[224] ② 법정지 국제사법에 의하여 준거법으로 지정된 국가의 실질법(*lex civilis causae*)의 체계개념을 기준으로 성질결정을 하자는 견해(준거법설),[225] ③ 법정지국이나 준거법

221) Scott(2009), pp. 57-58.

222) 성질결정의 준거법 문제를 입법적으로 해결한 국가도 다수 있다. Hernández-Breton(2004), pp. 333-335 참조. 불충분한 입법적 해결보다는 이를 해결하지 않는 것이 낫다는 비판론도 유력하다. Hernández-Breton(2004), pp. 332-333 참조.

223) 상세는 이호정[1985], 107-120면; 장문철[1996], 79-93면; 박기갑[1996], 175-180면; 서희원[1999], 55-61면; 석광현[2013], 29-31면; 한복룡[2013], 143-151면; 신창선/윤남순[2016], 85-87면; 안춘수(2004), 338-345면 참조.

224) 전통적으로 법정지법설의 근거로 다음과 같은 두 가지가 제시되었다. 첫째, 국제사법도 국내법의 일부를 구성하므로 외국법의 적용 여부는 법정지국이 결정하기 때문에, 국제사법상 체계개념은 법정지의 실질법상 의미로 해석하여야 한다는 것이다(Franz Kahn의 견해). 둘째, 외국법의 적용은 정의의 관점에서 법정지국이 그 주권을 포기하는 것이므로, 그 한계는 법정지국만이 결정할 수 있고, 이를 외국에 위임할 수는 없다는 것이다(Etienne Bartin의 견해). 이호정[1985], 108-110면 참조. 법정지법설은 스페인, 포르투갈, 루마니아, 튀니지 등의 입법례와 독일의 판례가 취하고 있는 태도이다. 안춘수(2004), 338-339면; 신창선/윤남순[2016], 85면, 주9 참조.

225) 준거법설의 치명적인 단점은 성질결정 없이 국제사법에 따라 준거법을 결정

소속국과 같은 특정 국가의 실질법상 체계개념을 탈피하여 국제사법상 독자적인 체계개념을 비교법적 방법으로 정립함으로써 그것을 기준으로 성질결정을 하자는 견해(Ernst Rabel의 비교법설),[226] ④ 비교법설을 전제로 개별 저촉규정이 봉사하는 국제사법적 이익(당사자이익, 거래이익, 질서이익)을 분석하여 구명되는 법정책적 목적을 고려하여 성질결정을 하자는 견해(Gerhard Kegel의 이익분석설),[227] ⑤ 법정지 실질법의 체계개념을 기준으로 일차적 성질결정을 하고, 외국법이 준거법으로 지정되는 경우 그 외국 실질법의 체계개념을 기준으로 독립적인 2차적 성질결정을 하자는 견해(단계적 성질결정론), ⑥ 법정지법설을 전제로 비교법설을 결합하여, 법정지 실질법의 체계개념이 아니라 그것보다 추상화되어 있고 비교법적 방법으로 획득되는 기능개념(Funktionsbegriff)을 기준으로 성질결정을 하되, 개별 실질법 규정 및 개별 저촉규정의 기능과 법정책적 목적, 다른 규정과의 상호관계를 고려하자는 견해(기능적 또는 목적론적 성질결정론) 등이 있다.[228]

할 수는 없으므로 준거법에 따라 성질결정을 하자는 것은 논리적으로 모순이라는 것이다(선결문제 요구의 오류). 석광현[2013], 29-30면; 신창선/윤남순[2016], 85면. Scott(2009), pp. 58-59는 원고가 청구를 제기하기 위하여 근거한 법(law by reference to which the claimant pleads his claim)이라고 하는데, 준거법설과 유사한 입장으로 보인다.

226) 비교법설의 단점은 성질결정을 위하여 독자적인 체계개념을 정립하는 것이 법원에 과중한 부담이 될 수 있다는 것이다. 이는 비교법설에 기초하고 있는 이익분석설과 기능적 성질결정론에서도 마찬가지일 수 있다.

227) 스위스의 입법례와 판례가 취하고 있는 태도로 보인다. 스위스는 국제사법상 대부분의 저촉규정에서 다른 국가의 입법례에서 사용된 문언이나 사용될 가능성이 있는 문언을 의도적으로 사용하였고, 스위스 법원은 법정지 실질법을 기준으로 성질결정을 하되 국제사법상 목적을 함께 고려한다고 한다. Karrer/Arnold/Patocchi[1994], para. 15.4, n. 36; para. 15.5.

228) 기능과 목적을 고려하여야 하는 대상은 실질법과 저촉법 중 무엇인지, 양자 모두인지가 문제된다. Kropholler[2006], SS. 129-130은 실질법 규정의 기능 및 목적을 명확히 하고, 이를 저촉규정의 기능 및 목적과 비교할 필요가 있다고 한다.

유럽사법재판소는 1983년 Peters 판결에서 성질결정에 관하여 의미 있는 설시를 하였다.[229] 국제사법상 체계개념은 국제사법의 적용목적상 독자적 개념으로 취급되어야 하고, 국제사법이 완전한 효력을 가지는 것을 보장하기 위하여 국제사법의 체계와 목적을 주되게 참고하여 해석되어야 한다는 것이다.[230] 이는 국제사법상 체계개념의 독자성, 국제사법의 목적과 체계(다른 저촉규정과의 상호관계)의 고려를 통한 국제사법의 완전한 효력 보장을 언급하였다는 점에서, 위 ⑥의 기능적 성질결정론과 유사한 태도라고 할 수 있는데, 기능과 목적을 고려하여야 하는 대상으로 법정지 실질법이 아니라 국제사법을 언급하였다는 점에 특색이 있다.

사견으로는 독일의 다수설인 위 ⑥의 기능적 성질결정론이 타당하다고 본다. 국제사법의 체계개념은 생활세계(Lebenswelt)에서 형성되는 다종다양한 내국 및 외국 실질법상 법률관계를 포착하기 위하여 대표적이고 전형적인 내국 실질법상 법률관계를 한정적으로 규정해놓는 것이 일반적이므로, 내국 실질법뿐만 아니라 다양한 외국 실질법을 비교법적으로 검토함으로써 체계개념을 기능개념으로 고양시켜 이해하여야 하고, 이때 성질결정을 위하여 함께 고려하여야 하는 사항에는 검토 대상인 개별 저촉규정들의 기능과 목적뿐만 아니라 내국 및 외국 실질법이 공통적으로 추구하는 기능과 목적도 포함된다고 할 수 있다.

나. 투자설명서책임에서 기능개념의 고려

위 ⑥의 기능적 성질결정론에 따른 투자설명서책임의 성질결정은 이를 국제사법상 기능개념인 불법행위책임, 계약책임 또는 (로마Ⅱ규정의

---

229) Peters 판결은 계약상 청구에 대한 의무이행지의 특별관할, 즉 브뤼셀Ⅰ개정규정 제7조 제1항 a호에 상응하는 브뤼셀협약 제5조 제1항에 관한 것이다. 국제재판관할 맥락에서의 설시이나, 준거법 맥락에서도 유효하다고 생각된다.

230) Peters 판결, para. 10.

경우) 계약체결상 과실책임 중에서 무엇에 해당한다고 판단하여 그에 관한 저촉규정에 포섭시킬지의 문제이다. 투자설명서책임의 법적 성질에 관하여 실질법 차원에서는 독일을 중심으로 논란이 있으나, 저촉법 차원에서는 그와 무관하게 국제사법 자체의 관점에서 투자설명서책임의 성질결정이 행하여져야 한다.[231] 성질결정의 목적에서 계약과 불법행위의 구분은 국제사법 차원에서 독자적으로 행하여져야 하기 때문에 각국의 실질법이 발전시켜온 학설상 구분과 반드시 일치하지는 않는다.[232]

기능적 성질결정론에 따라 투자설명서책임을 성질결정하는 경우에 고려할 수 있는 개별 저촉규정의 기능과 법정책적 목적은 무엇인지, 나아가 내국 및 외국의 실질법 차원에서 공통되는 투자설명서책임제도의 기능과 법정책적 목적을 어떻게 고려할지가 문제된다. 이 경우 국제사법과 자본시장법의 다른 규정과의 상호관계를 고려하였을 때 국제사법과 자본시장법이 완전한 기능을 발휘할 수 있는 방안을 모색하여야 한다.

유럽사법재판소는 2015년 Kolassa 판결에서 투자설명서책임청구가 소비자계약상 청구로 성질결정되어야 한다는 주장을 배척하면서 원고가 주장한 경제적 접근(economic approach)이나 계약의 연쇄(chain of contracts) 개념을 인정하지 않았는데,[233] 이는 '약자에게 유리하게(*favor laesi*)' 또는 '소비자에게 유리하게(*favor consumptoris*)'라는 경제적·정책적 목적이 투자설명서책임의 성질결정에서 고려될 수 없다고 판단한 것이다.[234]

투자설명서책임을 계약책임으로 성질결정하는 경우 대개 사전적 준거법 합의가 없으므로 사후적 준거법 합의가 없는 한 객관적 연결이 문제되고 이는 특징적 이행의 판단과 관련하여 불확실성을 초래한다. 그러나

---

231) von Hein(2008), S. 378.

232) 실질법 차원에서의 법적 성질론과 다르게 저촉법 차원에서 성질결정한 예에 관한 독일 연방대법원 판결들의 소개는 von Hein(2014/2015), pp. 259-260 참조.

233) Kolassa 판결, paras. 27, 30.

234) von Hein(2014/2015), p. 259.

이를 불법행위책임으로 성질결정하는 경우 불법행위지원칙이라는 비교적 명확한 기준과 예외조항을 통한 교정의 가능성이 있다.[235] 국제사법적 정의의 관점에서는 투자자 또는 배상책임자의 상거소지법이나 주된 사무소 소재지법이 적용되기보다는 문제되는 증권 공모와 가장 밀접한 관련이 있는 시장지법이 적용됨으로써 당사자들의 이익이 충족되고 해당 시장지의 발행공시규제가 의도하였던 목적도 달성될 수 있을 것으로 보인다. 따라서 투자설명서책임의 성질결정 맥락에서 국제사법상 기능개념으로서 불법행위의 의미를 해석하기 위하여는 위와 같은 실질법상 기능과 목적, 그리고 저촉법상 기능과 목적이 함께 고려되어야 한다.[236]

3. 투자설명서책임의 성질결정

가. 유럽연합에서의 논의

유럽연합에서는 투자설명서책임의 성질결정에 관하여 계약책임설, 계약체결상 과실책임설, 불법행위책임설이 제기되고 있다. 위법행위의 유형화를 통하여 불법행위책임이나 계약체결상 과실책임으로 성질결정

---

235) 우리 국제사법 제8조 제2항은 당사자가 합의에 의하여 준거법을 선택하는 경우에는 동법 제8조 제1항의 일반예외조항이 적용될 수 없다고 규정한다. 한편 격지불법행위로 구성하여 투자자의 준거법 선택권을 인정하는 것은 투자자에게 유리하므로 저촉법상 기능이 실질법상 목적에 봉사한다고 볼 수 있다. 이를 성질결정과 기능개념의 맥락에서 어떻게 고려할지는 추가적인 검토를 요한다.

236) 다만, 어느 저촉규정에서 규정하고 있는 특정한 연결점을 문제되는 개별사안에서 식별해내기 어렵다는 이유로 다른 저촉규정에 의하여 준거법을 결정할 의도로 성질결정을 하는 것은 허용되지 않는다고 보아야 한다. 즉, 저촉법상 기능과 목적을 고려한다는 것이 문제되는 개별 저촉규정들에 규정되어 있는 연결점들의 식별 가능성을 고려하는 것까지 포함할 수는 없다는 것이다. Magnus/Mankowski/Mankowski[2016], Art. 7 Brussels I*bis*, para. 75 참조.

하자는 견해도 있다.[237] 유럽사법재판소는 Kolassa 판결에서 투자설명서책임을 불법행위책임으로 성질결정하였다.[238]

먼저 투자설명서책임을 계약책임으로 성질결정하여 로마 I 규정을 적용하자는 견해가 있을 수 있다.[239] 로마 I 규정은 증권 공모발행시 형성되는 계약관계에 적용되는데,[240] 여기의 계약관계에 투자설명서책임도 포함된다는 것이다. 유럽사법재판소는 1992년 Handte 판결과 1998년 Réunion Européenne SA 판결에서 계약상 채무의 개념에는 일방 당사자가 타방 당사자와의 관계에서 자유롭게 형성한 채무가 존재하는 모든 상황이 포함된다고 판시하였는데,[241] 증권 공모발행시 투자자는 발행인, 매출인 또는 인수인으로부터 직접 증권을 취득하므로, 그와 계약관계를 직접 형성하고, 투자설명서에 기재된 정보가 청약 내용의 일부로 취급되어 계약조건의 일부를 구성하며, 투자설명서상 부실표시가 증권양수도계약의 해제 등 계약상 효과로 귀결될 수 있다는 것이다.[242] 또한 투자설명

237) Reithmann/Martiny/Freitag[2015], Bankvertäge, Rn. 6.567; Einsele(2017), SS. 785, 810은 특별법상 투자설명서책임과 일반민사법상 투자설명서책임을 구분하여 성질결정한다.

238) Kolassa 판결, para. 44.

239) Garcimartín(2011), p. 451. 직접 당사자 간에는 계약책임으로 볼 여지가 있다는 견해로 龍田節(1996), 102頁 참조.

240) Garcimartín(2011), p. 456, n. 11. 로마 I 규정 제6조 제4항 (d)호는 소비자계약에 관한 특칙의 적용범위에서 양도가능증권의 발행에 관한 계약조건을 구성하는 권리와 의무를 제외한다. 로마 I 규정 전문 제28항은 금융상품이 발행되는 경우에 발행인, 인수인 또는 주선인과 소비자 간에 성립되는 계약관계에는 소비자 상거소지법의 강행규정이 반드시 적용될 필요가 없고, 오히려 발행인, 인수인 또는 주선인의 계약조건의 통일성이 보장될 필요가 있다고 규정한다.

241) Handte 판결, para. 15; Réunion Européenne SA 판결, para. 17. 이들 판결은 브뤼셀협약 제5조 제1항의 맥락에서 소극적으로 다음과 같이 판시하였다(밑줄은 필자가 추가): "the phrase 'matters relating to contract', as used in Article 5(1) of the Convention, is not to be understood as covering a situation in which there is no obligation freely assumed by one party towards the other."

242) Garcimartín(2011), p. 451.

서책임은 지분증권 투자자가 발행인을 상대로 주주로서의 지위에 근거하여 청구하는 것이라고 보는 경우에도 이를 계약책임으로 성질결정할 여지가 있다. 유럽사법재판소는 1983년 Peters 판결에서 네덜란드법상 법인격 있는 조합(association)[243]과 그 사원(member) 간의 금전채무가 사원으로서의 지위(membership)에 근거하고 있는 경우 이를 계약상 채무로 성질결정하여야 한다고 판시하였다.[244] 위 금전채무가 단순히 사원 가입 행위로부터 발생하였거나 조합의 기관(organ)의 결정과 관련된 행위로부터 발생하였더라도 계약으로의 성질결정에는 영향이 없다고 한다.[245] 사견으로는 각국의 자본시장관련법이 투자자와의 계약관계 존재 여부와 무관하게 일정한 범위의 자들에게 일률적으로 투자설명서책임을 부과하고 있으므로 계약책임설은 투자자와 계약관계를 직접 형성하지 않은 자를 상대로도 투자설명서책임을 청구할 수 있다는 것을 설명하기 곤란하다는 점, 계약관계의 존재 여부와 준거법 조항의 존재 여부에 따라 준거법이 상이한 경로로 결정되는 것은 투자설명서책임을 규정하고 있는 자본시장관련법의 취지에 반한다고 볼 여지가 있고 그와 같은 복잡성은 연결정책적 차원에서도 바람직하지 않다는 점과 투자설명서 작성·교부의무와 그 위반에 따른 투자설명서책임은 사법적(私法的) 성질만을 가지는 것이 아니라 공법적 내지 행정규제법적 성질도 가지므로 투자설명서책임을 순수한 계약책임이라고 단정할 수 없다는 점에서, 투자설명서책임을 계약책임으로 성질결정하는 견해는 타당하지 않다고 생각된다.

다음으로 투자설명서책임을 계약체결상 과실책임으로 성질결정하여 로마II규정 제12조 제2항에 따라 준거법을 결정하자는 견해가 있다.[246]

---

243) 네덜란드어로는 'vereniging'이라고 한다.
244) Peters 판결, para. 15.
245) Peters 판결, para. 18.
246) Palandt/Thorn[2013], Art. 4 Rom II, Rn. 30.

자본시장 불법행위 중 위법한 공개매수와 내부자거래·시세조종 등 불공정거래행위에는 불법행위의 준거법에 관한 저촉규정인 로마II규정 제4조를 적용하면 충분하나, 투자설명서책임은 로마II규정 제4조의 적용으로 충분하지 않다는 것이다. 로마II규정이 연결대상으로 규정하고 있는 계약체결상 과실책임은 독자적인 개념이고 반드시 국내법상 의미 내에서 해석되어야 하는 것은 아니지만,[247] 위 견해는 실질법 차원에서 민법상 투자설명서책임의 법적 성질을 계약체결상 과실책임으로 파악하는 독일의 종래 다수설과 일맥상통한다.[248] 로마II규정 제12조는 계약체결 전의 거래(dealings)와 직접적 연관(direct link)[249]이 있는 계약외채무만을 규율하고, 계약체결상 과실책임에는 특히 공시의무(duty of disclosure)의 위반과 계약교섭의 파기가 포함되는데,[250] 위 견해는 투자설명서 부실표시가 여기의 공시의무 위반에 해당한다는 입장으로 보인다.[251] 위 견해는 실제 체결된 계약의 준거법 또는 계약이 체결되었더라면 적용되었을 가정적 준거법을 적용하자는 로마II규정 제12조 제1항이 아니라,[252] 최밀접관련국법,[253] 공통상거소지법, 결과발생지법의 순서로 단계적 연결을 규정하고 있는 로마II규정 제12조 제2항에 따라 투자설명서책임의 준거법을 결정하자고 한다.[254] 사견으로는 계약체결상 과실책임에서의 공

---

247) 로마II규정 전문 제30항.

248) Groβ[2016], § 21 WpPG, Rn. 9.

249) 로마II규정 전문 제30항에 따르면, 예컨대 계약교섭 중에 사람이 상해를 입은 경우에는 로마II규정 제4조 또는 기타 관련규정이 적용되어야 한다는 것이다.

250) 로마II규정 전문 제30항.

251) Corneloup(2014), p. 299 참조.

252) 반면에 Einsele(2017), S. 785는 로마II규정 제12조 제1항의 적용 가능성을 인정한다.

253) 이하에서는 "가장 밀접한 관련이 있는 다른 국가" 또는 "가장 밀접한 관련이 있는 다른 국가의 법"을 지칭하기 위하여 편의상 '최밀접관련국' 또는 '최밀접관련국법'이라는 약칭을 사용하기로 한다.

254) Palandt/Thorn[2013], Art. 4 Rom II, Rn. 30.

시의무 위반은 당사자들 간의 개별적인 계약교섭 과정에서 구체적으로 형성된 신뢰의무에 기초한 것이고 발행공시규제와 같은 자본시장질서법 차원의 공시의무를 염두에 둔 것은 아니라는 점과 투자설명서책임은 당사자들의 개별적인 계약교섭과 무관하게, 즉 그와 직접적 연관 없이 모든 투자자에게 일률적으로 적용되는 제도라는 점에서, 투자설명서책임을 계약체결상 과실책임으로 성질결정하는 견해는 타당하지 않다고 생각된다.

마지막으로 투자설명서책임을 불법행위책임으로 성질결정하여 로마Ⅱ규정 제4조에 따라 준거법을 결정하자는 견해가 있다.[255] 그 근거는 다음과 같다.[256] 첫째, 비교법적 관점에서 대부분의 유럽연합 회원국이 투자설명서책임을 불법행위로 성질결정하고 있다. 기능적 성질결정론에 따라 비교법적으로 획득된 기능개념에 주목하자면 각국의 실질법 차원에서 주류적인 입장을 외면할 수 없다. 둘째, 투자설명서는 개별 투자자가 아니라 특정한 시장을 대상으로 작성·교부되고, 투자설명서책임은 발행인이 투자설명서에 정확한 정보를 기재하도록 하고 투자가가 정확한 투자설명서에 의지하여 투자판단을 하도록 함으로써 시장참여자들의 행위규범으로 작용한다. 따라서 자본시장에서 통용되는 제도로서 정립된 투자설명서책임은 발행인 등과 투자자 간의 계약관계가 아니라 비계약적 관계에 기초한 것이다.[257] 셋째, 순전한 재산적 손해가 발생하였다는 사실에는 아무런 차이가 없음에도 불구하고 계약관계가 존재하는 경우에는 투자설명서책임을 계약책임으로 성질결정하고 그것이 존재하지 않는 경우에는 이를 불법행위책임으로 성질결정하여 양자에 서로 다른 저촉규정을 적용하는 것은 부당하다. 넷째, 계약의 준거법은 당사자자치

255) Benicke(2004), S. 31; von Hein(2008), SS. 375-376; Garcimartín(2011), p. 451; Ringe/Hellgardt(2011), p. 12; Kiesselbach(2011), p. 195; Denninger[2015], S. 143ff.

256) 이하는 대체로 Garcimartín(2011), p. 451 참조.

257) Arons(2008), p. 483 참조.

원칙에 기초하고 있는데, 당사자들 간의 합의라는 연결점은 투자설명서 책임에는 적용이 적당하지 않다. 당사자자치원칙은 자본시장의 보호라는 투자설명서책임제도의 기능과 양립할 수 없기 때문이다.

나. 한국에서의 논의

종래 구 증권거래법상 사업설명서책임을 불법행위책임으로 성질결정하자는 견해가 일반적이었고,[258] 자본시장법상 투자설명서책임에 대하여도 마찬가지 견해가 일반적이다.[259] 계약체결상 과실책임에 해당하는 사안을 유형별로 불법행위책임 또는 계약책임으로 성질결정하자는 견해도 투자설명서책임은 불법행위책임으로 성질결정하자고 한다.[260]

사견으로도 투자설명서책임은 불법행위책임으로 성질결정하여야 한다고 생각한다. 기능적·비교법적 관점에서 본다면, 불법행위책임의 객관

---

258) 이갑수(1986), 13면; 석광현(2001a), 627-628면. 전자의 문헌은 구 증권거래법상 사업설명서책임조항은 일반민사책임에 관한 조항과 성질이 완전히 동일하고 요건, 배상액 등에 대하여 특칙을 정한 것에 불과하므로 국제사법의 일반원칙에 의하여 사업설명서책임의 준거법으로는 불법행위지법이 적용된다고 한다.

259) 석광현/정순섭(2010), 58-59면; 석광현(2019c), 366-368면.

260) 최흥섭(2012), 535면은 투자설명서책임의 당사자들 간에는 계약관계가 없음을 이유로 투자설명서책임을 아래 ⑤로 분류한다. 다만, 증권공모발행의 구체적 형태에 따라서는 투자설명서책임의 당사자들 간에 계약관계가 있을 수 있는데(전술 제2장 제4절 Ⅱ. 3. 참조), 그 경우 아래 ④에 해당한다고 볼 여지가 있고, 최흥섭(2012), 547-548면은 아래 ④의 경우에는 계약책임으로 성질결정하자고 한다. 최흥섭(2012), 546-550면은 ① 생명, 신체, 재산 등 비계약적 법익이 침해된 경우, ② 계약교섭을 부당하게 일방적으로 파기한 경우, ⑤ 계약이 유효하게 체결되었으나 계약교섭 또는 계약체결에 관여한 제3자의 유책적 행태로 인하여 상대방에게 손해가 발생한 경우에는 불법행위책임으로, ③ 무효 기타 사유로 효력이 없는 계약을 체결한 경우, ④ 계약이 유효하게 체결되었으나 상대방의 설명의무 위반으로 내용상 불리한 계약을 체결한 경우에는 계약책임으로 성질결정하자고 한다.

적 성립요소는 가해행위, 손해발생, 인과관계의 셋이고,[261] 계약책임의 객관적 성립요소는 계약상 의무의 존재, 계약상 의무의 불이행의 둘인데, 양자의 중대한 차이는 전자는 그것이 발생한 후에야 비로소 가해자와 피해자의 쌍방 당사자 구조가 성립됨에 반하여, 후자는 그것의 발생 전에 특정한 채권자와 채무자 간의 쌍방 당사자 구조가 성립되어 있음을 전제로 한다는 것이다. 불법행위는 대개 그 직접 상대방에게 손해를 발생시키나, 직접 상대방이 아닌 자에게도 손해가 발생할 수 있고, 직접 상대방에게는 손해가 발생하지 않을 수도 있으며, 개인의 차원을 넘어 시장이나 거래질서를 침해하는 것에 더 중점이 있을 수도 있다. 반면에 계약책임의 경우 쌍방 당사자 간의 관계가 더 중요하고 시장이나 거래질서의 보호는 부차적 목적에 불과하다고 할 수 있다. 불법행위책임과 계약책임의 위와 같은 기능적 차이, 그리고 투자자 보호와 자본시장 질서유지라는 투자설명서책임제도의 목적을 고려한다면, 투자설명서책임은 불법행위책임으로 성질결정하는 것이 바람직하다고 생각된다.

투자설명서책임을 계약책임으로 성질결정하는 경우 발행인과 투자자 간에 체결된 계약서 또는 투자자가 인수인이나 주선인에게 제출한 청약신청서 등 청약 관련 서류에 준거법 조항이 있는 때에는 당사자자치원칙에 따라 해당 준거법에 의하여 증권양수도계약뿐만 아니라 그에 따른 계약책임의 일종으로서 투자설명서책임도 규율된다. 이 경우의 주관적 준거법은 발행인이 공모발행을 하고자 하는 시장지의 법으로 지정됨이 보통일 것이나, 경우에 따라서는 중립적인 다른 제3국의 법으로 지정될 수도 있다. 문제는 투자자와 직접 계약관계를 형성하였는지 여부에 따라 준거법 결정이 파행적으로 행하여지게 되고, 이는 저촉법적 정의의 관점에서 바람직하지 않다는 것이다.

---

261) Hartley(2018), p. 988.

또한 별도의 준거법 조항이 없는 때에는 증권양수도계약의 준거법을 최밀접관련국법으로 연결시켜야 하고,[262] 계약책임의 일종으로서 투자설명서책임도 그에 의하여 규율될 것인데, 발행인과 투자자 간에 체결되는 증권양수도계약에서 특징적 이행이 양도인의 증권 인도라고 본다면, 발행인의 주된 영업소 소재지법이 최밀접관련국법으로 추정될 것이다.[263] 그러나 특징적 이행에 기초한 추정은 깨어질 수 있는데,[264] 발행인이 공모발행을 하고자 하는 시장지와 발행인의 주된 사무소 소재지가 서로 다른 국가에 있는 경우가 대표적이다. 이 경우에는 시장지를 최밀접관련국이라고 볼 여지가 크다. 그렇다면 이는 투자설명서책임을 불법행위책임으로 성질결정하는 견해의 대체적인 결론과 차이가 없고, 투자설명서책임을 계약책임으로 성질결정하는 것의 의미는 퇴색될 수밖에 없다.

Ⅳ. 논의의 정리

스위스를 제외하고는 투자설명서책임에 관하여 특별저촉규정을 두고 있는 입법례는 없다.[265] 로마Ⅰ규정 및 로마Ⅱ규정과 우리 국제사법도 투자설명서책임에 관한 특별저촉규정을 두고 있지 않다. 따라서 투자설명서책임의 성질결정을 위하여 불법행위책임, 계약책임 또는 (유럽연합의 경우) 계약체결상 과실책임에 관한 일반저촉규정의 연결대상을 해석하는 작업이 필수적으로 요청되는데, 이는 법정지 실질법과 비교법적으로 획득된 기능개념을 기준으로 수행되어야 하고, 이때 실질법상 기능과 목적, 그리고 저촉법상 기능과 목적을 함께 고려하여야 한다.

---

262) 국제사법 제26조 제1항 참조.

263) 국제사법 제26조 제2항 제1호 참조.

264) 석광현[2013], 311-313면 참조.

265) Kronke(2000), p. 307. 스위스의 입법례에 관한 상세는 후술 제3장 제5절 Ⅱ. 참조.

우리 국제사법은 계약체결상 과실책임에 관한 저촉규정을 두고 있지 않으므로 계약책임과 불법행위책임의 양자 중 하나로의 성질결정이 문제될 뿐이다. 우리 실질법상으로는 학설과 판례가 투자설명서책임의 법적 성질을 불법행위책임으로 보는 것이 일반적이므로, 투자설명서책임 제도의 실질법상 기능과 목적, 그것이 저촉법적 차원의 성질결정에서 다르게 판단되어야 할 필요성, 투자설명서책임을 통한 투자자 보호와 자본시장 질서유지라는 자본시장법의 규제목적의 효과적 달성, 저촉규범이 완전성을 가지고 효력을 발휘할 수 있는 가능성 등을 고려하여, 계약책임으로 성질결정할 필요성이 현저하지 않으면 실질법상 법적 성질과 마찬가지로 불법행위책임으로 성질결정하는 것이 바람직할 것이다. 이것이 법정지 실질법과 비교법적으로 획득된 기능개념을 기준으로 성질결정을 수행하는 것이라고 생각된다.

다만, 투자설명서책임을 불법행위책임으로 성질결정하더라도 우리 국제사법 제32조 제3항에서 종속적 연결원칙을 채택하고 있으므로, 당사자들 간에 기존 법률관계가 있고 그것이 투자설명서 부실표시에 의하여 침해되는 경우에는 투자설명서책임이 기존 법률관계의 준거법 소속국의 불법행위법에 의하여 규율되어야 함이 원칙이다. 이것이 바람직하지 않다면 우리 국제사법 제8조의 일반예외조항을 통한 적절한 해결책이 마련되어야만 한다.

제3장

투자설명서책임의 준거법 결정원칙의 검토

제1절 논의의 전제
– 자본시장법 제2조의 저촉규범성 여부

투자설명서책임은 우리 자본시장법이 규정하는 행정규제법상 의무인 부실표시 없는 투자설명서 작성·교부의무의 위반에 따라 인정되는 민사책임이다. 국내 증권발행뿐만 아니라 국제적 증권발행을 위하여 작성·교부된 투자설명서에 부실표시가 있는 경우에도 투자설명서책임이 문제될 수 있는데, 예컨대 내국회사 또는 외국회사가 외국 자본시장에서 공모한 증권이 발행일로부터 1년 내에 국내 투자자 50인 이상에게 전매될 가능성이 있어서[1] 금융위원회에 증권신고를 거쳐 공모한 경우 국내 투자자는 내국회사 또는 외국회사를 불문하고 발행인, 인수인 등을 상대로 우리 자본시장법 제125조에 따른 투자설명서책임을 청구할 수 있다.

문제는 외국적 요소가 있는 위 사안에서 우리 자본시장법이 적용되는 법률적 근거이다. 이에 대하여는 다음과 같은 서로 다른 두 가지 입장이 있다.[2] 제1설은 투자설명서책임규정은 투자설명서 미제출·미교부·미사용 또는 부실표시에 대한 행정규제조항 및 형사처벌조항과 달리 사법적(私法的) 성질을 가지고 있으므로, 그것을 외국에서의 행위에 대하여 적용하려면 국제사법에 따라 준거법을 결정하여야 하고, 자본시장법상 투자설명서책임규정은 한국법이 준거법으로 지정되는 경우에만 적용된다는 견해이다. 투자설명서책임도 국제사법의 규율대상이므로, 위 사안도 성질결정을 거쳐 국제사법에 따라 준거법을 결정하자는 것이다.[3]

---

1) 자본시장법 제9조 제7항 및 제9항, 동법 시행령 제11조 제3항, 증권발행공시규정 제2-2조의2 참조. 상세는 후술 제3장 제4절 Ⅳ. 1. 참조.

2) 석광현(2009), 66-68면; 석광현/정순섭(2010), 51-53면; 김건식/정순섭[2013], 837-838면; 김연미(2014), 17, 20-22면; 임정하(2019), 272-273면; 龍田節(1993), 26頁; 龍田節(1996), 102頁; 佐野寛(2002), 181頁 참조.

3) 金融法委員会(2002), 2頁, 註2 참조.

반면에 제2설은 투자설명서책임이 문제되는 행위가 자본시장법상 역외적용규정과 기타 역외적용 요건 관련 규정에 근거하여[4] 역외적용의 요건을 충족하였는지 여부를 판단하여야 하고, 이를 충족한다면 행정규제조항, 형사처벌조항과 함께 투자설명서책임조항이 그 행위에 직접 적용된다는 견해이다. 행정규제 위반이 민사책임의 선결문제이므로,[5] 자본시장법상 행정규제가 역외적용된다면 그에 따른 민사책임에도 자본시장법이 준거법으로 적용된다는 것이다. 자본시장법이 자체적으로 정하는 요건에 따라 독자적으로 준거법이 결정되므로,[6] 국제사법의 적용을 전제로 하는 성질결정은 문제되지 않고, 국제사법에 의하여 지정되는 준거법과도 관계가 없다. 제2설에 따라 역외적용규정 기타 개별 발행공시규제의 역외적용 요건에 관한 규정이 특별저촉규정으로 기능한다면, 국제사법의 통상의 저촉규정에 따른 법률효과(예컨대 격지불법행위에서 피해자의 준거법 선택권)는 원용할 수 없다고 보아야 한다.

사견으로는 제1설을 지지하고, 이하의 논의도 이에 기초하여 진행한다. 그 근거는 다음과 같다.[7] 첫째, 하나의 법률 내에서도 개별 제재규정의 목적과 취지를 고려하여 각각의 적용범위가 확정될 수 있으므로, 투자설명서책임규정 등 민사책임조항은 행정규제조항, 형사처벌조항을 비

---

4) 자본시장법 제2조의 역외적용규정이 대원칙으로 천명하고 있는 효과주의는 '일반요건'이라고 할 수 있고, 예컨대 증권발행공시규정 제2-2조의2가 내국회사 또는 일정한 범위의 외국회사가 외국에서 증권발행시 우리 자본시장법상 발행공시규제가 역외적용되지 않는 조건을 정한 것은 '특별요건'이라고 할 수 있다. 별도로 특별요건을 정하고 있지 않은 자본시장법 위반행위는 일반요건에 의하여 외국에서의 행위에 대한 역외적용 여부가 판단되어야 할 것이다.

5) 석광현(2009), 66면.

6) 석광현/정순섭(2010), 52면은 자본시장법 제2조를 '효과가 미치는 국가'를 연결점으로 삼는 특별저촉규정으로 볼 수 있다고 하나, 국제사법의 적용을 전제로 하지 않는다면, 역외적용의 일반요건을 국제사법의 방법론으로 분석할 필요는 크지 않다. 역외적용의 특별요건이 별도로 있는 사안에서는 더욱 그러하다.

7) 이하는 대체로 석광현(2009), 67-68면; 석광현/정순섭(2010), 53-54면에서 제시된 논점을 구체화시킨 것이다

롯한 다른 자본시장법 규정과 분리하여, 국제사법을 거쳐 그 적용범위를 판단하여야 한다.[8] 민사책임조항이 행정규제조항, 형사처벌조항과 밀접한 관련을 형성하면서 통일적·일체적·중층적으로 적용됨으로써 발행공시규제의 실효성 확보 기능을 수행함은 부정할 수 없으나,[9] 외국적 요소가 있는 사안에서 삼자가 같은 연결원칙을 따라야만 자본시장법이 의도하는 규제목적을 달성할 수 있는 것은 아니고, 무엇보다도 각각의 역외적용을 정당화하는 근거로서의 효과주의가 수행하는 역할과 기능이 삼자간에 큰 차이가 있다. 후술하듯이 행정규제조항의 역외적용범위는 속지주의를 원칙으로 삼아 효과주의에 의하여 '확장'되고, 형사처벌조항의 역외적용범위는 속지주의와 속인주의를 원칙으로 삼아 효과주의에 의하여 '제한'된다.[10] 민사책임조항의 역외적용범위는 사법상 법률관계의 준거법을 결정하는 문제이므로 국제사법 규칙을 원칙으로 삼아야 하고, 공모지 또는 공모신고의무지를 불법행위의 행동지로 보아서 행동지법을 적용하는 경우에는 효과주의를 국제사법 차원에서도 구현할 수 있으며,[11] 행동지-결과발생지 이원주의를 철저히 관철하는 경우, 즉 자본시장 불법행위에서도 불법행위지의 개념에 행동지와 결과발생지를 모두 포함시키는 경우에는 역외적용규정이 제한적 범위에서 자본시장법 제125조의 국제적 강행법규성을 인정하는 근거로 기능할 수 있다.[12]

둘째, 위 사안에서 우리 자본시장법과 공모지인 외국 자본시장관련법이 정하고 있는 발행공시규제가 중첩되어 양자 모두의 민사책임조항이

---

8) 佐野寛(2002), 181頁; 김건식/정순섭(2004), 38면 참조.

9) 石黒一憲(1992), 19頁은 일례로 임원, 주요주주의 단기매매차익 반환의무에 대하여, 민사적 측면과 행정규제의 측면이 한 세트로서 기능하는 것이 예정되어 있으므로, 전체적으로 법정지국(일본)의 절대적 강행법규에 해당한다고 설명한다.

10) 후술 제3장 제4절 Ⅳ. 2. 및 3. 참조.

11) 후술 제3장 제3절 Ⅲ. 3. 참조.

12) 후술 제3장 제4절 Ⅴ. 3. 라. 참조.

문제될 수 있는데,[13] 예컨대 외국에서의 행위가 한국에서 그 직접적 결과가 발생함으로써 투자설명서 부실표시가 양국의 자본시장관련법을 모두 위반하고 그 결과가 한국에도 미친다면, 한국은 불법행위의 결과발생지, 외국은 불법행위의 행동지에 해당할 수 있는데, 제2설은 통상의 저촉규정에 따른 법률효과를 주장할 수 없으므로, 복수 국가의 자본시장관련법 위반이 문제되는 사안에서 피해자는 행동지법과 결과발생지법 중 자신에게 유리한 법을 선택할 수 없게 된다.[14]

셋째, 자본시장법상 역외적용규정 기타 역외적용 요건 관련 규정은 국제사법이 규정하는 정치한 연결원칙과 부합하지 않고, 성질결정과 연결점 확정에 의한 준거법 결정이라는 방법론과도 양립할 수 없다. 또한 역외적용에 관한 일반요건으로서의 효과주의와 달리 특별요건으로 자본시장법과 증권발행공시규정 등 하위법령에서 정하고 있는 요건들은 지나치게 복잡하여 양면적 저촉규범으로 기능할 여지가 거의 없다고 본다. 반면에 예컨대 공모지를 불법행위지로 파악하는 경우 복수 국가의 자본시장관련법의 경합과 그에 따른 모순을 피할 수 있다.[15]

---

13) 석광현/정순섭(2010), 53면은 이를 적극적 저촉(true conflict)의 문제로 설명하면서 양자 중 어느 자본시장관련법을 우선시킬지, 그리고 저촉법적 방법론에 의한 분석을 통하여 우선시킬 법을 결정할지 여부가 문제된다고 한다. 龍田節(1993), 33頁은 양자간에 상충이 있으면 실제적 고려를 통하여 이를 조정할 수 있으나, 준거법 지정으로는 이를 해결할 수 없다고 한다.

14) 김연미(2014), 22면 및 주55는 한국에 상장된 미국회사가 ① 미국에서 분식회계 등 미국 증권거래법 위반행위를 하였고 그 결과 ② 한국에서 공시되는 사업보고서에 부실표시가 있었던 경우, 한국 투자자가 한국 법원에서 우리 자본시장법상 손해배상과 미국 증권거래법상 손해배상을 모두 청구한다면, 한국 투자자는 판례의 태도에 따라 한국법과 미국법 중에서 미국법을 선택할 유인이 있다고 설명한다. 이는 미국이 행동지, 한국이 결과발생지라는 전제에서 격지불법행위의 피해자에게 준거법 선택권이 인정된다는 취지로 이해된다. 위 ①과 ②는 별개의 불법행위일 수 있으나, 한국 법원은 위 ②만을 불법행위로 보고 위 ①은 그 성립요건 중 일부가 외국에서 있었던 것으로 보아야 할 것으로 생각된다.

위와 같은 이유로 제1설을 따르는 경우 투자설명서책임에 관하여 특별저촉규정이 없는 로마I규정 및 로마II규정과 우리 국제사법에서는 성질결정과 연결점 확정에 의한 일반저촉규정(예컨대 불법행위 일반에 관한 로마II규정 제4조 제1항, 우리 국제사법 제32조 제1항)을 통한 준거법 결정이라는 전통적인 경로를 거치게 된다. 전술하였듯이 투자설명서책임은 불법행위책임으로 성질결정하여야 하고,[16] 그 다음 문제로 순전한 재산적 손해가 문제되는 투자설명서책임에서 행동지와 결과발생지라는 전통적인 연결점을 어디로 파악하여야 하는지, 특히 순전한 재산적 손해에서 결과발생지라는 관념이 존재할 수 있는지, 존재할 수 있다면 행동지와의 관계는 어떠한지, 그리고 외국적 요소가 있는 자본시장 불법행위에서 시장지를 연결점으로 삼을 수 있는지와 그 구체적인 의미는 무엇인지, 그것이 가능하다면 불법행위의 행동지인지 또는 결과발생지인지, 아니면 예외조항(또는 종속적 연결원칙)을 통하여 시장지법이 최밀접관련국법(또는 기존관계의 준거법)으로서 적용되어야 하는지, 그 전제로서 불법행위지로서의 시장지의 법을 준거법으로 지정하기 위하여 불법행위지원칙에 우선하는 연결원칙들을 예외조항에 의하여 회피할 수 있는지, 그것이 가능하다면 구체적인 이론구성이 문제될 수 있다.[17]

15) Kronke(2000), p. 311.
16) 전술 제2장 제4절 III. 3. 참조.
17) 논점은 대체로 석광현(2009), 68면; 손경한 등[2014], 350면; 김연미(2014), 20면 참조.

제2절 불법행위의 준거법 결정규칙에 의한 해결

Ⅰ. 서 언

투자설명서책임을 불법행위책임으로 성질결정하는 경우 투자설명서책임의 준거법은 기본적으로 국제사법에서 정하고 있는 불법행위의 준거법 결정규칙에 따라 판단하여야 한다. 본절에서는 로마Ⅱ규정과 우리 국제사법의 비교를 중심으로 불법행위의 준거법 결정규칙을 우리 국제사법이 정하고 있는 단계적 연결의 순서에 따라 당사자자치원칙, 종속적 연결원칙,[18] 공통상거소지원칙, 불법행위지원칙의 순으로 고찰한다.

본절의 내용 중 우리 국제사법의 해석론으로서 주된 논점은 다음과 같다. 투자설명서책임을 계약책임으로 성질결정하여 당사자자치원칙이 인정된다고 한다면 용선계약상 중재조항의 선하증권에의 편입에 관한 논의를 유추할 수 있는지, 투자설명서책임을 불법행위책임으로 성질결정하더라도 제도의 특성상 투자설명서책임의 준거법을 사후적으로 합의할 수 없는 것은 아닌지, 복수의 국가에 소재하는 복수의 투자설명서책임주체와 복수의 국가에 소재하는 복수의 투자자들이 문제되는 사안에서 공통상거소지원칙의 적용을 예외조항을 통하여 회피할 수 있는지, 투자설명서책임과 같이 순전한 재산적 손해가 문제되는 사안에서 결과발생지를 특정할 수 있는지, 그것이 가능하지 않다면 불법행위지를 행동지로만 파

18) 로마Ⅱ규정은 제4조 제3항의 특별예외조항에서 불법행위지와 공통상거소지 외에 명백히 더 밀접한 관련이 있는 국가를 판단하기 위한 요소의 하나로 '기존관계'를 예시하여 완화된 종속적 연결원칙을 취한다. 이에 비하여 우리 국제사법은 다소 경직된 종속적 연결원칙을 채택하고 있는 것으로 보인다. 비교법적 검토의 목적상 우리 국제사법의 종속적 연결원칙은 예외조항에 관하여 기술하는 부분에서 함께 검토하기로 하고, 본절에서는 간단히 기술한다. 상세는 후술 제3장 제3절 Ⅱ. 2. 참조.

악할 수 있는지, 결과발생지의 특정이 가능하다면 행동지와의 관계는 어떠한지, 행동지와 결과발생지로 파악할 수 있는 장소에는 무엇이 있는지를 분석한다. 특히 투자금이 예치되어 있던 계좌의 소재지를 결과발생지로 파악하는 유럽사법재판소 판례의 태도를 비판적으로 검토하고, 불법행위지로 파악할 수 있는 장소로 송금계좌 소재지, 투자자 재산중심지, 투자자 상거소지, 시장지(구체적으로는 공모신고의무지, 공모지 또는 상장지), 발행인 등의 영업소 소재지의 타당성을 검토한다. 마지막으로는 투자설명서책임에서 발행인 소재지, 시장지, 투자자 소재지가 행동지 및/또는 결과발생지 중 해당할 수 있는 것을 개별화·유형화함으로써,[19] 행동지-결과발생지 이원주의에 의한 문제해결의 적실성을 검토한다.

Ⅱ. 로마Ⅱ규정과 우리 국제사법의 비교법적 검토

1. 로마Ⅱ규정 적용제외대상 해당 여부

우리 국제사법은 적용제외대상을 별도로 규정하지 않으나, 로마Ⅱ규정은 제1조 제1항 제2문과 제1조 제2항에서 로마Ⅱ규정이 규율하지 않는 사항을 열거하고 있는데, 이는 예외규정으로서의 성격상 엄격하게 해석하여야 한다.[20] 여기에서의 논의는 우리 자본시장법의 맥락에서는 증권

19) 결론을 간단히 도식화하면 아래와 같다. 상세는 후술 제3장 제2절 Ⅲ. 7. 참조.

유형	발행인 등 소재지	시장지	투자자 소재지
단일불법행위지		행동지/결과발생지	
			결과발생지
격지불법행위	행동지	결과발생지	
	행동지		결과발생지
		행동지	결과발생지

20) Explanatory Memorandum, p. 9.

신고서에 부실표시가 있음에도 불구하고 금융위원회가 신고를 수리하였다면 국가배상책임이 인정되는지, 지분증권을 취득한 투자자는 발행인의 주주의 지위에서 발행인의 속인법에 따라 발행인 및/또는 그 이사를 상대로 투자설명서책임을 청구할 수 있는지와 관련하여 시사점이 있다.

가. 제1조 제1항 제2문

로마Ⅱ규정 제1조 제1항 제2문은 로마Ⅱ규정이 조세, 관세나 행정사무(또는 행정법상 사무)(verwaltungsrechtliche Angelegenheit) 또는 국가의 고권적 권한(hoheitliche Recht)의 행사[21]에 따른 작위와 부작위에 대한 국가의 책임[22]에 대하여는 적용되지 않는다고 규정한다. 문제는 투자설명서책임이 로마Ⅱ규정 제1조 제1항 제2문에 규정된 '행정사무' 또는 '국가책임'에 해당할 여지는 없는가 하는 것이다.

부실표시 있는 투자설명서의 작성·교부에 따른 민사책임은 부실표시 없는 투자설명서의 작성·교부의무와 불가분의 일체를 구성한다. 그러나 후자는 그 자체로는 공법상 내지 행정규제법상 의무에 해당하여 로마Ⅱ규정 제1조 제1항 제2문에 규정된 '행정사무'에 해당하므로 로마Ⅱ규정의 적용범위에 해당하지 않고, 이는 종래 투자설명서지침과 각국의 관련 법령에 의하여 규율되어 왔으며,[23] 2019. 7. 21.부터는 투자설명서규정에

21) 제한적 주권면제론에 따르면, 국가의 행동은 주권적 행위(*acta jure imperii*)와 사법적(私法的) 내지 상업적 행위(*acta jure gestionis*)로 구별되고, 전자에 대하여만 주권면제가 인정된다. 정인섭[2019], 254면 참조.

22) 이는 국내법상 차원의 국가배상책임(Staatshaftung)을 말하는데, 국가의 배상책임 그 자체뿐만 아니라 직접적 가해자인 공무원의 배상책임도 포함하나, 그 공무원의 행위가 순전히 민사적 성격을 가지는 경우에는 로마Ⅱ규정이 적용된다. 최광준(2010), 135-136면 참조. 국제법상 차원에서의 국가책임(state responsibility) 또는 국제위법행위(internationally wrongful act of a State)에 관하여는 정인섭[2019], 404면 이하 참조.

23) von Hein(2008), S. 387.

의하여 규율되고 있다.

또한 부실표시 있는 투자설명서를 승인한 행정상 오류에 따른 국가배상책임 역시 로마II규정의 적용범위에 포함되지 않는데, 이는 로마II규정 제1조 제1항 제2문이 적용제외대상으로 규정하고 있는 사항, 즉 국가가 고권적 권한을 행사한 작위 또는 부작위에 따르는 국가책임에 해당하기 때문이다.[24] 부실표시 없는 투자설명서 작성·교부의무를 부실표시 있는 투자설명서 작성·교부에 따른 민사책임과 동일시하는 경우에는 후자 역시 전자와 마찬가지로 로마II규정의 적용범위에서 배제된다고 주장할 여지가 있으나,[25] 의무와 책임은 개념상 명백히 구별될 뿐만 아니라 상호 독립적인 기능을 수행하므로 그와 같은 동일시는 해석의 한계를 넘어서는 것이라고 본다. 따라서 투자설명서책임이 로마II규정 제1조 제1항 제2문에 해당하여 그 적용범위에서 배제된다고 할 수는 없다.

나. 제1조 제2항 c호

로마II규정 제1조 제2항 c호는 환어음, 수표, 약속어음 기타 양도가능증권(negotiable instruments)으로부터 발생하는 계약외채무를 로마II규정의 적용범위에서 제외하되, 유가증권성 내지 양도가능성(negotiable character, negotiability)으로부터 발생하는 채무로 적용제외범위를 한정한다. 이는 양도가능증권의 유통기능(circulatory function)을 보장하기 위한 것이므로,[26] 양도가능증권의 양도 내지 거래가 가능하도록 하기 위하여 필수불가결한 모든 채무가 적용제외범위에 포함된다.[27] 어느 증권이 양도가능증권으로 분류되더라도, 그 증권에 관한 투자설명서를 작성·교부할 의

24) von Hein(2008), S. 387.
25) von Hein(2008), S. 387은 그와 같은 입론의 여지가 있다고 한다.
26) Garcimartín(2011), p. 452.
27) 윤남순(2013), 277면. 로마I규정의 해석론이나, 로마II규정의 그것으로도 타당하다.

무와 그 투자설명서에 포함되어 있는 정보로 인하여 부담하는 민사책임, 그리고 그 증권의 발행, 매도, 매수로부터 발생하는 채무는 해당 증권의 유가증권성 내지 양도가능성으로부터 유래하는 것이 아니므로, 양도가능증권에 관한 발행공시의무 위반에 따른 투자설명서책임에는 로마Ⅱ규정이 적용된다고 보아야 한다.[28]

다. 제1조 제2항 d호

로마Ⅱ규정 제1조 제2항 d호는 회사 기타 법인(bodies corporate) 또는 비법인단체(bodies unincorporated)의 속인법(*lex societatis*)으로부터 발생하는 계약외채무는 로마Ⅱ규정의 적용범위에서 제외한다. 이는 ① 등록 기타 방법에 의한 설립, 법률상 능력, 내부조직 또는 해산과 관련하여 회사 기타 법인 또는 비법인단체를 규율하는 법으로부터 발생하는 계약외채무, ② 회사 또는 단체의 의무에 관한 임원 및 사원의 개인적 책임,[29] ③

28) 석광현(2019b), 267면; von Hein(2008), SS. 371, 382; Arons(2008), p. 482; Huber/Bach[2011], Art. 1 Rome II, para. 42; Ringe/Hellgardt(2011), p. 20; Garcimartín(2011), p. 452; Kiesselbach(2011), p. 195; MünchKomm/Junker[2015], Art. 1 Rom II, Rns. 33-35; Magnus/Mankowski/Mankowski[2019], Art. 1 Rome II, para. 127. 독일변호사협회(Deutscher Anwalt Verein, DAV)도 로마Ⅱ규정 초안에 대하여 2002. 8. 9. 유럽연합 집행위원회에 제출한 의견서(Stellungnahme des Deutschen Anwaltvereins durch den Ausschuss Zivilrecht zu Auβervertraglichen Schuldverhältnissen)에서 같은 견해를 표명하였다고 한다. Arons[2012], p. 285.

29) 자기거래(self-dealing), 비밀수익(secret profits), 부실경영(negligent management)과 같이 회사의 존속을 해하는 것으로서 이사가 주주와 채권자에 대한 주의의무를 위반하는 행위가 이에 해당한다. Wood[2007], para. 11-015. 문제는 발행인이 작성한 투자설명서와 관련된 이사의 개인적 책임도 로마Ⅱ규정의 적용범위에서 제외되는지 여부이다. 자본시장규제법이 이사에게 자본시장 참여자에 대한 개인적 차원에서의 의무를 부과하고 있는지가 중요한 기준이다. 투자설명서규정 제11조 제1항은 투자설명서에 기재된 정보에 대하여 책임을 부담하는 주체로 발행인이나 그 행정조직, 운영조직 또는 감독조직 등을 명시한다. 그러나

회계서류의 법령상 감사에 있어서 회사 또는 그 사원에 대한[30] 감사의 개인적 책임을 의미한다. 이 조항은 회사 자체에 관한 사항과 주주권으로부터 유래하는 권리·의무 등 회사법상 권리·의무의 준거법은 회사의 속인법, 즉 회사의 설립지법 또는 본거지법이라는 국제사법상 일반원칙을 규정한 것이다.

그러나 투자자가 발행인 등에 대하여 청구하는 투자설명서책임은 회사의 내부조직과 관련이 없으므로 회사의 속인법에 의할 사항이 아니고, 로마II규정의 규율을 받는 사항이다. 로마II규정의 성안과정에서 영국이 "발행인 책임(issuer liability)"을 그 적용범위에서 제외하자고 제안하였으나,[31] 입법절차에서 수용되지 않았음에 비추어 보면,[32] 투자설명서책

투자설명서규정은 투자설명서 부실표시에 대하여 이사가 개인적 책임을 부담하는지, 회사와 함께 연대책임을 부담하는지 등에 대하여 침묵하므로, 로마II 규정의 적용은 배제된다고 보아야 한다. 따라서 이사가 주주, 채권자 등 제3자에 대하여 책임을 부담하는지는 회사의 속인법에 의하여 규율되고, 그와 같은 책임을 성립시키는 요건인 유책사유, 인과관계, 손해발생 등은 계약외채무에 대한 개별국가의 저촉규칙에 의하여 규율된다는 견해가 설득력이 있다. Arons[2012], pp. 287-288 참조.

30) 로마II규정 초안에서는 "personal legal liability of persons responsible for carrying out the statutory audits of accounting documents"라고만 규정하여 적용제외대상에 "회사 또는 그 사원에 대한" 책임뿐만 아니라 투자자(회사 주식의 매수인)에 대한 책임도 포함하고 있었으나, 영국의 제안으로 현재와 같이 규정되었다. 초안이 채택되었더라면 투자자가 회계서류상 부실표시를 이유로 감사를 상대로 손해배상을 청구하는 경우와 재무자문인을 상대로 손해배상을 청구하는 경우에 서로 다른 준거법 결정규칙이 적용되었을 것이다. 즉, 전자의 경우 로마II 규정이 적용되고, 후자의 경우 로마II규정의 적용제외대상에 해당하여 로마II 규정이 적용되지 않았을 것이다. 현행 규정에 따르면 양자 모두에 로마II규정이 적용된다. Arons[2012], p. 285, n. 19.

31) 영국이 제1조 제2항 d호의2로 신설하자고 제안한 조문은 다음과 같다 : "Non-contractual obligations arising out of transactions, such as issuing, admission to trading, offering or marketing, relating to financial instruments, including transferable securities, money market instruments, units in collective investment undertakings, options, futures and other derivatives instruments." Council of the European Union

임이 로마II규정의 적용범위에서 제외되지 않았음은 명확하다. 또한 국제적 증권발행의 실제에 비추어 보면, 예컨대 발행인이 A국 회사법에 따라 설립되었더라도 B국 자본시장에서 증권을 공모하고자 하는 경우에는 B국법상 발행공시의무를 준수하지 않을 수 없다.[33] 발행인의 투자설명서책임의 근거가 되는 투자설명서의무는 회사법이 아니라 자본시장관련법에 기초한 것이다. 이는 회사법상 의무가 아니라 행정규제법상 의무이다.[34] 투자설명서책임을 포함한 발행인과 투자자 간의 법률관계는 회사의 내부조직 또는 운영과 관련이 없고, 주주에게 인정되는 회사법상 권리·의무와도 관련이 없다. 회사법은 회사로 하여금 주주에게 정보를 충분히 제공하도록 함으로써 주주가 이사의 회사 운영에 대하여 적정한 견해를 형성하도록 하는 것을 목적으로 하고, 자본시장관련법은 투자자 보호를 위하여 발행인 및 그 이사로 하여금 투자자에게 발행인 관련 정보를 충분히 제공하도록 함으로써 투자자가 적정한 투자판단을 행하도록 하는 것을 목적으로 하기 때문이다.[35]

라. 우리 국제사법에의 시사점

유럽연합의 경우 발행공시서류가 투자설명서로 일원화되어 있는 반면에, 우리 자본시장법은 이를 증권신고서와 투자설명서로 이원화하고 있고, 전자가 금융위원회에 의한 수리의 대상이다.[36] 금융위원회가 부실

Document No. 7928/06, ADD 1 JUSTCIV 84 CODEC 295, p. 1.

32) Council of the European Union Document No. 7709/06, LIMITE JUSTCIV 79 CODEC 277, p. 7.

33) von Hein(2008), S. 382.

34) Wegen/Lindemann(1999), para. 6.03.

35) Arons[2012], p. 286.

36) 발행인은 투자설명서도 금융위원회에 제출할 의무가 있다. 자본시장법 제123조 제1항.

표시 있는 증권신고서를 수리한 경우, 국가배상법상 요건이 충족됨은 별론으로 하더라도, 우리 국제사법에 특칙이 없는 이상, 행정사무라거나 국가의 고권적 권한의 행사라는 이유만으로 외국 투자자가 우리 금융위원회를 상대로 민사책임의 성질을 가지는 국가배상을 불법행위지법인 한국법에 따라 청구할 수 없는 것은 아니라고 생각된다.[37]

한편 투자설명서책임을 회사의 내부문제 또는 내부문제로서의 성격이 강한 외부문제로 보아 회사의 속인법에 의하여 규율할 수 있는지가 문제된다. 로마Ⅱ규정의 성안과정에서 그와 같은 전제에서 투자설명서책임을 로마Ⅱ규정의 적용범위에서 명시적으로 제외하고자 하는 시도가 있었으나 실패하였는데, 이와 같은 사실이 투자설명서책임에 대하여 회사의 속인법을 적용할 수 없다는 근거가 될 수는 없다. 회사의 속인법으로의 선택적 연결을 규정하는 스위스의 입법례가 존재하고,[38] 우리 국제사법의 해석론으로도 제8조의 예외조항을 통하여 투자설명서책임주체의 속인법으로 연결하자는 주장이 가능하다.[39] 다만, 투자설명서책임주체의 확정과 관련하여 성질상 당연히 회사의 속인법에 의하여 규율되어야 하는 사항은 별론으로 한다.[40]

---

37) 이탈리아에서는 투자자가 투자설명서 부실심사 공무원의 고의 또는 중과실을 증명할 수 있다면, 이탈리아 민법 제2043조의 일반불법행위조항과 예금보호 및 금융시장 규제에 관한 법률(Disposizioni per la tutela del risparmio e la disciplina dei mercati finanziari) 제24조 제6항의2에 따라 관할당국을 상대로 손해배상을 청구할 수 있다고 한다. ESMA/Annex III/Consob(2013), p. 152. 실제로 청구한 예가 있다고 한다. 좌담회/정순섭(2013), 18면.

38) 후술 제3장 제5절 Ⅱ. 참조.

39) 후술 제3장 제3절 Ⅲ. 3. 다. 참조.

40) 예컨대 발행인의 ① 이사와 ② 업무집행지시자가 우리 자본시장법상 증권신고서책임의 배상책임자로 규정되어 있는데, 발행인이 외국회사인 경우 그 속인법에 의하여 배상책임자를 확정하여야 한다. 김연미(2014), 21면. 외국회사의 속인법이 우리 상법 제401조의2의 업무집행지시자에 해당하는 개념을 알지 못하거나 그와 유사한 개념만 알고 있는 경우에 우리 상법상 개념을 적용하여 우리 자본시장법에 따라 책임을 인정할 수 있는지, 아니면 다른 방법에 의하여

2. 해석론상 독립적 연결대상 인정 여부

로마II규정과 우리 국제사법에는 투자설명서책임에 관한 특별저촉규정이 존재하지 않으므로, 원칙적으로는 해당 쟁점의 성질결정을 거쳐 국제사법 내에 존재하는 일반저촉규정에 포섭시키는 방법으로 준거법이 결정되나, 다른 방법으로도 가능하다.

첫 번째는 해당 쟁점과 유사한 분야에 대한 특별저촉규정을 유추적용하는 방법이다. 이는 유사한 분야에 관한 특별저촉규정이 법체계 내에 이미 존재할 것을 전제로 한다. 두 번째는 정형화가 가능한 일정한 쟁점에 대하여 국제사법 내에 있는 예외조항을 통하여 최밀접관련국법을 적용하는 방법이다. 우리 국제사법 제8조, 스위스 국제사법 제15조와 같이 일반예외조항을 두고 있는 입법례도 있고, 로마II규정 제4조 제3항과 같이 종속적 연결원칙을 포괄하는 특별예외조항을 두고 있는 입법례도 있는데, 해당 쟁점에 관한 일반저촉규정을 일반예외조항과 결합함으로써 최밀접관련국법으로의 정형적 연결을 정당화할 수 있다고 본다.[41)]

우리 국제사법은 제32조와 제33조에서 불법행위 일반에 적용되는 준거법 결정원칙을 규정하고 있을 뿐 투자설명서책임을 비롯한 특수불법행위의 준거법에 관한 특칙을 두고 있지 않다. 이는 국제사법 제8조의 일반예외조항을 활용함으로써 구체적 타당성을 기할 수 있음을 고려한 것이다.[42)] 우리 국제사법은 특수불법행위에 대한 유형별 특별저촉규정

해결하여야 하는지가 문제된다. 김연미(2014), 21면은 다른 방법에 의한 해결로 국제사법 원칙에 따른 성질결정을 언급한다. 경우에 따라서는 적응(adaptation)의 문제가 발생할 여지도 있다. 한편 이사 등 배상책임자의 면책을 위한 주의의무의 정도도 속인법에 의하여 결정될 사항이다. 김연미(2014), 21면.

41) 반면에 Palandt/Thorn[2013], Art. 4 Rom II, Rn. 30은 예외조항은 개별사안에서 통상의 저촉규정에 의한 준거법 지정이 적당하지 않을 때 의지하여야 하는 것이지, 일정한 불법행위 유형 전체에 대하여 통상의 저촉규정에 의한 준거법 지정을 교정하려는 목적으로 의지할 수는 없다고 한다.

을 두고 있지 않으므로 투자설명서책임의 준거법을 위 첫 번째 방법론에 의하여 결정할 수는 없다. 그러나 해석론으로는 국제사법 제8조의 일반예외조항을 통하여, 또는 그것을 제32조 제1항과 결합하여 투자설명서책임을 독립적 연결대상으로 인정하고 독자적인 준거법 결정원칙을 구성하는 것이 얼마든지 가능하다. 국제사법 제8조와 제32조 제1항을 결합하는 방법에 의한다면, 투자설명서책임에 대하여는 불법행위지원칙에 우선하는 당사자자치원칙, 종속적 연결원칙, 공통상거소지원칙 중에서 전부 또는 일부를 배제하고 바로 불법행위지원칙에 의할 수 있는지, 그 경우에도 순전한 재산적 손해의 특수성을 고려하여 행동지와 결과발생지 중 어느 하나만을 최밀접관련국으로 선택할 수 있는지가 문제된다.

반면에 로마II규정은 제5조 내지 제9조에서 제조물책임, 부정경쟁행위, 경쟁제한행위, 환경손해, 지식재산권 침해, 쟁의행위와 같은 특수불법행위에 관한 특별저촉규정을 두고 있다. 그 중 제조물책임의 준거법에 관한 로마II규정 제5조를 투자설명서책임의 준거법 결정에 유추적용할 수 있는지가 문제된다.[43] 이는 제조물로부터 직접 손해가 발생하는 제조물책임의 특성이 투자설명서책임과 유사하다는 점에 착안한 주장이다. 그러나 이와 같은 주장은 다음과 같은 이유로 부당하다.

첫째, 투자설명서책임은 증권 자체로부터 직접 발생하는 것이 아니라, 투자설명서에 기재되어 있는 해당 증권 및/또는 그 발행인에 관한

42) 유영일(2001), 126면; 석광현[2013], 405-406면.

43) 이하는 대체로 Denninger[2015], SS. 214-215 참조. 로마II규정 제5조 제1항 및 제2항에 따르면, 제조물책임의 준거법은 ① 손해발생시 책임이 있다고 주장된 자와 손해를 입은 자의 공통상거소지법, ② 손해발생시 피해자의 상거소지법, ③ 제조물 취득지법, ④ 직접손해발생지법의 순서에 의하는데, ②, ③, ④는 해당 국가에서 제조물이 판매되었음을 전제로 한다. 다만, 책임이 있다고 주장된 자가 준거법 소속국에서 해당 제조물이나 동종의 물건이 판매되리라고 합리적으로 예견할 수 없었던 경우에는 그의 상거소지법에 의한다. 그러나 당사자들 간의 기존관계 등 제반사정에 비추어 명백히 더 밀접하게 관련된 다른 국가가 있으면 그 다른 국가의 법에 의한다.

정보에 잘못이 있음에 기인하는 것이다. 투자자가 투자대상에 관하여 잘못된 인상을 형성한 주된 원인은 투자판단의 근거가 되는 투자설명서에 잘못된 정보가 포함되어 있었기 때문이다. 둘째, 증권은 제조물의 개념에 포함되지 않고, 그와 유사한 성질도 없다. 유럽연합 입법자의 의사에 따르면, 로마Ⅱ규정 제5조의 제조물(product)은 제조물책임에 관한 이사회지침에 따라 동산(movables)에 한정되므로,[44] 이는 물리적 실체가 있어야 한다. 그러나 실무상 일괄예탁 후 예탁기관 명의로 사채 실물을 발행하여 보관하는 포괄사채권(global certificate)을 제외하고는 투자 목적으로 증권 실물이 발행되는 예를 찾아보기 힘들다. 결국 로마Ⅱ규정의 차원에서 투자설명서책임이 제조물책임으로 성질결정될 수는 없고, 특수불법행위에 관한 특칙이 그에 유추적용될 수도 없다.

3. 불법행위의 준거법 결정규칙

가. 서 설

여기에서는 로마Ⅱ규정과 우리 국제사법이 규정하고 있는 불법행위의 준거법 결정규칙을 고찰한다. 불법행위의 준거법 결정규칙을 우리 국제사법에 따른 단계적 연결의 순서인 당사자자치원칙(우리 국제사법 제

---

44) 로마Ⅱ규정 제5조상 제조물의 개념은 제조물책임에 관하여 1985년 제정된 이사회지침인 Council Directive 85/374/EEC of 25 July 1985 on the Approximation of the Laws, Regulations and Administrative Provisions of the Member States Concerning Liability for Defective Products의 제2조에 의한다. Explanatory Memorandum, p. 13 참조. 참고로 위 1985년 지침은 1999년에 Directive 1999/34/EC of the European Parliament and of the Council of 10 May 1999 Amending Council Directive 85/374/EEC on the Approximation of the Laws, Regulations and Administrative Provisions of the Member States Concerning Liability for Defective Products에 의하여 개정되었다.

33조, 로마II규정 제14조 제1항), 종속적 연결원칙(우리 국제사법 제32조 제3항, 로마II규정 제4조 제3항 제2문), 공통상거소지원칙(우리 국제사법 제32조 제2항, 로마II규정 제4조 제2항), 불법행위지원칙(우리 국제사법 제32조 제1항, 로마II규정 제4조 제1항)의 순으로 검토한다.

나. 당사자자치원칙

(1) 일반이론

로마II규정과 우리 국제사법 모두 불법행위의 준거법의 사후적 합의를 허용한다.[45] 우리 국제사법은 그 경우에도 법정지법인 한국법만을 선택할 수 있도록 제한하는 반면에,[46] 로마II규정은 그와 같은 제한이 없고, 모든 당사자들이 상업활동(commercial activity)을 추구하는 경우에는 직접손해의 발생 전에 불법행위의 준거법을 자유로운 교섭에 의하여 합의하는 것도 허용한다.[47] 자유로운 교섭에 의한 사전적 합의가 중요한데, 이는 계약을 교섭하고 체결하는 과정에서 쌍방 당사자가 정보가 제공된 결정(informed decision)을 하였음을 전제로 한다.

유로채 등 사채의 국제적 발행의 경우 발행인과 사채권자 간의 권리와 의무를 규율하는 사채계약의 내용은 사채의 조건(Terms and Conditions of Bonds)으로 별도로 규정하는데, 여기에 사채의 준거법을 합의하는 조항이 있는 것이 보통이고, 사채의 조건은 전체가 투자설명서에 기재되므

45) 로마II규정 제14조 제1항 a호 및 우리 국제사법 제33조. 사후적 합의가 명시적으로 가능함은 물론이나, 당사자들이 소송절차에서 준거법에 관하여 다투지 않는 등의 방법으로 묵시적 합의도 가능하다. 석광현[2013], 422면. 이에 관하여 명시하는 로마II규정 제14조 제1항 제2문도 참조.

46) 준거법 합의가 가능한 시기와 법을 제한한 이유는 당사자들의 자유로운 준거법 선택에 따른 법원의 부담을 우려하였기 때문이다. 석광현[2013], 422면.

47) 로마II규정 제14조 제1항 b호.

로 사채의 준거법 조항도 투자설명서에 기재된다.[48] 국가에 따라서는 사채의 준거법이 외국법이면 발행인이 투자설명서에 그 사실을 명시하도록 강제하기도 한다.[49] 그러나 투자자 보호와 자본시장 질서유지라는 투자설명서책임제도의 목적을 고려한다면, 사채의 준거법은 사채의 조건에만 적용되고 투자설명서책임에는 적용되지 않는다고 보아야 한다.[50]

(2) 유사사례로부터의 유추 가능성 검토

우리 국제사법은 불법행위의 준거법의 사전적 합의를 허용하지 않으므로 불법행위의 준거법 결정규칙과는 무관하나, 만약 투자설명서책임을 계약책임으로 성질결정한다면, 당사자들이 당사자자치원칙에 따라 투자설명서책임을 포함한 계약책임의 준거법을 투자설명서 기타 문서의 준거법 조항에 포함시킬 수 있다. 또한 향후 우리 국제사법이 불법행위의 준거법의 사전적 합의를 허용할 수도 있다. 이들 경우를 대비하여 유사사례로부터의 유추 가능성을 검토해보기로 한다.

간접공모의 경우 투자자의 증권 취득 전에는 발행인과 투자자 간에 법률관계가 직접 성립하지 않음이 보통이다.[51] 투자자는 증권을 취득함으로써 주주로서의 지위 또는 사채권자로서의 지위를 취득하여 발행인과 법률관계를 직접 형성한다. 투자설명서책임을 계약책임으로 성질결정하는 경우 로마Ⅰ규정과 우리 국제사법이 당사자자치를 허용하고,[52] 투자설명서책임을 불법행위책임으로 성질결정하는 경우에도 로마Ⅱ규정은 당사자들이 상업활동을 추구하는 때에는 자유로운 교섭에 의한 사

48) 박준/한민[2018], 332-339면 참조.
49) 스위스의 예에 관하여 Kondorosy[1999], S. 265 참조.
50) Kondorosy[1999], S. 265.
51) Huber/Bach[2011], Art. 4 Rome II, para. 44; Palandt/Thorn[2013], Art. 4 Rom II, Rn. 30 참조.
52) 로마Ⅰ규정 제3조 및 우리 국제사법 제25조 참조.

전적 준거법 합의를 허용하는바, 발행인이 작성한 투자설명서 기타 투자권유문서에서 투자설명서책임의 준거법에 관한 사전적 합의를 하는 경우 그 효력이 투자자에 대하여도 인정될 수 있는지가 문제된다.

용선계약상 중재조항이 선하증권에 편입되기 위한 요건에 관한 대법원 판결의 태도를 유추하여,[53] 준거법이 한국법인 경우 투자설명서상 준거법 조항이 발행인과 투자자 간의 법률관계에 편입될 수 있는 요건을 제시해보자면 다음과 같다.

첫째, 투자자가 인수인이나 주선인에게 제출하는 청약신청서에 투자설명서상 준거법 조항을 편입한다는 규정이 기재되어 있어야 한다.

둘째, 청약신청서에 해당 공모발행과 투자설명서가 특정되어 있어야 한다. 이는 투자설명서 작성 기준일과 발행인, 인수인, 주선인을 특정하면 충분할 것이다. 이들이 특정되지 않았더라도 청약신청서를 제출하는 투자자가 해당 공모발행과 투자설명서의 존재와 투자설명서의 준거법 조항의 내용을 알았던 경우에도 위 특정 요건을 구비하였다고 할 수 있

---

53) 대법원 2003. 1. 10. 선고 2000다70064 판결은 용선계약상 중재조항이 선하증권에 편입되기 위한 요건에 관하여 다음과 같이 판시하였다. ① 용선계약상의 중재조항이 선하증권에 편입된다는 규정이 선하증권상에 기재되어 있어야 한다. ② 그 기재상에서 용선계약의 일자와 당사자 등으로 해당 용선계약이 특정되어야 한다. 다만, 위와 같은 방법에 의하여 용선계약이 특정되지 않았더라도 선하증권의 소지인이 해당 용선계약의 존재와 중재조항의 내용을 알았던 경우는 별론으로 한다. ③ 만약 그 편입문구의 기재가 중재조항을 특정하지 않고 용선계약상의 일반조항 모두를 편입한다는 취지로 기재되어 있어서 그 기재만으로는 용선계약상의 중재조항이 편입 대상에 포함되는지 여부가 분명하지 않을 경우에는 ⓐ 선하증권의 양수인(소지인)이 그와 같이 편입의 대상이 되는 중재조항의 존재를 알았거나 알 수 있었어야 하고, ⓑ 중재조항이 선하증권에 편입됨으로 인하여 해당 조항이 선하증권의 다른 규정과 모순이 되지 않아야 하며, ⓒ 용선계약상의 중재조항은 그 중재약정에 구속되는 당사자의 범위가 선박 소유자와 용선자 사이의 분쟁뿐 아니라 제3자, 즉 선하증권의 소지인에게도 적용됨을 전제로 광범위하게 규정되어 있어야 한다. 위 판결에 대한 평석으로는 대표적으로 석광현(2007b), 457면 이하 참조.

다. 다만, 투자자가 이를 알았다는 사실에 관한 증명책임은 투자자의 상대방이 부담한다. 투자설명서에 있는 준거법 조항은 발행인에게 유리하고 투자자에게 불리할 가능성이 높은데, 그 경우 투자자는 준거법 조항의 구속을 받지 않으려고 할 유인이 있다.

셋째, 편입문구(incorporation clause)의 기재가 투자설명서상 준거법 조항을 특정하지 않고 투자설명서의 내용 모두를 청약신청서의 내용으로 편입한다는 취지로 기재하고 있어서 그 기재만으로는 투자설명서상 준거법 조항이 편입 대상에 포함되는지 여부가 분명하지 않을 경우에는 ① 투자자가 그와 같이 편입의 대상이 되는 준거법 조항의 존재를 알았거나 알 수 있었어야 하고, ② 준거법 조항이 청약신청서에 편입됨으로 인하여 해당 조항이 청약신청서의 다른 규정과 모순되지 않아야 하며, ③ 투자설명서상 준거법 조항은 그 준거법 합의에 구속되는 당사자의 범위가 발행인과 인수인 또는 주선인 간의 분쟁뿐만 아니라 제3자, 즉 투자자에게도 적용됨을 전제로 광범위하게 규정되어 있어야 한다.

(3) 투자설명서책임에서 당사자자치 인정 여부

로마II규정은 당사자들 간의 불법행위의 준거법의 사후적 합의뿐만 아니라 일정한 요건을 충족하는 경우 사전적 합의도 허용한다. ① 투자자가 증권을 취득하기 전에는 발행인과 투자자 간에 법률관계가 직접 형성되지 않음이 보통이므로, 투자설명서책임에 관하여 사전적 준거법 합의가 있었다고 하더라도, 최종적으로 증권을 취득한 투자자가 발행인을 상대로 투자설명서책임으로 인한 손해배상을 청구하는 경우에는 원칙적으로 그와 같은 사전적 준거법 합의가 고려될 수 없다.[54)]

② 예외적으로 투자자가 증권을 취득하기 전부터 발행인과 투자자 간

---

54) von Hein(2008), S. 395.

에 법률관계가 직접 형성되어 있다고 하더라도, 이와 같은 경우에만 사전적 준거법 합의가 유효라고 보는 것은 비현실적이고 비합리적이다. 투자설명서책임에 관한 유럽연합 차원의 규제체계의 실효성(*effet utile*)을 확보하려면 이를 회피하기 위한 목적으로 유럽연합 역외의 제3국의 법을 준거법으로 지정하는 것을 방지할 필요가 있다.[55]

다만, 기관투자자 등은 사전적 준거법 합의가 일정한 범위에서 유효하다. 예컨대 특별법상 투자설명서책임이 아닌 민법상 투자설명서책임을 청구하는 경우, 회색자본시장에서의 행위에 대하여 사전적 준거법 합의가 있는 경우 등이 그러하다.[56]

한편 ③ 발행인과 투자자 간의 불법행위의 준거법의 사후적 합의도 허용되지 않는다고 보아야 한다. 투자설명서책임제도의 시장규제적 기능과 시장유지적 기능을 고려한다면, 당사자자치원칙에 의하여 투자설명서책임의 준거법을 지정할 수 있도록 하는 경우 발행시장에서의 투자자 보호와 자본시장 질서유지라는 투자설명서제도의 목적을 달성할 수 없다. 따라서 투자설명서책임은 성질상 당사자자치가 타당하지 않고, 사전적 준거법 합의뿐만 아니라 사후적 준거법 합의도 원칙적으로 허용되지 않는다고 보아야 한다. 이와 같은 결론은 로마II규정 제14조와 우리 국제사법 제33조의 목적론적 축소(teleologische Reduktion, teleological inhibition)에 의하여,[57] 또는 로마II규정의 경우 부정경쟁행위와 경쟁제한행위로부터 발생하는 계약외채무에 대하여 당사자자치를 인정하지 않는 제6조 제4항의 유추적용에 의하여 도달할 수 있다.[58]

---

55) Steinrötter(2015), S. 412; Magnus/Mankowski/Mankowski[2019], Art. 14 Rome II, para. 13.

56) von Hein(2008), S. 395.

57) Steinrötter(2015), S. 412; Magnus/Mankowski/Mankowski[2019], Art. 14. Rome II, para. 13. 목적론적 축소는 법흠결(Rechtslücke)의 보충이어야 하고, 법률에 반하는 법해석(*contra legem*)일 수는 없다. 상세는 김영환(2013), 363-367면 참조.

58) von Hein(2008), S. 395.

반면에 ④ 유통시장에서 증권의 양도인과 양수인이 투자자에게 우호적인 국가의 법을 준거법으로 합의하는 것은 유효하다. 이와 같은 준거법 지정은 로마II규정 제14조 제1항 제2문에 따라 당사자들에게만 효력이 미치므로 발행인의 권리를 해치지 않는다.[59] 우리 국제사법 제33조 단서도 같은 취지이다. 우리 국제사법은 한국법으로의 사후적 합의만 허용하나, 한국법이 투자자에게 우호적인 법이 아니라면 유통시장에서의 양도인과 투자자 간의 사후적 합의도 허용되지 않는다. 외국 자본시장관련법의 적용을 회피하려는 의도가 있는 예외적인 경우에는 외국 자본시장관련법의 실효성 확보를 고려하여 국제사법 제33조의 목적론적 축소를 통하여 그와 같이 해석하여야 한다. 다만, 우리 자본시장법은 유통시장에서의 투자설명서책임을 인정하지 않으므로, 위 ④의 논의의 의미는 제한적이다.

다. 종속적 연결원칙

로마II규정 제4조 제3항은 사안의 모든 사정에 비추어 불법행위가 결과발생지원칙 또는 공통상거소지원칙에 따라 지정된 국가 이외의 국가와 명백히 더 밀접한 관련이 있음이 분명한 경우에는 그 다른 국가의 법이 적용된다고 규정하고, 명백히 더 밀접한 관련을 판단하기 위한 요소로서의 기존관계(pre-existing relationship)의 일례로 불법행위와 밀접한 관련이 있는 계약을 언급한다. 반면에 우리 국제사법 제32조 제3항은 최밀접관련국법을 적용한다는 원칙에 따르면서도 기존관계는 '법률관계'이어야 하고, 불법행위와 기존 법률관계 간의 밀접한 관련은 기존 법률관계가 불법행위에 의하여 '침해'되는 것이어야 하며, 그때 불법행위의 준거법은 그 법률관계에 적용되는 '준거법'이어야 한다고 규정한다. 요컨

59) von Hein(2008), S. 394.

대 우리 국제사법의 종속적 연결원칙은 로마II규정의 그것에 비하여 경직된 태도라고 할 수 있다.[60]

라. 공통상거소지원칙

(1) 일반이론

로마II규정 제4조 제2항은 책임이 있다고 주장된 자와 손해를 입은 자의 상거소가 손해발생시를 기준으로 동일한 국가에 있는 경우에는 그 국가의 법이 적용된다고 규정한다. 마찬가지로 우리 국제사법 제32조 제2항도 가해자와 피해자의 상거소가 불법행위시를 기준으로 동일한 국가에 있는 경우에는 그 국가의 법에 의한다고 규정한다.

여기에서 손해를 입은 자 내지 피해자란 불법행위로 인한 직접손해가 발생한 자를 의미하고, 직접손해로부터 간접적 결과가 발생한 자는 제외된다.[61] 또한 상거소란 생활(또는 생활상 이익)의 중심지(habitual center of interests)로서,[62] 일시적 또는 간헐적으로 체재하는 장소가 아니라, 사회적 환경과의 일정한 수준의 통합을 반영하고 있는 장소를 말하는데, 체재의 이유(또는 의도), 기간, 주기, 조건, 연속성 등에 비추어 이를 인정할 수 있어야 한다.[63] 한편 공통상거소지 판단의 기준시점은 직접손해

---

60) 상세는 후술 제3장 제3절 II. 2. 참조.

61) 피해자가 소송절차의 원고일 필요는 없다. 예컨대 망인의 손해배상청구권을 망인의 상속인이 행사할 수도 있다. 이 경우 망인을 기준으로 가해자(배상책임자)와의 공통상거소지 여부를 판단하여야 한다. Magnus/Mankowski/Magnus[2019], Art. 4 Rome II, para. 124.

62) 이호정[1985], 193면; 최흥섭(1998), 525-527면; 석광현[2013], 120면. 영문 표현은 *Robin Swaddling v. Adjudication Officer*, Case C-90/97, [1999] ECR I-01075 (ECLI:EU:C:1999:96), para. 29 참조.

63) *C v. M*, Case C-376/14 (ECLI:EU:C:2014:2268), paras. 51-52 참조. 체재의 이유와 조건으로 고려 가능한 요소에는 예컨대 주거지 매입 또는 임차시 영구거주의사

발생시로 고정되고, 간접손해 발생과는 무관하며, 시간의 경과에 따라 손해가 확대되는 경우에도 직접손해 발생시의 상거소 소재지가 결정적 의미를 가진다. 이는 준거법의 조작을 방지하기 위한 것이다. 다만, 상거소의 변경이 예외조항의 맥락에서 고려될 수는 있다.[64] 다른 한편 공통상거소지는 단일한 법질서가 통용되는 영토적 단위를 기준으로 판단하여야 하는데, 불통일법국가의 경우 지역(예컨대 주)을 기준으로 판단하여야 한다.[65] 상거소지의 공통 이외에 다른 요건은 없는데, 가해자와 피해자 간에 법률관계가 존재할 필요도 없고, 양자가 동일한 국적일 필요도 없다. 이들 요소는 예외조항의 맥락에서 고려될 수 있을 뿐이다.[66]

문제는 가해자 및/또는 피해자가 법인인 경우 그 상거소의 결정방법이다. 로마II규정 제23조 제1항은 법인의 상거소를 경영의 중심지(place of central administration)라고 규정하나, 모든 경우에 경영의 중심지가 법인의 상거소일 수는 없고, 지점, 대리점 기타 영업소가 관련되는 경우에는 그 소재지를 상거소로 보아야 한다.[67] 우리 국제사법의 해석론으로도 상거소가 사실상의 개념임을 고려하여 법인의 상거소는 경영의 중심지와 유사하게 사실상의 주된 사무소라고 해석하여야 한다.[68] 가해자 및/또는 피해자가 자연인이더라도 불법행위가 그의 영업활동 과정에서 발생된 경우에는 그의 주된 사무소를 상거소라고 보아야 한다.[69]

여부, 고용관계, 납세관계, 부양관계, 사회보장관계 등이 있다. van Calster[2016], p. 255; Magnus/Mankowski/Magnus[2019], Art. 4 Rome II, para. 129 참조. 상거소 판단시 고려 가능한 요소는 문제되는 분야별로 다르다. *A*, Case C-523/07, [2009] ECR I-02805 (ECLI:EU:C:2009:225), para. 36 참조.

64) Magnus/Mankowski/Magnus[2019], Art. 4 Rome II, para. 133.

65) 로마II규정 제25조 제1항은 이를 명시한다. 우리 국제사법의 해석론으로도 타당하다. 석광현[2013], 398-399면.

66) Magnus/Mankowski/Magnus[2019], Art. 4 Rome II, para. 134.

67) Magnus/Mankowski/Magnus[2019], Art. 4 Rome II, para. 127.

68) 석광현[2013], 398면.

69) Magnus/Mankowski/Magnus[2019], Art. 4 Rome II, para. 128은 로마II규정 제23조

책임이 있다고 주장된 자가 실제 가해자(예컨대 피용자)가 아니라 가해자의 행위에 대하여 책임이 있는 자연인 또는 법인(예컨대 사용자)인 경우에는 ① 실제 가해자를 기준으로 피해자와의 공통상거소지를 판단하여야 하는지, 아니면 ② 실제 가해자의 행위에 대하여 책임이 있는 자를 기준으로 이를 판단하여야 하는지가 문제된다. 실제 가해자가 배상책임 있는 위법행위(actionable wrong)를 하지 않았다면 그의 행위에 대하여 책임이 있는 자도 배상책임이 없으므로, 실제 가해자를 상대로도 청구가 제기되었는지 여부와 무관하게 위 ①이 타당하다는 견해도 있고,[70] 소송에서 문제되는 당사자는 실제 가해자의 행위에 대하여 책임이 있는 자와 피해자이므로 위 ②가 타당하다는 견해도 있다.[71] 우리 국제사법 제32조 제2항의 해석론으로는 문언상 가해자라고 명시되어 있으므로 위 ①이 타당하다고 생각되나, 가해자가 아니라 배상의무자(Ersatzpflichtige)라고 명시한 독일 민법시행법 제40조 제2항을 참고하여 그와 동일하게 위 ②와 같이 해석하여야 한다는 견해도 유력하다.[72] 이른바 카타르 사건에서 우리 대법원 판결[73]은 섭외사건성을 부정하였으나, 그것보다는 공통

제2항을 참고하여 위와 같이 설명한다. 이는 우리 국제사법의 해석론으로도 타당하다.

70) Magnus/Mankowski/Magnus[2019], Art. 4 Rome II, para. 120. 로마II규정 제4조 제2항의 목적과 문언이 이와 같은 해석을 방해하지 않는다고 한다. 또한 이 견해는 피해자가 가해자뿐만 아니라 그 보험자를 상대로 직접 청구를 제기하는 경우에도 실제 가해자의 상거소지를 기준으로 피해자와의 공통상거소지 여부를 판단하여야 한다고 한다. Magnus/Mankowski/Magnus[2019], Art. 4 Rome II, para. 121.

71) Dicey/Morris/Collins[2015], para. 35-029.

72) 석광현[2013], 398면.

73) 대법원 1979. 11. 13. 선고 78다1343 판결. 같은 취지의 판결로 대법원 1981. 2. 10. 선고 80다2236 판결이 있다. 우리 대법원은 이른바 카타르 사건에서 쌍방 당사자가 모두 내국인이고 불법행위지가 단순히 우연적이고 형식적인 의미를 가질 뿐이므로 섭외사법을 적용하여 처리할 합리적 이유가 없다고 판시하였다. 최공웅[1988], 217, 530면은 위 1979년 판결이 섭외사법의 형식적·기계적 적용을 배척한 획기적 판결로서 우리 섭외사법 이론에 이정표적 의미를 가진다

상거소지원칙을 채택하였어야 한다고 하더라도,[74] 공통상거소지의 판단은 가해자의 사용자(피고)와 피해자(원고)가 아니라 실제 가해자와 피해자를 대상으로 행하였어야 할 것이다.[75]

공통상거소지법을 불법행위지법(로마II규정의 경우 결과발생지법)보다 우선시키는 근거는 사람은 상거소지법과 가장 밀접한 관련이 있다고 추정되고,[76] 공통상거소지는 당사자들이 동일한 법적 환경을 형성한 장소이며, 불법행위지(적어도 결과발생지)보다는 우연하게 결정되는 특성이 약하고,[77] 그것이 불법행위의 쌍방 당사자의 정당한 기대의 반영이기 때문이다.[78] 그런데 예컨대 동일한 국가에 상거소가 있는 가해자와 피해자에게 외국에서 발생한 교통사고의 경우 당사자들의 정당한 기대는 무엇인가? 동일한 국가에 상거소가 있는 사람들은 외국을 함께 여행 중이든 외국에서 우연히 마주치든 외국에서 교통사고의 당사자들이 될 수 있는데, 그들은 불법행위지법으로서의 교통사고 발생지법이 적용될 것을 예상하였으리라고 보아야 하고, 공통상거소지법이 적용될 것을 예상하였으리라고 볼 수는 없다. 자동차보험의 부보범위도 교통사고 발생지법에 의하여 결정됨이 일반적일 것이다.[79] 교통사고의 당사자들이 지인관계에

고 긍정적으로 평가한다.

74) 석광현(2001c), 202면 이하 참조.

75) 카타르 사건에서 실제 가해자를 기준으로 판단하였더라도 결론은 같았을 것이다. 가해자와 피해자가 카타르 근무를 위하여 입국 후 22일만에 교통사고가 발생하였으므로, 교통사고 당시 가해자와 피해자의 상거소는 모두 한국에 있었다고 할 수 있다.

76) Magnus/Mankowski/Magnus[2019], Art. 4 Rome II, para. 130.

77) Magnus/Mankowski/Magnus[2019], Art. 4 Rome II, para. 116.

78) Explanatory Memorandum, p. 12.

79) Huber/Bach[2011], Art. 4 Rome II, para. 64. 그러나 Calliess/von Hein[2015], Art. 4 Rome II, para. 26은 자동차보험의 부보범위가 대개 공통상거소지법에서 통용되는 기준에 따라 설정된다는 사정이 공통상거소지원칙의 근거라고 설명하나, 이는 대부분의 회원국이 육로로 연결되는 유럽연합에서만 통용될 수 있는 근거라고 생각된다. 예컨대 2명의 한국인이 일본에서 자동차를 대여 받는 경우

있었다면 공통상거소지법의 적용을 기대하였을 수 있는데,[80] 그 경우에도 로마Ⅱ규정 제17조 및 전문 제34항은 적어도 교통사고 발생지, 즉 행동지의 안전 및 행동에 관한 규칙은 준거법과 관계없이 고려되어야 한다고 규정한다.[81] 그럼에도 불구하고 공통상거소지원칙을 관철시키는 이유는 결국 최밀접관련국법을 준거법으로 적용한다는 국제사법의 대원칙에 따른 것이라기보다는 국제재판관할과 준거법을 동일한 국가로 연결시킴에 따른 실제적 효용을 고려한 것이라고 할 수 있다. 외국에서 발생한 교통사고 등 불법행위의 가해자와 피해자는 공통상거소지 법원에서 소송을 진행할 가능성이 높고, 공통상거소지법에 의하는 것이 당사자들뿐만 아니라 법원에도 편리하기 때문이다.[82] 이를 통하여 소송비용의 절감, 사법

일본에서 일본법에 따라 부보범위가 설정된 보험에 가입하는 것이 일반적이므로, 자동차보험의 부보범위의 준거법이 공통상거소지원칙의 일반적인 근거라고 할 수는 없다고 생각된다. 다만, 가해자의 자동차보험이 공통상거소지법이 아니라 불법행위지법에 의하는 경우에는 예외조항에 의한 조정이 필요할 수 있다. Huber/Bach[2011], Art. 4 Rome II, para. 64.

80) 물론 공통상거소법의 적용을 위하여 당사자들은 그들이 동일한 국가에 상거소가 있다는 사실을 알았어야 할 필요는 없다. Magnus/Mankowski/Magnus[2019], Art. 4 Rome II, para. 132.

81) 로마Ⅱ규정 전문 제34항은 여기의 안전 및 행동 규칙은 안전 및 행동에 관한 모든 규제를 지칭하는 것으로 해석되어야 하고, 특히 교통사고에 있어서 도로안전규칙이 포함된다고 규정한다. Magnus/Mankowski/Magnus[2019], Art. 4 Rome II, paras. 116, 130은 안전 및 행동 규칙을 고려한다는 것은 이들을 준수하여야 함을 의미한다고 해석한다. 권종걸(2012), 240면은 안전 및 행동 규칙을 사실관계로서 적절한 범위에서 고려한다는 것은 법원이 이를 고려하지 않으면 당사자의 정당한 기대와 형평을 해치는 경우 이를 고려하여야 한다는 것이고, 당사자가 이에 관한 주장·증명책임을 부담한다고 한다. 불법행위의 준거법이 행동지법과 다르더라도, 불법행위의 성립 여부 판단시 행동지법 중 안전 및 행동규칙을 고려하라는 의미인데, 로마Ⅱ규정 제17조는 로마Ⅱ규정 제4조 제1항이 결과발생지 일원주의를 취함에 따른 단점을 보완하는 기능을 수행한다. 반면에 우리 국제사법상 불법행위지에는 행동지와 결과발생지가 모두 포함되고 양자가 다른 경우 피해자에게 선택권이 인정되므로, 명문규정이 없는 이상 로마Ⅱ규정 제17조의 취지를 해석론으로 도입할 필요는 없다고 본다.

권의 효율적 행사, 국제적 판결의 일치를 도모할 수 있다.[83)]

그런데 로마II규정 제4조 제2항과 우리 국제사법 제32조 제2항의 해석상 상거소지가 공통되는 경우 법원은 공통상거소지법을 직권으로 적용하여야 한다.[84)] 이와 같은 경직된 태도는 로마II규정 제4조 제3항의 특별예외조항과 우리 국제사법 제8조의 일반예외조항이 제공하는 유연성에 의하여 조정될 수 있다. 대표적인 예가 가해자 및/또는 피해자가 복수인 경우이다.[85)] 이를 구체적으로 보면 다음과 같다.

① 가해자가 복수이고, 피해자가 단일한 경우, 가해자들 중 일부만 피해자와 동일한 국가에 상거소가 있는 때에는 그 가해자(들)에 대하여만 공통상거소지원칙이 적용되고, 그 외의 가해자(들)에 대하여는 불법행위지원칙이 적용됨이 원칙이다.[86)] 이와 같은 파행적인 결론은 불가피하다. 다만, 단일한 피해자에게 발생한 같은 손해에 대하여 배상이 청구된 모든 가해자들에게 동일한 법이 적용되어야 할 필요가 있는 때에는 예외조항에 의하여 단일한 법을 적용할 수도 있다.[87)]

---

82) Magnus/Mankowski/Magnus[2019], Art. 4 Rome II, para. 116.

83) Calliess/von Hein[2015], Art. 4 Rome II, para. 26.

84) Magnus/Mankowski/Magnus[2019], Art. 4 Rome II, para. 135.

85) 반면에 Huber/Bach[2011], Art. 4 Rome II, para. 70은 로마II규정 제4조 제2항은 가해자가 하나이고 피해자도 하나인 경우에만 적용되어야 한다고 주장한다.

86) Dickinson[2008], para. 4.83; Dicey/Morris/Collins[2015], para. 35-030; Magnus/Mankowski/Magnus[2019], Art. 4 Rome II, para. 122. 이는 피해자로 하여금 그에게 가장 유리한 법이 적용되는 피고만을 상대로 소를 제기하는 기교적 소송전략을 사용하지 않도록 하기 위함이다. Dicey/Morris/Collins[2015], para. 35-030. 가해자들 간의 내부적 보상관계는 로마II규정 제20조에 따라 지정되는 준거법에 의한다. Magnus/Mankowski/Magnus[2019], Art. 4 Rome II, para. 122.

87) Plender/Wilderspin[2015], para. 18-103은 예컨대 영국에 상거소가 있는 피해자가 모나코 자회사뿐만 아니라 그에 대하여 연대책임을 부담하는 영국 모회사를 상대로 손해배상을 청구하는 경우 로마II규정 제4조 제3항을 통하여 양자 모두에 불법행위지법인 모나코법을 적용하는 합리적 결론에 도달할 수 있었을 것이라고 한다.

② 피해자가 복수이고, 가해자가 단일한 경우에도 피해자들 중 일부만 가해자와 동일한 국가에 상거소가 있는 때에는 그 피해자(들)만 공통상거소지법에 따라 손해배상을 청구할 수 있고, 그 외의 피해자(들)은 불법행위지원칙에 따르는 것이 원칙이다. 다만, 이 경우에도 예외조항을 통하여 단일한 법을 적용할 수 있다.[88]

③ 가해자와 피해자가 모두 복수인 경우, 동일한 국가에 상거소가 있는 가해자-피해자 결합에는 공통상거소지법을 적용하고, 나머지 결합에는 불법행위지법을 개별적으로 적용하거나,[89] 행동지법을 일률적으로 적용할 수 있으며,[90] 이 경우에도 예외조항을 통하여 모든 가해자-피해자 결합에 단일한 법을 적용할 수 있다.[91]

한편 공통상거소지원칙은 불법행위지원칙에 대한 중대한 예외이므로 불법행위의 준거법이 문제되는 모든 사안에 일률적으로 적용되는 것이 아니라 저촉규범에서 특별히 규정하고 있는 사안에만 적용된다고 해석하여야 한다.[92] 로마II규정은 제5조, 제6조 제2항, 제9조, 제10조 제2항, 제11조 제2항, 제12조 제2항 (b)호에서 공통상거소지원칙의 적용을 특별히 명시한다. 우리 국제사법에 특수불법행위에 관한 특별저촉규정이 도입되는 경우에도 공통상거소지원칙에 의할 필요가 있는 때에는 개별 특별저촉규정에서 이를 명시함이 바람직하다.

---

88) Magnus/Mankowski/Magnus[2019], Art. 4 Rome II, para. 125.

89) MünchKomm/Junker[2015], Art. 4 Rom II, Rn. 42.

90) Magnus/Mankowski/Magnus[2019], Art. 4 Rome II, para. 126.

91) MünchKomm/Junker[2015], Art. 4 Rom II, Rns. 58-59; Magnus/Mankowski/Magnus[2019], Art. 4 Rome II, para. 126.

92) 이를 흠결보충적 효력(gap-filling capacity)이 없다고 설명하기도 한다. 즉, 로마II규정 제6조 제1항 및 제3항, 제7조, 제8조의 경우에는 공통상거소지원칙에 의하여 대체될 수 없다. Magnus/Mankowski/Magnus[2019], Art. 4 Rome II, para. 118.

(2) 투자설명서책임의 경우

공통상거소지원칙의 근거는 이를 통하여 ① 쌍방 당사자의 정당한 기대를 반영할 수 있고 ② 당사자들과 법원에도 이익이라는 것이다. 위 ①의 전제는 불법행위지가 공통상거소지보다 더 우연한 사정에 의하여 결정된다는 것이고, 위 ②의 전제는 가해자와 피해자가 공통상거소지 법원에서 불법행위로 인한 손해배상청구소송을 진행할 가능성이 높다는 것이다. 그러나 이들 전제가 성립하지 않는다면, 최밀접관련국법을 적용한다는 국제사법의 대원칙에 따라 예외조항을 적용하여야 하는데, 투자설명서책임이 대표적으로 그러하다. 투자설명서 작성·교부는 특정국가의 자본시장에서의 증권공모발행을 전제로 행하여지므로 불법행위지(행동지)가 우연히 결정되지 않고, 복수의 국가에 있는 투자자들이 공모에 응할 수 있음에 따라 공통상거소지가 오히려 우연한 사정에 의하여 결정되며, 국제적 증권공모발행에 참여하는 투자자는 상거소지법과 가장 밀접한 관련이 있다고 추정할 수 없고, 소송도 공통상거소지가 아니라 불법행위의 행동지로서 불법행위지 특별관할이 인정되는 시장지에서 진행될 가능성이 높다. 위와 같은 사정에도 불구하고 예컨대 동일한 국가에 상거소가 있는 가해자-피해자 결합에는 공통상거소지법을 적용하고 그렇지 않은 결합에는 개별적으로 불법행위지법을 적용하는 것은 같은 투자설명서에 기초하여 투자를 결정한 투자자들이 서로 다른 준거법에 의하여 손해를 전보 받음에 따른 불평등을 야기할 수 있다. 따라서 예외조항을 통하여 일원적으로 준거법을 결정함이 바람직하다(예컨대 행동지로서의 시장지).

마. 불법행위지원칙의 일반이론

(1) 행동지 및 결과발생지

우리 국제사법 제32조 제1항은 불법행위의 준거법으로 불법행위지법 원칙(principle of *lex loci delicti commissi*)을 규정한다. 불법행위지가 불법행위와 가장 밀접한 관련이 있기 때문이다.[93] 불법행위지에는 행동지와 결과발생지가 모두 포함되는데,[94] 양자가 같은 국가에 있음이 일반적이나, 양자가 서로 다른 국가에 있는 경우 격지불법행위의 문제가 발생한다.[95] 행동지(Handlungsort)란 행위자가 손해를 발생시키는 원인으로 작용한 구체적인 의사활동(Willensbetätigung)을 수행한 장소를 말한다.[96]

---

93) 박찬주(1986), 64면은 불법행위지법주의는 준거법 결정의 대원칙인 원인행위지법주의(principle of *lex causae*)의 불법행위 영역에서의 발현이라고 한다. 신창선/윤남순[2016], 318면은 사회보호와 피해자의 손해전보를 양대 목적으로 하는 불법행위제도의 목적상 사회보호 및 피침해이익과 주된 관계가 있는 곳은 침해가 발생한 곳이라고 한다. 이호정[1985], 294면은 각자가 행위지의 법질서에 합치하도록 행위를 조종하는 것이 모든 사람의 이익, 즉 거래이익에 부합한다고 한다. 대법원 1979. 11. 13. 선고 78다1343 판결은 불법행위지의 사회적 조건을 고려하여 그곳에서의 법의식을 기준으로 판단하는 것이 국내법을 적용하는 것보다 형평의 견지에서 합리적·실제적이고, 당사자의 기대에도 상응한다고 한다.

94) 대법원 1983. 3. 22. 선고 82다카1533 전원합의체 판결; 대법원 1994. 1. 28. 선고 93다18167 판결 참조.

95) 상세는 후술 제3장 제2절 II. 3. 마. (2) 참조.

96) 김진[1962], 209면; 황산덕/김용한[1988], 242면; 김용한/조명래[1992], 291면; 서희원[1999], 238면; 신창선/윤남순[2016], 323면을 종합한 정의이다. 석광현[2013], 392면은 구성요건에 해당하는 외부적 효력 있는 실행행위가 행하여진 장소라고 한다. 이호정[1985], 301-302면은 행위자가 불법행위의 전부 또는 일부를 수행한 장소라고 하면서, 혹자가 특정한 법역의 법률에 따라 타인의 행위에 대하여 책임을 부담하는 경우에는 그 타인이 그 법역의 법률에 따라 불법행위의 전부 또는 일부를 수행한 장소도 행동지에 포함된다고 한다. 한편 어느 유형의 불법행위가 존재하는지, 불법행위가 전부 수행되었는지 또는 일부만 수행되었는지도 행동지법에 의하여 결정된다. 이호정[1985], 301면.

단순한 예비행위지는 행동지가 아니다.[97] 한편 결과발생지(Erfolgsort)란 현실로 손해가 발생하거나 법익(또는 권리)의 침해가 발생한 장소를 말하는데,[98] 이는 법익의 직접적 침해지를 의미하고, 그로부터 파생되는 간접적·부차적 결과발생지, 즉 손해발생지(Schadensort)는 제외된다.[99] 부작위에 의한 불법행위의 경우에는 작위의무가 존재하는 장소를 행동지로 보거나,[100] 작위가 방해 또는 금지되지 않았더라면 작위를 이행하

97) 다만, 예비행위지법에 따라 예비행위가 불법행위의 착수로 인정되는 경우에는 예비행위지법이 행동지법으로서 적용될 수 있다. 이호정[1985], 301면.

98) 김진[1962], 209면; 황산덕/김용한[1988], 242면; 김용한/조명래[1992], 291면; 서희원[1999], 238면; 신창선/윤남순[2016], 323면을 종합한 정의이다. 이호정[1985], 303면은 불법행위규정의 요건에 의하여 보호되는 법익이 침해된 장소라고 한다. 석광현[2013], 392면은 보호법익이 불법행위에 의하여 직접 침해된 장소, 즉 법익침해 당시 법익의 소재지라고 한다. 김인제/서경무[1995], 123면은 불법행위를 구성하는 침해의 대상인 권리 자체의 존재 여부는 그 권리 자체의 준거법에 의한다고 한다.

99) 이호정[1985], 303-305면; 석광현[2013], 392면. 반면에 서희원[1999], 239-240면은 직접손해의 발생지뿐만 아니라 간접손해의 발생지까지 모두 결과발생지의 범주에 포함시킨 다음에 그 중 가장 중대한 결과가 발생한 장소를 최종적인 불법행위지로 보자고 한다. 이호정[1985], 305면은 불법행위는 법익에 대한 침해에 의하여 지역화(localization)되고 법익침해로부터 발생하는 그 이후의 사태, 즉 손해의 발생, 축소, 확대 등은 법익침해지와 중요한 지역적 관련을 발생시키지 못한다고 한다. 김운호(2008), 444면은 결과발생지에 손해발생지까지 포함시키면 결과발생지의 범위가 과도하게 확장되어 가해자가 준거법을 예측하지 못할 우려가 있다고 한다.

100) 이호정[1985], 302면; 江川英文[1973], 113頁. 형사법에서의 논의를 차용하자면, 예컨대 ① 투자설명서를 사용·교부하지 않거나, ② 부실표시 있는 투자설명서를 사용·교부하여 증권의 공모를 위한 청약의 권유를 하는 행위는 '소극적 행위로서의 부작위에 의한 기망'의 일종으로 볼 수 있고, 법률상 고지의무의 소재지가 행동지라고 할 수 있다. 자본시장법은 위 ①에 대하여 형사처벌을 규정하는데(자본시장법 제446조 제22호 및 제23호), 이는 사기죄에 대한 처벌의 일종으로 볼 수 있다. 대법원 2006. 2. 23. 선고 2005도8645 판결; 대법원 2017. 4. 26. 선고 2017도1405 판결 등에 따르면(밑줄은 필자가 추가), 사기죄의 요건인 기망에는 재산상의 거래관계에서 서로 지켜야 할 신의와 성실의 의무를

였을 장소를 행동지로 보거나,[101] 개별사안에 따라 행동지를 파악하거나,[102] 부작위의 개념상 행동지가 없으므로 작위에 의한 불법행위와 마찬가지로 부작위에 의하여 피해자의 법익(또는 권리)이 침해된 결과발생지만이 불법행위지라고 볼 수 있다.[103] 불법행위의 요건이 복수의 법역에 걸쳐 있는 경우에는 결과발생지를 불법행위지로 보아야 한다.[104]

로마Ⅱ규정 제4조 제1항은 손해발생지원칙을 규정하는데, 여기의 손해발생지는 직접손해(direct damage)의 발생지 내지 결과발생지를 의미하고,[105] 동 조항이 스스로 명시하듯이 행동지와 무관하며, 간접손해발생지와도 무관하다. 이와 같이 로마Ⅱ규정은 불법행위지의 개념에서 행동지를 제외하고 있다는 점에서 브뤼셀Ⅰ개정규정과 중대한 차이가 있다. 브뤼셀Ⅰ개정규정 제7조 제2항은 "가해적 사건이 발생하였거나 발생할 수 있는 장소"의 특별관할을 인정하는데, 유럽사법재판소는 1976년 Bier 판결에서 브뤼셀규정 제5조 제3항에 규정된 같은 개념이 행동지와 직접손해발생지(또는 결과발생지)를 의미하고, 원고는 이들 중 어느 하나에

저버리는 모든 적극적 또는 소극적 행위가 포함되고, 소극적 행위로서의 부작위에 의한 기망은 법률상 고지의무 있는 자가 일정한 사실에 관하여 상대방이 착오에 빠져 있음을 알면서도 이를 고지하지 아니하는 것을 말하는데, 일반거래의 경험칙상 상대방이 그 사실을 알았더라면 당해 법률행위를 하지 않았을 것이 명백한 경우에는 신의성실의 원칙에 비추어 그 사실을 고지할 법률상 의무가 인정된다.

101) Hartley(2018), pp. 990-991, 998 참조.

102) 김연 등[2014], 341면.

103) 서희원[1999], 240면. 독일에서는 소비자단체의 요구에 따라 위법한 표준약관을 사용하지 않을 의무가 있는 자가 이를 사용한 경우에 결과발생지는 위법한 표준약관이 사용되었거나 사용되고자 하였던 장소라고 한다. 그곳에서 소비자의 집단적 이익이 침해되었거나 침해될 수 있었기 때문이다. Magnus/Mankowski/Magnus[2019], Art. 4 Rome II, para. 92.

104) 김인제/서경무[1995], 123면은 불법행위제도의 주된 목적은 손해의 전보이기 때문이라고 하면서 "현실적으로 손해가 발생한 장소"를 불법행위지로 보자고 한다.

105) Explanatory Memorandum, p. 11; von Hein(2003), S. 542.

서 소를 제기할 수 있다고 판시하였다.[106)]

불법행위의 행동지와 결과발생지는 그곳에서 행위자가 불법행위에 대한 책임을 부담하는지 여부와 무관하게 중립적으로 결정된다.[107)] 불법행위에 대한 손해배상청구의 근거가 서로 다르다는 것이 불법행위지의 결정에 영향을 미칠 수는 없다.[108)] 이는 비재산적 손해가 발생하는 경우뿐만 아니라 순전한 재산적 손해가 발생하는 경우에도 마찬가지이다.

(2) 격지불법행위

격지불법행위(Distanzdelikt)란 행동지와 결과발생지가 상이한 불법행위를 말한다.[109)] 격지불법행위에서 준거법을 결정하기 위한 원칙 중 하나가 편재원칙(遍在原則, Ubiquitätsprinzip, principle of ubiquity)인데,[110)] 이는 불법행위의 피해자로 하여금 불법행위의 준거법으로 행동지법과 결과발생지법 중 피해자에게 유리한 것을 선택할 수 있도록 하는 원칙이다.[111)] 그런데 로마Ⅱ규정은 제4조 제1항에서 결과발행지 일원주의를 취함에 따라 편재원칙을 적용할 여지가 없다. 로마Ⅱ규정이 결과발생지 일원주의를 취한 이유는 배상책임이 있다고 주장되는 자의 이익과 손해

---

106) Bier 판결, para. 19.

107) MünchKomm/Junker[2015], Art. 4 Rom II, Rn 20.

108) Magnus/Mankowski/Magnus[2019], Art. 4 Rome II, para. 93.

109) 석광현[2013], 392면.

110) 최흥섭(2000), 143면은 '도처원칙(到處原則)'이라고 한다. 한편 격지불법행위에서 준거법 결정을 위한 다른 원칙으로는 유리원칙(有利原則, Günstigkeitsprinzip)이 있다. 이는 격지불법행위에서 피해자가 준거법을 선택하지 않는 경우 법원이 직권으로 피해자에게 유리한 법을 선택하는 원칙이다. 석광현[2013], 393면. 편재원칙과 마찬가지로 유리원칙도 선택적 연결의 일종이라고 할 수 있다. 신창선/윤남순[2016], 99면.

111) 석광현[2013], 393면. 한복룡[2013], 273면은 결과발생지법의 적용은 피해자 보호에 유리하고 행동지법의 적용은 가해자 보호에 유리하다고 하나, 일률적으로 그렇게 볼 것은 아니다.

를 입은 자의 이익 간의 공정한 균형은 결과발생지주의를 통하여 달성될 수 있기 때문이라고 한다.[112] 배상책임이 있다고 주장되는 자는 그의 행위가 다른 국가에서 손해를 초래할 수 있음을 예상할 수 있고, 손해를 입은 자는 스스로 그의 신체 또는 재산을 유무형의 위험에 노출시켰던 국가의 법적 기준에 의존할 수 있다는 것이다.[113]

반면에 우리 국제사법상 불법행위지의 개념에는 행동지와 결과발생지가 모두 포함되므로, 격지불법행위의 경우 양자 중 무엇을 우선시킬지가 문제된다. 사견으로는 명문규정이 없는 이상 원칙적으로 편재원칙을 취하여야 한다고 본다.[114] 다만, 문제된 격지불법행위에서 행동지는 행정규제법상 의무와 결부되어 있고, 결과발생지는 피해자들에게 발생한 순전한 재산적 손해와 결부되어 있다면, 피해자들로 하여금 행동지와 결과발생지 중 어느 하나를 선택하도록 하는 것이 실질법 차원에서는 행정규제의 목적과 성질을 고려하였을 때 적당하지 않을 수 있고, 저촉법 차원에서는 순전한 재산적 손해의 결과발생지를 특정하는 것이 개념상 불가능하거나 이론적 난점을 야기한다는 점에서 역시 적당하지 않을 수 있다. 이 경우에는 해당 행정규제법의 목적 달성과 모든 피해자의 공평하고 적정한 손해전보를 위하여 행동지만을 불법행위지로 보거나, 행동지를 결과발생지에 우선시켜야 한다. 행동지만을 불법행위지로 보는 경우에는 격지불법행위의 문제는 애초부터 발생하지 않는다.

다른 견해로는 오늘날의 불법행위법은 손해전보에 근본목적이 있다거나 '행위의 불법(Handlungsunrecht)'보다 '법익의 보호(Rechtsgüterschutz)'가 중요하다는 이유로 결과발생지를 행동지에 우선시키자는 견해,[115] 결

112) 로마II규정 전문 제16항 참조.

113) 상세는 von Hein[1999], SS. 217-220 참조.

114) 마찬가지로 명문규정이 없는 이상 유리원칙을 취하여 법원에 준거법 선택의무를 부과할 수는 없다고 생각된다.

115) 김진[1962], 120면; 석광현[2013], 394-395면. 필자도 입법론으로는 이를 지지한다.

과발생지를 행동지에 우선시키되, 법원이 예외조항에 의하여 사안과 가장 밀접한 관련이 있는 국가를 파악하도록 하자는 견해,[116] 피해자로 하여금 결과발생지와 행동지 중에서 선택하도록 하되, 법원이 예외조항에 의하여 사안과 가장 밀접한 관련이 있는 국가의 법을 발견하도록 하자는 견해,[117] 법원이 실질법의 목적이나 입법취지 등을 고려하여 사안과 가장 밀접한 관련이 있는 법을 선택하도록 하자는 견해[118] 등이 있다. 판례는 과거에 피해자에게 행동지법과 결과발생지법 중 준거법 선택권을 인정하는지, 피해자가 이를 선택하지 않으면 법원에 준거법 선택의무가 있는지, 행동지와 결과발생지 중 어느 하나가 한국이면 한국법이 준거법인지에 관하여 명시적인 태도를 보이지 않았으나,[119] 근자에는 행동지와 결과발생지가 복수의 국가에 있는 경우 피해자는 자신에게 유리한 법을 불법행위의 준거법으로 선택할 수 있음을 명시적으로 인정하였다.[120]

참고로 다른 입법례를 보면, 독일 민법시행법 제40조 제1항은 원칙적으로 행동지법을 결과발생지법에 우선시켜 적용하고,[121] 제1심의 조기

116) 신창섭[2018], 277면.

117) 신창선/윤남순[2016], 325면.

118) 임치용(2002), 163면.

119) 대법원 1983. 3. 22. 선고 82다카1533 전원합의체 판결; 대법원 1985. 5. 28. 선고 84다카966 판결 및 그에 대한 박찬주(1986), 215-216면; 이병화(1992), 283면; 석광현[2013], 395면의 평가 참조.

120) 이른바 강제징용사건에 관한 대법원 2012. 5. 24. 선고 2009다22549 판결; 대법원 2012. 5. 24. 선고 2009다68620 판결 참조.

121) 그 이유는 결과발생지보다 행동지를 더 쉽게 특정할 수 있고, 더 쉽게 단일한 법질서로 연결시킬 수 있기 때문이라고 한다. 결과발생지가 복수인 경우는 빈번하나 행동지가 복수인 경우는 이례적이므로, 결과발생지보다 행동지를 우선시키는 것이 더 쉽게 단일한 법질서로 연결시키는 결과가 된다. von Hein(2003), S. 544. 그러나 이에 대하여는 다음과 같은 비판이 제기된다. 첫째, 국제거래가 활성화되고 인터넷이 등장하면서 더 이상 행동지를 쉽게 특정할 수 없게 되었다. 둘째, 피해자는 행동지법이 결과발생지법보다 피해자에게 더 유리하다는 이유로 행동지법을 선택할 수 있으나, 행동지법이 결과발생지법보다 가해자에게 더 유리한 경우에는 행동지법을 선택하지 않을 수 있으므

제1회 기일의 종결시 또는 서면 선행절차의 종결시까지 피해자로 하여금 결과발생지법의 적용을 요구할 수 있도록 한다.[122] 일본은 결과발생지와 행동지 간에 우열관계를 규정하지 않았던 구 법례 제11조를 개정하여,[123] 법적용통칙법 제17조에서 불법행위지는 원칙적으로 결과발생지

로, 피해자에 비하여 가해자를 차별하는 결과가 된다. 행동지와 결과발생지가 서로 다른 국가에 있다는 이유만으로 피해자가 우월한 지위에 있을 이유는 없다. 셋째, 국제재판관할에 관하여 불법행위지 특별관할을 규정하는 브뤼셀 I 개정규정 제7조 제2항에 따르면 원고는 행동지 법원과 결과발생지 법원 중에서 선택이 가능한데, 원고는 그 중 자신의 상거소지 법원에서 소를 제기할 가능성이 높고, 그 경우 원고 상거소지법이 불법행위의 준거법으로 적용될 가능성이 높으므로, 피고는 특정한 국가의 법의 적용을 요구할 수 없다는 점에서 차별을 받게 된다. 또한 이는 원고의 법정지 쇼핑을 유인하게 된다. 넷째, 피해자의 선택권은 피해자에게 그의 기대를 넘어서 혜택을 부여하는 것이고, 궁극적으로는 법적 안정성을 저해한다. von Hein(2003), SS. 544-545; Fröhlich[2008], pp. 45-47.

122) 석광현[2013], 393면; Ringe/Hellgardt(2011), p. 37. 다만, 일정한 시점까지 피해자에게 선택권을 부여한 것이 당초 예상과 달리 선택권을 행사하는 당사자의 변호인에게 과도한 부담으로 작용하였고 법원의 업무경감이라는 목표도 달성하지 못하였다는 비판이 있었다고 한다. 유영일(2001), 128면. 그러나 독일 법원은 독일인 피해자가 독일법에 따라 손해배상청구의 소를 제기하는 경우 이를 묵시적인 준거법 선택으로 취급하여 왔고, 결과발생지법을 적용하는 것과 동일한 결론을 취하여 왔다고 한다. von Hein(2003), S. 545. 독일은 1999년 민법시행법 개정 전에는 편재주의를 원칙으로 하고, 피해자가 선택권을 행사하지 않는 경우 법원이 직권으로 준거법을 선택하도록 하였다(유리원칙). 신창선/윤남순[2016], 325면, 주170 참조.

123) 우리 국제사법 제32조 제1항도 둘 간의 우열관계를 규정하지 않는다. 구 법례의 해석론을 보면, 다수설은 개인간 우발적 불법행위는 과실책임원칙이 지배하므로 행동지법을 적용하고, 기업의 불법행위는 무과실책임원칙이 지배하므로 결과발생지법을 적용하자고 하였다. 折茂豊[1972], 180頁; 山田鐐一[2004], 366頁. 한복룡[2013], 273면; 김연 등[2014], 342면은 우리 국제사법의 해석론으로 이를 지지한다. 이에 대하여는 과실책임유형과 무과실책임유형을 구별하는 명확한 기준이 국제사법상 존재하지 않으므로, 불법행위법의 목적이 손해전보에 있는 이상, 우발적 불법행위에도 결과발생지법을 적용하자는 비판이 제기되었다. 道垣内正人[2014], 240頁; 櫻田嘉章[2016], 254頁. 한편 불법행위의

이고 예외적으로 결과발생지에서의 손해발생을 예견할 수 없는 경우에는 행동지라고 규정한다.

(3) 산재불법행위

(가) 개 관

산재불법행위(Streudelikt/Multi-State-Delikt, scattered tort)란 단일한 불법행위를 구성하는 행동이 복수의 국가에서 발생하거나, 단일한 불법행위로 인한 법익침해의 결과가 복수의 국가에서 발생하는 것을 말한다.[124) 개념적으로는 행동지가 복수일 수도 있고, 결과발생지가 복수일 수도 있으나, 결과발생지가 복수인 경우를 중심으로 논의를 행함이 보통이다.[125) 산재불법행위의 대표적인 예는 신문, 잡지, 라디오, 텔레비전 등 미디어에 의하여 복수의 국가에 걸쳐 사람의 명예 또는 신용이 훼손되는 경우이다.[126) 근자에는 인터넷을 이용한 명예훼손, 부정경쟁, 부당투자권유 등 인터넷 공간에서의 불법행위가 현저한데, 그 경우 물리적인 국경은 의미가 없고, 행동지 또는 결과발생지가 어디인가 하는 문제가 제기된다.

다양성을 고려한다면 개별 불법행위마다 불법행위지를 결정하는 해석론이 가능하다는 재비판이 있었다. 山田鐐一[2004], 370頁, 註11.

124) MünchKomm/Junker[2015], Art. 40 EGBGB, Rn. 32; von Hein[1999], S. 102. 여기에서의 국문 용례는 석광현(2019a), 677면을 따른 것이다. 이호정[1985], 304면은 다국적(多國的) 불법행위(multistate delicts), 김용진(2009), 328면은 산발(散發)불법행위, 장준혁(2013), 69면은 산포적(散布的) 불법행위, 溜池良夫[2005], 396頁은 확산형 불법행위라는 용어를 사용한다.

125) 경우에 따라서는 행동지와 결과발생지의 양자 모두가 복수일 수도 있는데, 이 경우 행동지와 결과발생지가 상이하다면 격지불법행위도 함께 문제된다.

126) 산재불법행위는 명예훼손을 포함하여 개인의 사생활이나 인격권의 침해의 경우에 주로 문제되나, 로마Ⅱ규정 제1조 제2항 (g)호는 이를 로마Ⅱ규정의 적용범위에서 명시적으로 제외한다.

산재불법행위의 준거법 결정방법은 셋으로 대별할 수 있다.[127] ① 일원적 연결설은 행동지 또는 결과발생지가 복수의 국가에 있더라도 전체적으로 단일한 불법행위가 있었던 것으로 파악하여 손해 전체를 단일한 준거법에 의하여 규율하는 태도이다. 법익침해의 중심(center of gravity)을 단일한 불법행위지로 파악하는 집중원칙(centralization principle)이라고 할 수 있다. ② 배분적 연결설은 불법행위지별로 각각 별개의 불법행위가 있었던 것으로 파악하여 각 불법행위를 별도의 준거법에 의하여 규율하는 태도이다. 이를 모자이크 접근법(mosaic approach, Mosaikbetrachtung) 또는 모자이크 원칙(mosaic principle)이라고 한다. ③ 수정 일원적 연결설은 배분적 연결설의 전제 위에서, 예외조항을 통하여 최밀접관련국법에 의하여 규율하거나, 편재원칙에 따라 피해자가 자신에게 유리하다고 판단하여 선택한 법에 의하여 규율하는 태도이다.

(나) 일원적 연결설

일원적 연결설은 행동지 또는 결과발생지의 개념을 재구성함으로써 불법행위를 단일한 국가로 연결시키는 방법이다. 예컨대 불법행위의 개시, 진행, 완성이 상이한 국가에서 부분적으로 행하여진 경우라면, 불법행위의 중심이 있었던 장소(가령 불법행위 착수지보다는 주된 실행행위지)만을 행동지라고 보는 입장이다.[128] 명예나 신용이라는 법익이 복수의 국가에서 침해되었다면, 피해자의 명예나 신용이 가장 많이 훼손된 장소라고 할 수 있는 피해자의 상거소지 또는 주된 활동의 중심지로 연결시키자는 것이다.[129]

---

127) Huber/Bach[2011], Art. 4 Rome II, para. 54 참조.

128) 이병화(1992), 288면, 주414는 행동지가 복수의 국가에 걸쳐 있는 경우 가장 중요한 행동이 행하여진 장소를 기준으로 할 수도 있고, 행위자가 그 행동을 완료한 장소를 기준으로 할 수도 있으며, 양자 모두를 불법행위지로 볼 수도 있다고 한다.

129) 溜池良夫[2005], 396-397頁.

일원적 연결설의 장점은 단순하고 간결한 해결책을 통하여 복수의 준거법을 적용함에 따른 복잡과 비효율을 피할 수 있다는 것이다.[130] 복수의 준거법의 적용은 복수의 국가에 걸친 금융거래의 경우 시간과 비용의 비효율 때문에 실제적 위험으로 작용하기도 한다.[131] 다만, 일원적 연결설의 단점은 법익 또는 손해의 중심지를 결정하기 위한 명확한 기준을 설정할 수 없는 경우 법적 안정성이 위협 받는다는 것이다. 실제로 복수의 국가에서 동등한 비율로 손해가 발생하는 경우에는 손해의 중심지를 결정하는 것이 불가능하다.[132] 법익의 피침해자가 복수인 경우에는 그들의 상거소지 또는 주된 활동이나 이익의 중심지가 단일한 국가에 있지 않는 한, 단일한 국가로의 연결을 위하여 특정한 피해자에 대한 법익침해에만 주목하게 되는 불합리를 야기할 우려도 있다.

(다) 배분적 연결설

배분적 연결설은 행동지 또는 결과발생지가 복수의 국가에 있는 경우에 각 국가에서 수행된 행위나 발생한 결과에 대하여 각각 그 행동지법 또는 결과발생지법을 적용하는 방법이다.[133] 이는 복수의 행동지 또는 결과발생지를 명확히 특정할 수 있고, 각국에 귀속시킬 수 있는 손해액이 산정될 수 있어야만 의미가 있다.[134] 유럽사법재판소는 1995년 Shevill 판결과 2011년 eDate/Martinez 판결에서 국제재판관할의 맥락에서 피해자는 법익침해지별로 당해 법익침해지에서의 손해액을 한도로 손해배상청구를 제기할 수 있다고 판시하였는데,[135] 이는 준거법의 맥락에서

130) Mills(2009), p. 135.
131) Lehmann(2011), p. 546.
132) Huber/Bach[2011], Art. 4 Rome II, para. 56.
133) 석광현(2019b), 272-273면; 김용한/조명래[1992], 291면 참조. 로마II규정의 성안과정에서 배분적 연결설을 채택하자는 제안이 있었다. Explanatory Memorandum, p. 11.
134) 석광현(2019a), 678면 참조.

는 배분적 연결설로 귀결된다.

배분적 연결설의 장점은 불법행위와 가장 밀접한 관련이 있는 국가의 법을 준거법으로 지정한다는 국제사법의 대원칙에 가장 부합한다는 것이다.[136] 또한 예컨대 서로 다른 국가에 있는 계좌들에서 자금의 횡령이 있었던 경우와 같이 각국에서 별개의 수단과 방법으로 횡령행위가 진행되어 하나의 국가로 법익침해를 귀결시키기 적절하지 않은 경우에 적실성이 있다.[137]

다만, 배분적 연결설에는 다음과 같은 단점이 있다. 첫째, 준거법을 복수의 국가에 산재시키기 위한 전제로서 전체 손해 중 특정 국가에 할당되어야 하는 비중을 결정하기가 어렵고, 이로 인하여 법적 안정성이 저해되며, 궁극적으로는 사법적 정의의 실현을 어렵게 한다.[138] 둘째, 유럽사법재판소 판례의 태도에 따르면, 준거법 결정원칙으로 배분적 연결설에 따르는 경우 피해자가 다수의 소송을 병합시킬 수 있는 가능성을 저해할 우려가 있다. 피해자가 행동지 또는 직접손해중심지 법원으로 청구를 집중시켜 제기하는 경우 하나의 소송절차에서 배분적 연결에 의하여 서로 다른 국가의 법이 적용되어야 하고, 복수의 법원으로 청구를 분산시켜 제기하는 경우 법정지법이 적용되게 된다.[139] 국제재판관할과 달리 준거법의 관점에서는 행동지 또는 직접손해중심지 법원으로 관할을 집중시키더라도 배분적으로 연결하는 이상 해당 법원이 복수 국가의 법을 적용하여야 하는 문제를 회피할 수 없다. 불법행위의 행동지는 로마II규정과 관계없이 이미 결정되어 있다는 점에서도 피해자의 선택권은 제한된다. 행동지가 직접손해중심지와 같은 경우에는 법정지 법원이 손해 전체에 대하여 법정지법을 적용하게 되므로 배분적 연결설의 단점

135) Shevill 판결, para. 33; eDate/Martinez 판결, para. 52.
136) Huber/Bach[2011], Art. 4 Rome II, para. 55.
137) Lehmann(2011), p. 546.
138) Huber/Bach[2011], Art. 4 Rome II, para. 55.
139) Huber/Bach[2011], Art. 4 Rome II, para. 59.

이 완화되나, 다른 모든 경우에는 일원적 연결설이나 수정 일원적 연결설에 따라 단일한 외국법을 적용하는 것이 더 적절할 수 있다.[140)]

(라) 수정 일원적 연결설

수정 일원적 연결설은 배분적 연결설을 전제로, 복수의 행동지 또는 복수의 결과발생지 중에서 어느 하나의 국가로 연결시키는 것이다. 첫 번째 방법론은 최밀접관련국으로 연결시키는 것이다.[141)] 이는 예컨대 의도적인 금전이체의 경우에 적실성이 있다. 서로 다른 국가에 있는 서로 다른 계좌로부터 금전이 출금되어 모두 특정국가의 특정계좌로 이체되었다면, 재산적 손해가 발생한 단일한 결과발생지로 그 특정국가를 지정할 수 있기 때문이다.[142)] 범죄행위를 목적으로 복수의 국가를 경유하여 금전이 이체되었고 도착지에서 금전이 소재불명이 된 경우에는 금전의 경유지는 그곳에서 불법행위가 있었더라도 해당 사안과는 근소한 관련만 있을 뿐이라고 보아야 하고, 금전의 도착지를 최밀접관련국으로 보아야 할 것이다.[143)] 청산결제 과정에서 순전히 기술적인 이유로 자금이 복수의 국가를 경유하는 경우에도 마찬가지이다.[144)] 그러나 자금이체 과정에 개입한 개별은행이 자금세탁방지규제를 위반함에 따라 송금인에 대한 불법행위책임이 문제되는 경우에는 자금의 경유지라는 이유만으로 관련성이 없다고 할 수는 없다. 은행은 송금인이 그 은행에 적용되는 자금세탁방지규제를 기초로 손해배상책임을 청구할 수 있음을 예견할 수

140) Huber/Bach[2011], Art. 4 Rome II, para. 60.

141) 로마II규정 제4조 제3항에 근거한 입론은 Mills(2009) pp. 135-136 참조.

142) Lehmann(2011), p. 545.

143) Lehmann(2011), p. 545.

144) Lehmann(2011), p. 545. 달러화의 은행간 국제적 지급결제는 심지어 쌍방이 모두 미국은행이 아니더라도 경제적 효율성 때문에 뉴욕을 경유할 수밖에 없다. 뉴욕은 국제금융의 중심지로서의 위상 때문에 선택된 것이고, 당사자들의 진정한 의사와는 무관하므로, 의미 있는 연결점이라고 볼 수 없다. 상세는 Sommer(1998), pp. 49-51 참조.

있었기 때문이다.[145] 다만, 어떤 경우든 가장 밀접한 관련은 객관적 사정에 의하여 판단되어야 하므로, 준거법 발견의 편의나 효율을 고려하여 특정한 준거법으로 연결시키거나 준거법을 변경시킬 수는 없다.[146]

수정 일원적 연결설의 두 번째 방법론은 편재원칙에 따라 피해자가 자신에게 가장 유리한 법을 선택하게 하거나, 피해자가 준거법을 선택하지 않는 경우에는 유리원칙에 따라 법원이 직권으로 피해자에게 가장 유리한 법을 선택하는 것이다. 우리 대법원은 강제징용 판결에서,[147] 강제징용행위의 불법행위지는 한국과 일본에 걸쳐 있으므로 불법행위로 인한 손해배상청구권에 관하여 판단할 준거법은 한국법 또는 일본법이나, 원고 등은 이미 일본법이 적용된 일본에서의 소송에서 패소하였다는 점에 비추어 보면 자신들에게 보다 유리한 준거법으로서 한국법을 선택하려는 의사를 가지고 있다고 추인되므로, 법원은 한국법을 준거법으로서 적용하여야 한다고 판시하였다. 대법원은 불법행위의 준거법 결정에 있어서 행동지와 결과발생지가 복수의 국가에 소재하는 경우 피해자는 자신에게 유리한 법을 불법행위의 준거법으로 선택할 수 있음을 인정하였다. 다만, 이는 피해자의 손해전보에 유리하다는 장점이 있으나, 피해자가 개인적으로 가장 선호하는 법이 전체 손해에 대하여 적용되는 것은 피해자에게 지나치게 유리하여 부당하다는 비판이 있다. 예컨대 손해의 극히 일부가 징벌적 손해배상을 허용하는 국가에서 발생한 경우에 피해자가 결과발생지를 불문하고 전체 손해에 대하여 그 국가의 법의 적용을 요구할 권리를 가지는 것은 부당하다는 것이다.[148]

---

145) Lehmann(2011), pp. 545-546.

146) Carruthers/Crawford(2005), p. 252.

147) 대법원 2012. 5. 24. 선고 2009다22549 판결; 대법원 2012. 5. 24. 선고 2009다68620 판결.

148) Huber/Bach[2011], Art. 4 Rome II, para. 57.

(마) 절충설

절충설로서, 결과발생지가 단일하고 행동지가 복수인 경우에는 결과발생지법이 행동지법들보다 피해자에게 더 유리하지 않은 한, 피해자에게 가장 유리한 행동지법을 적용하고, 결과발생지가 복수인 경우에는 행동지가 단일하든 복수이든 모든 행동지법과 결과발생지법을 통틀어 단일한 행동지법 또는 행동지법들 중 어느 하나가 피해자에게 가장 유리하면 그것을 적용하나, 피해자에게 가장 유리한 법이 결과발생지법들 중에 있는 때에는 각 결과발생지법이 해당 결과발생지에서 행하여진 법익침해로부터 발생한 손해에 대하여 적용되어야 한다는 견해도 있다.149) 결과발생지법이 행동지법보다 유리하지 않는 한, 가장 유리한 행동지법으로 일원적으로 연결하되, 결과발생지법이 행동지법보다 유리한 경우에는 각 결과발생지법으로 배분적 연결을 하는 것이다.

산재불법행위 사안에서 불법행위지 특별관할에 관한 유럽사법재판소의 판례는 배분적 연결설과 수정 일원적 연결설의 첫 번째 방법론을 채택하여 일종의 절충설을 취하였다고 할 수 있다. 유럽사법재판소는 Shevill 판결에서, 원고로 하여금 행동지, 즉 명예훼손적 기사가 포함된 신문을 유럽 각국에 배포한 프랑스 신문사의 소재지 법원에서 손해 전체에 대한 배상을 청구하거나, 해당 신문이 배포된 서로 다른 손해발생지 법원에서 각국별로 문제되는 손해에 대한 배상을 청구하도록 하였다.150) 후자의 경우 각국의 법원은 자국 내에서 발생한 손해액에 한하여 관할이 인정된다. 이후 유럽사법재판소는 eDate/Martinez 판결에서, 인터넷을 통한 명예훼손의 피해자는 명예훼손적 콘텐츠의 생산자의 설립지 법원이나 피해자의 이익의 중심지(centre of interests) 법원에서 손해 전체에 대하여 소를 제기하거나, 해당 영토 내에서 인터넷으로 명예훼손적 콘텐츠에 접근할 수 있는 국가의 법원에서 해당 국가에서 초래된 손해액을 한도로

149) 이호정[1985], 302-304면.
150) Shevill 판결, para. 33.

소를 제기할 수 있다고 판시하였다.151) 유럽사법재판소는 피해자의 이익 중심지 법원에서도 손해 전체에 대한 배상을 청구할 수 있도록 인정함으로써 그것을 행동지 법원에서만 인정하였던 Shevill 판결의 한계를 보완한 것으로 평가된다.152) 명예훼손 등 인격권 침해에서는 피해자의 이익 중심지가 직접손해 내지 법익침해의 중심지라고 할 수 있으므로, 직접손해의 중심지에 주목하는 eDate/Martinez 판결의 태도는 복수의 국가에서 재산적 손해가 발생하는 경우에도 적용할 수 있을 것이다.

4. 순전한 재산적 손해의 특수성

가. 일반이론

〈표 1〉 손해의 종류

형태 \ 대상	비재산적(인적) 손해153)	재산적 손해154)
구체적 손해	① 신체적 손해	③ 외형적 손해
추상적 손해	② 정신적 손해	④ 금전적 손해

151) eDate/Martinez 판결, para. 52. 근자에 Michael Schumacher의 전처(독일 국적, 스위스 거주)가 독일 법원에서 독일에서의 인격권 침해 부분에 관한 손해배상을 청구한 예가 있다. Bundesgerichtshof, 25. Oktober 2016, VI ZR 678/15 참조.

152) 석광현[2012], 139면.

153) 비재산적 손해는 ① 신체적 손해와 ② 정신적 손해로 구분되는데, 전자는 신체가 실제적으로 체감하는 고통을 말하고, 후자는 순수한 심리적 고통을 말한다. 송덕수[2019], C-125 참조.

154) 불법행위로 인한 재산적 손해는 위법한 가해행위로 인하여 발생한 재산상 불이익, 즉 위법행위가 없었더라면 존재하였을 재산상태와 위법행위가 가하여진 현재의 재산상태의 차이를 말한다. 대법원 1992. 6. 23. 선고 91다33070 전원합의체 판결 등 참조. 여기의 재산상태에는 재산 자체의 물적 상태뿐만 아니라 그것의 금전적 가치도 포함된다.

불법행위법이 보호하고자 하는 개인의 이익(또는 개인적 법익)에는 생명, 신체, 자유, 명예, 재산 등이 있다.[155] 생명, 신체, 자유, 명예 등 비재산적 법익이 침해되는 경우 그 결과로 비재산적 손해(위 ①, ②)가 발생함은 물론이나 재산적 손해(위 ④)[156]도 발생할 수 있다. 이 경우 비재산적 손해는 비재산적 법익의 침해로부터 직접적으로 발생하는 것이지만, 재산적 손해는 비재산적 손해로부터 파생되어 간접적·부차적으로 발생하는 것이므로, 결과발생지는 비재산적 법익의 소재지, 즉 생명, 신체, 자유, 명예 등 비재산적 법익의 주체가 소재하고 있는 장소를 기준으로 판단하여야 하고,[157] 법익의 주체인 자연인 또는 법인의 소재지를 결과발생지로 특정하는 것에 별다른 어려움이 없다.

반면에 재산이라는 법익이 침해되는 경우 항상 재산적 손해가 발생하는데, 부동산, 동산(금전, 실물증권 제외) 등 유형재산에 관한 불법행위는 재산 자체의 멸실·훼손 등에 따른 물리적·외형적 손해(위 ③)뿐만

155) 우리 민법 제751조 제1항과 제752조는 보호법익으로 생명, 신체, 자유, 명예를 언급한다. 최흥섭(2015), 202면은 법익을 인적 법익(생명, 신체)과 물적 법익(물건)으로 구분한다. 인적 법익에 자유, 명예를 추가할 수 있다. 그러나 유형재산인 물건(부동산, 동산)은 물적 법익에 해당함이 명백하나, 무형재산은 '물건'이라는 용어의 언어관용상 그에 해당하지 않으므로, 무형재산을 포함할 수 있도록 '물적 법익'이라는 용어보다는 '재산적 법익'이라는 용어를 사용하는 것이 낫다고 생각된다.

156) 예컨대 생명, 신체 등 비재산적 법익을 침해하는 경우 발생하는 치료비, 일실이익 등이 대표적이다. 송덕수[2019], C-125. 그런데 곽윤직[2003b], 107면은 침해되는 법익을 기준으로, 재산에 관하여 발생한 손해가 재산적 손해이고, 생명, 신체, 자유, 명예 등 비재산적 법익에 관하여 발생한 손해가 비재산적 손해라고 하나, 비재산적 법익을 침해하더라도 재산적 손해가 발생할 수 있다는 점에서 위와 같은 구분은 타당하지 않다고 생각된다.

157) 반면에 국제재판관할의 맥락에서는 비재산적 법익의 침해에 따라 비재산적 손해와 재산적 손해가 모두 발생한 경우 전체 손해에 대하여 어느 법익의 소재지에서든 소를 제기할 수 있다. 법익의 소재지별로 소를 제기하도록 하는 것은 불합리하기 때문이다. 다만, 원고가 부당한 이익을 얻기 위하여 법정지 쇼핑을 하는 것을 방지할 필요는 있다. Hartley(2018), p. 988.

아니라 재산적 가치의 감소에 따른 금전적 손해(위 ④)도 발생시킨다. 이 경우 재산 자체의 손해와 그에 따른 금전적 손해 모두 재산적 법익의 침해로부터 직접적으로 발생하므로, 결과발생지는 재산적 법익의 소재지, 즉 해당 유형재산이 물리적으로 소재하고 있는 장소를 기준으로 판단하여야 하고, 유형재산의 물리적 소재지를 결과발생지로 특정하는 것에 별다른 어려움이 없다.

그런데 금전과 증권은 유형재산, 무형재산 여부가 중요하지 않다. 원칙적으로 금전과 증권은 고유한 가치를 가지고 있지 않고, 그것이 표상 또는 표창하고 있는 재산적 가치와 법률적 의미가 중요할 뿐이다.[158] 유형재산으로서의 금전과 증권에 관한 불법행위는 재산 자체의 멸실·훼손 등에 따른 물리적·외형적 손해(위 ③)와 재산적 가치의 감소에 따른 금전적 손해(위 ④)를 함께 발생시킬 수 있으나, 전자는 아무런 의미가 없다. 무형재산으로서의 금전과 증권에 관한 불법행위는 재산 자체의 손해로서의 금전적 손해(위 ④)만을 발생시킨다.[159] 위와 같이 금전과 증권에

158) Garcimartín(2011), p. 451; Bamford[2011], paras. 2.09-2.14 참조. 지폐, 동전의 법화(法貨, legal tender)로서의 강제통용력은 법률(예컨대 한국은행법 제48조)에 의하여 부여된다. 일반론으로 일단 Bamford[2011], paras. 2.15-2.21 참조. 다만, 금전이 기념주화이거나 예컨대 일련번호가 화폐 수집가들이 선호하는 것이어서 금전이 표상하는 재산적 가치를 초과하는 특별한 재산적 가치가 있는 경우에는 예외적으로 고유한 가치도 의미가 있을 수 있다.

159) 금전, 증권 외의 무형재산(예컨대 지식재산권)의 경우 그 자체의 물리적·외형적인 멸실·훼손은 상정할 수 없다고 하더라도, 추상적 차원에서 법익의 침해는 상정할 수 있는 것으로 보이므로, 일률적으로 무형재산으로서의 금전, 증권과 동일시할 것은 아니라고 생각된다. 일단 도메인이름 강제이전의 불법행위 성립 여부가 문제된 경우 도메인이름의 사용수익권 상실이라는 재산적 가치의 감소(위 ④) 외에 도메인이름 자체의 법익을 인정하는 견해로 석광현(2011), 42면 참조. 반면에 대법원 2008. 4. 24. 선고 2005다75071 판결은 도메인이름 자체의 법익을 인정하지 않고 재산적 가치의 감소만이 발생한다고 보았다. 위 판결 및 김운호(2008), 443-444면 참조. 위 판결에 관한 추가적인 분석은 후술 제3장 제2절 Ⅱ. 4. 다. 참조. 지식재산권의 경우 위 ③의 변형된 형태

관한 불법행위로 인한 손해는 재산 자체의 손해와 재산적 가치의 감소가 구분되지 않거나 전자가 아무런 의미가 없다는 의미에서 순전한 재산적 손해(pure economic loss, reine Vermögensschäden)라고 할 수 있다.[160]

순전한 재산적 손해의 경우 생명, 신체, 자유, 명예 등 비재산적 법익의 주체의 소재지나 유형재산의 소재지에 상응하는 개념이 과연 존재하는지, 그리고 만약 이것이 존재한다면 어떻게 특정할 수 있는지가 문제된다.[161] 예컨대 피해자가 자신의 명의로 금융기관에 개설한 계좌에 예치된 금전과 같이 물리적 실체가 없는 재산에 대한 재산적 손해의 경우 계좌의 소재지를 재산적 법익의 침해지, 즉 그 소재지라고 할 수 있는지의 문제이다. 국제재판관할의 맥락에서 유럽사법재판소의 Kronhofer 판결은 직접손해발생지(결과발생지)는 다른 국가로 투자금이 송금된 계좌의 소재지이고, 피해자의 재산중심지 또는 주소지는 간접손해발생지에

로서 재산 자체에 대한 추상적·무형적 손해를 상정할 수도 있는 것으로 생각된다. 금전, 증권 외의 무형재산에는 대표적으로 지식재산권이 있고, 광업권, 어업권, 영업권(good will), 독점판매권, 채권(債權), 상속권 등도 있다. 제3자에 의한 채권침해 문제도 순전한 재산적 손해의 일종으로 파악할 수 있는데, 이에 관한 실질법 차원의 논의는 최흥섭(2015), 206-210면 참조. 저촉법 차원에서는 침해된 계약채무의 이행지가 직접손해발생지이고, 이를 확정하기 곤란한 경우에는 예외조항을 통하여 행동지법을 적용하자는 견해로 van Bochove (2016), pp. 456-465 참조.

160) 최흥섭(2015), 201면 이하는 이를 '순수경제적 손실'이라고 번역한다.

161) Kiesselbach(2011), p. 196은 이를 순전한 재산적 손해에 내재된 고유한 문제라고 한다. 한편 순전한 재산적 손해의 발생시점도 문제되는데, 이는 피해자의 금전재산이 직접적으로 감소한 때라고 할 수 있다. 예컨대 가해자가 사기적 방법으로 피해자의 은행계좌로부터 금원을 인출하는 경우 은행이 계좌로부터 금원을 이체한 때에 손해가 발생한다. 피해자가 이체된 금원을 반환 받을 수 있다고 하더라도 이체시점에 손해는 이미 현실화되었기 때문이다. 가해자가 순전한 재산적 손해를 발생시키기 위한 모든 수단에 대한 준비를 완료하였으나 아무런 수단도 실제로 사용하지 않은 때에는 향후에 손해가 발생할지 여부를 명확히 알 수 없으므로 손해가 발생하였다고 할 수 없다. Magnus/Mankowski/Magnus[2019], Art. 4 Rome II, para. 78.

불과하다고 보았다.[162] 준거법의 맥락에서는 로마Ⅱ규정 제4조 제1항의 해석과 관련하여 여러 견해가 주장되고 있고, 이들은 대체로 우리 국제사법 제32조 제1항의 해석론으로도 채용할 수 있다.

제1설은 Kronhofer 판결과 마찬가지로 금전이 예치된 계좌의 소재지, 즉 계좌가 개설된 금융기관 지점의 소재지가 결과발생지라고 한다.[163] 이는 금전이 예치된 계좌의 잔고가 감소함으로써 금전이라는 구체적인 재산이 소멸한다고 추상적으로 구성하는 입론이다. 로마Ⅱ규정 제4조 제1항은 당사자들의 이익이 합리적인 균형을 달성하기 위하여는 당사자들의 이익이 상충하는 장소인 직접손해발생지(결과발생지)를 결정하는 작업이 중요하다는 전제 위에 있는데,[164] 제1설은 아래 제2설 내지 제4설이 가해자의 이익을 희생시키고 피해자의 이익을 우선시키면서도 이를 정당화하는 합리적 근거를 제시하고 있지 못하다고 비판한다.[165]

제2설은 피해자의 상거소지(또는 주소지)가 결과발생지라고 한다.[166] 제3설은 재산상 이익의 중심지(center of financial interests, Vermögens-zentrale)가 결과발생지이고, 일반적으로 이는 피해자의 상거소지(또는 주소지)라고 한다.[167] 제4설은 가해자의 기망 등으로 인하여 피해자가 자신에게 손해를 발생시키는 행위를 수행한 장소가 결과발생지이고, 이는 예치된 금전이 이체된 계좌의 소재지와는 다르다고 한다.[168] 불법행위

---

162) 상세는 후술 제3장 제2절 Ⅱ. 4. 나. (2) 참조.

163) Cheshire/North/Fawcett[2017], p. 812. 반면에 Plender/Wilderspin[2015], para. 18-075는 Kronhofer 사건에서 결과발생지는 투기적 거래가 실제로 행하여진 영국이라고 한다. Kiesselbach(2011), p. 196은 Kronhofer 판결이 제시한 기준인 '투자계좌' 소재지를 확정하는 문제도 반드시 쉬운 것은 아니라고 지적한다.

164) 로마Ⅱ규정 전문 제16항 참조.

165) Magnus/Mankowski/Magnus[2019], Art. 4 Rome II, para. 97.

166) Staudinger/von Hoffmann[2001], Art. 40 EGBGB, Rn. 282ff.; Palandt/Thorn[2013], Art. 4 Rom II, Rn. 9.

167) Rauscher/Unberath/Cziupka/Pabst[2016], Art. 4 Rom II, Rn. 42.

168) Hay/Borchers/Symeonides[2010], pp. 993-994; Calliess/von Hein[2015], Art. 4 Rome

지를 결과발생지로 일원화하고 있는 로마Ⅱ규정과 달리 행동지도 불법행위지에 포함시키는 우리 국제사법에서는 제4설은 순전한 재산적 손해의 경우에는 결과발생지가 존재하지 않고 행동지만이 있을 뿐이라고 이론을 구성한 것으로 볼 수 있다. 위 제1설 내지 제4설은 순전한 재산적 손해의 경우에도 재산적 손해가 직접적으로 발생한 결과발생지를 특정할 수 있다는 전제 위에 있다.

제5설은 순전한 재산적 손해의 경우에는 로마Ⅱ규정 제4조 제1항의 결과발생지원칙을 적용하는 것이 적당하지 않고, 로마Ⅱ규정 제4조 제3항의 예외조항을 통하여만 적정한 해결이 가능하다고 한다.[169] 금전적 손해는 형태가 없다는 점과 그로 인하여 연결점이 사기적으로 창설될 수 있다는 점이 예외조항 적용의 근거이다.[170] 미국 법원의 태도를 행동지주의로 평가하고 이를 채용하여 시장지로 연결시키자거나,[171] 특정국가의 시장에서의 기회를 활용하려는 과정에서 불법행위가 발생한 경우에는 예외조항을 통하여 시장지로 연결시키자는 주장이 주목할 만하다.[172]

사견으로는 기본적으로 제5설을 지지한다. 순전한 재산적 손해의 경우 결과발생지를 구체적으로 식별하거나 추상적으로 구성해내는 것이 가능하지 않거나 적당하지 않기 때문이다. 다만, 결과발생지를 특정할 수 없다고 하더라도, 우리 국제사법에서는 제8조의 일반예외조항을 바로 적용할 것이 아니라, 그에 앞서 불법행위의 행동지를 식별하여 행동지법을 불법행위지법으로서 적용하는 것이 적당한지를 검토하여야 한다. 우리 국제사법은 불법행위지의 개념에 관하여 결과발생지 일원주의를 취하고 있는 로마Ⅱ규정과 달리 행동지-결과발생지 이원주의를 취하고 있기 때문이다. 경우에 따라서는 행동지가 곧 결과발생지일 수도 있

Ⅱ, para. 23.

169) Halfmeier(2012), S. 374.

170) Dickinson[2008], para. 4.67 참조.

171) van Bochove(2016), pp. 463-464 참조.

172) Halfmeier(2012), S. 374 참조.

다. 다만, 우리 국제사법에서 순전한 재산적 손해의 경우 행동지를 불법행위지로 일원적으로 파악하더라도, 불법행위지원칙에 우선하는 종속적 연결원칙과 공통상거소지원칙 때문에 행동지법이 준거법으로 적용되지 않을 수 있는데, 사안의 성격상 그것이 우연한 사정에 불과하여 그에 따른 결론이 평등원칙 등에 반하여 부당하다면, 예외조항을 통하여 행동지법(예컨대 시장지법)을 바로 적용할 수도 있다. 또한 행동지가 복수의 국가에 산재하고 있을 수 있는데, 피해자로 하여금 복수의 행동지들 중 유리한 것을 선택하게 하는 것이 불합리하다면, 예외조항을 통하여 가장 밀접한 관련이 있는 어느 한 행동지법(예컨대 시장지법)을 바로 적용할 수도 있다.

한편 제1설의 계좌소재지 중심 접근법에는 다음과 같은 문제가 있다. 첫째, 자본시장의 국제화에 따라 투자자(들)의 계좌가 복수의 국가에 개설되는 것이 얼마든지 가능하므로, 자본시장 불법행위의 행위자는 투자자의 계좌소재지법이라는 이유로 자신이 전혀 예견하지 못한 서로 다른 국내법에 근거하여 손해배상청구가 제기될 위험에 노출된다.[173] 둘째, 계좌소재지를 기준으로 결과발생지를 확정하더라도, 인터넷상에만 존재하는 계좌, 조세목적상 역외금융센터 등 해외에 개설된 계좌와 같이 탈지역화된 계좌(delocalized account)의 경우 소재지의 특정이 여전히 쉽지 않다.[174] 이 경우 해당 계좌를 관리하는 금융기관의 소재지를 계좌의 소재지라고 보는 견해가 있으나,[175] 계좌 명의인의 주소지(또는 상거소지)를 계좌소재지로 보는 견해도 있을 수 있다.

또한 제2설과 제3설이 순전한 재산적 손해의 결과발생지로 특정할 수

---

173) 로마II규정의 성안과정에서도 복수의 국가에서 발생하는 순전한 재산적 손해의 경우 이 문제가 현저할 수 있음이 지적되었다고 한다. Kiesselbach(2011), p. 196.

174) Kiesselbach(2011), p. 196.

175) Dickinson[2008], para. 4.67; Magnus/Mankowski/Magnus[2019], Art. 4 Rome II, para. 98.

있다고 제시하는 상거소와 재산중심지는 그 자체로 가변적·유동적 개념이고, 후자는 청산적 국면에서나 비로소 정확하게 파악될 수 있는 개념으로서 일상적 거래에서는 그 파악이 곤란하며,[176] 복수의 투자자와 정형적·반복적으로 거래하는 투자설명서책임주체로서는 투자자의 계좌소재지가 예측가능성이 없듯이 투자자의 상거소지(또는 주소지)와 재산중심지도 예측가능성이 없기는 마찬가지이고, 무엇보다도 제2설과 제3설이 제시하는 상거소와 재산중심지는 재산적 손해를 발생시킨 불법행위와는 아무런 관련이 없는데, 이는 로마II규정의 결과발생지 일원주의에 따라 불가피하게 법익침해의 소재지를 구성해내는 고육책에 불과함을 방증한다. 한편 제4설은 피해자 행동지를 기준으로 제시하나 이는 법익침해와 직접적 관련은 없는 것으로 보인다.

나. 유럽사법재판소 판례의 검토

(1) 서 설

유럽사법재판소가 투자설명서책임의 준거법 문제를 직접 취급한 예는 없으나,[177] 격지불법행위에 따른 순전한 재산적 손해의 배상청구와

---

176) 재산상 이익의 중심지라는 개념은 유럽연합 도산규정(Regulation (EU) 2015/848 of the European Parliament and of the Council of 20 May 2015 on Insolvency Proceedings) 제3조가 도산절차 개시에 관한 국제재판관할의 근거로 규정하는 '주된 이익의 중심지(centre of main interests, COMI)'의 개념과 유사하다.

177) 다만, 후술하듯이 Kolassa 판결은 투자설명서책임이 문제된 사안이고, 그에 대한 법률자문관(Advocate General) 의견서에서 개별 회원국에서의 투자설명서 교부를 불법행위지 특별관할의 근거로 보자는 견해가 제시되었다. 2014년 Szpunar 의견서, paras. 64-67. 참고로 법률자문관의 주된 임무는 유럽사법재판소에 제기된 사건에 대하여 이유를 부기한 의견서(reasoned submissions)를 재판부에 제출하는 것이다. 이는 재판소를 구속하지 않으나, 유권적 지위를 가지고 상당한 영향을 미치는 것이 현실이라고 하고, 판결문과 함께 판결집에

관련하여 국제재판관할을 판단한 선결적 결정(preliminary ruling)[178]은 다수 있다. 여기에서는 그 중 투자설명서책임의 준거법 논의에서 참고할 만한 판결을 선고된 순서대로 검토한다. 로마II규정의 각 조항은 브뤼셀 I 개정규정 및 로마 I 규정과 일관되게 해석되어야 하므로,[179] 브뤼셀 I 개정규정 제7조 제2항(브뤼셀규정 제5조 제3항)에 대한 유럽사법재판소의 판례는 로마II규정 제4조 제1항의 해석론으로 중요하게 참고할 수 있다. 그러나 로마II규정 제4조 제1항은 불법행위지에서 행동지를 제외하는 반면에, 브뤼셀 I 개정규정 제7조 제2항의 해석상으로는 불법행위지에 행동지와 결과발생지가 모두 포함된다는 점에서, 브뤼셀 I 개정규정에 대한 유럽사법재판소의 판례를 로마II규정의 해석론으로 그대로 차용할 수는 없다. 다만, 이는 불법행위지에 행동지와 결과발생지가 모두 포함된다고 해석하는 우리 국제사법에는 시사점을 제공해줄 수 있다.

(2) Kronhofer 판결

(가) 사안의 개요[180]

오스트리아에 주소가 있는 Rudolf Kronhofer(이하 "Kronhofer")는 독일에 주소가 있는 Marianne Maier(이하 "Maier") 등을 상대로 Maier 등의 위법행위로 인한 재산적 손해의 배상을 청구하였다. Kronhofer는 Maier 등이 자신에게 전화로 콜옵션계약의 체결을 권유하면서 그 계약에 포함되어 있는 위험을 고지하지 않았다고 주장하였다. Kronhofer는 독일에 있

공표된다. 이성덕(2012), 140면.

178) 이성덕(2012), 174면은 "선결적 평결"이라고 한다. 유럽연합기능조약 제267조에 따르면, 유럽사법재판소는 ① 유럽연합조약과 유럽연합기능조약의 해석, ② 유럽연합의 기관, 조직 등의 행위의 유효성과 해석에 대하여 선결적 결정을 내릴 수 있다.

179) 로마II규정 전문 제7항 참조.

180) 상세는 Kronhofer 판결, paras. 5-10 참조.

는 Protectas Vermögensverwaltungs GmbH(이하 "Protectas")가 관리하는 투자계좌(Anlegerkonto, investment account)[181]로 미화 82,500달러를 이체하였다. Maier 등은 Protectas의 이사들로 제소 당시 모두 독일에 주소가 있었다. Kronhofer가 이체한 금전은 런던증권거래소(London Stock Exchange)에서 고도로 투기적인 콜옵션상품에 투자되었다. 결국 그 금전의 일부가 상실되었고, Kronhofer는 그가 투자한 금전의 일부만을 반환 받았다. Kronhofer는 Maier 등이 그의 재산적 손해에 책임이 있다고 주장하였다.

Kronhofer는 그의 주소가 오스트리아에 있고 그의 재산의 중심지가 오스트리아이어서 재산적 손해가 오스트리아에서 발생하였다고 할 수 있으므로 오스트리아 법원에 관할이 있다고 주장하면서 오스트리아 법원에 소를 제기하였다. 항소심 법원은 Kronhofer의 재산적 손해가 오스트리아가 아니라 독일에서 발생하였음을 이유로 오스트리아 법원에 관할이 존재하지 않는다고 판단하였는데, 오스트리아 대법원이 그에 관하여 유럽사법재판소에 선결적 결정을 신청한 것이다.

(나) 판결의 요지[182]

원고의 주소지 또는 재산중심지에서 원고에게 발생한 손해가 다른 회원국에서 발생한 원고의 일부 재산에 대한 손해로부터 초래되었다는 사정만으로 원고의 주소지 또는 재산중심지가 불법행위지라고 할 수는 없다.[183] 원고의 재산중심지가 불법행위지라고 해석하는 경우 관할의 결정이 불확실한 요소에 의하게 되고, 결국 원고 주소지 법원의 관할을 인정하는 결과가 된다.[184] 따라서 오스트리아 법원에 관할이 인정될 수 없다.

181) Kronhofer 판결, para. 2. 다만, 유럽사법재판소가 투자계좌의 의미에 대하여 설시하지는 않았다. Kronhofer는 그의 금전을 Protectas가 보유한 현금계좌(cash account)로 이체하였다.

182) 상세는 Kronhofer 판결, paras. 11-21 참조.

183) Kronhofer 판결, para. 21.

184) Kronhofer 판결, para. 20.

브뤼셀협약상 특별관할규칙은 제한적으로 해석되어야 하고, 이는 브뤼셀협약에 명시된 내용을 넘어서는 해석으로 귀결되지 않아야 한다.[185] 브뤼셀협약 제5조 제3항은 피고 주소지 법원 이외의 법원과 당해 사안 간에 특별히 밀접한 관련이 존재하는 경우에만 적용되어야 하고, 피고 주소지 법원 이외의 법원에 관할을 인정하는 것은 사법권의 적정한 행사와 소송절차의 효율적 진행을 위하여 정당화될 수 있어야 한다.[186]

행동지와 결과발생지는 서로 다른 개념이고, 브뤼셀협약 제5조 제3항의 불법행위지에는 행동지와 결과발생지가 모두 포함된다. 원고는 그 선택에 따라 양자 중 어느 하나가 소재한 법원에 소를 제기할 수 있다.[187]

(다) 평 가

Kronhofer 판결은 불법행위지 특별관할을 인정하기 위한 직접손해발생지 판단기준을 구체적으로 제시하지는 않았으나, 적어도 투자자의 재산중심지가 그에 해당할 수는 없음을 명확히 하였다. 특별관할을 예외적인 경우에만 인정하는 브뤼셀규범의 대원칙에 비추어 재산중심지라는 개념은 원고 주소지 관할을 인정하는 결과를 초래할 수 있음을 우려한 것이다. 유럽사법재판소는 Kronhofer가 Protectas를 통하여 보유하였던 투자계좌의 소재지, 즉 독일이 재산적 손해의 직접적 발생지라고 보았는데, 이는 투자계좌라는 개념 자체보다는 금원이 송금된 계좌의 소재지에 주목한 것이다. 다만, 계좌에 주목하자면 Kronhofer가 Protectas의 투자계좌로 금원을 송금한 계좌를 기준으로 삼았어야 하지 않은가 하는 의문이 있다.

185) Kronhofer 판결, para. 14.
186) Kronhofer 판결, para. 15.
187) Kronhofer 판결, para. 16.

(3) Kolassa 판결

(가) 사안의 개요[188)]

오스트리아에 주소가 있는 Harald Kolassa(이하 "Kolassa")는 오스트리아 온라인은행인 direktanlage.at AG(이하 "direktanlage.at")를 통하여 영국은행인 Barclays Bank plc(이하 "Barclays")가 발행한 X1 Global EUR Index Certificates라는 무기명채권(bearer bonds) 68,180유로 상당을 취득하였다. direktanlage.at는 독일 모회사인 DAB Bank AG(이하 "DAB")를 통하여 Barclays에 위 증권을 주문하였다. 위 증권은 direktanlage.at가 DAB에 보유하고 있는 증권계좌에 기재된 다음에 Kolassa가 direktanlage.at에 보유하고 있는 증권계좌에 기재되었다.

위 증권의 가치, 즉 상환금은 다수 펀드의 포트폴리오에 연동된 지수에 의하여 결정되었는데, 그 포트폴리오는 Barclays가 위 증권의 발행을 통하여 조성한 자금의 투자를 위탁한 회사인 X1 Fund Allocation GmbH에 의하여 구성·운영되었다. 그러나 포트폴리오 운영회사의 투자손실로 위 증권은 거의 가치를 상실하였다. 그리하여 Kolassa는 오스트리아 법원에서 Barclays를 상대로 계약책임, 계약 전 책임, 불법행위책임에 따른 손해배상을 청구하였고, 그 근거로 Barclays가 투자설명서 등에 정확한 정보를 기재하여 자신에게 교부하였더라면 위 증권에 투자하지 않았을 것이라고 주장하였다.

오스트리아 법원은 브뤼셀규정 제5조 제1항 및 제3항, 제15조 제1항에 관한 선결적 결정을 신청하였는데, 핵심은 투자자가 고의적인 허위정보에 기초하여 증권을 매수한 경우에는 투자자의 재산이 집중되어 있는 장소, 즉 손해가 발생한 사람의 주소지가 브뤼셀규정 제5조 제3항의 불법행위지라고 할 수 있는지 여부이다.

---

188) 상세는 Kolassa 판결, paras. 12-19 참조.

(나) 판결의 요지[189)]

브뤼셀규정 제5조 제3항에 근거한 특별관할이 인정되기 위하여는 불법행위지 법원과 당해 사안 간에 밀접한 관련이 있어야 한다. 이는 재판권의 적정한 행사와 소송절차의 효율적 운영 등을 위한 것이다.[190)] Kronhofer 판결과 마찬가지로, 원고 주소지에서 원고에게 발생한 재산적 손해가 다른 회원국에서 원고의 일부 재산에 발생한 손실로부터 초래되었다는 사정만으로는 원고 주소지가 불법행위지라고 할 수 없다.[191)] 다만, 행동지 또는 결과발생지가 원고 주소지인 경우에는 원고 주소지 법원의 관할이 인정된다.[192)] 원고 주소지가 결과발생지이면 원고 주소지 법원의 관할이 인정되는데, 특히 원고가 주소지 법원의 관할구역 내에서 설립된 은행에 계좌를 보유하고 있고, 손해가 원고의 은행계좌(bank account)에서 직접 발생한 경우에 그러하다.[193)]

(다) 평 가

유럽사법재판소는 Kolassa가 Barclays를 상대로 투자설명서책임 및 투자자보호의무 위반에 근거하여 제기한 불법행위청구에 대하여 오스트리아 법원의 관할을 인정하였다. 문제된 증권의 투자설명서는 영국과 오스트리아 양국에서 공모를 위하여 투자자들에게 교부되었으나,[194)] 이 사실에는 의미가 부여되지 않았다. 유럽사법재판소는 원고 주소지가 직접손해발생지이면 원고 주소지 법원의 관할이 인정된다고 설시하였는데, 브뤼셀규정 제5조 제3항에 비추어 보면, 이는 원고 주소지에 독자적인 의미를 부여한 것은 아니다. 원고 주소지가 직접손해발생지에 해당한다면 원

189) 상세는 Kolassa 판결, paras. 20-65 참조.
190) Kolassa 판결, para. 46.
191) Kolassa 판결, para. 48.
192) Kolassa 판결, para. 50.
193) Kolassa 판결, para. 55.
194) Kolassa 판결, para. 13.

고 주소지 법원에 불법행위지 특별관할이 인정됨은 명백하기 때문이다.

오히려 유럽사법재판소는 재산적 손해의 직접적 발생지는 투자자의 금원이 예치되어 있다가 송금된 계좌의 소재지라는 기존 입장을 유지한 것으로 보인다. 주목할 것은 유럽사법재판소가 직접손해발생지 판단기준으로 제시한 '법원의 관할구역에서 설립된(established) 은행에 개설된 은행계좌(bank account)'라는 개념이다. 유럽사법재판소가 '설립'이라는 문언을 사용하였으나, 이는 엄밀한 의미에서의 설립지(본점 소재지) 또는 주된 영업소만을 의미하는 것이 아니라 널리 지점 소재지까지 포함하는 것이라고 해석하여야 한다. 그렇지 않으면 은행의 본점이 소재하는 런던, 프랑크푸르트, 파리 등 금융중심지에 주소를 가지고 있는 사람들만 자신의 주소지 법원에서 은행을 상대로 소를 제기할 수 있다는 부당한 결론으로 귀결되기 때문이다.[195]

유럽사법재판소는 오스트리아에서 투자설명서가 교부되었다는 사실에 주목하지 않았으나, 법률자문관은 이에 주목하였는데, 그 요지는 다음과 같다. Barclays는 오스트리아에서 투자설명서를 교부하였는데, 이는 불법행위지 특별관할을 인정할 수 있는 불법행위의 표지(indicator)이다.[196] Barclays가 작성한 투자설명서를 오스트리아에서 교부 받아 투자를 결정한 오스트리아 투자자인 Kolassa 역시 영국 자본시장에서 운용되는 금융투자상품에 투자한다고 인식하였다.[197] 투자설명서가 하나 이상의 회원국에서 교부되었다면 각 회원국에서 불법행위지 특별관할이 인정될 수 있고,[198] Shevill 판결과 eDate/Martinez 판결의 태도에 따라 해결되어야 한다.[199] 요컨대 증권 소지인이 주소를 가지고 있는 회원국에서

195) Lehmann(2016a), p. 330. 한편 Arons(2015), p. 379은 '은행계좌'가 증권의 수량이 기재되어 있는 '증권계좌'를 의미한다고 하고, Garcimartín(2011), pp. 452-453도 같은 전제 위에 있으나, 그렇게 볼 것은 아니다.

196) 2014년 Szpunar 의견서, para. 64.

197) 2014년 Szpunar 의견서, para. 36.

198) 2014년 Szpunar 의견서, para. 65.

의 투자설명서 교부가 재산적 손해를 발생시킨 경우에는 증권 소지인이 주소를 가지고 있는 장소가 특별관할의 근거로서의 불법행위지에 해당한다고 보아야 한다는 것이다.[200]

한편 본 사건에서 직접손해발생지는 불법행위로 인하여 금원의 인출이 행하여진 계좌가 소재하고 있는 독일이 아니라 투기적 거래가 실제로 행하여진 영국이라는 견해도 있다.[201] Barclays가 독일에 개설된 계좌에서 금원을 인출한 행위는 Kolassa가 오스트리아에서 독일 계좌로 금원을 송금한 행위와 마찬가지로, 영국에서 손해가 직접 발생하기 전에 발생한 사건에 불과하고, 투기적 거래가 행하여짐으로써 비로소 금원의 손실이 초래되었으므로, 손해는 영국에서 발생하였다는 것이다.

(4) Universal Music 판결

(가) 사안의 개요[202]

Universal Music International Ltd.(이하 "Universal Music International")와 Universal Music International Holding BV(이하 "Universal Music Netherlands")는 Universal Music Group의 자회사들로서 전자는 영국 법인, 후자는 네덜란드 법인이다. Universal Music International은 체코 음반회사인 B&M spol. s r.o.(이하 "B&M") 및 그 주주들과의 사이에 Universal Music Netherlands가 1998년 B&M 주식의 70%를 매수하고, 2003년 나머지 주식을 양자간 합의하는 가격으로 취득하기로 합의하였다. 당사자들이 체결한 의향서(letter of intent)에는 B&M의 평균 연간영업이익의 5배로 목표매매대금이 명시되어 있었다. 의향서 체결 이후 당사자들은 주식매수선택권계약(share

199) 2014년 Szpunar 의견서, para. 66.
200) 2014년 Szpunar 의견서, para. 67.
201) Plender/Wilderspin[2015], para. 18-075 참조.
202) 상세는 Universal Music 판결, paras. 7-20 참조.

purchase option contract)을 협상하였는데, Universal Music Group의 법률부서가 제안한 수정사항이 있었음에도 불구하고, 동 법률부서가 선임한 체코 법률회사인 Burns Schwartz International의 소속변호사(associate)인 Josef Brož(이하 "Brož")가 동 계약에 이를 정확히 반영하지 못하였고, 이로 인하여 매매대금이 5배로 증가하는 내용이 포함된 계약이 1998년 Universal Music Netherlands, B&M 및 그 주주들 간에 체결되었다. 2003년에 이르러 나머지 30% 주식의 매매대금에 관하여 Universal Music Netherlands와 B&M의 주주들 간에 분쟁이 발생하였고, 이에 관하여 체코에서 중재절차가 진행되었으며, 당사자들은 화해계약을 체결하였다. Universal Music Netherlands는 화해대금(2,654,280.03유로)을 매매대금으로 지급하였고, 이는 네덜란드에 있는 Universal Music Netherlands의 계좌에서 체코에 있는 B&M 주주들의 계좌로 이체되었다.

Universal Music Netherlands는 Burns Schwartz International의 구성원변호사(partner)이었던 Michael Schilling(이하 "Schilling"), Irwin Schwartz(이하 "Schwartz")와 그 소속변호사이었던 Brož를 상대로 2,767,861.25유로의 지급을 구하는 소를 네덜란드 법원에 제기하였다. 당시 Schilling, Schwartz, Brož는 각각 루마니아, 캐나다, 체코에 거주하고 있었다. Universal Music Netherlands는 그가 설립된 네덜란드 바른(Baarn)에서 순전한 직접적·재산적 손해(purely direct financial damage)가 발생하였다고 주장하였다.

네덜란드 제1심 법원과 항소심 법원은 네덜란드 바른이 직접손해발생지라고 할 수 없고, 단순히 화해대금이 네덜란드 회사에 의하여 지급되었다는 사정만으로 원고가 제기한 소와 네덜란드 법원 간에 고도의 밀접한 관련이 인정될 수는 없다고 판단하였다. 네덜란드 대법원은 재산적 손해가 위법한 행동(unlawful conduct)의 직접적 결과(direct result)인 경우(직접적·재산적 손해)와 다른 회원국에서 발생한 직접손해의 결과이거나 다른 회원국에서 발생한 손해로부터의 결과인 경우(결과손해 또는 파생적·재산적 손해)에는 브뤼셀규정 제5조 제3항의 불법행위지에 해당하는지 여부 등에 관하여 유럽사법재판소에 선결적 결정을 신청하였다.

(나) 판결의 요지[203)]

당사자들은 행동지가 체코라는 사실에는 견해가 일치하나, 결과발생지에 관하여는 견해가 일치하지 않았다.[204)] B&M 및 그 주주들과 Universal Music Netherlands 간에 1998년 체결된 계약은 체코에서 협상·서명되었고, 당사자들의 권리·의무는 체코에서 성립되었으며, 거기에는 Universal Music Netherlands가 나머지 30% 주식에 대하여 당초 지급하고자 하였던 금액보다 큰 금액을 지급할 의무도 포함되어 있었으나, 이는 당사자들이 성립시킬 의도는 없었던 내용이다.[205)] Universal Music Netherlands가 의도하였던 매매대금과 주식매수선택권계약에 규정된 금액 간의 차이로 인하여 Universal Music Netherlands에게 발생한 손해는 당사자들이 체코에서 중재절차를 진행하던 중 화해계약을 체결하면서 명확해졌다.[206)] 이에 따라 일부 재산에 대한 손실이 체코에서 발생하였고, 손해가 체코에서 발생하였으며, 이는 체코에서의 중재절차에서 합의한 화해계약의 이행 목적으로 Universal Music Netherlands가 네덜란드에 보유한 은행계좌에서 화해대금을 이체하였다는 사정만으로 달라지지 않는다.[207)] 브뤼셀규정 제5조 제3항의 불법행위지는 이미 다른 장소에서 손해가 발생한 사건의 부정적 결과가 미치고 있는 장소(place where the adverse consequences of an event, which has already caused damage actually arising elsewhere, can be felt)를 포함하지 않으므로,[208)] 다른 회원국에서 발생한 일부 재산의 손실로부터 초래된 재산적 손해를 입었다는 이유만

203) 상세는 Universal Music 판결, paras. 21-46 참조.
204) Universal Music 판결, para. 29.
205) Universal Music 판결, para. 30.
206) Universal Music 판결, para. 31.
207) Universal Music 판결, para. 32.
208) Universal Music 판결, para. 34.

으로 원고의 주소지이자 재산중심지를 불법행위지에 해당한다고 볼 수 는 없다.[209)]

유럽사법재판소는 Kolassa 판결에서[210)] 결과발생지라는 이유로 원고 주소지 법원의 관할을 인정하였으나, 그 사건에서 원고에게 발생한 손해는 원고가 해당 법원의 관할구역에서 설립된 은행에 개설한 은행계좌에서 직접적으로 구체화(materialise)되었기 때문이고,[211)] 이는 원고 주소지 법원의 관할권을 인정한 특별한 사정이다.[212)]

결국 원고의 은행계좌에서 직접 발생한 순전한 재산적 손해는 그 자체로는 브뤼셀규정 제5조 제3항에 따른 불법행위지 특별관할을 인정하기에 부족하다. Universal Music Netherlands와 같은 회사는 여러 은행계좌들 중에서 화해대금 지급을 위한 계좌를 선택할 수 있으므로, 계좌소재지가 반드시 불법행위지와 충분한 관련을 구성하지는 않는다.[213)] 불법행위지 특별관할이 인정되기 위하여는 순전한 재산적 손해의 발생지라는 사정 외에 당해 사안에 특유한 다른 사정이 있어야만 한다.[214)]

(다) 평 가

본 판결의 요지는 계약의 교섭·체결지, 당사자들의 권리·의무의 성립지가 체코이고, 피해자의 일부 재산에 대한 손실이 일단 체코에서 발생하였으므로, 화해대금이 송금된 계좌가 소재하고 있던 네덜란드는 간접손해발생지에 불과하다는 것이다. 본 사건에서 법률자문관은 손해가 다

---

209) Universal Music 판결, para. 35.

210) Kolassa 판결, para. 55.

211) Universal Music 판결, para. 36.

212) Universal Music 판결, para. 37. 반면에 Kolassa 사건에서 법률자문관은 Barclays가 문제된 유가증권의 투자설명서를 오스트리아에서 교부하였고, 문제된 유가증권을 판매한 금융기관은 오스트리아 은행이었음을 지적하였다. 2014년 Szpunar 의견서, paras. 44-45 참조.

213) Universal Music, para. 38.

214) Universal Music, para. 39.

른 회원국에서 발생한 위법한 행동(unlawful conduct)의 직접적 결과인 재산적 손해로만 구성되는 경우에는 불법행위지는 직접손해발생지인 체코가 아니라 간접손해발생지인 네덜란드라는 의견을 제출하였으나, 유럽사법재판소는 이를 수용하지 않았다.

종래 유럽사법재판소의 계좌소재지 중심 접근법을 잘못 발전시키는 경우 계좌소재지이면 어디든 직접손해발생지라는 결론에 도달할 수 있는데, 국제화의 심화에 따라 개인이 복수의 국가에 계좌를 개설하는 것이 더 이상 이례적이지 않고, 본 사건의 Universal Music Group과 같은 다국적기업의 경우에는 더욱 그러하므로, 유럽사법재판소는 계좌소재지를 직접손해발생지로 인정한 이유는 어디까지나 그곳에서 재산적 손해의 직접적 침해가 있었기 때문임을 명확히 하였다.

한편 본 판결은 Kronhofer 판결이나 Kolassa 판결과 달리 증권에 대한 투자가 문제된 사안은 아니고, 손해가 투자금을 송금한 계좌 자체에서 구체화된 것은 아니라는 중대한 차이가 있다. 그리하여 법률자문관은 순전한 재산적 손해가 발생한 사안의 경우 결과발생지는 우연한 사정에 의하여 결정되므로 불법행위지로 고려할 수 없고, 특별관할의 근거인 불법행위지에는 행동지와 결과발생지가 모두 해당된다는 Bier 판결의 대원칙이 적용될 수 없다는 의견을 제출하였다.[215] 이와 같은 행동지 일원주의는 우리 국제사법 제32조 제1항의 해석론으로도 참고할 수 있다.

다. 우리 대법원의 도메인이름 판결의 검토

대법원 2008. 4. 24. 선고 2005다75071 판결[216]은 불법행위의 결과발생

215) 2016년 Szpunar 의견서, paras. 36-39. Hartley(2018), p. 998은 이를 지지한다.
216) 한국의 웹디자이너와 미국의 Hewlett-Packard Company 간의 도메인이름 "hpweb.com"에 관한 분쟁이다. 이에 관하여는 다음과 같은 세 건의 대법원 판결이 있다: ① 대법원 2005. 1. 27. 선고 2002다59788 판결; ② 대법원 2008. 4. 24. 선고 2005다75071

지에 이차적·간접적 결과발생지인 손해발생지가 포함된다고 해석할 여지가 있는 판시를 하였다. 그와 같이 해석하게 된다면, 위 판결은 법익의 직접적 침해지 또는 법익침해 당시 법익의 소재지를 결과발생지로 보는 일반적인 견해와는 차이가 있다고 볼 수 있다. 다만, 위 판결도 이차적·파생적 손해의 발생지는 결과발생지에서 제외되어야 한다는 전제 위에 있었던 것으로 보인다.[217)]

위 판결은 도메인이름의 등록지인 미국 버지니아주에서의 분쟁조정 결정에 의하여 도메인이름의 강제이전등록이 있은 사건에서, 원고는 한국에서 도메인이름을 사용하지 못하게 되었으므로 불법행위의 성립 및 효력은 한국법에 의하여 규율된다고 판단하였다.[218)] 위 판결이 한국을 결과발생지로 파악한 이유는 도메인이름 등록인의 주된 권리가 도메인이름의 등록·사용권이고, 동 사용권은 등록료를 납입하는 한 계속적 권리이므로, 도메인이름의 사용이 원고의 주소지이자 주된 사무소 소재지인 한국을 중심으로 행하여지고 있는 이상, 도메인이름의 사용수익권을 상실하게 되는 법익침해는 한국에서 발생한다는 것이다.[219)] 반면에 위 사건에서는 미국 버지니아주의 등록기관을 통하여 등록된 도메인이름이 문제되었으므로, 도메인이름이라는 법익의 소재지인 미국 버지니아주를 결과발생지라고 보아야 한다는 견해도 유력하다.[220)] 위 판결은 불법행위로 인하여 경제적 손실을 입게 된 이차적·간접적 결과발생지를 결과발생지에 사실상 포함시켰다고 볼 수 있다는 점에서 논의의 여지가 있다.[221)]

판결; ③ 대법원 2011. 5. 26. 선고 2009다15596 판결. 여기에서는 위 ②가 불법행위의 준거법에 관하여 판단한 부분만을 검토한다.

217) 김운호(2008), 444면.

218) 위 사건에서 채권자의 분쟁조정신청에 의하여 도메인이름의 강제이전등록이 발생하였으므로, 불법행위의 행동지는 미국 버지니아주이다.

219) 김운호(2008), 443-444면 참조. 결론적으로 위 판결은 준거법이 한국법임을 전제로 피고가 분쟁해결기관의 조정 결과에 따라 도메인이름을 이전 받은 행위는 위법하지 않다는 이유로 불법행위의 성립을 부정하였다.

220) 석광현(2011), 42면.

위 사건은 투자설명서책임과 마찬가지로 순전한 재산적 손해가 문제된 사안이다. 도메인이름 자체의 법적 성격에 관하여는 상표에 준한다는 견해, 상호 내지 전자상호에 해당한다는 견해, 광의의 영업표지에 해당한다는 견해 등이 대립하나,[222] 그 침해가 있는 경우 등록된 지식재산권에 준하여 불법행위의 준거법을 판단하여야 할 것으로 보이는데,[223] 전술하였듯이 지식재산권과 같은 무형재산의 경우 ① 재산 자체의 손해와 ② 재산적 가치의 감소에 따른 금전적 손해를 함께 발생시킬 수 있다.[224] 금전에 관한 불법행위의 경우 금전이 유형재산이더라도 위 ①은 실질적으로 의미가 없고, 무형재산이라면 위 ②만이 발생한다. 반면에, 논란의 여지는 있으나, 무형재산의 일종인 지식재산권이나 도메인이름의 경우 위 ①이 독자적인 의미가 있는 것으로 생각된다. 지식재산권, 도메인이름 등과 같은 무형재산에 관한 섭외불법행위의 경우 위 ①과 ②의 발생지를 어디로 어떻게 파악할지, 양자간의 관계를 어떻게 설정할지가 문제될 수 있다.[225]

---

221) 석광현(2011), 42면; 석광현[2013], 392면, 주11.

222) 김정운(2013), 54-56면 참조.

223) 지식재산권에 관한 불법행위의 경우 로마II규정 제8조 제1항과 우리 국제사법 제24조는 보호국법주의를 별도로 규정한다. 여기의 보호국은 그 국가 내에서 지식재산권이 침해되었다고 주장함으로써 그 국가 내에서의 보호가 청구 또는 주장된 국가, 즉 침해지국을 말한다. 석광현[2013], 278면. 지식재산권의 특수성을 고려하여 일반적인 불법행위의 준거법 결정원칙에 따르지 않고 특별저촉규정을 두고 있기는 하나, 지식재산권 침해의 불법행위로서의 성질은 여전히 인정된다. 김인호(2012), 94면. 따라서 침해지와 행동지 및 결과발생지 간의 관계에 대한 검토가 필요하다. 예컨대 속지주의와의 관련 속에서 침해지를 행동지와 결과발생지 중 어느 하나로 볼 수 있는지, 침해지가 행동지와 결과발생지 양자 모두에 해당한다고 볼 수 있는지, 등록에 의하여 보호되는 지식재산권과 등록이 없더라도 보호되는 지식재산권을 결과발생지의 확정에서 구별하여 취급하여야 하는지 등의 문제가 있을 수 있다. 우선 김인호(2012), 108면, 주74 및 111-112면 참조. 국제재판관할의 맥락에서 지식재산권 침해의 경우 불법행위지의 장소결정에 관하여는 석광현(2007c), 609면 이하 참조.

224) 전술 제3장 제2절 Ⅱ. 4. 가. 참조.

라. 투자설명서책임에의 적용

투자설명서책임과 같은 자본시장 불법행위에서는 순전한 재산적 손해가 발생한다. 이 경우 행동지는 전통적 이론에 따라 구체적 의사활동의 수행지로 파악할 수 있으나, 법익의 직접적 침해지 내지 직접손해의 발생지인 결과발생지는 지역화(localization)가 곤란하다. 생명, 신체, 자유, 명예라는 법익이 침해되는 경우 그 법익의 주체의 소재지를 쉽게 결과발생지로 특정할 수 있고, 부동산, 동산(금전, 실물증권 제외)과 같은 유형재산에 관한 불법행위도 그 물리적 소재지를 역시 쉽게 결과발생지로 특정할 수 있다. 유형재산에 관한 불법행위는 재산 자체의 손해와 재산적 가치의 감소를 별개로 인식할 수 있는 반면에, 유형재산, 무형재산을 불문하고 금전, 증권에 관한 불법행위는 재산 자체의 손해가 곧 재산적 가치의 감소로서 양자가 일원적으로 발생하고 전자의 소재지를 파악하는 것이 현실적으로 곤란하다. 그럼에도 불구하고 순전한 재산적 손해의 경우에도 결과발생지의 지역화가 가능하다는 전제에서 피해자 계좌소재지, 피해자 상거소지(또는 주소지), 피해자 재산중심지 등을 재산적 법익의 소재지로 추상적·가상적으로 구성하여 결과발생지로 간주하자는 견해들이 있으나 모두 적당하지 않다. 결과발생지를 특정하기 위하여 간접손해발생지를 그에 해당한다고 보는 경우 결과발생지의 개념에 관한 종래의 이론체계의 정합성을 위협할 수 있다.

---

225) 국제재판관할에 관한 논의이나, 상표권과 같이 등록된 지식재산권이 침해되는 경우에는 행동지는 침해자 설립지, 결과발생지는 지식재산권 등록지라고 할 수 있다. *Wintersteiger AG v. Products 4U Sondermaschinenbau GmbH*, Case C-523/10 (ECLI:EU:C:2012:220). 또한 예컨대 저작권과 같이 등록되지 않은 지식재산권이 온라인에서 판매된 콤팩트 디스크(CD)에 의하여 침해되는 경우에는 해당 콤팩트 디스크가 판매된 웹사이트에 접속할 수 있었던 모든 국가가 결과발생지라고 할 수 있다. *Peter Pinckney v. KDG Mediatech AG*, Case C-170/12 (ECLI:EU:C:2013:635). 이들 판결에 대한 간단한 평석은 Hartley(2018), p. 1002 참조.

결국 순전한 재산적 손해의 경우에는 결과발생지가 개념적으로 존재할 수 없다고 보아야 한다. 불법행위지의 개념을 결과발생지로 일원적으로 이해하는 로마II규정 제4조 제1항과 달리 우리 국제사법 제32조 제1항의 불법행위지는 행동지와 결과발생지를 모두 의미한다고 보기 때문에, 우리 국제사법에서는 결과발생지가 존재하지 않는다고 하더라도 행동지만을 기준으로 불법행위지를 특정하는 것에 어려움이 없다. 투자설명서책임과 같은 자본시장 불법행위의 경우 행동지는 대개 시장지일 것이다. 결과발생지의 존재를 긍정한다면, 복수의 국가가 개재되는 자본시장 불법행위에서는 예컨대 시장지(행동지)와 투자자 소재지(결과발생지)가 다를 수 있으므로 격지불법행위의 문제가 필연적으로 발생하나, 행동지 일원주의는 이 문제도 쉽게 해결할 수 있다. 한편 예컨대 투자설명서 부실표시를 위한 모의, 준비, 실행 등이 복수의 국가에 걸쳐 행하여지는 경우에는 산재불법행위의 문제가 발생하나, 행동지들 중에는 투자설명서가 발행공시서류로서 관할당국에 제출되고 투자자에게 청약의 권유를 위하여 사용·교부된 행동지로서의 시장지가 반드시 포함될 수밖에 없고, 산재불법행위의 준거법을 시장지법으로 일원적으로 연결함으로써 이 문제를 역시 쉽게 해결할 수 있다. 결과발생지의 존재를 긍정한다면, 이 경우 산재불법행위의 문제와 격지불법행위의 문제가 동시에 발생하여 사태의 해결이 어려워진다. 설령 순전한 재산적 손해의 경우 추상적·가상적 법익침해지로서의 결과발생지를 상정할 수 있다고 하더라도, 각 피해자로 하여금 행동지(시장지)와 결과발생지 중 유리한 것을 선택하도록 하는 것은 합리적이지 않고, 같은 시장지에서 공모에 응하여 청약을 신청한 투자자들은 행동지로서의 시장지의 법에 의하여 일률적으로 규율함이 합리적이다. 이것이 국제적 증권공모발행에 참여한 모든 당사자들의 정당한 기대라고 할 수 있기 때문이다. 피해자의 준거법 선택권을 인정하지 않고 행동지(시장지)로 일원적으로 연결하는 결론은 예외조항을 통하여 달성할 수 있다.

5. 인터넷상 불법행위의 특수성

인터넷상 불법행위(또는 사이버 불법행위)란 가해자 및/또는 피해자가 인터넷을 이용하는 방법으로 행하여지는 불법행위로서, 불법행위를 실행하는 그 특수한 방법에 주된 특징이 있다. 과학기술의 발전에 따라 인터넷상 불법행위는 막대한 파급효과를 야기할 수 있다.[226] 국제자본시장에서도 인터넷을 이용한 불법행위가 발생할 수 있다. 해킹,[227] 바이러스, 악성코드 등을 통한 거래소 시스템 파괴, 투자자 등의 증권·금원의 절취·편취, 시세조종, 내부자거래 등 불공정거래행위뿐만 아니라,[228] 단순히 거래의 전부 또는 일부가 인터넷상에서 전자적 방법으로 처리되는 과정(예컨대 사이버 공모)에서 발생하는 불법행위도 있을 수 있다.[229] 국내외 투자자는 인터넷을 이용하여 시간과 공간의 제약 없이 국내외 자본시장에 참여할 수 있는데,[230] 증권의 공모발행시 교부되는 투자설명서는

---

226) Magnus/Mankowski/Magnus[2019], Art. 4 Rome II, para. 235. 예컨대 가해자는 발전소의 컴퓨터 시스템에 침입하여 다수의 가구, 상점, 병원 기타 공공시설에 전기 공급을 중단시킬 수 있다.

227) 우리 법제에서 해킹의 개념에 관하여는 정보통신망 이용촉진 및 정보보호 등에 관한 법률 제48조 참조.

228) 해킹에 의하여 지득한 정보를 활용한 내부자거래에 관하여는 장근영(2007), 164-171면, 회사의 근로자가 인터넷에 의한 의사소통으로 제공·수령한 정보에 근거한 내부자거래에 관하여는 장근영(2007), 183-191면 참조.

229) 김성태(2000), 131-132, 149-150면 참조. 인터넷을 통한 직접공모의 최초의 예는 골드뱅크 커뮤니케이션즈라는 회사가 1998. 4. 회사 홈페이지를 통하여 인터넷상에서 공모 청약, 신주 배정 공고 등을 진행한 것이다. 청약증거금은 온라인입금, 계좌이체, 방문납입, 카드결제 등을 통하여 접수하였다. 공모 규모는 9억 9천만원이었는데, 구 증권거래법상으로는 공모 규모가 10억원 미만이면 유가증권신고서 제출이 면제되었기 때문이다. 최준선(2000), 127-128면 참조.

230) 근자에는 외국 개인 투자자들이 한국거래소에 외국 금융회사에 국한된 원격지 회원가입을 허용해줄 것을 요구하기도 하였다. 연합인포맥스 2019. 6. 24. 자, “해외 파생상품 투자자들, 한국거래소에 ‘원격지 회원제’ 요청” 제하 기사 참조.

서면에 의한 교부가 원칙이나, 인터넷을 통한 공모가 확산되고 있는 현실 및 공모에 관여하는 발행인, 인수인, 주선인 등의 편의를 고려하여, 일정한 요건이 구비되면 전자문서의 형태로도 교부가 가능하도록 한다.[231] 이와 같은 경우 예컨대 한국 투자자가 서울에서 미국 뉴욕에 본점이 있는 증권회사의 홈페이지에 접속하여 부실표시 있는 투자설명서를 전자적 방식으로 교부 받은 다음에 미국에서 공모되는 증권의 취득을 청약하였다면,[232] 불법행위의 행동지와 결과발생지는 어디인지가 문제된다.

인터넷상 불법행위에 대하여는 국제적 차원의 통일적인 실질법 규칙이나 저촉법 규칙이 존재하지 않으므로, 외국적 요소가 있는 인터넷상 불법행위의 준거법은 각국의 국제사법에 의하여 결정될 수밖에 없다. 인터넷상 불법행위의 대표적인 예는 인터넷을 통한 명예훼손, 사생활 침해

231) 김건식/정순섭[2013], 218-219면 참조. 자본시장법 제124조 제1항 후단에 따르면, 다음의 네 가지 요건이 구비되어야 한다: ① 전자문서에 의하여 투자설명서를 받는 것을 전자문서수신자가 동의할 것, ② 전자문서수신자가 전자문서를 받을 전자전달매체의 종류와 장소를 지정할 것, ③ 전자문서수신자가 그 전자문서를 받은 사실이 확인될 것, ④ 전자문서의 내용이 서면에 의한 투자설명서의 내용과 동일할 것.

232) 이는 일단 미국 증권회사가 우리 자본시장법 제12조에 따른 금융투자업 인가를 받았음을 전제로 한다. 외국 금융투자업자가 인터넷을 통하여 한국 투자자를 상대로 금융투자업에 해당하는 영업을 하는 경우 우리 자본시장법에 따른 금융투자업 인가를 받아야 하는지, 그리고 이를 받아야 한다면 지점 기타 영업소를 반드시 국내에도 설치하여야 하는지가 문제된다. 외국 금융투자업자가 금융투자업 인가를 받으려면, ① 외국에서 영위하고 있는 영업에 상당하는 금융투자업 수행에 필요한 지점, 그 밖의 영업소를 설치하여야 하고, ② 본국의 관할당국의 감독내용이 국제적으로 인정되는 감독기준에 부합하는 등 일정한 요건을 구비하여야 한다(자본시장법 제12조 제2항 제1호 나목 및 동법 시행령 제16조 제2항 참조). 위 ①의 경우 법문상으로는 지점 기타 영업소가 반드시 국내에 설치되어야 한다고 명시하지 않는다. 그렇다면 국내외를 불문하고 지점 기타 영업소가 설치되어 있기만 하면 위 ①의 요건은 충족된다고 볼 여지가 있다. 다만, 실무상으로는 국내에 지점 기타 영업소를 설치할 것을 요구하는 것으로 보인다.

인데, 로마II규정 제1조 제2항 (g)호는 이들을 그 적용범위에서 제외하고 있고, 기타 인터넷상 불법행위는 통상적인 경우에는 로마II규정 제4조에 의하여 규율되며,[233] 부정경쟁행위, 경쟁제한행위, 지식재산권 침해 등 특수불법행위에 해당하는 경우에는 로마II규정 제6조와 제8조에 의하여 규율된다.[234] 우리 국제사법에는 인터넷상 불법행위와 특수불법행위에 관한 특별저촉규정이 없으므로 원칙적으로 제32조와 제33조가 인터넷상 불법행위도 규율하게 된다. 따라서 당사자들의 준거법 합의가 없고(로마II규정 제14조, 우리 국제사법 제33조), 가해자와 피해자 간에 기존 법률관계가 없으며(우리 국제사법 제32조 제3항), 가해자와 피해자의 공통상거소지(로마II규정 제4조 제2항, 우리 국제사법 제32조 제2항)가 없는 경우에는 불법행위지원칙에 따라 준거법이 결정된다(로마II규정 제4조 제1항, 우리 국제사법 제32조 제1항).

인터넷상 불법행위의 행동지는 가해자가 해킹 등 인터넷상 불법행위를 실행한 장소 또는 인터넷상 불법행위의 수단인 바이러스, 악성코드, 전자문서 등을 업로드한 장소이고, 바이러스, 악성코드, 전자문서 등이 전달되는 경로는 별다른 의미가 없다.[235] 행동지는 일반적으로 불법행위에 사용된 컴퓨터가 소재하고 있는 가해자의 영업소 또는 상거소 소재지이나, 영업소 또는 상거소를 파악할 수 없는 때에는 가해자가 이용한 정보처리시스템의 서버 소재지를 행동지로 보아야 할 것이다.[236] 우

233) 통상적인 인터넷상 불법행위의 예로는 컴퓨터 사용을 방해하기 위한 목적으로 원하지 않는 이메일을 무차별적으로 발송하는 이메일 폭탄(email bombing), 해킹 등 인터넷을 통한 데이터 절취, 바이러스, 웜 등을 통한 컴퓨터 프로그램 파괴, 이익을 취할 목적으로 해킹, 트로이목마 바이러스 등을 통한 타인의 데이터의 무단 변경 또는 사용 등이 있다. Magnus/Mankowski/Magnus[2019], Art. 4 Rome II, para. 238.

234) Magnus/Mankowski/Magnus[2019], Art. 4 Rome II, paras. 236-238.

235) 석광현(2011), 42면; Magnus/Mankowski/Magnus[2019], Art. 4 Rome II, para. 239 참조.

236) 정확히는 서버의 역할을 수행하는 컴퓨터의 소재지이다. 정인섭[2019], 239면은 도메인이름 말미의 국가표시(예컨대 .kr)를 행동지의 일례로 언급한다. 노

리 국제사법 제32조 제1항과 달리 로마II규정 제4조 제1항에서는 행동지를 고려할 수 없으나, 인터넷상 불법행위는 행동지와 무관하게 인터넷 이용만 가능하면 시간과 공간의 제한 없이 피해자에게 손해가 발생할 수 있다는 특수성이 있으므로, 우리 국제사법에서도 행동지를 반드시 고려하여 결과발생지와 병렬적으로 취급하여야 하는지는 논란의 여지가 있다.

한편 인터넷상 불법행위의 결과발생지는 손해의 종류에 따라 차이가 있다.[237] ① 공격 대상 컴퓨터의 프로그램을 파괴한 경우에는 컴퓨터가 일상적으로 사용되던 장소가 결과발생지라고 할 수 있다. 컴퓨터에 설치·운영된 프로그램은 컴퓨터 그 자체와는 구별되나, 양자의 동일시는 불가피하다. ② 소지자가 어디에서든 사용할 수 있는 노트북, 스마트폰 등 휴대용 장치(mobile device)의 운용능력이 인터넷을 통하여 손상된 경우에는 그것을 일상적으로 소지하고 사용하던 사람의 상거소지가 결과발생지라고 할 수 있다. 직접손해 발생시점의 휴대용 장치의 소재지는 우연한 사정에 불과하고, 논란의 여지는 있으나, 휴대용 장치는 대개 상거소지에서 사용될 것이기 때문이다. ③ 인터넷상 불법행위에 의하여 순전한 재산적 손해가 발생한 경우에는 손해가 현실화한 장소가 결과발생지라고 할 수 있다. 예컨대 피해자의 온라인뱅킹 데이터를 사용하여 피해자 명의의 온라인 계좌로부터 금원을 송금하는 경우 직접손해는 해당 계좌를 관리하는 은행의 소재지에서 발생한다고 볼 수 있다. ④ 특수한 문제로서 클라우드 시스템에 집적된 데이터에 대하여 불법행위가 발생하는 경우가 있다.[238] 클라우드 시스템에서 데이터를 절취하거나 그에

태악(2003), 147면은 인터넷에서 정보를 다운로드하거나 이를 현실적으로 출력한 장소를 행동지로 고려할 수 있다고 한다. 이는 결과발생지로도 고려할 수 있을 것이다.

237) 아래 ① 내지 ④의 유형화와 결론은 일단 Magnus/Mankowski/Magnus[2019], Art. 4 Rome II, paras. 239-241을 따랐다.

238) 클라우드 컴퓨팅의 개념을 비롯한 광의의 국제사법 쟁점에 관하여는 석광현

저장되어 있는 데이터를 조작·훼손하는 경우에는 특정한 국가를 결과발생지로 볼 수 없다. 가해자가 클라우드 시스템의 서비스제공자 또는 서비스이용자인 경우에는 종속적 연결을 통하여 둘 간의 계약의 준거법을 적용할 수 있으나,[239] 가해자가 이들 이외의 제3자인 경우에는 피해자의 상거소지법이 손해와 가장 밀접한 관련이 있다고 보아야 할 것이다.[240] 다만, 클라우드 데이터의 무단 사용으로 순전한 재산적 손해만 발생한 경우에는 통상적인 원칙에 따라 피해자에게 손해가 발생한 장소가 결과발생지라고 할 수 있다.

인터넷상 불법행위가 단일한 피해자에게 복수의 국가에서 손해를 발생시키는 경우 당사자들이 준거법을 합의하거나 동일한 국가에 상거소가 있지 않는 한 모자이크 접근법에 따라 결과발생지를 판단하고, 다수의 피해자에게 복수의 국가에서 손해를 발생시키는 경우 피해자별로 모자이크 접근법에 따라 결과발생지를 판단하는 것이 원칙이나,[241] 국제자본시장에서의 인터넷을 이용한 불법행위는 특정한 시장을 대상으로 하는 것이 일반적이므로, 피해자별·결과발생지별로 모자이크 접근법을 취하기보다는 예외조항을 통하여 단일한 시장지법을 적용할 여지가 크다고 생각된다.[242] 전자문서 형태의 투자설명서를 이메일이나 전자공시시스템으로부터 다운로드 받아 컴퓨터 화면에 현출할 수 있다는 이유로 결과발생지를 인정한다면 전세계가 잠재적인 결과발생지가 될 수 있고, 복잡한 격지불법행위와 산재불법행위의 문제가 발생할 우려가 있다.[243]

(2011), 3면 이하 참조.

239) 석광현(2011), 41면 및 Magnus/Mankowski/Magnus[2019], Art. 4 Rome II, para. 241, n. 429에 인용된 문헌들 참조.

240) 다른 견해들은 석광현(2011), 42-43면 참조.

241) Magnus/Mankowski/Magnus[2019], Art. 4 Rome II, para. 242.

242) 노태악(2003), 175-176면은 인터넷상 불법행위는 물리적 소재지와 무관하거나 그것이 별로 중요하지 않으므로 일정한 장소의 법을 일원적으로 적용하는 입법례를 참고할 만하다고 하면서, 미국의 통일컴퓨터정보거래법(Uniform Computer Information Transactions Act, UCITA) 제109조를 언급한다.

Ⅲ. 투자설명서책임에서 불법행위지의 구체적 검토

1. 서 설

여기에서는 투자설명서책임의 준거법을 불법행위지원칙에 따라 결정함을 전제로 불법행위지로 파악할 수 있는 장소(또는 국가)를 구체적으로 검토한다. 결과발생지 일원주의를 규정하는 로마Ⅱ규정 제4조 제1항과 달리 우리 국제사법은 불법행위지를 행동지-결과발생지 이원주의로 이해하므로, 여기에서는 우리 국제사법의 태도를 전제로 논의한다. 결과발생지로는 투자금이 인출·송금된 계좌의 소재지, 투자자 재산중심지, 투자자 상거소지를 상정할 수 있고, 행동지로는 발행인 등의 영업소 소재지를 상정할 수 있으며, 행동지 또는 결과발생지로서의 시장지도 상정할 수 있다. 시장지의 구체적인 의미는 어느 요소에 중점을 두는지에 따라 차이가 있다. 시장지의 개념으로는 자본시장관련법에 따른 발행공시규제로서 당해 공모와 관련한 신고의무를 이행하여야 하는 국가, 공모가 행하여지고 투자자들이 공모에 응하여 증권의 취득을 청약하는 국가, 공모발행 이후 증권이 상장되는 거래소가 소재하고 있는 국가 등을 상정할 수 있는데, 실제상으로는 이들 중 둘 이상이 같은 국가인 경우가 많고, 대부분 투자자의 계좌소재지, 재산중심지 또는 상거소지와도 일치한다.

2. 송금계좌 소재지

투자자의 투자금이 송금되기 직전에 예치되어 있던 계좌의 소재지가 불법행위의 결과발생지라는 견해이다. 순전한 재산적 손해의 경우에도 결과발생지를 특정하여야 하고, 그것이 가능하다는 전제에서, 투자자가

243) Svantesson[2007], pp. 310-311; 석광현(2011), 42면 참조.

부실표시 있는 투자설명서를 교부 받고 해당 증권에 대한 투자를 결정한 다음에 은행 등에 개설된 계좌에 예치된 금원을 인수인 등에게 송금하였다면, 그 계좌에서 투자자의 재산적 법익의 침해가 구체화하였다고 볼 수 있다는 것이다. 유럽사법재판소는 Kronhofer 판결과 Kolassa 판결에서 투자계좌(investment account), 은행계좌(bank account)라는 개념을 제시하였으나, 양자의 의미에 대하여 구체적으로 설시하지는 않았다. 이들 판결은 피해자가 가해자에게 송금한 금전이 인출된 계좌에 주목한 것으로 이해되나, 이와 같이 보더라도 그 의미가 반드시 명확한 것은 아니다.

국제적 증권공모발행에서 증권의 청약증거금 및 인수대금 납입은 여러 국가에 걸쳐 송금이 행하여질 수 있는데, 직접공모가 아닌 이상 투자자는 인수인 또는 주선인에 해당하는 증권회사의 계좌에 대금을 납입하게 된다. 투자자의 재산상 법익이 직접 침해되는 계좌는 ① 인수인 또는 주선인에게 송금하기 전에 금원이 예치되어 있던 은행계좌인지, 아니면 ② 인수인 또는 주선인 증권회사에 개설한 계좌인지가 문제된다. 투자자의 은행계좌의 소재지와 인수인 또는 주선인 증권회사에 개설한 계좌의 소재지가 다른 경우는 충분히 있을 수 있다. 위 ①은 예컨대 투자자가 인수인 또는 주선인의 영업소에 직접 방문하여 현금을 직접 입금하는 경우에는 존재할 수 없는데, 이와 같은 예외를 어떻게 취급할지도 문제된다. 불법행위가 있은 시점을 기준으로 금전이 어느 계좌에 예치되어 있었는지를 기준으로 판단할 수도 있으나,[244] 투자자는 교부 받은 투자설명서에 기초하여 투자 여부를 판단한 후에 투자금을 납입하게 되므로, 인수인 또는 주선인 증권회사에 개설한 계좌로 대금이 송금된 후에 비로소 투자설명서 부실표시라는 불법행위가 개재되는 경우는 개념상 상정할 수 없다.[245] 따라서 투자설명서책임에서 결과발생지로서의 계좌소

244) 영국 법원은 유럽사법재판소의 계좌소재지 중심 접근법을 대체로 이와 같이 이해하고 있는 것으로 보인다. Plender/Wilderspin[2015], paras. 18-076 *et seq.* 참조.
245) 실무상 투자자로부터 청약신청서의 일부로 또는 별개의 문서로 투자설명서

재지는 위 ①로 파악함이 타당하고, 예외적인 경우에만 위 ②로 보아야 할 것이다. 다만, 국내 투자자의 경우 외국에서 발행되는 증권의 공모에 응하고자 하는 경우 국내 주선인(투자중개업자)을 통할 것이 자본시장법에 따라 강제되므로,[246] 국내 투자자가 외국에 개설한 계좌에서 인수인 또는 주선인 계좌로 송금하는 예외적인 경우가 아닌 한 위 ①과 ②는 모두 한국에 있을 것이다.

문제는 투자자의 송금계좌 소재지를 결과발생지로 보는 경우 국제적 증권공모발행에서는 계좌소재지의 숫자만큼 결과발생지가 존재할 수 있다는 것이다. 투자자 계좌소재지의 법이 후술하는 독일 증권투자설명서법 제9조 제3항과 같이[247] 국내의 증권공모와 달리 국제적 증권공모의 경우 투자설명서책임에 관하여 엄격한 성립요건을 규정하고 있을 수 있으므로 계좌소재지 접근법이 반드시 투자자 보호에 유리한 것은 아니다. 또한 인터넷 전용 계좌, 조세목적상 해외에 개설된 계좌 등의 경우 소재지의 특정이 쉽지 않다.[248]

교부확인서를 징구하므로, 투자자의 청약 당시에 투자설명서 부실표시라는 불법행위가 있는 것으로 간주할 수 있다.

246) 한국의 일반투자자와 일부 전문투자자(외국환거래규정 제1-2조 제4호에 따른 기관투자가에 해당하지 않는 전문투자자)는 해외 증권시장에서 외화증권의 매매거래(외국 다자간매매체결회사에서의 거래 포함)를 하려는 경우에는 한국 투자중개업자를 통하여 매매거래를 하여야 한다(자본시장법 시행령 제184조 제1항). 이는 내국인이 외국법인으로부터 부여 받은 주식매수선택권(stock option)을 행사함에 따라 보유하게 된 외화증권을 해외 증권시장에서 매도하기 위하여 외국 투자매매업자 또는 외국 투자중개업자에게 매매주문을 하는 경우에도 마찬가지이다. 금융위원회 2010. 9. 10.자 유권해석("일반투자자의 외화증권 매도 관련 질의"에 대한 회신, 일련번호: 100052) 참조.

247) 후술 제3장 제4절 V. 3. 다. 참조.

248) Kiesselbach(2011), p. 196.

3. 투자자 재산중심지

투자자의 재산중심지가 불법행위의 결과발생지라는 견해이다. 순전한 재산적 손해를 발생시키는 불법행위는 상대방의 재산을 지향하고 있으므로 결과발생지는 상대방의 재산소재지라는 관념에 근거하고 있다.[249] 투자자의 재산이 복수의 국가에 산재하고 있는 경우 투자자가 문제되는 투자를 위하여 어느 국가에 있는 재산으로 투자금을 지급하였는지를 불문하고 투자자의 재산중심지에서 법익침해가 직접 발생한 것으로 본다. 투자자의 재산중심지는 대개 투자자의 상거소지(또는 주소지)일 것이다.[250]

위 견해에 대하여는 다음과 같은 비판이 제기된다.[251] 첫째, 재산중심지를 특정하기 위하여는 일단 모든 재산의 소재지를 파악한 다음에 중심이 되는 장소를 판단하여야 하는데, 소재지를 특정할 수 없는 재산이 얼마든지 있을 수 있다. 물리적으로 존재하는 부동산이나 동산과 달리, 평판(reputation)이나 영업권(goodwill)과 같은 추상적 재산은 소재지를 특정할 수 없다. 둘째, 재산중심지도 자의적으로 결정될 수 있다. 단적인 예로 예금이 유일한 재산인 자연인이 상거소지 이외의 국가에서 개설한 계좌에 예금 전체를 예치시키는 경우가 얼마든지 있을 수 있다. 또한 피해자의 서로 다른 종류의 재산이 전세계에 산재되어 있는 경우에는 재산중심지의 판단을 위하여 재산에 대한 주관적 가치평가가 개입될 수밖에 없다. 셋째, 피해자의 재산중심지는 대부분의 경우 피해자의 상거소지인데, 이는 로마II규정의 맥락에서 불법행위지 결정을 위하여 피해자의 상거소지에 의지하지 않고자 하였던 유럽연합 입법자의 의사에 반한다. 가해자는 피해자의 상거소지를 예견할 수 없으므로 피해자를 일방적

249) Huber/Bach[2011], Art. 4 Rome II, para. 27.

250) Rauscher/Unberath/Cziupka/Pabst[2016], Art. 4 Rom II, Rn. 42.

251) 이하는 대체로 Huber/Bach[2011], Art. 4 Rome II, paras. 27-31 참조.

으로 우대하는 결과가 되기 때문이다.

4. 투자자 상거소지

투자자 상거소지(또는 주소지)가 불법행위의 결과발생지라는 견해이다. 신체적 손해, 정신적 손해와 마찬가지로 순전한 재산적 손해도 피해자의 상거소지에서 법익침해가 직접 발생한다는 것이다.[252] 이는 자연인의 재산적 손해는 추상적 일체로서의 모든 재산적 권리와 의무의 총합이 소재하고 있는 장소에서 획일적으로 발생한다는 관념에 근거하고 있다.[253] 투자설명서책임이 산재불법행위의 형태로 문제되는 경우, 예컨대 투자자가 서로 다른 국가에 있는 복수의 은행계좌에서 투자대금을 송금하거나 투자금이 투자자로부터 발행인에게 이전되는 과정에서 복수의 국가를 경유하는 경우에 투자자 상거소지로의 일원적 연결에 의하여 해결이 가능할 수 있다.

위 견해에 대하여는 다음과 같은 비판이 제기된다. 첫째, 투자자가 투자금을 의도적으로 일반재산에서 분리시켜 외국으로 송금하는 경우에는 투자자 상거소지(또는 주소지)와의 관련성을 인정하기 곤란하다. 둘째, 일방적으로 투자자 상거소지법을 적용하는 경우 가해자의 이익과 피해자의 이익 간의 균형적 고려가 불가능하고, 이는 법정지 법원이 법정

252) Staudinger/von Hoffmann[2001], Art. 40 EGBGB, Rn. 282ff.; Palandt/Thorn[2013], Art. 4 Rom II, Rn. 9.

253) 독일에서는 재산적 손해는 피해자의 '재산적 권리와 의무의 총합'이 소재하고 있는 장소에서 발생한다고 보는 견해가 일반적이나, 그와 같은 추상적인 관념은 그것이 물리적으로 소재하고 있는 장소를 실제적으로 파악할 수 없다는 점에서 개념적으로만 상정 가능한 일종의 존재론적(ontological) 관념에 불과하다. 이를 자연인의 '재산의 총합'이라고 정의할 수도 있으나, 재산은 금전, 증권, 부동산과 같이 이질적인 형태로 구성될 수 있고, 재산이 복수의 국가에 산재하는 경우 소재지를 단일한 국가로 귀속시킬 수 없음은 마찬가지이다. Lehmann(2011), pp. 531-532 참조.

지법을 적용하는 수단으로 악용될 우려가 있다. 일례로 일본 하급심 판결은 스위스 금융기관과 그 소속의 일본인 직원 등의 스위스 현지에서의 불법행위가 문제되었음에도 불구하고 결과발생지가 피해자 소재지인 일본이라는 전제에서 일본법을 적용하여 판결하였다.[254]

지금까지 결과발생지의 일종으로 검토한 투자자 계좌소재지, 투자자 재산중심지, 투자자 상거소지는 투자자들이 복수의 국가에 소재하고 있는 경우 배상책임자로서는 예측가능성이 없다는 중대한 문제가 있다. 물론 손해전보라는 불법행위제도의 주된 목적에 비추어 보면 결과의 예견은 부차적 의미만 있을 뿐이고 가해자는 이를 예견하지 못하였더라도 책임을 부담하여야 한다는 견해에 따른다면,[255] 가해자에게 예측가능성이 없다는 것은 중요한 문제가 아닐 수도 있다.

5. 시장지

가. 시장지의 의미

투자설명서책임제도의 목적인 투자자 보호와 자본시장 질서유지, 그리고 투자설명서 부실표시에 대하여 책임이 있는 자와 부실표시 있는 투자설명서에 기초하여 투자판단을 행한 투자자 간의 이익의 균형을 고려한다면, 시장지법(*lex mercatus*, Marktstatut)의 적용이 타당하다. 시장은 발행인의 이익과 투자자의 이익이 상쟁한 결과 합리적 균형을 달성한

---

254) 東京地方裁判所 平成 22年 11月 30日 平成 18年(ワ) 第18333号 判決. 이 판결은 일본 법원이 국제적 증권거래의 맥락에서 현행 금융상품거래법 또는 구 증권거래법에 따른 민사상 손해배상청구에 관하여 판단한 유일한 예라고 한다. 상세는 藤澤尚江(2016), 178-181頁 참조. 원고는 전국 소매주류 판매조합 중앙회(全国小売酒販組合中央会)이었다. 위 판결에 대한 국제재판관할 관점에서의 평석으로는 渡辺惺之(2012); 高橋一章(2014) 참조.

255) 서희원[1999], 239면 참조.

장소이고,[256] 시장지의 발행공시규제를 준수하였음에도 불구하고 시장지법 이외의 법(예컨대 결과발생지법으로서의 투자자 계좌소재지법)이 적용되어 투자설명서책임 및/또는 일반민사법상 손해배상책임이 성립하는 것은 부당하다고 볼 수 있기 때문이다. 시장지 이외의 국가에서의 불법행위책임은 시장지에서의 발행공시규제와는 무관하게 그 국가에서 별도의 자본시장관련법상 행정규제 위반이 문제되었을 때에만 인정되어야 한다.

시장지가 불법행위지라는 견해에서도 시장지의 구체적인 의미와 각각의 경우 행동지와 결과발생지 중 무엇으로 파악할지가 문제된다.[257] 증권공모발행의 순서를 보면, 공모 전에 관할당국에 공모에 관한 신고를 하고, 신고가 수리됨에 따라 투자자에 대한 청약의 권유 등이 행하여지며, 증권이 실제 발행되어 투자자가 이를 취득하고, 이후 유통시장에서의 거래 등을 위하여 증권이 거래소에 상장된다. 이와 같은 단계에 비추어 보면 시장지는 공모신고의무지, 공모지, 상장지를 의미할 수 있다.

나. 공모신고의무지

투자설명서책임에서 불법행위지인 시장지는 발행인이 증권의 모집 또는 매출에 관한 신고의무가 있는 국가를 의미한다는 견해이다.[258] 특정국가에서의 공모를 위한 신고의무의 이행을 연결점으로 보는 입장이다. 이는 발행공시의무 위반에 따른 손해배상책임을 통하여 발행시장에서의 사기적 행위를 방지하고자 하는 자본시장법의 기능을 중시하는 입

256) Wegen/Lindemann(1999), para. 6.29 참조.
257) Ringe/Hellgardt(2011), pp. 44-45 참조.
258) 龍田節(1996), 102頁은 일본의 구 증권거래법상 투자설명서책임규정은 사법적 성질도 가지고 있으므로 저촉법적 방법론에 따라 신고의무지를 불법행위지로 파악하여 동법의 적용을 긍정할 수 있다고 한다.

장이다.[259] 우리 자본시장법에서는 증권의 모집 또는 매출에 관한 신고가 금융위원회에 의하여 수리되어야만 투자설명서를 사용할 수 있다는 점, 투자설명서는 증권의 모집 또는 매출을 위한 청약의 권유 등의 목적으로 사용된다는 점, 투자설명서의 내용은 증권신고서의 내용과 대체로 동일하게 작성된다는 점 등에 비추어 보면, 투자설명서는 증권의 모집 또는 매출에 관한 신고와 밀접한 관련이 있다고 할 수 있다.[260]

위 견해의 장점은 다음과 같다.[261] 첫째, 발행인이 증권을 복수의 시장에서 공모하는 경우 각국의 자본시장관련법을 모두 준수하는 대신에 하나의 국내법만을 준수하면 충분하므로 국제적 증권공모발행의 비용이 감소한다. 둘째, 하나의 법이 발행공시의무와 그에 따른 민사책임을 모두 규율하므로 법적 일관성이 보장되고 양자에 불일치가 있으면 이를 조화시켜야 하는 문제가 발생하지 않는다. 셋째, 공모지 또는 상장지와 관계없이 시장지가 결정되므로 시장지의 결정과 관련한 불확실성을 극복할 수 있다.

한편 공모신고의무지가 불법행위의 행동지와 결과발생지 중 무엇에 해당하는지가 문제된다. 부실표시 있는 투자설명서라고 하더라도 이를 작성한 다음에 행정기관에서 수리를 받기 위하여 제출하는 행위는 구체적·적극적인 의사활동에 의한 것이다. 이와 같은 작위행위에 기초하여

---

259) 佐野寛(2002), 182頁.

260) 유럽연합과 같이 발행공시서류를 투자설명서로 일원화하고 있는 법제도 있으나, 우리 자본시장법은 이를 증권신고서와 투자설명서로 이원화하여, 원칙적으로 전자는 신고서류로, 후자는 투자권유문서로 규정하므로, 우리 자본시장법에서는 투자설명서책임의 불법행위지를 공모 관련 신고의무지로 파악할 수 있는지가 문제될 수 있다. 금융위원회에의 신고의무의 대상인 문서는 증권신고서라고 하더라도, 우리 자본시장법이 발행인으로 하여금 금융위원회에 투자설명서를 제출하도록 한다는 점과 금융위원회가 이를 인터넷에 공시한다는 점, 그리고 실무상 증권신고서와 투자설명서가 대동소이하게 작성된다는 점을 고려한다면, 양자에 본질적 차이는 없다고 본다.

261) Garcimartín(2011), p. 454.

공모신고의무지를 행동지로 파악할 수 있다. 한편 투자설명서 부실표시는 발행공시규제에 따라 투자자에게 정확한 정보를 기재한 투자설명서를 교부할 공법상 내지 행정규제법상 의무를 충실히 이행하지 않았다는 점에서 부작위의 일종으로 파악할 수도 있다. 부작위의 경우 개념상 행동지가 존재할 수 없다는 견해도 있으나,[262] 그 경우 작위의무가 있는 곳이 행동지라고 할 수 있는데,[263] 증권의 모집 또는 매출에 관하여 부실표시 없이 작성한 증권신고서를 제출할 의무가 있고, 그에 기초하여 부실표시 없는 투자설명서를 작성·교부할 의무가 있는 장소가 행동지라고 보아야 한다. 반면에 공모신고의무지를 결과발생지로 구성하기는 쉽지 않으나,[264] 증권신고제도를 통하여 달성하고자 하는 투자자 보호 및 자본시장 질서유지라는 규제목적 내지 사회적·정책적 이익이 투자설명서 부실표시에 의하여 직접 침해되었다고 본다면, 그와 같은 이익이 소재하고 있고 직접 침해된 공모신고의무지가 결과발생지라고 볼 여지도 있다.

다. 공모지

투자설명서책임에서 불법행위지인 시장지는 발행인, 인수인, 주선인 등에 의하여 투자자를 대상으로 증권의 공모가 행하여지고 투자자가 증권의 취득을 청약한 공모지를 의미한다는 견해이다.[265] 공모지를 판단하기 위하여는 ① 청약의 권유를 받은 투자자의 소재지, ② 청약의 권유가 행하여진 장소, ③ 투자자의 청약이 행하여진 장소, ④ 투자자가 청약

262) 서희원[1999], 240면 참조.

263) 이호정[1985], 302면; 江川英文[1973], 113頁 참조.

264) 로마II규정의 해석론으로 공모신고의무지법의 적용을 주장하는 견해들은 로마II규정 제4조 제3항이나 제27조에 근거하고 있다. Garcimartín(2011), p. 454 참조.

265) Reithmann/Martiny/Freitag[2015], Bankvertäge, Rn. 6.567; Reithmann/Martiny/Mankowski [2015], Nichtvertragliche Haftung, Rn. 6.1773; 不破茂(2011), 201頁.

대금을 지급한 장소, ⑤ 증권이 증서로 발행되어 교부되는 장소 등을 고려하여야 하는데, 공모지는 계약체결지 내지 취득지(Erwerbsort)를 의미하므로 위 ①, ②, ③이 중요한 의미를 가진다.[266)]

위 견해의 근거는 다음과 같다. 투자설명서책임에서 재산적 손해는 발행공시규제를 위반한 증권을 취득하였다는 사실 자체에 기인하고, 해당 증권의 가치가 하락하였다는 사실과는 관련이 없으므로, 투자자가 해당 증권을 취득한 장소, 즉 계약체결지가 결과발생지로서의 시장지이다.[267)] 투자자는 그가 증권을 취득하고자 하는 시장을 의도적으로 선택하므로, 이는 발행인이 예측할 수 있는 장소이다. 이와 같은 예측가능성은 발행인이 투자자의 직접 상대방이 아니더라도 문제가 없는데, 이는 다른 유형의 계약과는 차이가 있는 것이다. 또한 부실표시 없는 투자설명서는 자본시장에서의 경쟁제한 방지에 기여하므로, 로마II규정 제6조 제3항을 참고하여 영향을 받는 시장 또는 거래소 소재지를 불법행위지로 볼 수 있다.[268)] 한편 발행인이 투자자의 직접 상대방인 경우에는 투자설명서책임이 발행인과 투자자 간의 계약의 준거법에 종속적으로 연결될 수 있는데, 이 경우 예외조항을 통하여 적정한 해결이 모색되어야 한다.[269)]

공모지를 기준으로 준거법을 결정한다면 복수의 국가에서 공모가 행하여지더라도 각각의 사안에서는 불법행위지가 하나로 결정된다.[270)] 이를 통하여 같은 시장에서 증권을 취득한 투자자들은 동등하게 취급되고, 같은 시장에서 증권을 발행하고자 한 발행인들은 동등하게 취급되며, 양

266) Huber/Bach[2011], Art. 4 Rome II, para. 44. 박준/정순섭[2016], 48면; 박준/한민[2018], 310면은 발행공시규제의 양대 목적인 투자자 보호와 자본시장 질서유지를 고려한다면, 위 ①, ②를 가장 중요하게 고려하여야 한다고 한다.
267) Reithmann/Martiny/Mankowski[2015], Nichtvertragliche Haftung, Rn. 6.1773.
268) Weber(2008), S. 1586; Huber/Bach[2011], Art. 4 Rome II, para. 44 참조.
269) Huber/Bach[2011], Art. 4 Rome II, para. 44, n. 57.
270) Kronke(2000), p. 311; 龍田節(1993), 34頁.

면적 저촉규정으로서의 성질도 확보될 수 있다.[271] 또한 공모지는 발행인의 이익과 투자자의 이익이 충돌한 후 조정되는 곳이고,[272] 발행인과 투자자 모두 예측가능성을 가질 수 있으므로, 법적 위험을 평가하고 관리하는 것이 가능하다.[273]

공모지가 불법행위의 행동지와 결과발생지 중 무엇에 해당하는지가 문제된다. 발행인, 인수인, 주선인 등은 공모지에서 투자자를 대상으로 증권 취득의 청약을 권유하는 등 구체적인 의사활동을 수행하고, 유럽연합 회원국들에서와 같이 한 국가에서의 발행공시의무의 이행이 다른 국가에서 인정되지 않는 한, 공모지에서 공모 관련 신고의무도 이행되어야 한다. 한편 부실표시 있는 투자설명서에 의하여 발생하는 순전한 재산적 손해의 경우 공모지를 그와 같은 손해의 추상적인 소재지로 파악할 수도 있다. 투자설명서는 증권이 공모지에서 적정한 가격을 형성하여 거래되기 위한 전제조건을 제공하는데, 투자자는 수요와 공급의 법칙이 작동하는 시장에서 손해를 입게 된다고 보아야 한다.[274] 다만, 투자설명서 교부에 따라 투자자에게 형성된 오해(misapprehension) 그 자체는 법익침해가 아니라 법익침해를 초래하기 전의 예비적 단계에 해당할 뿐이므로, 공모지가 결과발생지인 이유는 투자자가 공모지에서 부실표시 있는 투자설명서를 교부 받았기 때문이 아니라, 투자자는 공모지에서 증권의 공모에 응하여 그 취득을 청약하고, 이를 이행하기 위하여 청약일과 납입일에 인수대금 전액을 납입함에 따라 증권을 취득하므로, 즉 공모지에서 증권양수도계약이 체결되고 그에 따른 인수대금 납입의무를 이행함으로써 재산적 손해가 발생하기 때문이다.[275]

---

271) Kronke(2000), p. 311.

272) Wegen/Lindemann(1999), para. 6.29 참조.

273) Garcimartín(2011), p. 453.

274) Garcimartín(2011), p. 453.

275) von Hein[1999], S. 356; Huber/Bach[2011], Art. 4 Rome II, paras. 36-37 참조.

따라서 법익침해 발생시점은 인수일, 즉 인수대금 잔액 납입에 따라 증권양수도계약이 체결되고 증권을 취득하는 날이라고 보아야 한다. 부실표시에 의하여 유해적(detrimental) 증권양수도계약에 구속된다는 사실이 투자자의 법익을 침해하는 것이기 때문이다.[276] 투자자가 공모지 이외의 국가에서 전화, 전자우편 등으로 청약하는 경우 증권양수도계약의 체결지를 특정하기 곤란할 수 있으나, 증권 공모의 청약은 투자자가 신청한 증권의 수량 범위 내에서 주간사 인수인이 배정하는 수량을 취득하겠다는 의사표시이므로, 청약자는 청약에 사실상(또는 법률상) 구속되고, 청약이 효력을 발생하는 장소가 계약체결지라고 보아야 한다.[277] 청약이 효력을 발생하는 장소는 증권양수도계약의 준거법에 따라 결정되나, 대개 공모지일 것이다.

라. 상장지

투자설명서책임에서 불법행위지인 시장지는 상장지를 의미한다는 견해이다. 특정 국가의 거래소에의 상장을 연결점으로 보는 입장이다. 증권 공모를 위하여 작성·교부되는 투자설명서에는 일반적으로 향후의 상장에 관한 내용이 기재되므로, 증권이 공모발행된 다음에 거래소에서 실제로 거래를 개시하는 것이 중요하다는 것이다.

그러나 증권을 거래소에 상장하는 것과 증권을 공모하여 발행하는 것 자체는 개념적으로 구별된다. 이는 상장을 목적으로 증권이 발행되었다고 하더라도 다르지 않다. 예컨대 영국회사가 스위스에서 공모에 의하여 발행한 증권을 룩셈부르크 거래소에 상장하고자 하는 경우, 증권의 공모·발행지(스위스)와 거래소 소재지(룩셈부르크)는 서로 다르다. 거래소에의 상장은 시간적으로 증권의 공모·발행 이후에 행하여지므로, 증

---

276) Huber/Bach[2011], Art. 4 Rome II, para. 36.
277) Plender/Wilderspin[2015], para. 18-077 참조.

권의 공모를 위하여 작성·교부된 투자설명서와 상장을 위하여 작성·제출된 투자설명서는 별개로 존재한다.[278] 실무상 양자의 투자설명서는 대체로 동일한 내용으로 작성되나, 개념적으로는 양자가 구별된다.[279]

다만, 우리 자본시장법의 내용과 무관하게 개념적으로는 상장 자체를 목적으로 작성·제출된 투자설명서의 부실표시, 유통시장에서의 투자설명서 부실표시, 상장 이후 작성·제출된 사업보고서의 부실표시,[280] 상장증권에 관한 미공개중요정보 이용행위, 시세조종행위, 부정거래행위 등에 대하여 민사책임이 문제되는 경우에는 상장지를 불법행위지인 시장지로 파악할 여지가 있다.[281]

---

278) 전자를 발행 투자설명서(Emissionsprospekt), 후자를 상장 투자설명서(Börseneinführungsprospekt)라고 할 수 있다. 스위스법은 양자를 구별한다. BaslerKomm/Eberhard[2013], Art. 156, Rn. 20.

279) 스위스 국제사법은 투자설명서책임의 준거법에 관하여 발행지법으로의 선택적 연결을 인정하므로 여기의 발행지에 상장지가 포함되는지 여부가 문제되나, 이는 스위스 국제사법 특유의 쟁점에 불과하다. 후술 제3장 제5절 Ⅱ. 2. 참조.

280) 우리 자본시장법 제159조 내지 제161조는 주권상장법인 등에 사업보고서, 반기보고서, 분기보고서, 주요사항보고서 제출의무를 부과하고 있다. 이들 보고서는 인터넷 홈페이지 등에 공시되는 것이 원칙이다(자본시장법 제163조). 자본시장법 제162조는 이들 보고서에 부실표시가 있는 경우에는 제출대상법인, 제출 당시 이사 등 일정한 범위의 자에게 손해배상책임이 있다고 규정하고, 동법 제164조는 금융위원회와 금융감독원의 조사 및 조치에 관하여 규정하며, 동법 제444조 제13호 라목, 마목, 바목은 일정한 범위의 자에게 형사처벌로서 5년 이하의 징역 또는 2억원 이하의 벌금을 규정하고 있다.

281) 다만, 상장 이후의 모든 행위가 이에 해당하는 것은 아니다. 예컨대 상장 이후 유상증자를 위하여 신주를 공모·발행하는 경우에는 기존 상장지와 신규 공모·발행지 또는 신규 상장지가 서로 다를 수 있고, 신규 공모·발행지와 신규 상장지가 서로 다를 수 있다.

6. 발행인 등 영업소 소재지

투자설명서책임주체인 발행인 등의 영업소 소재지가 작위 또는 부작위에 의한 불법행위의 행동지라는 견해이다.[282] 여기의 영업소 소재지는 일반적으로 본점 또는 등록사무소(registered office)의 소재지일 것이나, 그와 구별되는 사실상 본점 또는 주된 영업소(principal place of business)가 있는 경우 그 소재지일 것이고, 특정의 불법행위가 특별히 행하여지거나 그것과 특별히 관련된 영업소가 있을 수도 있다. 경우에 따라서는 영업소 소재지가 행동지와 결과발생지로서의 성격을 모두 가질 수도 있으나, 어느 경우이든 문제되는 불법행위에 관한 구체적인 행동이나 의사활동이 행하여진 장소에 주목하게 되므로, 영업소 소재지는 결과발생지가 아니라 행동지로 파악하는 것이 자연스럽다.

유럽사법재판소는 국제재판관할에 관한 2013년 ÖFAB 판결에서, 유한회사의 채무와 관련한 이사 및 주주에 대한 손해배상청구의 소에서 불법행위지는 "회사에 의하여 수행된 행위 및 그 행위와 관련된 재정상황과 관계가 있는 장소(place to which the activities carried out by that company and the financial situation related to those activities are connected)"라고 판시하였다.[283] ÖFAB 판결은 회사에 의하여 수행된 행위와 관계가 있는 장소, 즉 행동지뿐만 아니라 그 행위로 인하여 초래된 재정상황과 관계가 있는 장소, 즉 결과발생지도 함께 고려하였다는 점에서,[284] 회사

282) Wegen/Lindemann(1999), para. 6.29는 발행인 소재지만을 언급하나, 투자설명서책임주체 모두에 적용될 수 있다.

283) ÖFAB 판결, para. 55.

284) 브뤼셀 I 개정규정 제7조 제2항의 불법행위지에는 행동지와 결과발생지가 모두 포함되나, 로마II규정은 제4조 제1항에서 결과발행지 일원주의를 취하고 있으므로, 유럽연합에서는 투자설명서책임의 준거법 맥락에서 행동지의 독자적인 의의를 논의하지 않으나, 우리 국제사법에서는 투자설명서책임의 준거법 맥락에서 행동지가 독자적인 의의를 가질 수 있음은 물론이다.

의 영업소 소재지가 행동지나 결과발생지 중 어느 하나의 개념에 해당한다고 단정하지는 않은 것으로 보인다. ÖFAB 판결은 계좌소재지 중심의 접근법에서 탈피하여 회사의 영업소 소재지를 중심으로 불법행위지를 파악하는 접근법을 취한 것으로 평가할 수 있다.[285] 다만, 회사의 행위로 유효하게 귀속된 이사 또는 주주의 의사활동에 주목하는 경우에는 이사회 또는 주주총회의 소집·개최지인 회사의 본점 소재지를 행동지로 볼 수 있을 것이나, 단순히 회사의 임직원의 작위 또는 부작위가 있었다는 이유만으로 이를 회사의 행동으로 귀속시킬 수 있는지, 그리고 그것이 가능하다면 어느 범위에서 어떤 요건에 따라 가능한지가 문제될 수 있다. 또한 회사가 복수의 국가에 복수의 영업소를 두고 있는 경우에는 문제되는 불법행위에 관한 구체적인 행동이나 의사활동이 어느 영업소에서 있었는지를 특정하기가 곤란할 수도 있다.

투자설명서 부실표시의 경우에도 발행인 등의 영업소 소재지가 불법행위의 행동지에 해당할 수 있다. 예컨대 발행인이 부실표시 있는 투자설명서 작성의 고의를 가지고 투자설명서 기재사항에 해당하는 발행인의 사업내용, 조달하는 자금의 사용목적, 이해관계자와의 거래내용 등에 관하여 위법·부당한 이사회 결의를 하거나, 인수인이 부실표시 있는 투자설명서 교부의 고의를 가지고 투자설명서 기재사항에 해당하는 해당 증권 관련 인수인의 의견으로 허위사실을 제출하기로 이사회 결의를 하는 경우에는 이들 이사회 결의를 회사의 행위로 귀속시킬 수 있으므로 이사회 결의가 있은 영업소 소재지(주로 본점 소재지)를 행동지로 파악할 수 있다.[286] 그러나 이사회 결의가 있은 후에 그것을 이행하기 위한

285) von Hein(2014/2015), p. 263은 회사의 사실상의 본거(real seat)에 주목하여 결과발생지(직접손해발생지)를 판단하는 태도라고 평가한다. 그러나 ÖFAB 판결이 영업소들 중에서 반드시 사실상의 본거에만 주목하는 것은 아니고, 영업소를 결과발생지가 아니라 행동지로 파악한 것으로 볼 수도 있다.

286) 이사의 제3자에 대한 책임의 준거법 등은 별론으로 한다.

임직원의 구체적·개별적 행위가 있은 영업소를 모두 회사의 행동지라고 할 수 있는지, 이사, 주주 등의 행위가 개재됨이 없이 발행인 등의 임직원이 고의로 부실표시 있는 투자설명서를 작성·교부하였다면 그와 같은 작성·교부와 관련된 영업소를 회사의 행동지라고 할 수 있는지,[287] 그리고 그것이 가능하다면 부실표시 있는 투자설명서의 작성·교부를 위한 모의, 준비, 실행 등이 서로 다른 국가의 영업소에서 수행된 경우에는 관련된 모든 영업소를 회사의 행동지라고 할 수 있는지가 문제될 수 있다.[288] 일률적으로 부정할 것은 아니나, 원칙적으로는 부정하는 것이 타당하리라고 생각된다.[289]

---

287) 사용자책임의 준거법 등은 별론으로 한다.

288) 후술하는 이른바 도이치은행 옵션쇼크 사건에서는 시세조종을 위한 공모(共謀)는 독일법인의 홍콩지점, 한국법인, 미국법인에서 있었고, 시세조종을 위한 매도주문은 앞의 둘로부터 있었으며, 실제로 시세조종이 행하여진 시장은 한국이었다. 이와 같은 국제적 시세조종행위에서도 불법행위지의 특정이 문제되는데, 위 사건의 경우 시세조종의 공모행위가 있은 뉴욕, 홍콩 또는 한국이 행동지로서의 불법행위지인지, 시세조종의 실행행위가 있은 홍콩 또는 한국이 행동지로서의 불법행위지인지, 아니면 거래소가 소재하고 있고 시세의 변동에 따라 투자자에게 손해가 발생한 한국이 행동지 또는 결과발생지로서의 불법행위지인지가 문제된다. 행동지가 복수의 국가라고 보는 경우 산재불법행위의 문제가 된다. 결론적으로는 시장지를 우선시켜야 할 것으로 생각된다. 일본의 논의는 佐野寛(2002), 182頁; 不破茂(2011), 201頁 참조.

289) 예컨대 인수인이 주의의무를 해태하여 투자설명서상 부실표시를 인지하지 못하고 청약 권유시 투자자에게 투자설명서를 교부한 사실만으로 인수인의 개별 영업소 소재지가 인수인의 행동지라고 할 수는 없다. 한편 발행인 등의 영업소 소재지가 투자자에게 가장 유리한 투자설명서책임규정을 가지고 있는 경우에 투자설명서책임을 청구하는 투자자가 그곳이 행동지에 해당한다고 주장하기 위하여는 해당 영업소에서 발행인 등의 작위 또는 부작위가 있었음을 주장하여야 하는데, 수사기관의 조사결과나 법원의 재판결과를 원용할 수 있는 경우가 아닌 한, 현실적으로는 발행인 등의 내부사정에 관한 정보를 지득하기에 어려움이 있을 것으로 생각된다.

7. 행동지-결과발생지 결합유형의 검토

위에서 투자설명서책임의 불법행위지를 구체적으로 검토한 결과를 토대로, 여기에서는 불법행위지원칙에 따라 투자설명서책임의 준거법을 결정하는 경우에 서로 다른 세 국가에 있는 발행인 소재지,[290] 시장지, 투자자 소재지[291]를 각각 ① 행동지, ② 결과발생지 또는 ③ 양자 모두에 해당하지 않는 것으로 파악함에 따라 전개되는 행동지-결과발생지 결합유형의 양상을 고찰한다.[292]

행동지-결과발생지 결합의 방법론은 행동지의 전개 유형(아래 〈표 2-1〉)과 결과발생지의 전개 유형(아래 〈표 2-2〉)을 별도로 검토한 후에 행동지 및/또는 결과발생지가 단독으로 투자설명서책임의 불법행위지로 파악될 수 있는 경우에는 독자적인 단일불법행위지 유형으로 설정하고(아래 〈표 3-1〉), 행동지와 결과발생지가 결합하여 격지불법행위를 구성할 수 있는 경우에도 독자적인 유형으로 설정하며(아래 〈표 3-2〉), 행동지 또는 결과발생지가 복수의 국가에 걸쳐 있는 산재불법행위를 파악한 후에 그 처리방안을 검토한다(아래 〈표 3-3〉).

먼저 행동지 전개 유형은 다음과 같다. Ⓐ 발행인이 그 소재지에서 투자설명서 부실표시에 관한 모의, 준비, 실행 등 의사활동을 수행한 경우 발행인 소재지를 행동지로 볼 수 있다. Ⓑ 발행인이 시장지에서 부실표

290) 이는 원칙적으로 발행인의 본점소재지를 말한다. 이는 설립지와 동일할 수도 있고 그렇지 않을 수도 있으나, 편의상 양자가 동일한 것을 전제로 논의한다.

291) 이는 원칙적으로 투자자 상거소지를 말한다. 투자자는 상거소지에 있는 금융기관 지점에 개설한 계좌에서 투자금을 송금할 수도 있고 그렇지 않을 수도 있으나, 편의상 투자자 상거소지와 송금계좌 소재지가 동일한 것을 전제로 논의한다.

292) 셋 중 어느 둘이 같은 국가에 있는 경우는 개별 결합유형의 특수형태로 볼 수 있다. 예컨대 인수인의 투자설명서책임의 경우에는 인수인(단일 인수인 또는 주간사 인수인) 소재지와 시장지가 동일할 것이므로, 발행인 소재지와 시장지가 동일한 특수유형에 준하여 취급할 수 있을 것이다.

시 있는 투자설명서를 관할당국에 제출하거나 투자자에게 교부하는 경우 시장지를 행동지로 볼 수 있다. Ⓒ 발행인이 그 소재지와 시장지에서 투자설명서 부실표시에 관한 모의, 준비, 실행 등 의사활동을 수행한 경우 발행인 소재지와 시장지를 모두 행동지로 볼 수 있고, 행동지가 복수인 산재불법행위가 된다.

〈표 2-1〉 행동지 전개 유형

연번	발행인 소재지	시장지	투자자 소재지
Ⓐ	행동지		
Ⓑ		행동지	
Ⓒ	행동지	행동지	

다음으로 결과발생지 전개 유형은 다음과 같다. ㉮ 투자자는 증권 취득의 청약의 권유를 받은 시장지에서 법익침해가 있었다고 볼 수 있다. ㉯ 투자자는 증권 취득을 위한 대금을 송금한 계좌가 개설된 투자자 소재지에서 법익침해가 있었다고 볼 수 있다.

〈표 2-2〉 결과발생지 전개 유형

연번	발행인 소재지	시장지	투자자 소재지
㉮		결과발생지	
㉯			결과발생지

행동지 전개 유형과 결과발생지 전개 유형을 결합하면, 다음과 같이 단일불법행위지 유형, 격지불법행위 유형, 산재불법행위 유형으로 다시 분류할 수 있다. 먼저 단일불법행위지 유형에는 시장지를 행동지로만 보는 경우(위 Ⓑ), 결과발생지로만 보는 경우(위 ㉮), 행동지이자 결과발생지로 보는 경우(위 Ⓑ와 ㉮의 결합)가 있을 수 있다. 또한 투자자 소재지를 결과발생지로 보는 경우가 있을 수 있다(위 ㉯).

〈표 3-1〉 단일불법행위지 유형

유형	발행인 소재지	시장지	투자자 소재지	비고
A-가		행동지		Ⓑ
A-나		결과발생지		㉮
A-다		행동지/결과발생지		Ⓑ㉮
B-가			결과발생지	㉯

다음으로 격지불법행위 유형에는 발행인 소재지를 행동지로 보고 시장지를 결과발생지로 보는 경우(위 Ⓐ와 ㉮의 결합), 발행인 소재지를 행동지로 보고 투자자 소재지를 결과발생지로 보는 경우(위 Ⓐ와 ㉯의 결합), 시장지를 행동지로 보고 투자자 소재지를 결과발생지로 보는 경우(위 Ⓑ와 ㉯의 결합)가 있을 수 있다.

〈표 3-2〉 격지불법행위 유형

유형	발행인 소재지	시장지	투자자 소재지	비고
C	행동지	결과발생지		Ⓐ㉮
D	행동지		결과발생지	Ⓐ㉯
E		행동지	결과발생지	Ⓑ㉯

마지막으로 산재불법행위 유형에는 행동지가 발행인 소재지와 시장지에 걸쳐 있는 경우, 즉 발행인이 그 소재지와 시장지에서 투자설명서 부실표시에 관한 모의, 준비, 실행 등 의사활동을 수행하고 시장지에서 부실표시 있는 투자설명서를 관할당국에 제출하거나 투자자에게 교부함으로써 복수의 행동지가 있는 산재불법행위가 있다. 이 경우 가장 중요한 행동이 행하여진 시장지의 법을 일원적으로 적용하여야 하고, 결과적으로는 단일불법행위지 유형과 마찬가지로 처리된다. 한편 발행인이 복수의 시장에서 증권을 공모하는 경우에는 각각의 시장지를 행동지 및/또는 결과발생지로 볼 수 있는데, 발행인이 아니라 개별 투자자를 단위로 보면 별도의 유형으로 분류할 필요 없이 앞서 검토한 유형들 중 하나

로 분류할 수 있다(위 A-가, A-나, A-다). 다른 한편 투자자가 복수의 국가에 소재하는 경우에는 각각의 투자자 소재지를 결과발생지로 볼 수 있는데, 마찬가지로 개별 투자자를 단위로 보면 별도의 유형으로 분류할 필요 없이 앞서 검토한 유형들 중 하나로 분류할 수 있다(위 B-가).

〈표 3-3〉 산재불법행위 유형

유형	발행인 소재지	시장지	투자자 소재지	비고
A-라	행동지	행동지		©
A-마		복수의 시장지		
B-나			복수의 결과발생지	㈏

위에서 분류한 단일불법행위지 유형, 격지불법행위 유형, 산재불법행위 유형을 종합하여 정리하면 아래와 같다.

〈표 4〉 행동지-결과발생지 결합유형 종합

연번	발행인 소재지	시장지	투자자 소재지
A		행동지 및/또는 결과발생지	
B			결과발생지
C	행동지	결과발생지	
D	행동지		결과발생지
E		행동지	결과발생지

Ⅳ. 결 어

투자설명서책임은 불법행위의 준거법 결정규칙에 따라 그 준거법을 결정하여야 한다. 전술하였듯이 투자설명서책임과 같이 순전한 재산적 손해가 문제되는 경우 불법행위의 준거법 결정을 위한 결과발생지의 특정이 필요하고 가능한지, 로마Ⅱ규정과 달리 행동지를 고려할 수 있는 우리 국제사법에서 결과발생지의 특정이 반드시 필요한지, 행동지만을 불법행위지라고 볼 수는 없는지, 행동지가 결과발생지에 우선할 수 있는지, 이들의 경우 불합리는 없는지, 편재원칙에 따라 피해자에게 준거법 선택권을 인정할지 등이 문제된다.[293] 우리 국제사법에서 규정하는 단계적 연결원칙에 따라 당사자자치원칙, 종속적 연결원칙, 공통상거소지원칙, 불법행위지원칙의 순서로 검토한 결과는 다음과 같다.[294]

먼저 투자설명서책임제도의 실효성 확보를 위하여 투자자가 발행인, 인수인, 주선인 등과 투자설명서책임의 준거법을 사후적으로 합의하는 것은 원칙적으로 허용되지 않는다(국제사법 제33조의 목적론적 축소).

다음으로 투자설명서책임주체와 투자자가 동일한 국가에 상거소가 있는 경우에는 해당 공통상거소지법이 준거법으로 적용됨이 원칙인데, 투자설명서책임의 경우에는 청구권자인 투자자가 복수이고, 나아가 복수의 투자자가 복수의 국가에 소재할 수 있으며, 연대책임을 부담하는 투자설명서책임주체인 발행인, 인수인, 주선인 등도 얼마든지 복수의 국가에 소재할 수 있다. 이 경우 원고와 피고의 상거소를 비교·결합하여 동일한 국가에 상거소가 있는 원고-피고 결합은 공통상거소지법을 적용하고, 그렇지 않은 결합은 불법행위지원칙에 따라 준거법을 결정하는 것은 동일한 자본시장에 참여한 투자자들은 동일한 수단에 의하여 손해를 전보 받아야 한다는 원칙에 반하므로, 예외조항을 통하여 모든 원고-피고 결합에 시장지법을 일원적으로 적용함으로써 파행적인 결론을 회피하는 것이 바람직하다고 본다.

결국 불법행위지원칙의 적정한 운영이 중요한데, 결과발생지가 존재하지 않는 순전한 재산적 손해의 특수성을 고려한다면, 불법행위지는 행동지로서의 시장지, 구체적으로는 공모신고의무지이자 공모지라고 보아

---

293) 전술 제3장 제2절 Ⅱ. 4. 가. 참조.

294) 예외조항의 일종이라고 볼 수 있는 종속적 연결원칙은 여기에서는 논의하지 않는다. 후술 제3장 제3절 Ⅱ. 2. 참조.

야 한다. 전자의 경우 자본시장관련법에 따른 공모신고의무를 이행하기 위한 작위행위가 있었던 곳으로 볼 수도 있고, 해당 의무를 충실히 이행하지 않은 부작위가 있었던 곳으로 볼 수도 있다. 후자의 경우 증권 취득의 청약의 권유 등 작위행위가 있었던 곳으로 볼 수 있다. 한편 행동지가 시장지를 포함한 복수의 국가에 걸쳐 있는 산재불법행위 사안에서도 시장지법을 일원적으로 적용함이 타당하다.

제3절 예외조항을 통한 준거법 지정에 의한 해결

Ⅰ. 서 언

각국의 국제사법은 통상의 저촉규정에 의한 준거법 지정의 경직성을 완화하기 위하여 예외조항(Ausweichklausel, escape clause)[295]에서 정하고 있는 엄격한 요건에 따라 최밀접관련국법이 준거법으로 적용될 수 있도록 한다. 로마Ⅱ규정은 제4조 제3항에서 불법행위에 한하여 특별예외조항을 두고 있는 반면에, 우리 국제사법은 제8조에서 불법행위에 한하지 않고 모든 법률관계에서 최밀접관련국법이 적용될 수 있도록 하는 일반예외조항을 두고 있다. 또한 로마Ⅱ규정은 특별예외조항에서 최밀접관련성을 심사하는 요소 중 하나로 불법행위와 밀접한 관련이 있는 기존관계(pre-existing relationship)를 예시적으로 언급하는 반면에, 우리 국제사법은 일반예외조항을 불법행위 영역에서 구체화한 종속적 연결원칙을 제32조 제3항에 특별히 규정하고 있다. 투자설명서책임에서는 최밀접관련국법이 어디인지, 어느 범위에서 어떤 근거로 그것의 적용이 정당화되는지가 문제된다. 이는 불법행위지원칙과 공통상거소지원칙, (우리 국제사법의 경우) 종속적 연결원칙을 철저히 관철하는 경우에 발생하는 불합리를 교정하기 위한 작업이라고 할 수 있다.

295) 독어 및 영어 표현은 로마Ⅱ규정 전문 제14항 및 제18항 참조.

Ⅱ. 로마Ⅱ규정과 우리 국제사법의 비교법적 검토

1. 예외조항의 의의와 적용요건

로마Ⅱ규정 제4조 제3항은 로마Ⅱ규정 제4조 제1항과 제2항에서 규정하는 불법행위지원칙과 공통상거소지원칙에 대한 특별예외조항으로서, "사안의 모든 사정에 비추어 당해 불법행위가 제1항 또는 제2항에 의하여 지정된 국가 이외의 국가와 명백히 더 밀접한 관련이 있음이 분명한 경우에는 그 다른 국가의 법이 적용된다"고 규정한다. 우리 국제사법 제8조 제1항은 불법행위에 한정하지 않고 법률관계 일반의 준거법 지정에 관한 일반예외조항으로서, "이 법에 의하여 지정된 준거법이 해당 법률관계와 근소한 관련이 있을 뿐이고, 그 법률관계와 가장 밀접한 관련이 있는 다른 국가의 법이 명백히 존재하는 경우에는 그 다른 국가의 법에 의한다"고 규정한다. 예외조항의 목적은 통상의 저촉규정에 의한 준거법 지정의 경직성을 완화하고 일정한 수준에서 유연성을 확보함으로써 법적 안정성 및 예측가능성과 개별사건의 구체적 타당성을 조화시키는 것이다.[296] 예외조항은 가장 밀접한 관련의 원칙을 실현하는 수단임과 동시에, 단일한 피해자에 대한 직접손해가 복수의 국가에서 발생하거나 복수의 피해자가 복수의 국가에 소재하는 경우와 같이 서로 다른 법들이 적용될 수 있는 사안에서 단일한 법이 적용될 수 있는 가능성을 제공한다.[297] 다만, 법원이 법정지법을 적용하기 위한 수단으로 예외조항을 남용하는 것을 방지하기 위하여 유럽연합과 우리의 입법자는 최밀접관련국법의 적용을 일반원칙의 형태로 규정하는 대신에 원칙에 대한 예외의 형식으로 규정하고 있다.[298] 따라서 로마Ⅱ규정 제4조 제3항과 우리 국

296) Huber/Bach[2011], Art. 4 Rome II, para. 79; Calliess/von Hein[2015], Art. 4 Rome II, para. 43; Magnus/Mankowski/Magnus[2019], Art. 4 Rome II, para. 136.
297) Magnus/Mankowski/Magnus[2019], Art. 4 Rome II, para. 137.

제사법 제8조의 예외조항은 엄격하게 해석·적용되어야 한다.[299]

구체적으로 보면, 단순히 최밀접관련국이 존재한다는 사정만으로는 부족하고 그것이 명백하고 분명하여야 한다. 로마II규정 제4조 제3항과 우리 국제사법 제8조의 문언상으로는 문제되는 법률관계인 불법행위만이 최밀접관련국과 반드시 관련이 있어야 하고, 불법행위가 발생한 장소, 불법행위로 인한 손해가 발생한 장소 등을 제외하고는 최밀접관련국과의 관련성을 구성할 수 있는 요소가 거의 없다고 볼 여지도 있다. 그러나 로마II규정 제4조 제3항의 경우 그에 포함되어 있는 "사안의 모든 사정", "문제된 불법행위와 밀접한 관련이 있는 계약과 같은 당사자들 간에 존재하는 기존관계"라는 문언에 비추어 보면, 불법행위 그 자체 이외의 사정도 고려될 수 있다고 보아야 하고, 통상적으로 사안과 특정국가 간의 관련성을 구성하고 그 특정국가의 법의 적용을 정당화하는 모든 사정이 고려되어야 할 것이다.[300] 여기의 모든 사정에는 별다른 제한이 없고, 영토적·지리적 요소에 한하지 않으며, 인적 요소, 법적 요소, 상황적 요소, 예외조항 적용에 따른 향후의 직접적·간접적 결과 등이 모두 포함되고,[301] 통상의 저촉규정에서 사용하는 불법행위지, 공통상거소지와 같은 연결점보다 상당히 더 높은 중요성이 있는 복수의 연결점들이 누적적으로 존재할 필요가 있다.[302] 이때 당사자(들)의 주관적 의도, 내

---

298) Explanatory Memorandum, p. 12 참조. 로마II규정 전문 제18항은 로마II규정 제4조 제3항이 "회피조항(escape clause)"의 성질을 가진다고 명시한다.

299) Dickinson[2008], para. 4.85; Huber/Bach[2011], Art. 4 Rome II, para. 80; Magnus/Mankowski/Magnus[2019], Art. 4 Rome II, para. 136. 유럽연합 회원국 국내법원들이 로마II규정 제4조 제3항을 서로 다르게 해석할 위험을 방지하기 위하여 이를 적용하고자 하는 유럽연합 회원국 국내법원은 유럽연합기능조약 제267조에 따라 유럽사법재판소에 선결적 결정을 반드시 신청하여야 한다는 견해도 있다. Huber/Bach[2011], Art. 4 Rome II, para. 81.

300) Magnus/Mankowski/Magnus[2019], Art. 4 Rome II, para. 139.

301) Magnus/Mankowski/Magnus[2019], Art. 4 Rome II, paras. 142, 149.

302) Magnus/Mankowski/Magnus[2019], Art. 4 Rome II, para. 140. 일례로 로마II규정상

심의 기대보다는 객관적 사실, 객관화 가능한 요소를 고려하여야 하고, 합리적인 사람이 가질 수 있는 객관화 가능한 정당한 기대는 고려요소에 포함될 수 있다.[303] 우리 국제사법의 해석론으로도 불법행위 그 자체를 포함한 모든 사정이 고려되어야 함은 마찬가지일 것이다. 다만, 로마Ⅱ규정과 우리 국제사법은 미국과 같이 더 나은 법(better law)을 적용하는 접근법을 채택하고 있지 않으므로, 예외조항에 의하여 적용하고자 하는 실질법에 따른 결론이나 그것이 부여하는 보호의 내용을 고려할 수는 없다.[304] 한편 모든 사정을 고려하는 기준시점은 개별사건에서 구체적 타당성과 유연성을 확보하기 위하여 불법행위시보다 더 넓은 범위의 기간을 고려할 수 있고,[305] 준거법 결정 전이라면 그때까지의 모든 사정을 고려할 수 있다고 보아야 한다.[306]

예외조항은 통상의 저촉규정에 의한 준거법 지정과정을 전제하고 있다. 통상의 저촉규정에 의한 지정이 있어야 이를 예외조항에 의하여 대체하는 것도 가능하기 때문이다.[307] 문제는 예외조항을 통한 최밀접관련국법으로 불법행위지법 또는 공통상거소지법을 지정할 수 있는지 여부이다. 로마Ⅱ규정 제4조 제3항과 우리 국제사법 제8조의 문언을 엄격히 해석하면, 이들 조항은 통상의 저촉규정에 의하여 지정된 국가 이외의 국가의 법을 적용하려는 경우에만 원용할 수 있는데,[308] 예컨대 로마Ⅱ규정

불법행위지원칙은 결과발생지 일원주의를 취하고 있는데, 단순히 행동지라거나 상거소지라는 사정만으로 특별예외조항에 의한 연결이 정당화되지는 않는다는 것이다.

303) Magnus/Mankowski/Magnus[2019], Art. 4 Rome II, para. 141.

304) 석광현(2019b), 275면; Magnus/Mankowski/Magnus[2019], Art. 4 Rome II, para. 143.

305) 반면에 로마Ⅱ규정 제4조 제2항과 우리 국제사법 제32조 제2항은 공통상거소지 여부를 판단하는 기준시점을 불법행위시로 정하고 있다.

306) Magnus/Mankowski/Magnus[2019], Art. 4 Rome II, para. 149.

307) Explanatory Memorandum, p. 13.

308) 로마Ⅱ규정 제4조 제3항의 특별예외조항은 그 문언에 비추어 보면, 일단 로마Ⅱ규정 제4조 제1항 및 제2항의 불법행위지원칙과 공통상거소지원칙에 의하

제4조 제2항과 우리 국제사법 제32조 제2항에 따른 공통상거소지법의 적용을 회피하거나,[309] 우리 국제사법 제32조 제3항에 따른 종속적 연결에 의한 기존 법률관계의 준거법[310]의 적용을 회피하기 위하여, 로마Ⅱ규정 제4조 제1항과 우리 국제사법 제32조 제1항에 따른 불법행위지법을 적용하기 위한 목적으로 로마Ⅱ규정 제4조 제3항과 우리 국제사법 제8조를 원용할 수 있는지가 문제된다. 단계적 연결의 취지상 공통상거소지법을 불법행위지법으로 대체하거나, 기존 법률관계의 준거법을 불법행위지법이나 공통상거소지법으로 대체하기 위하여 예외조항을 원용하는 것은 허용되지 않고, 최밀접관련국법은 불법행위지법, 공통상거소지법, (우리 국제사법의 경우) 기존 법률관계의 준거법 이외의 법만을 지정할 수 있다는 견해도 있으나,[311] 이는 지나치게 형식주의적인 해석이고, 최밀접관련국법을 적용하고자 하는 예외조항의 취지를 고려한다면, 단순히 불법행위지라는 사정 이외에 다양한 요소들이 예외조항을 통한 불법행위지법의 적용을 정당화할 수 있는 한, 공통상거소지법 또는 기존 법률관계의 준거법을 불법행위지법으로 대체하기 위하여 예외조항을 적용 또는 적어도 유추적용할 수 있다는 견해가 타당하다.[312] 한편 로마Ⅱ규정 제4조 제1항은 우리 국제사법과 달리 불법행위지로 결과발생지 일원주의를 취하고

여 지정되는 준거법이 결정된 다음에 그것을 최밀접관련국법으로 대체할지 여부를 판단하는 구조이다. 우리 국제사법 제8조의 일반예외조항의 경우에도 최밀접관련국법으로의 대체 여부를 판단하기 전에 고려하여야 하는 "이 법에 의하여 지정된 준거법"의 결정원칙에 불법행위지원칙, 공통상거소지원칙, 종속적 연결원칙이 모두 포함된다.

309) 이는 복수의 피해자가 있는 불법행위의 경우에 특히 문제될 수 있다.

310) 엄밀히는 기존 법률관계의 준거법 소속국의 불법행위법이다. 이하에서는 편의상 '기존 법률관계의 준거법' 또는 '기존 법률관계의 준거법 소속국법'이라고 지칭한다.

311) Rushworth/Scott(2008), p. 281.

312) Dickinson[2008], para. 4.89; Huber/Bach[2011], Art. 4 Rome II, para. 82; MünchKomm/Junker[2015], Art. 4 Rom II, Rn. 58; Magnus/Mankowski/Magnus[2019], Art. 4 Rome II, para. 145.

있으므로, 로마II규정 제4조 제3항의 요건을 충족하는 한, 불법행위의 행동지법을 적용하는 것은 견해 대립과 관계없이 가능하다.[313)]

로마II규정 제4조 제3항과 우리 국제사법 제8조의 문언이 최밀접관련국이 하나일 것을 전제하고 있다는 이유로[314)] 불법행위지가 복수인 경우에는 예외조항이 적용되지 않는다는 견해도 있으나,[315)] 이는 예외조항을 지나치게 좁게 해석하였다는 비판을 면할 수 없고, 피해자가 단일하든 복수이든 결과발생지가 복수의 국가에 있는 사안에서도 경우에 따라서는 예외조항을 통하여 단일한 법이 적용될 수 있다는 견해가 타당하다.[316)]

로마II규정 제14조와 우리 국제사법 제33조에 따라 당사자들이 합의한 준거법은 예외조항에 의하여 대체될 수 없다. 당사자자치원칙에 따라 로마II규정 제14조는 로마II규정 제4조 전체에 대하여, 우리 국제사법 제33조는 동법 제32조 전체에 대하여 우선적 지위를 가지기 때문이다.[317)] 한편 법원은 준거법이 규율하는 쟁점 전부에 대하여 최밀접관련국법을 적용하여야 하고, 일부 쟁점(예컨대 인과관계, 손해배상액)에 대하여만 예외조항을 적용하여 준거법의 분열(*dépeçage*)을 인정하는 것은 로마I규정과 마찬가지로 로마II규정에서도 허용되지 않는다.[318)] 이는 우리 국제사법의 해석론으로도 마찬가지일 것이다. 반면에 당사자들이 당사자자치원칙에 따라 합리적인 범위에서 불법행위의 일부 쟁점에 대

313) Magnus/Mankowski/Magnus[2019], Art. 4 Rome II, para. 145.

314) 로마II규정 제4조 제3항은 "a country other than that indicated in paragraphs 1 or 2", "that other country"라고 규정하고, 우리 국제사법 제8조는 "가장 밀접한 관련이 있는 다른 국가의 법", "그 다른 국가의 법"이라고 규정하는데, 양자 모두 최밀접관련국을 단수형으로 지칭하고 있다.

315) Rushworth/Scott(2008), p. 281.

316) Dickinson[2008], para. 4.89; Palandt/Thorn[2013], Art. 4 Rom II, Rns. 10, 23.

317) Magnus/Mankowski/Magnus[2019], Art. 4 Rome II, para. 147.

318) Dickinson[2008], para. 4.89; MünchKomm/Junker[2015], Art. 4 Rom II, Rn. 47; Plender/Wilderspin[2015], para. 19-107; van Calster[2016], p. 255; Magnus/Mankowski/Magnus[2019], Art. 4 Rome II, para. 148; 석광현(2019b), 274면.

하여만 준거법을 지정하는 것은 허용된다. 물론 로마Ⅱ규정상으로는 제14조의 요건을 충족하여야 한다.[319)]

준거법은 당사자의 증명사항이 아니라 법원의 직권조사사항이므로, 예외조항을 원용하는 당사자가 명백히 더 밀접한 관련에 관한 사정의 증명책임을 부담하지는 않는다. 당사자의 증명이 충분하지 못하다는 이유로 법관의 자의가 준거법 결정에 개입한다면 국제적 판결의 일치라는 국제사법의 목표가 달성될 수 없기 때문이다.[320)] 현실적으로는 예외조항을 원용하는 당사자가 최밀접관련국과의 관련성을 뒷받침하는 사정을 제시하거나, 필요에 따라서는 이를 증명하여야 하나, 이를 증명하지 못하였다는 이유로 당사자가 당연히 패소하는 것은 아니다.[321)] 법원은 재량을 행사하여 최밀접관련국과의 관련성을 뒷받침하는 각각의 사정을 객관적으로 평가하여야 하고, 모든 사정을 하나의 전체로서 평가하여 최밀접관련국과의 관련성이 인정되는 경우에는 반드시 최밀접관련국법을 적용하여야 하고, 그 경우 이를 적용하지 않을 재량은 인정되지 않는다.[322)]

2. 종속적 연결원칙의 의의와 적용요건

로마Ⅱ규정 제4조 제3항 제2문은 로마Ⅱ규정 제4조 제1항과 제2항의 결과발생지와 공통상거소지를 대체하기 위한 근거로서의 명백히 더 밀접한 관련의 예로 "문제된 불법행위와 밀접한 관련이 있는 계약과 같은 당사자들 간의 기존관계(pre-existing relationship)"를 규정하고 있다. 당사자들이 기존관계에 의하여 이미 관련되어 있는 경우 기존관계와 불법행위가 밀접하게 관련되어 있는 때에는 기존관계를 규율하는 법 또는 기

319) Magnus/Mankowski/Magnus[2019], Art. 4 Rome II, para. 148.
320) Magnus/Mankowski/Magnus[2019], Art. 4 Rome II, para. 150.
321) Magnus/Mankowski/Magnus[2019], Art. 4 Rome II, para. 151.
322) Magnus/Mankowski/Magnus[2019], Art. 4 Rome II, paras. 152, 179.

존관계가 기초하거나 근거하고 있는 국가의 법이 불법행위에도 적용될 수 있다는 것이다.[323] 우리 국제사법 제32조 제3항은 가해자와 피해자 간에 존재하는 법률관계가 불법행위에 의하여 침해되는 경우 불법행위지원칙과 공통상거소지원칙에도 불구하고 기존 법률관계의 준거법에 의한다고 규정하는데, 이는 우리 국제사법 제8조의 일반예외조항을 구체화한 것이다.[324] 이와 같은 종속적 연결의 주된 목적은 기존관계와 불법행위에 동일한 법을 적용함으로써 양자에 서로 다른 법이 적용됨에 따른 불일치를 회피하기 위함이다. 이를 통하여 사법권의 적정하고 용이한 행사 및 당사자들의 정당한 기대의 보호가 가능하다.[325] 즉, 종속적 연결원칙은 저촉법의 차원에서의 신뢰원칙의 표현이다.[326] 또한 한 국가의 법체계 내의 불법행위법의 불충분성은 같은 법체계 내의 계약법에 의하여 보완될 수 있는데, 계약채무와 계약외채무가 서로 다른 법체계에 의하는 경우에는 위와 같은 가능성이 봉쇄될 수 있다는 것이다.[327]

로마II규정 제4조 제3항 제2문에 규정된 기존관계에는 해당 조항이 명시하듯이 계약이 있고,[328] 친족관계,[329] 회사 등 단체의 내부관계,[330]

---

323) Dickinson[2008], para. 4.90은 기존관계를 규율하는 법(law applicable to the pre-existing relationship)과 기존관계가 근거하고 있는 국가의 법(law of the country in which the pre-existing relationship is based)이 항상 동일하지는 않음을 지적한다.

324) 석광현[2013], 399면.

325) Magnus/Mankowski/Magnus[2019], Art. 4 Rome II, para. 153.

326) 석광현(2001d), 514면.

327) Michel(2004), S. 96; Stadtfeld(2018), S. 151. 따라서 계약의 준거법으로 국제물품매매협약과 같이 불법행위법에 해당하는 내용이 없는 조약 등이 적용되는 경우에는 계약과 불법행위의 준거법을 일치시키려는 목적이 달성될 수 없으므로 예외조항(종속적 연결 포함)이 적용되지 않는다는 견해가 유력하나, 국제물품매매협약이 없었더라면 적용되었을 계약의 가정적 준거법으로의 종속적 연결이 불법행위지법의 적용보다 낫다는 견해도 있다. Magnus/Mankowski/Magnus[2019], Art. 4 Rome II, para. 173.

328) 김인호(2009), 96-97면은 문제될 수 있는 계약의 예로 해상운송계약, 임대차계

상속인 간의 내부관계[331] 등이 있으며, 논란의 여지가 있으나 법률관계 이외에 호의동승에서 운전자와 동승자 간의 관계, 단체여행에서 여행자 상호관계, 혼인 외 동반자관계와 같은 사실적 관계(factual relationship 또는 *de facto* relationship)도 포함될 수 있다.[332] 어쨌든 "당사자들 간의 기존관계"는 명백히 더 밀접한 관련의 일례를 언급한 것에 불과하므로, 명백히 더 밀접한 관련의 근거는 기존의 관계일 필요가 없고, 당사자들 간의 관계일 필요도 없으며, 기타 관련된 모든 사정이 고려될 수 있다.[333]

약, 근로계약을 언급한다.

329) Explanatory Memorandum, p. 13. 친족 구성원들 간의 불법행위는 그 발생원인이 친족관계 자체에 있지 않으므로 로마II규정의 적용제외사항으로 로마II규정 제1조 제2항 (a)호가 규정하는 "친족관계로부터 발생하는 의무"에 해당하지 않는다. Magnus/Mankowski/Magnus[2019], Art. 4 Rome II, para. 155. 예컨대 부부간의 불법행위는 혼인의 효력의 준거법에 의하여 규율될 수 있고, 부자간의 불법행위는 친자관계의 준거법에 의하여 규율될 수 있다. Huber/Bach[2011], Art. 4 Rome II, para. 89. 김인호(2009), 97면은 배우자의 폭행, 부정행위는 종속적 연결에 의하여 혼인관계의 준거법이 규율한다고 한다.

330) 예컨대 주주들 간의 불법행위는 회사의 속인법에 의하여 규율될 수 있다. Huber/Bach[2011], Art. 4 Rome II, para. 89.

331) Magnus/Mankowski/Magnus[2019], Art. 4 Rome II, para. 157.

332) Calliess/von Hein[2015], Art. 4 Rome II, para. 65; Magnus/Mankowski/Magnus[2019], Art. 4 Rome II, paras. 157-158; Staudinger(2005), p. 62; 석광현(2019b), 274면. 찬반론의 상세는 Magnus/Mankowski/Magnus[2019], Art. 4 Rome II, para. 157, nn. 286, 287에 인용된 문헌들 참조. Huber/Bach[2011], Art. 4 Rome II, para. 90; Staudinger(2005), p. 62은 단순한 사실적 관계는 로마규정 제4조 제3항 제1문의 맥락에서 고려하면 충분하다고 한다. 해외전지훈련시 빙벽등반 중 발생한 사고에서 선수들 상호간의 예에 관하여는 *Committeri v. Club Mediterranee SA, Generali Assurances Iard SA* [2016] EWHC 1510 (QB), para. 57의 방론 참조. Magnus/Mankowski/Magnus[2019], Art. 4 Rome II, para. 157은 사실적 관계에 관한 일반적인 저촉규칙은 존재하지 않으나, 형제관계와 같이 법률관계라고 하더라도 저촉규칙이 존재하지 않는 경우가 있고, 사실적 관계에 관한 저촉규칙의 부존재라는 공백은 사실적 관계가 유효한 법률관계이었더라면 적용되었을 법 또는 사실적 관계가 그 중심을 형성하고 있는 국가의 법에 의하여 보충될 수 있다고 한다.

반면에 우리 국제사법은 기존관계가 단순한 사실적 관계가 아니라 '법률관계'이어야 하고, 기존관계와 불법행위 간의 명백히 더 밀접한 관련은 기존관계가 '불법행위에 의하여 침해'되었다는 사실이어야 하며, 그때 불법행위의 준거법은 그 법률관계가 기초하고 있는 법이 아니라 그 법률관계에 적용되는 '준거법'[334]이어야 한다고 규정하는 점에서, 로마II규정보다 경직된 태도를 취하고 있다.

그런데 로마II규정에서도 단순히 당사자들 간에 계약이 존재한다는 이유만으로 곧바로 종속적 연결의 근거로서의 명백히 더 밀접한 관련이 인정되는 것은 아니고, 계약과 불법행위가 밀접한 관련이 있어서 양자에 동일한 국가의 법을 적용하는 것이 합리적이라고 인정되어야 한다. 종속적 연결을 인정하기 위한 전제는 기존관계와 불법행위 간의 내적인 사항적 관련(innerer, sachlicher Zusammenhang)이기 때문이다.[335] 그 대표적인 예는 계약위반이 동시에 불법행위를 구성하는 경우이다.[336] 이 경우

333) Magnus/Mankowski/Magnus[2019], Art. 4 Rome II, para. 154. "exclusively"가 아니라 "in particular"이라는 문언을, "must"가 아니라 "might"라는 문언을 각각 사용하고 있는 점에 주목하여야 한다. Huber/Bach[2011], Art. 4 Rome II, para. 84. 고려될 수 있는 모든 사정에는 경중의 차이가 있다. 약한 연결점의 예로는 당사자 일방의 국적, 교통사고에서 자동차보험 가입지 또는 자동차 등록지 등이 있으나, 다수의 약한 연결점이 누적되면 예외조항의 엄격한 요건을 통과할 수 있다. 강한 연결점의 예로는 당사자들의 공통상거소지 또는 동일한 국적이 있다. 고려될 수 있는 다른 연결점의 예로는 불법행위의 간접적 결과의 발생지 또는 그것이 현재까지 유지되고 있는 장소, 사실심 변론종결 전 변경된 상거소지, (로마II규정의 경우) 불법행위의 행동지 등이 있다. Magnus/Mankowski/Magnus[2019], Art. 4 Rome II, paras. 175-176 참조.

334) 전술하였듯이 정확히는 기존 법률관계의 준거법 소속국의 불법행위법을 말한다.

335) 석광현(2001d), 514면.

336) Magnus/Mankowski/Magnus[2019], Art. 4 Rome II, para. 160, n. 296은 의사가 다른 국가에 주소가 있는 외국인에게 수술 등 의료행위를 실시하는 경우를 예로 든다. 그 경우 일반적으로 의사가 의료행위를 실시하는 장소가 불법행위지(행동지 또는 결과발생지)인데, 로마I규정의 맥락에서는 의료행위 실시지법

최종적으로 준거법으로 지정되는 실질법이 청구권 경합을 인정하는지 여부와 무관하게 계약위반과 불법행위 양자 모두로 성질결정할 수 있는데,[337] 계약위반과 불법행위에 단일한 법을 적용하는 경우 효율성과 일관성을 제고할 수 있고, 청구권 경합에 대한 서로 다른 태도를 가지고 있는 국가들 간의 대립을 완화시킬 수 있다.[338] 그리고 종속적 연결을 위하여 계약이 반드시 유효할 필요는 없고, 계약이 아직 체결되지 않았고 교섭 중일 뿐이더라도, 계약관계를 형성하고자 하는 확고한 의사가 있고 그에 기초하여 계약체결을 향한 일정한 단계가 진행된 경우에는 종속적 연결의 근거로 작용할 수 있으며, 이들 경우 무효인 계약 또는 체결되었을 계약을 규율하였을 법이 적용될 것이다.[339] 다만, 계약교섭

이 의료행위에 관한 불법행위와 계약 모두에 적용된다고 한다. 의료행위에 관한 계약의 준거법의 객관적 지정은 로마 I 규정 제4조 제1항 (b)호에 따르고, 소비자보호에 관한 로마 I 규정 제6조에 따르지 않는데, 의료행위라는 서비스는 환자의 상거소지 이외의 국가에서 배타적으로 제공되는 것이 일반적이기 때문이다(로마 I 규정 제6조 제4항 (a)호 참조). 의료행위에 따른 결과발생지가 의사의 소재지와 다른 경우에는 의료행위에 관한 계약과 불법행위의 준거법이 달라질 수 있는데, 예컨대 스위스 의사가 스위스에서 독일 환자에 관한 수술을 실시하였고 약을 처방하였는데, 환자가 독일의 상거소지에서 약을 복용하고 그곳에서 직접손해가 발생하는 경우이다. 국제적인 원격의료행위가 증가함에 따라 의료행위에 따른 결과발생지가 의사의 소재지와 다른 경우도 증가할 것이다. 이들 경우에 로마II규정 제4조 제3항을 통하여 계약의 준거법을 불법행위에도 적용하여야 하는지를 검토할 필요가 있다.

337) 청구권 경합 또는 법조경합 여부는 종속적 연결에 의하여 결정되는 준거법 소속국의 실질법이 정할 사항이다. 그 국가가 법조경합설을 취한다면, 원고가 불법행위책임과 계약책임을 모두 청구한 경우 계약법을 적용하게 된다. 손경한 등[2014], 348면. 우리 대법원은 청구권 경합을 인정한다. 대법원 1983. 3. 22. 선고 82다카1533 전원합의체 판결 등 참조. 영국, 독일은 청구권 경합을 인정하고, 프랑스는 이를 인정하지 않는다. Magnus/Mankowski/Magnus[2019], Art. 4 Rome II, para. 160. 계약채무에 근거한 청구가 있는 경우에는 저촉법적 차원에서 다른 성질의 청구로 볼 수 없으므로 계약외채무에 근거한 청구로 볼 수 없다는 견해로 Fawcett/Harris/Bridge[2005], pp. 1196-1197 참조.

338) Magnus/Mankowski/Magnus[2019], Art. 4 Rome II, para. 160; 안춘수[2017], 284-285면.

의 부당한 중도파기의 경우 우리 국제사법에서는 제32조 제3항의 종속적 연결에 의할 여지가 있으나, 로마Ⅱ규정에서는 계약체결상 과실책임에 관하여 별도로 규정하고 있는 제12조가 적용될 것이다.

계약의 준거법은 명시적 또는 묵시적 선택에 의한 주관적 지정과 객관적 지정이 모두 가능하다. 이는 대체로 로마Ⅰ규정 제3조와 제4조, 우리 국제사법 제25조와 제26조에 의한다. 문제는 우리 국제사법과 달리 로마Ⅱ규정은 제14조 제1항 (b)호에서 정하고 있는 "당사자들의 상업활동 추구"와 "손해가 발생하기 전의 자유로운 교섭"이라는 요건이 구비되는 경우 불법행위의 준거법의 사전적 합의를 허용한다는 것이다.[340] 그러나 소비자, 근로자, 여객, 자연인인 피보험자 등은 위 요건을 구비할 수 없으므로 잠재적 불법행위자인 계약상대방과 불법행위의 준거법을 사전적으로 합의할 수 없고,[341] 종속적 연결을 통하여 위와 같은 제한을 회피할 수도 없으며,[342] 사전적 준거법 합의가 있더라도 로마Ⅱ규정 제14조는 적용될 수 없고 로마Ⅰ규정 제3조 및 제5조 내지 제8조에 의하여 지정되는 계약의 준거법이 적용되어야 한다.[343]

---

339) Magnus/Mankowski/Magnus[2019], Art. 4 Rome II, para. 161.

340) 물론 로마Ⅱ규정 제14조는 불법행위의 준거법 합의에만 적용되므로, 상업활동을 추구하지 않는 당사자들이 로마Ⅰ규정에 근거하여 계약의 준거법을 사전적으로 합의하는 것까지 제한하는 것은 아니다. 한편 로마Ⅰ규정 제3조 제1항 제2문과 우리 국제사법 제25조 제2항에 따라 계약의 일부 쟁점에 관하여만 준거법 합의가 있은 경우에는 계약의 주된 부분을 규율하는 법이 그 선택된 법인지, 아니면 객관적 준거법인지를 판단한 다음에 종속적 연결원칙에 따라 문제된 불법행위에 이를 적용하여야 한다. Magnus/Mankowski/Magnus [2019], Art. 4 Rome II, para. 171.

341) Magnus/Mankowski/Magnus[2019], Art. 4 Rome II, para. 169.

342) Explanatory Memorandum, p. 13; Amazon EU 판결, paras. 46 *et seq.* 참조.

343) Explanatory Memorandum, p. 13; Dickinson[2008], para. 4.93; Huber/Bach[2011], Art. 4 Rome II, para. 88; Calliess/von Hein[2015], Art. 4 Rome II, para. 69; Plender/Wilderspin[2015], para. 18-116; Magnus/Mankowski/Magnus[2019], Art. 4 Rome II, paras. 169-170. 사전적 합의가 있으나 실제로 적용되지 않은 불법행위의 준거

문제는 우리 국제사법에서 제8조의 일반예외조항에 의하여 제32조 제3항의 종속적 연결이 배제될 수 있는지 여부이다. 당사자들이 계약의 준거법으로 당해 사안과 아무런 관련이 없는 국가의 법을 지정한 경우 또는 국제사법에 따라 당사자들 간의 법률관계의 준거법으로 당해 사안과 근소한 관련이 있는 국가의 법이 지정된 경우, 종속적 연결에 의한다면 불법행위의 준거법은 계약 등 당사자들 간의 기존 법률관계의 준거법 소속국법이지만, 일반예외조항에 의하여 불법행위지법이나 다른 최밀접관련국법이 준거법으로 적용될 수 있는가 하는 것이다. 구체적 타당성을 도모하기 위하여 제한적 범위에서 엄격하게 "가장 밀접한 관련이 있는 다른 국가의 법"이라는 문언을 해석한다면, 종속적 연결에 의한 기존 법률관계의 준거법을 불법행위지법이나 공통상거소지법으로 대체하기 위하여 예외조항을 원용하는 것은 가능하다고 보아야 한다.[344]

법보다 소비자, 근로자 등에게 더 유리한 법이 계약의 준거법으로 사전적으로 합의된 경우에는 로마II규정 제4조 제3항을 통하여 이를 고려할 수 있다. 로마II규정 제14조를 적용하되 그와 상충되는 준거법 합의는 무시하자는 견해, 로마II규정 제4조 제3항에 의하여 당사자들이 선택한 계약의 준거법이 적용되어야 하는 경우 로마II규정 제14조를 유추적용하자는 견해도 있으나, 계약의 객관적 준거법 및 불법행위지법보다 소비자와 근로자에게 더 유리한 법이 적용될 가능성을 보장하자는 것이다. 상세는 Magnus/Mankowski/Magnus[2019], Art. 4 Rome II, para. 169, nn. 314-316에 인용된 문헌들 참조.

344) 김인호(2009), 98면은 이와 같은 결론은 최밀접관련국법을 적용하고자 하는 종속적 연결원칙의 내재적 한계로서 불가피하다고 한다. 또한 우리 국제사법 제8조 제2항이 당사자가 합의에 의하여 준거법을 선택하는 경우에는 일반예외조항을 적용하지 않는다고 규정하나, 종속적 연결의 경우 당사자들이 불법행위 자체의 준거법을 합의하는 것은 아니므로, 그 경우에도 일반예외조항을 원용함에는 문제가 없다고 한다. 반면에 석광현[2013], 399면은 최밀접관련국법을 적용한다는 국제사법적 정의(正義), 신뢰원칙, 법적 안정성 등 종속적 연결을 인정하는 취지를 고려한다면 부정함이 타당하다고 한다.

3. 독일 하급심 법원의 판결 검토

여기에서는 투자설명서책임에서 종속적 연결을 인정한 독일 함부르크지방법원의 2015년 판결을 검토한다.[345] 오스트리아 투자자가 독일 회사를 상대로 투자설명서책임을 청구한 사건에서 독일 하급심 법원은 로마II규정 제4조 제3항 제2문의 종속적 연결원칙에 따라 계약의 일종으로서의 정관의 준거법 조항을 불법행위책임에도 적용하였다. 독일은 우리와 달리 정관(Gesellschaftsvertrag)을 주주와 회사 간에 체결된 계약으로 이해하고,[346] 정관에 준거법 조항(Rechtswahlklausel)을 포함시키는 것이 일반적인데, 해당 판결에서는 투자설명서 부실표시라는 불법행위가 계약의 일종인 정관과 밀접한 관련이 있다고 판단한 것이다.[347]

가. 사안의 개요

원고 E. M. A.-A.는 오스트리아 거주자로서 채무자회사의 지분 취득에 관한 손해배상청구권을 도산채권으로 신고하고자 하는 자이다. 피고 Dr. J.-S. S.는 채무자회사 D. S. S. GmbH & Co. KG의 도산관재인이다.

원고는 2011. 3. 12. 채무자회사의 지분 80,000유로 상당을 취득하기로 하였고, 2011. 5. 6. 인수대금 80,000유로에 액면초과 할증금(premium) 5%, 즉 4,000유로를 가산한 84,000유로를 신탁유한책임사원(Treuhandkommanditistin)인 U. I. T. GmbH의 계좌로 납입하였다. 원고가 투자에 관하여 교

---

345) Landgericht Hamburg, Urteil vom 4. Dezember 2015, 329 O 343/14, BeckRS 2016, 06355.

346) 독일에서는 회사의 개념뿐만 아니라 회사법제(상법, 주식법, 유한회사법, 조직재편법 등)의 많은 규정의 계약적 성격을 인정한다. 권기범[2017], 82-85면 참조. 일례로 독일 주식법(Aktiengesetz, AktG) 제2조는 정관을 지칭하기 위하여 'Gesellschaftsvertrag'과 'Satzung'이라는 용어를 함께 사용한다.

347) Magnus/Mankowski/Magnus[2019], Art. 4 Rome II, para. 167.

섭하고 계약을 체결한 상대방은 채무자회사가 아니라 U. I. T. GmbH인데, 원고는 주식청약서(Zeichnungsschein)에 따라 채무자회사의 지분을 취득 및 보유하기로 약정하였다.

채무자회사는 D. S. S. AG에 이자부 대출을 목적으로 1,776명의 투자자들로부터 총 40,300,000유로를 조달하였다. 차주인 D. S. S. AG는 J. K.와 S. S.가 경영하는 S. Gruppe의 일부로서 S. H. GmbH가 지배하고 있다. S. Gruppe는 그 소속 회사들의 투자행위를 차주에게 집중시켜 차주를 통하여 부동산 관련 자회사 또는 부동산 관련 채권에 투자하였다.

채무자회사는 2010. 7.부터 2012. 5.까지 72회에 걸쳐 각 532,916.66유로, 총 38,370,000유로를 D. S. S. AG에 대출하였다. 그런데 D. S. S. AG는 3,210,000유로만을 대출계약상 합의된 목적으로 투자하였고, 8,850,000유로는 손실을 보전하기 위하여, 7,680,000유로는 제3자에게 대출하기 위하여, 6,820,000유로는 다른 회사의 지분을 취득하기 위하여 사용하였다. 또한 채무자회사는 투자설명서에 명시되지 않은 제3자에게 3회에 걸쳐 그 신용도를 확인하지 않고 담보를 제공 받지도 않은 채로 무이자로 총 1,020,000유로를 대출하였다.

함부르크지방법원의 결정에 따라 2013. 6. 20. 채무자회사의 재산에 관한 도산절차가 개시되었다. 원고는 77,600유로(인수대금 80,000유로와 할증금 4,000유로를 합한 금액에서 상환금 등 6,400유로를 공제한 금액) 상당의 채권 및 그에 대한 이자 2,279.10유로와 소송비용 500유로를 합하여 총 80,379.10유로를 도산채권으로 신고하였다. 피고는 해당 도산채권을 부인하였다.

원고는 독일에서 투자설명서가 작성·교부되었고, 같은 내용의 투자설명서가 오스트리아에서도 작성·교부되었으므로, 투자설명서의 부실표시를 이유로 발행인을 상대로 손해배상청구권을 행사할 수 있다고 주장하였다. 그 이유는 다음과 같이 제시하였다.[348]

첫째, 투자설명서에는 채무자회사가 그 영업목적에 직접 필요한 모든 거래와 행위에 대하여 책임이 있다고 기재되어 있었고, 투자설명서에는 채무자회사의 영업이 독일 연방금융감독청(Bundesanstalt für Finanzdienstleistungsaufsicht, BaFin)의 인가를 필요로 하지 않는다고 기재되어 있었으나, 문제된 대출과 같은 영업을 영위하기 위하여는 은행업법(Kreditwesengesetz, KWG)에 따라 연방금융감독청의 인가가 필요하였음에도 불구하고 채무자회사는 인가 없이 문제된 대출을 집행하였다.

둘째, 투자설명서에는 채무자회사의 영업에 관한 잘못된 정보가 기재되어 있었다. 투자설명서는 전문가의 진술을 인용하여 S. Gruppe에 속하는 회사들이 시장가치 대비 평균 63.84%로 부동산을 취득하였다고 하였으나, 시장가치의 산정에 잘못이 있었을 뿐만 아니라, S. Gruppe가 고용한 감정평가사는 '개발 및 미개발 토지 감정평가'에 관한 자격은 구비하지 못하고 '건물에 대한 손상'에 관한 자격만 구비하고 있었다.

셋째, 투자설명서에는 S. Gruppe에 속하는 회사들이 은행업법상 필요한 인가 없이 보증금 조건부 거래를 영위하였다는 사실에 관한 기재가 누락되어 있었다. 또한 투자설명서에는 오스트리아의 부동산관련법상 요구되는 정보가 누락되어 있었다.

피고는 다음을 이유로 원고의 신청이 기각되어야 한다고 주장하였다. 원고는 신탁유한책임사원인 U. I. T. GmbH와의 사이에서만 계약관계가 존재하므로, 채무자회사에 대하여는 계약상 청구를 제기할 수 없다. 채무자회사는 투자설명서의 작성자가 아니라 투자대상증권의 발행인일 뿐이므로, 투자설명서책임을 부담하지 않는다. 투자설명서가 명시적으로 표시하고 있듯이 투자설명서에 대하여 책임이 있는 자는 U. I. T. GmbH이다.

348) 독일 실질법상 쟁점은 제외하고 국제사법 관련 쟁점만을 정리하였다.

나. 판결의 요지[349)]

원고의 채무자회사에 대한 모든 청구는 독일법에 의하여 규율된다. 즉, 정관, 계약상 청구, 불법행위에 기한 청구 모두 독일법에 의한다.

첫째, 원고는 자신이 신탁유한책임사원을 통하여 투자한 회사인 채무자회사를 상대로 청구를 제기할 권리가 있다고 주장한다. 회사와 그 주주들 간에 제기된 청구는 회사의 속인법에 의하여 규율된다. 회사의 성립, 존속 및 소멸에 관한 사항이 회사의 속인법에 의하여 규율되고, 이는 특히 회사 내부의 책임 문제에 적용된다. 본건의 경우 회사의 속인법은 독일법이다. 이는 회사가 설립된 장소 또는 회사가 본거를 두고 있는 장소와 관련이 있다. 상업등기부에 따르면, 채무자회사는 독일에서 설립되었고, 독일에 본거를 두고 있다.

둘째, 원고가 계약 전 정보제공의무 위반을 이유로 제기한 청구에도 독일법이 적용된다. 로마II규정 제12조 제1항에 따르면, 계약체결 전 교섭에 따른 계약외채무는 성립되었거나 성립되었을 계약의 준거법에 의하여 규율된다. (가정적) 계약의 준거법은 로마I규정에 의하여 정하여진다. 로마I규정 제3조 제1항에 따라 당사자들은 자유롭게 준거법을 합의할 수 있다. 본건의 경우 정관 제23조 제2항과 신탁계약 제12조 제2항은 계약의 준거법이 독일법이라고 규정하고 있었다. 정관과 신탁계약은 독일에서의 투자설명서(68쪽, 73쪽)와 오스트리아에서의 투자설명서(64쪽, 72쪽)에 동일한 내용으로 발췌되었다.

셋째, 원고가 불법행위를 이유로 제기한 청구에도 독일법이 적용된다. 불법행위의 준거법은 로마II규정에 의하여 정하여진다. 로마II규정 제31조 및 제32조에 따르면 로마II규정은 그것이 발효한 2009. 1. 11. 이후에 발생한 불법행위에만 적용되는데, 원고의 채무자회사 지분 취득과

349) 독일 실질법상 쟁점은 제외하고 국제사법 관련 쟁점만을 정리하였다. 밑줄은 필자가 추가하였다.

채무자회사의 대출은 2009. 1. 11. 이후에 발생하였다.

로마II규정 제4조 제3항에 따르면, 모든 사정을 고려하였을 때 불법행위와 명백히 더 밀접한 관련을 가지는 국가의 법이 적용되어야 한다. 특히 더 밀접한 관련은 문제된 불법행위와 밀접하게 관련된 계약과 같이 당사자들 간의 기존 법률관계로부터 발생할 수 있다.

채무자회사의 불법행위는 원고의 채무자회사 지분 취득과 밀접하게 관련되어 있다. 따라서 채무자회사의 본거와 설립지가 독일이고 정관과 신탁계약의 준거법이 독일법이므로, 회사의 속인법과 계약의 준거법이 모두 독일법이라는 사실에 주목하여야 한다. 한편 원고가 오스트리아에 거주하는 자이고 오스트리아법에 따라 교부된 투자설명서에 기초하여 회사의 지분을 취득하였다는 사실은 결정적 중요성이 없다. 로마II규정 제4조 제3항에 따라 명백히 더 밀접한 관련이 있는 국가의 법으로 연결시키는 목적은 손해배상을 단일한 법질서로 일원적으로 연결시키고자 하는 당사자들의 이익에 있다. 단일한 법질서에 효력을 부여하고자 하는 당사자들의 이익은 특히 정관상 준거법 조항에 반영되어 있다.

다. 평 가

본 판결이 투자설명서책임은 회사와 투자자 간의 회사의 내부문제라거나, 투자설명서책임의 준거법이 발행인의 속인법이라고 판단한 것은 아니다. 정관상 준거법 조항의 함의에 관하여는 추가로 면밀한 검토가 필요하나,[350] 정관의 준거법과 신탁계약의 준거법이 독일법이라는 사정은 독일과의 명백히 더 밀접한 관련을 확인하는 여러 요소들 중 하나로 고려되었을 뿐이다. 그 밖에도 회사의 설립지와 본거지가 독일이었고,

---

350) 정관의 준거법을 회사의 속인법과 다른 법으로 정할 수 있는지, 그 경우 회사의 속인법과 당사자자치원칙 간의 관계, 정관의 준거법의 적용범위 등이 문제될 수 있다.

투자설명서 작성·교부지 중 하나도 독일이었다. 반면에 원고가 오스트리아인이고 투자설명서 작성·교부지 중 다른 하나가 오스트리아라는 사실은 중요하지 않다고 보았다. 독일 실질법에 대한 검토가 필요하기는 하나, 오스트리아 투자자는 신탁유한책임사원을 통하여 독일 회사에 투자하였는데, 그 경우에도 발행인과 투자자 간에 법률관계가 직접 존재한다고 보았다. 한편 사채 발행의 경우에도 발행인과 사채권자 간에 사채계약이 체결됨이 보통인데,[351] 사채계약이 체결된 사실만으로 그 발행과 관련된 투자설명서의 부실표시로 인한 손해배상책임이 사채계약의 준거법에 의하여 규율된다고 곧바로 결론 내릴 것은 아니라고 생각된다. 다른 한편 로마II규정 제4조 제3항 제2문은 우리 국제사법 제32조 제3항보다 덜 경직된 종속적 연결원칙을 취하고 있는데, 로마II규정에서 종속적 연결로 설명하는 많은 내용은 우리 국제사법의 맥락에서는 제8조의 일반예외조항의 해석론으로 고려되어야 할 사항으로 보인다.

Ⅲ. 투자설명서책임에서의 준거법 지정방안 검토

1. 서 설

로마II규정 제4조 제3항과 우리 국제사법 제8조는 통상의 저촉규정에 의하여 지정되는 준거법 대신에 최밀접관련국법이 적용될 수 있도록 한다. 투자설명서책임에서 종속적 연결원칙, 공통상거소지원칙, 불법행위지원칙을 철저히 관철한 결론이 부당하다면 예외조항을 통하여 이를 교정할 수 있다. 투자설명서책임을 행동지-결과발생지 결합유형에 따라 격지불법행위 문제로 구성하는 경우 피해자의 준거법 선택권과 결부되어

351) 신영무[1987], 531면; 박준/한민[2018], 333-334면.

법적 불확실성이 초래되고, 복수의 투자자와 복수의 투자설명서책임주체 간에 공통상거소지 존재 여부에 따라 공통상거소지법과 불법행위지법을 이원적으로 적용하는 경우 우연한 사정에 따라 준거법이 결정되는 불합리가 있다. 이들은 예외조항을 통하여 교정되어야 한다.

2. 단계적 연결원칙의 교정 가능성

단계적 연결에 따른 우선순위를 교정하려는 목적의 예외조항 활용, 예컨대 종속적 연결에 따른 기존 법률관계의 준거법의 적용이나 공통상거소지법의 적용을 회피하고 불법행위지법으로서의 행동지법 또는 결과발생지법을 바로 적용하는 것이 허용되는지가 문제된다. 최밀접관련국법의 적용이라는 예외조항의 취지를 고려한다면, 다른 사정들에 의하여 명백히 더 밀접한 관련이 뒷받침되는 한, 부정할 것은 아니라고 본다. 이때 고려할 수 있는 다른 사정에는 합리적인 사람이 가질 수 있는 객관화 가능한 정당한 기대, 예외조항 적용에 따른 향후의 직접적·간접적 결과 등이 포함되나, 예외조항에 의하여 적용하고자 하는 실질법이 부여하는 보호의 내용은 고려될 수 없다.[352] 투자설명서책임의 경우 동일한 시장지국에서 공모에 응한 투자자들 간에는 동일한 손해전보수단이 적용되리라는 정당한 기대가 존재한다는 사정, 예외조항을 통하여 시장지법을 적용함으로써 그와 같은 정당한 기대가 실현될 수 있다는 사정 등이 예외조항을 통한 종속적 연결원칙과 공통상거소지원칙의 배척 여부에 고려되어야 한다. 반면에 문제된 자본시장 불법행위가 특정국가의 자본시장관련법에 따라 규율되었을 때의 결론이 예외조항 적용 여부의 판단에 영향을 미쳐서는 안 된다.

352) Magnus/Mankowski/Magnus[2019], Art. 4 Rome II, paras. 141-143 참조.

또한 전술하였듯이 순전한 재산적 손해의 경우 결과발생지가 존재하는지, 그것이 존재한다면 어느 국가로 특정할 수 있는지, 행동지와 결과발생지 중 무엇을 우선시킬지 등이 문제될 수 있는데,[353] 단계적 연결원칙상 우선순위에도 불구하고 모든 투자자에 대한 특정국가의 자본시장 관련법의 통일적 적용을 목적으로, 예컨대 피해자의 준거법 선택권을 인정하지 않고, 선제적으로 행동지와 결과발생지 중 행동지를 선택하며, 행동지법으로서의 시장지법을 적용하는 것은 그 자체로 독자적인 저촉법적 의의가 있고, 여기에서 예외조항 적용의 근거를 찾을 수 있다고 본다.

로마II규정과 우리 국제사법 모두 최밀접관련국법을 적용한다는 예외조항의 원칙을 구체화하여 종속적 연결을 규정하고 있으나, 우리 국제사법은 로마II규정보다 다소 경직된 태도를 취하고 있는데, 명백히 더 밀접한 관련성을 심사하는 대상을 '기존관계'보다 범위가 좁은 '법률관계'로 규정하고, 불법행위와 기존 법률관계 간에 존재하여야 하는 내적 관련으로 특정한 양태를 명시하지 않고 기존 법률관계가 불법행위에 의하여 '침해'될 것만을 요구하며,[354] 기존 법률관계의 침해 이외에 다른 고려요소를 규정하고 있지 않다. 바꾸어 말하면, 기존 법률관계와 내적 관련이 있는 불법행위에 의하여 기존 법률관계가 침해되기만 하면, 그 법률관계의 준거법이 불법행위를 규율하게 된다는 것이다.

증권공모발행의 경우 투자자가 법률관계를 직접 형성하는 상대방이 누구인지는 일률적으로 말하기 어렵고, 발행인과 증권의 특성, 공모지와 발행지의 거래관행, 개별거래의 구체적인 사정에 따라 차이를 보인다. 투자설명서책임의 법적 성질을 불법행위책임으로 파악하는 경우 투자자와 직접 계약관계가 있는 상대방에게 투자설명서책임을 청구하는 때에는 투자설명서 부실표시와 해당 계약 간에 내적 관련이 있는지, 투자자

353) 사견으로는 순전한 재산적 손해의 경우 결과발생지가 존재할 수 없고 행동지로 일원적으로 연결하면 충분하다고 본다. 전술 제3장 제2절 II. 4. 가. 참조.
354) 석광현[2013], 399면.

의 증권 취득 전에 작성된 투자설명서의 부실표시가 투자자와의 사이에서의 계약관계를 침해하였다고 볼 수 있는지, 만약 계약의 준거법이 합의되어 있지 않으면 어떻게 처리하여야 하는지 등이 문제될 수 있다. 그러나 투자자는 직접 계약관계가 있는지 여부와 무관하게 일정한 범위의 자들에게 투자설명서책임을 청구할 수 있으므로, 종속적 연결원칙에 따른다면 자칫 투자자와 투자설명서책임주체 간의 계약관계 존재 여부에 따라 준거법이 구구하게 결정될 우려가 있다.

투자설명서책임주체들이 서로 다른 국가에 소재하고 있는 경우가 아니라 같은 국가에 소재하고 있는 경우에도 기존 법률관계가 존재하는가 하는 우연하고 특수한 사정에 기초하여 준거법 결정원칙이 달라지고 결과적으로 지정되는 준거법에도 차이가 있게 된다면, 이와 같은 불합리야말로 예외조항에 의하여 교정되어야 하는 것이라고 생각된다.

3. 준거법 지정방안의 구체적 검토

가. 공모신고의무지법

예외조항을 통하여 투자설명서책임과 가장 밀접한 관련이 있는 국가의 법으로서 발행인이 증권의 공모를 위하여 관할당국에의 신고의무를 이행하여야 하는 국가의 법, 즉 공모신고의무지법을 적용하자는 견해이다.[355] 이는 발행공시의무와 그로부터 발생하는 민사책임 간의 밀접한 관련성에 근거하고 있다. 유럽연합의 경우 발행인이 증권 공모를 위한 투자설명서를 최초로 승인 받은 회원국이다. 본원국은 발행인의 속인법 소속국과 일치하는 것이 일반적이다.[356] 우리 국제사법에서는 제8조의 예외

---

355) Benicke(2004), SS. 36-37; Ringe/Hellgardt(2011), pp. 51-55; Garcimartín(2011), p. 454; Encyclopedia EPL/Hellgardt[2012], Prospectus Liability, p. 1386; Reithmann/Martiny/Mankowski[2015], Nichtvertragliche Haftung, Rn. 6.1773; 龍田節(1996), 102頁 参조.

조항이나 제32조 제3항의 종속적 연결원칙을 통하여 발행인이 공모에 관한 신고의무를 이행한 국가, 즉 증권신고지로 연결시키는 것이다.[357]

유럽연합에서는 ① 발행인이 부담하는 투자설명서의무가 로마II규정 제4조 제3항 제2문에 규정된 '당사자들 간의 기존관계'에 해당하므로 투자설명서의무의 준거법에 투자설명서책임의 준거법을 종속적으로 연결시키자는 견해가 있고,[358] ② 투자설명서의무는 '당사자들 간의 기존관계'라고 볼 수 없고, 투자설명서의무는 투자설명서 부실표시와 투자설명서 최초승인지 간의 밀접한 관련을 구성하는 요소라는 견해도 있다.[359]

위 ①의 근거는 투자설명서의무를 규율하는 법과 투자설명서책임을 규율하는 법은 동일한 근거를 가지고 있으므로,[360] 투자설명서책임은 순전한 사법상 문제가 아니고,[361] 투자설명서의무와 투자설명서책임 간에

356) Garcimartín(2011), p. 454; Ringe/Hellgardt(2011), pp. 49-51.

357) 우리 자본시장법상 발행공시규제의 중핵은 금융위원회에 증권신고서를 제출하여 수리 받는 것이다(자본시장법 제119조 제1항). 투자설명서는 증권신고서의 효력발생 후에 투자권유 목적으로 투자자에게 사용·교부되는 문서일 뿐 관할당국의 수리의 대상은 아니다(자본시장법 제124조 제2항 제1호 참조). 따라서 유럽연합에서 말하는 공법상 투자설명서 작성의무(öffentlichrechtliche Prospektflicht) 또는 약칭하여 투자설명서의무(Prospektflicht)에 상응하는 개념을 우리 자본시장법상으로는 '증권신고서 작성의무' 또는 약칭하여 '증권신고의무'라고 표현할 수 있을 것이다. 한편 우리 자본시장법상으로는 발행인, 인수인, 주선인 등이 투자자에게 증권의 공모를 위한 청약의 권유를 하고자 하는 경우에는 원칙적으로 투자설명서를 사용·교부할 의무가 있으므로(자본시장법 제124조 제1항 및 제2항 제1호), 공모 관련 자본시장법상 의무의 주요사항으로는 증권신고서 작성의무와 투자설명서 교부의무가 있다고 할 수 있다. 우리 자본시장법이 규정하는 공모 관련 의무로서 금융위원회에 대한 증권신고서 작성·제출과 투자자에 대한 투자설명서 사용·교부를 이행하지 않는 한, 한국 자본시장에서 증권 공모는 허용되지 않는다.

358) Benicke(2004), SS. 36-37; von Hein(2008), SS. 392-394.

359) Encyclopedia EPL/Hellgardt[2012], Prospectus Liability, p. 1386; Palandt/Thorn[2013], Art. 4 Rom II, Rn. 30.

360) Wegen/Lindemann(1999), para. 6.29

361) Magnus/Mankowski/Mankowski[2016], Art. 1 Brussels I*bis*, para. 21.

는 밀접한 사항적 관련성(enge sachliche Verknüpfung)이 있다는 것이다.[362] 그러나 로마II규정 제4조 제3항 제2문에 규정된 "당사자들 간의 기존관계"와 우리 국제사법 제32조 제3항에 규정된 "가해자와 피해자 간에 존재하는 법률관계"는 대체로 쌍방 당사자들 간에 직접 형성된 계약 등 법률관계를 지칭하는데, 발행인이 부담하는 투자설명서의무는 증권을 공모하고자 하는 국가, 즉 공모지(유럽연합의 경우 예외적으로 투자설명서 최초승인지인 발행인의 본원국)의 관할당국에 대하여 부담하는 행정규제법상 의무이므로,[363] 투자설명서의무를 투자설명서책임의 당사자들인 발행인과 투자자 간에 존재하는 법률관계라고 할 수는 없다.[364]

한편 발행인 이외에 인수인, 주선인 등이 부담하는 투자설명서책임의 경우에도 위 ②가 타당하다고 본다. 투자설명서의무를 부담하지 않더라도 인수인, 주선인 등도 투자설명서 최초승인지가 가장 밀접한 관련이 있다고 주장할 수 있다. 유럽연합 역내 금융기관인 인수인, 주선인 등의 경우 금융상품시장지침II 등에 따라 국경의 제약 없이 국제적 영업이 가능하므로 실제 공모지보다는 발행인의 본원국이 더 중요할 수 있다.

---

362) von Hein(2008), SS. 387-388.

363) 공법상 투자설명서의무의 준거법은 국제사법 규칙에 의하여 결정되는 것이 아니라 국제행정법(또는 섭외공법)의 법리에 의하여 결정된다고 보아야 한다. 우리 국제사법 제32조 제3항의 종속적 연결을 위한 근거로서 기존 법률관계가 사법상 법률관계에 한정될 필요는 없으나, 불법행위의 당사자들 간에 존재하는 법률관계이어야 하므로, 행정기관에 대하여 부담하는 공법상 내지 행정규제법상 의무가 사법상 법률관계의 당사자들 간에 존재하는 법률관계라고 할 수 있는지는 의문이다.

364) Palandt/Thorn[2013], Art. 4 Rom II, Rn. 30. 허항진[2009], 349-352면; 문만석(2015), 161-165면의 '매트릭스 모델'이 민사책임에도 적용된다고 본다면, 그 전제로서 위 ①의 견해를 따른 것이라고 볼 여지도 있다.

나. 공모지법

예외조항을 통하여 투자설명서책임과 가장 밀접한 관련이 있는 국가의 법으로서 증권이 공모·발행되고 투자자가 이를 취득한 시장이 있는 국가의 법, 즉 공모지법을 적용하자는 견해이다.[365] 유럽연합 회원국을 제외하고는 발행공시의무와 그로부터 발생하는 민사책임이 모두 공모지법에 의하여 규율됨이 보통이다. 이를 "투자설명서책임은 투자설명서의무를 따른다"라고 말하기도 한다.[366] 우리나라를 포함하여 유럽연합 역외국가의 경우 증권의 공모가 행하여지는 국가에서 공모에 관한 신고의무도 이행하여야 하므로, 시장지는 공모신고의무지이자 공모지로서 양자가 같은 국가를 의미한다. 이때 투자설명서책임이 시장지법에 의하여 규율된다고 함은 예컨대 필요한 신고를 이행하지 않고 공모하는 경우에는 공모신고의무지로서의 속성이 강조되고, 자본시장관련법이 허용함에 따라 신고 없이 공모하는 경우에는 공모지로서의 속성이 강조된다고 할 수 있으나, 공모신고의무지와 공모지가 같다는 전제에는 변함이 없다.

반면에 유럽연합에서는 투자설명서 최초승인지는 증권이 공모 또는 상장되는 국가와 무관하고, 시장과 발행공시의무 간의 관련성은 깨지게 된다. 예외조항을 통하여 공모지법을 적용하자는 견해는 투자설명서 역내통용체계에도 불구하고 공모신고의무지보다 공모지가 투자설명서책임과 더 밀접한 관련이 있다고 보는 것이다.

다. 발행인 속인법

예외조항을 통하여 투자설명서책임과 가장 밀접한 관련이 있는 국가의 법으로서 발행인의 설립지법 또는 최초 상장지법을 적용하자는 견해

---

365) Weber(2008), SS. 1586-1587.

366) Benicke(2004), S. 36: "Die Prospekthaftung folgt dann der Prospektpflicht."

이다.[367] 유럽연합을 기준으로 보면, 투자설명서 역내통용체계는 공모 또는 상장을 위하여 본원국, 대체로 발행인의 등록사무소(registered office) 소재지에서의 투자설명서 승인을 요구하므로 설립지는 어느 정도 근거가 있다.[368] 그러나 최초 상장지의 경우 유럽연합 역외 발행인은 역외에서의 행위는 의미가 없고 대체로 역내에서 최초로 공모 또는 상장 신청을 하고자 하는 회원국을 본원국으로 취급하므로,[369] 유럽연합 역내 발행인과 유럽연합 역외 발행인을 구별하게 되는 문제가 있다.

공모신고의무지법의 적용을 주장하는 견해 중에는 이를 통하여 결과적으로 투자설명서책임의 전제가 되는 발행공시규제와 발행인의 속인법이 한 국가의 법에 의하여 조화롭게 규율될 수 있음을 강조하기도 하나,[370] 이는 발행인의 속인법 자체를 바로 적용하자는 견해는 아닌 것으로 보인다.[371] 한편 스위스 국제사법은 발행인에 한하지 않고 투자설명서책임주체의 속인법으로의 선택적 연결을 규정한다.[372]

라. 투자자 상거소지법

예외조항을 통하여 투자설명서책임과 가장 밀접한 관련이 있는 국가의 법으로서 투자자 상거소지법을 적용하자는 견해가 있을 수 있다. 불법행위지원칙에 의하여 투자자 상거소지를 불법행위지로 파악하는 경우 그에 따르나, 그렇게 파악할 수 없는 경우에도 예외조항을 통하여 동일한 결론에 도달할 수 있다. 증권 취득자는 금융소비자이므로, 소비자계약의 준거법에 관한 규정을 유추적용하여 투자설명서책임의 준거법은

---

367) Davies(2007), para. 63.
368) 투자설명서규정 제2조 (m)호 (i)목 참조.
369) 투자설명서규정 제2조 (m)호 (iii)목 참조.
370) Ringe/Hellgardt(2011), pp. 54-55.
371) 석광현[2013], 210면, 주30 참조.
372) 상세는 후술 제3장 제5절 Ⅱ. 2. 참조.

소비자계약에 관한 특칙에 준하여 결정하자는 주장이 있을 수 있다.[373] 그러나 특정한 청구에 관하여 계약 또는 불법행위로의 성질결정이 문제되는 경우 약자의 고려(*favor laesi*) 또는 소비자의 고려(*favor consumptoris*)에 의하여 영향을 받기보다는 엄격한 중립적 접근법을 취하여야 한다.[374] 또한 자본시장 불법행위에 대하여 가장 높은 수준으로 투자자를 보호하는 곳은 투자자 상거소지라기보다는 시장지라는 유력한 반론도 있다.[375]

Ⅳ. 결 어

투자설명서책임의 준거법은 예외조항을 통하여 시장지법을 적용하여야 하고, 유럽연합 역외국가에서는 시장지가 공모지를 의미함이 원칙이라고 할 수 있으나, 이는 공모신고의무지와 다르지 않다. 유럽연합의 투자설명서 역내통용체계와 같이 예외적으로 공모지와 공모신고의무지가 분리되는 경우에는 후자가 시장지라고 보아야 한다.

불법행위지원칙에 우선하는 종속적 연결원칙에 의하여 공모신고의무지법을 준거법으로 지정할 수 있는지가 문제되는데, 공법상 내지 행정규제법상 투자설명서의무는 발행인과 공모신고의무지의 관할당국 간의 행정규제법상 관계로서, 투자설명서책임의 당사자들 간의 기존 법률관계로 볼 수는 없다. 로마II규정 제4조 제3조의 완화된 종속적 연결원칙에서는 투자설명서의무를 비롯한 여러 요소를 고려하여 특별예외조항을 원용할 수 있지만, 우리 국제사법은 그보다 경직된 종속적 연결원칙을 규정하고 있으므로, 적어도 종속적 연결에 의하여서는 공모신고의무지

373) 석광현[2013], 327면 참조.
374) 이와 같은 유럽사법재판소의 접근법에 관하여 von Hein(2014/2015), p. 259 참조.
375) von Hein(2008), S. 392.

로 연결할 수 없다. 한편 투자설명서책임은 투자자와 개별 투자설명서책임주체 간에 기존 법률관계가 직접 존재하는지 여부와 무관하게 일률적으로 인정되므로, 기존 법률관계의 준거법으로의 종속적 연결도 인정할 수 없고, 이는 예외조항을 통하여 정당화가 가능하다.

결국 우리 국제사법상 단계적 연결원칙에도 불구하고 예외조항에 의하여 종속적 연결원칙과 공통상거소지원칙을 회피하고 순전한 재산적 손해에 관한 행동지 일원주의에 따라 행동지로서의 시장지의 법을 준거법으로 적용하여야 한다. 이는 예외조항의 목적과 취지에 비추어 허용된다고 본다. 이와 같은 결론은 국제사법 제32조 제1항과 제8조를 결합하여 투자설명서책임에 대한 독자적인 준거법 결정원칙을 정형적으로 구성함으로써 도달할 수 있다.

제4절 역외적용 법리와 준거법 결정원칙 간의 관계

Ⅰ. 서 언

역외적용(extraterritorial application)이란 국내법은 속지주의 또는 속인주의에 근거하여 적용된다는 일반원칙에도 불구하고, 시장의 국제화·개방화에 따른 규제의 필요성 때문에, 일정한 원리에 근거하여 외국에서의 행위에 대하여도 국내법을 적용하는 것을 말한다.[376] 우리나라는 자본시장법(제2조)뿐만 아니라 독점규제법(제2조의2)과 외국환거래법(제2조 제1항)에 역외적용에 관한 명문규정을 두고 있다.[377] 자본시장법과 독점규제법의 역외적용규정은 미국 판례가 정립한 효과주의에 기초하고 있다.

376) 김정수[2014], 48면; 변제호 등[2015], 38-39면; 이영기[2016], 29면 참조. 미국의 반역외적용 추정의 법리와 유사하게, 자본시장법은 투자설명서 부실표시에 대한 행정규제, 형사처벌, 민사책임을 포함하여 공시규제 전체의 역외적용을 예정하고 있지 않다고 보아야 하고, 자본시장법상 공시의무는 우리 자본시장에서 공모되거나 유통되는 증권에 대하여만 요구된다고 보는 견해도 있을 수 있다. 佐野寛(2002), 182頁 참조. 그러나 우리 자본시장법은 역외적용규정을 명시하고 있으므로 우리 자본시장법의 해석론으로는 위 견해를 채용할 수 없다고 본다.

377) 변제호 등[2015], 39-40면은 역외적용을 명시하고 있는 입법례로 영국 금융서비스시장법을 언급한다. 한편 영국은 Morrison 사건에 관하여 2010. 2. 25. 미국 연방대법원에 피고들을 위하여 제출한 Amicus Curiae에서 영국은 미국법의 과도한 역외적용을 지속적으로 우려하여 왔다는 의견을 표명하였다. Brief of the United Kingdom of Great Britain and Northern Ireland as Amicus Curiae in Support of Respondents, Robert Morrison, *et al.* v. National Australia Bank Ltd., *et al.* (No. 08-1191), p. 2. 현재 역외적용의 법리에 관하여 국제적으로 통용되는 일반원칙이 정립되어 있지 않기 때문에, 각국 법원이 자국의 자본시장관련법에 의하여 처리할 수밖에 없다. 다만, 국가관할권 행사에 따르는 국제법상 한계에 구속될 수밖에 없고, 문제는 그 한계의 획정이다. 자본시장법 주석서/고창현/강영기 등[2015], 제2조, 6-7면.

외국적 요소가 있는 자본시장법 위반행위로 인한 민사책임은 준거법 결정이 전제되어야 하는 국제사법의 문제이다.[378] 그러나 종래 미국에서는 증권관련법[379] 위반에 따른 민사책임을 증권관련법의 역외적용 문제로 취급하여 왔고, 우리나라에서도 이를 국제사법의 문제로 인식하지 못하여 왔다. 여기에서는 자본시장법 제2조의 역외적용규정이 국제적인 자본시장 불법행위로 인한 민사책임의 맥락에서는 행정규제, 형사책임의 맥락에서와 달리 독자적인 기능을 수행하지 못함을 논구하고자 한다. 자본시장법 제2조의 효과주의는 민사책임, 행정규제, 형사책임에 대하여 일원적으로 동일한 기능을 수행하는 것이 아니라, 전술하였듯이 적어도 국제적인 자본시장 불법행위의 준거법 결정의 맥락에서는 국제사법(특히 불법행위의 준거법에 관한 제32조, 제33조)에 대한 특칙으로서 특별저촉규범의 기능을 수행하지도 못한다는 것이다.[380]

이하에서는 먼저 발행공시규제에 관한 1933년법 제5조와 미국 외에서의 증권발행을 1933년법상 공시의무의 적용대상에서 배제하여 속지주의적 접근법을 취한 Regulation S에 관하여 검토하고, 1934년법상 사기금지조항의 역외적용에 관하여 미국 연방항소법원이 정립하여 왔던 효과기준, 행위기준, 혼합기준을 고찰하며, 사기금지조항의 '반역외적용의 추정(presumption against extraterritoriality)'에 관한 판례로서 1933년법에도 큰 영향을 미치고 있는 Morrison 판결이 제시한 거래기준을 분석한다. 이를 통하여 Morrison 판결의 거래기준 역시 불법행위의 준거법 결정을 위한 불법행위지로서의 행동지(시장지)에 주목하는 태도임을 확인하고, 우리 자본시장법 위반행위로 인한 민사책임의 준거법은 자본시장법 제2조가 아니라 국제사법 경로를 통하여 결정되어야 함을 논구하고자 한다. 다음

---

378) 석광현(2019c), 365-366면.

379) 이하에서는 1933년 증권법, 1934년 증권거래소법 및 관련 하위법령 등을 편의상 '증권관련법'이라고 통칭한다.

380) 전술 제3장 제1절 참조.

으로 우리 자본시장법 제2조에 규정된 효과주의가 행정규제, 형사처벌, 민사책임 각각의 역외적용과 관련하여 서로 다르게 기능하는 정립(鼎立)의 양상을 구체적으로 검토함으로써, 자본시장법 제2조는 민사책임의 맥락에서는 독자적인 기능을 수행하지 못한다는 점, 그리고 민사책임의 맥락에서 불법행위의 준거법 결정원칙으로서의 불법행위지주의를 엄격히 관철하는 경우에도 자본시장법 제2조는 제한적으로 보충적 기능을 수행할 뿐이라는 점을 도출해낸다. 마지막으로 행동지-결과발생지 이원주의를 철저히 관철하는 경우, 즉 자본시장 불법행위에서도 불법행위지의 개념에 행동지와 결과발생지를 모두 포함시키는 경우에는 자본시장법 제2조의 역외적용규정이 제한적 범위에서 자본시장법 제125조의 국제적 강행법규성을 인정하는 근거로 기능할 수 있음을 규명하되, 그에 앞서 국제적 강행법규의 일반이론을 고찰한다.

Ⅱ. 미국 증권법상 발행공시규정의 역외적용

1. 1933년법 제5조의 내용

1934년법이 유통시장에서의 불공정거래규제를 목적으로 하는 반면에, 1933년법은 발행시장에서의 공시규제를 목적으로 한다. 1933년법 제5조는 주간통상(interstate commerce)과 관련한 모든 수단을 이용하는 증권 공모발행(public offering)의 경우 등록신고서(registration statement) 제출 등 공시의무를 이행하여야 한다고 규정하는데, 여기의 주간통상의 개념에는 미국의 주들 상호간의 거래뿐만 아니라 미국과 외국 간의 거래도 포함된다.[381] 미국회사가 미국 외에서 증권을 발행하는 경우 미국 투자자

381) 1933년법 제2조 (a)항 (7)호. 참고로 미국회사의 외국에서의 증권발행은 대부분 캐나다에서 행하여지고 있다고 한다. 임재연[2009], 137면, 주397.

가 전혀 참여하지 않더라도 해당 미국회사는 1933년법상 공시의무를 이행하여야 하고, 이를 이행하지 않거나 부실하게 이행하는 때에는 민사책임을 부담할 수 있다는 것이다.[382)]

그러나 발행인이 미국회사라는 이유만으로 미국 증권시장 및/또는 미국 투자자와 아무런 관련이 없는 경우에도 발행지에서의 공시의무 외에 1933년법 제5조의 공시의무까지 이행할 것을 요구함은 명백히 불합리하다. 미국 증권거래위원회는 1964년 발표한 고시(release)[383)]를 통하여 미국회사가 외국에서 증권의 발행·판매를 완료(come to rest)하는 경우에는 1933년법 제5조의 공시의무가 적용되지 않는다는 입장을 표명하였다.[384)] 이후 미국회사의 외국에서의 증권발행이 대폭 증가하였는데, 미국 증권거래위원회는 위 고시의 원칙을 집행하기 위하여 개별거래에 관하여 외국에서의 판매 완료 여부를 판단하는 비조치의견서(no-action letter)를 활용하였다. 결국 미국 증권거래위원회는 1990년 종래의 관행을 성문화한 Regulation S를 제정하였다.

2. Regulation S의 내용과 특징

Regulation S는 Rule 901부터 Rule 905까지 5개의 규칙으로 구성되어 있다.[385)] Regulation S는 미국 외에서 증권이 발행되는 경우 1933년법상 공

---

382) 1933년법상 공시의무 위반에 따른 민사책임에 관하여는 1933년법 제11조와 제12조 (a)항 (1)호 및 (2)호에 규정되어 있다. 투자설명서 부실표시에 관한 민사책임은 동법 제12조 (a)항 (2)호가 규율한다. 김건식/송옥렬[2001], 132면 이하; 임재연[2009], 281면 이하 참조.

383) SEC Release No. 33-4708 (July 9, 1964).

384) 위 고시의 주요문언은 다음과 같다: "If the offering is reasonably designed to come to rest abroad and not be redistributed to U.S. nationals."

385) 상세는 김건식/송옥렬[2001], 473-482면; 이규수(2005), 54-62면; 임재연[2009], 137-142면 참조.

시의무가 적용되지 않음을 명시함으로써 속지주의적 접근법을 취한다. 1933년법상 공시의무의 목적은 미국 자본시장과 그 참여자의 보호이고, 미국 외에서 투자하는 미국 투자자는 1933년법에 의하여 보호되지 않는다는 것이다.[386)]

Rule 901은 1933년법 제5조가 "미국 내에서의(within the United States)" 거래에만 적용되고 "미국 외에서의(outside the United States)" 거래에는 적용되지 않는다는 속지주의원칙을 규정한다.[387)] Rule 901은 외국회사의 외국에서의 증권발행뿐만 아니라 미국회사의 외국에서의 증권발행도 1933년법 제5조의 적용대상에서 배제한다. "미국 내에서의" 거래 해당 여부는 개별적으로 판단하여야 하나, Regulation S는 증권의 발행과 매출에 관하여 Rule 903의 요건을 충족하는 외국에서의 발행과 Rule 904의 요건을 충족하는 외국에서의 매출에는 1933년법 제5조의 공시의무가 적용되지 않음을 명시한다. 따라서 Rule 903은 발행인 면제규정(issuer safe harbor), Rule 904는 해외재매출 면제규정(offshore resale safe harbor)으로 기능한다.

Rule 903과 Rule 904은 공통요건으로 거래제한(transactional restrictions)에 관하여 규정하는데,[388)] ① 청약 또는 매출이 해외에서의 거래(offshore transaction)일 것과 ② 발행인, 인수인 또는 각각의 자회사나 직원 등에 의

---

386) 석광현(2001a), 629면, 주91 참조.

387) Rule 901의 조문은 다음과 같다(밑줄은 필자가 추가): "For the purposes only of Section 5 of the Act, the terms offer, offer to sell, sell, sale, and offer to buy shall be deemed <u>to include offers and sales that occur within the United States</u> and shall be deemed <u>not to include offers and sales that occur outside the United States</u>." Regulation S, Preliminary Notes 1, 3에 따르면, 1933년법 제5조의 공시의무는 "미국 외에서의" 거래에 적용되지 않으나, 1934년법 제10조 (b)항의 사기금지조항은 그에 적용된다. 한편 미국회사 또는 외국회사가 미국과 외국에서 동시에 증권을 발행하는 경우에는 1933년법 제5조가 당연히 적용된다. 임재연[2009], 138면.

388) Rule 903(a) 및 Rule 904(a) 참조.

한 미국 내에서의 지향된 매출노력(directed selling efforts)[389]이 없을 것을 요구한다. 위 ①의 해외거래 요건은 거래의 장소가 아닌 거래의 상대방이 주된 기준이므로,[390] 해당 거래가 해외에 있는 투자자를 상대로 행하여졌는지가 중요하다.[391] 위 ②의 미국 내에서의 지향된 매출노력 부존재 요건은 미국 자본시장에서 시장분위기 조성행위(market conditioning), 즉 해외에서 발행된 증권에 대한 미국 투자자의 관심을 고조시키는 행위가 없어야 한다는 것이다.[392]

Rule 905는 Regulation S에 근거하여 미국 외에서 발행된 증권은 제한증권(restricted securities)에 해당하므로 미국으로의 재유입은 발행일로부터 1년(규정준수기간이 40일인 경우) 또는 2년(규정준수기간이 1년인 경우)이 경과하여야 한다고 규정한다.[393]

---

389) Rule 902(c) 참조.

390) 해외에서의 거래에 해당하기 위하여는 다음 요건이 충족되어야 한다. 첫째, 미국에 있는 투자자에 대한 청약이 존재하지 않아야 한다[Rule 902(h)(1)(i)]. 둘째, 다음의 셋 중 하나가 충족되어야 한다. ⓐ 매수인이 매수주문 당시에 해외에 있거나 매도인이 이를 신뢰할 만한 합리적인 이유가 있거나[Rule 902(h)(1)(ii)(A)], ⓑ Rule 903 거래의 경우에는 미국 외에 소재한 정규증권거래소(established foreign securities exchange)에서 거래가 행하여지거나[Rule 902(h)(1)(ii) (B)(1)], ⓒ Rule 904 거래의 경우에는 Rule 902(b)에 따른 지정해외증권시장(designated offshore securities market)에서 거래가 행하여져야 하고 매도인이 미국 내 매수인과 사전협의가 없어야 한다[Rule 902(h)(1)(ii)(B)(2)].

391) 그러나 모든 청약과 승낙이 미국 거주자(U.S. person)(Rule 902(k)에 따라 미국 시민권자가 아니라 미국 거주자를 말함)가 아닌 자의 계산으로 행하여진 경우에는 해당 거래가 미국 내에서 행하여졌더라도 해외에서의 거래로 간주된다[Rule 902(h)(3)].

392) 미국 투자자에게 해당 증권에 관하여 광고하는 등 미국 자본시장에서의 유통을 전제로 시장분위기를 조성하는 행위가 있는 경우 실제로는 미국 외에서 거래가 행하여지더라도 미국에서 거래가 행하여진 것으로 본다. 김건식/송옥렬[2001], 477면.

393) 김순석(2007), 109-110면.

Regulation S에는 다음과 같은 특징이 있다. 첫째, Regulation S는 불법행위의 준거법 결정원칙으로서의 행동지원칙[394]의 해석·적용을 위한 기준이라고 볼 여지가 있다. Regulation S의 요건을 충족하는 경우 "미국 외에서의" 거래에 해당하여 1933년법 제5조가 적용되지 않고, 그 적용을 전제로 하는 동법 제11조와 제12조 (a)항도 적용되지 않으므로, 불법행위지가 미국이 아니라고 확정하는 효과가 있다. 미국에서는 역외적용의 문제를 준거법 결정의 문제로 보지 않고 미국 증권관련법의 국제적 효력범위 내지 타당범위의 문제로 이해하는 경향이 있으나, Regulation S의 경우 저촉규칙으로 볼 여지가 있다는 것이다.

둘째, Regulation S는 특정한 증권발행이 "미국 외에서" 행하여졌는지를 판단함에 있어서 외국회사를 배제하지 않는다. 이 점에서 양면적 저촉규범으로서의 성질을 보인다고 할 수도 있으나, 전세계에서 행하여지는 모든 증권발행이 Regulation S의 적용대상이고, 외국회사라고 하더라도 Regulation S의 요건을 충족하여 1933년법 제5조의 공시의무를 면제 받을 수 있을 뿐이라고 본다면, 일면적 저촉규범으로 이해할 수도 있다.

셋째, Regulation S는 예시적 성질을 가진다. Regulation S는 미국에서의 증권발행과 미국 외에서의 증권발행을 구분하는 유일한 기준이 아니라, 특정한 증권발행이 "미국 내에서" 행하여졌는지를 판단하기 위한 면제규정에 불과하다. 따라서 특정한 증권발행이 Regulation S의 요건을 충족하면 미국 외에서 행하여진 것으로 간주되어 1933년법 제5조가 명확히 적용되지 않으나, Regulation S의 요건을 충족하지 못하였더라도 그 증권발행이 "미국 내에서" 행하여졌다고 추정되지는 않는다.[395]

394) Restatement (Second) of Conflict of Laws, § 145(2)(b) 참조.
395) 김건식/송옥렬[2001], 475면; 김순석(2007), 104면.

Ⅲ. 사기금지조항의 역외적용에 관한 미국 판례의 검토

1. 서 설

미국 법원은 사기금지조항, 즉 1934년법 제10조 (b)항 및 증권거래위원회 Rule 10b-5의 역외적용에 관하여 효과기준, 행위기준, 혼합기준에 기초한 판례를 정립하여 왔다.[396] 불법행위의 준거법 결정원칙으로 구성하자면, 효과기준은 결과발생지, 행위기준은 행동지를 각각 연결점으로 삼았다고 볼 수 있고,[397] 행동지 또는 결과발생지로의 선택적 연결에 의하여 미국이 불법행위지로 파악됨에 따라 미국법을 불법행위의 준거법으로 적용한 것이라고 볼 수도 있다.

원칙적으로 1933년법 제12조 (a)항에 근거한 투자설명서책임에는 사기금지조항이 적용되지 않으나,[398] Morrison 판결 이후 하급심은 Morrison 판결에서 미국 연방대법원이 사기금지조항에 관하여 천명한 '반역외적용의 추정'을 1933년법상 민사책임조항의 역외적용 사안에도 적용하고 있다. 입법자에게는 1934년법과 마찬가지로 1933년법의 경우에도 원칙적으로 역외적용의 의사 내지 의지가 없었다는 것이다.[399]

---

396) 각 기준의 국제사법 이론상 기초에 관하여는 Dodge(1998), pp. 121-143 참조.

397) 석광현(2009), 68면.

398) 공시의무의 역외적용 문제가 사기금지조항의 역외적용 문제와 엄격히 구별됨에도 불구하고 전자에 대하여 사기금지조항의 역외적용 요건을 심사함으로써 1933년법 제12조 (a)항 (1)호의 책임을 부인한 예로는 *European and Overseas Commodity Traders, S.A. v. Banque Baribas London*, 147 F.3d 119 (2d Cir. 1998)가 있다. 김건식/송옥렬[2001], 474면, 주6 참조.

399) Morrison 판결의 방론(*obiter dictum*) 부분에서 천명된 내용이다: "[t]he same focus on domestic transactions is evident in the Securities Act of 1933, enacted by the same Congress as the Exchange Act, and forming part of the same comprehensive regulation of securities trading." 130 S.Ct 2869, at 2885.

2. 사기금지조항의 역외적용에 관한 종래 판례의 태도

가. 효과기준

효과기준(effect test)이란 사기행위가 미국 영토 외에서 행하여졌더라도 미국 증권시장 또는 미국 투자자에게 예견가능하고 실질적인 피해를 발생시키는 경우에는 미국 증권관련법을 적용하는 접근법이다.[400]

미국 연방제2순회항소법원은 Schoenbaum 판결[401]에서 효과심사를 통하여 사기금지조항의 역외적용 여부를 판단하였는데, 외국회사가 발행한 증권에 관하여 외국에서 사기행위가 행하여지더라도 해당 증권이 미국 증권거래소에 상장되어 거래되고 있는 경우에는 미국 투자자의 보호를 목적으로 미국 증권관련법이 해당 사기행위에 적용되고, 미국회사가 발행한 증권에 관하여 미국 외에서 사기행위에 의하여 거래되어 미국 증권시장에 파급효과를 미치는 경우에도 미국 증권시장의 보호를 목적으로 미국 증권관련법이 해당 사기행위에 적용된다고 판시하였다.[402]

나. 행위기준

행위기준(conduct test)이란 사기행위가 미국 영토 내에서 행하여졌으면 미국 증권시장 또는 미국 투자자에게 아무런 피해가 없더라도 시장

400) *Mak v. Wocom Commodities, Ltd.*, 112 F.3d 287 (7th Cir. 1997) 참조.

401) *David H. Schoenbaum v. Bradshaw D. Firstbrook*, 405 F.2d 200 (2d Cir. 1968). 이 사건은 미국 증권거래소와 캐나다 증권거래소에 동시상장된 캐나다 석유회사가 자기주식을 모회사에 처분한 후에 새로운 유정의 발굴이 공시되어 주가가 상승하자 미국 내 투자자들이 캐나다, 즉 미국 외에서 미국 증권거래법상 사기행위가 있었음을 이유로 캐나다 회사와 그 경영진을 상대로 미국 법원에 소를 제기한 것이다.

402) 상세는 김건식/송옥렬[2001], 498-499면; 허항진[2009], 318-319면 참조.

의 질서유지를 위하여 미국 증권관련법을 적용하는 접근법이다. 미국 법원은 미국인과 미국 역외에 소재하는 외국인 간의 증권거래 또는 미국 역외에 소재하는 외국인들 간의 증권거래와 관련하여 매매행위 자체가 미국 내에서 행하여진 경우에는 관할권을 행사하여 왔다.[403] 예컨대 한국인이 미국으로부터의 전화통화의 방법으로 한국 내에 있는 미국인에게 사기행위를 하였는데, 그 행위가 미국인에게 발생한 손해의 중대한 원인으로 작용한 경우에는 미국 법원이 관할권을 행사할 수 있고, 한국인이 미국으로부터의 전화통화의 방법으로 한국 내에 있는 한국인에게 사기행위를 하였는데, 그 행위가 피해자인 한국인에게 직접적으로 손해를 발생시킨 경우에도 미국 법원이 관할권을 행사할 수 있다는 것이다. 후자는 삼면적 외국 관련 사안(foreign-cubed case), 즉 비미국인이 미국 외에서 행한 증권거래에 대하여 미국 법원의 관할권이 인정되는지 여부의 문제이다.

미국 연방제2순회항소법원은 Leasco 판결[404]에서 행위심사를 통하여 사기금지조항의 역외적용 여부를 판단하였는데, 외국에서 외국회사 주식이 매매되었으나 그에 관한 중요사실의 부실표시가 미국 내에서의 협상과정에서 있었던 경우에는 손해발생의 원인이 되는 주요행위가 미국 내에서 행하여졌으므로 미국 증권법이 해당 사기행위에 적용된다고 판시하였다.[405] 또한 미국 연방제2순회항소법원은 Bersch 판결[406]에서 행위심사의 기준을 구체화하였는데, 미국 내에서의 단순한 준비행위만으로는 역외적용을 인정하기에 부족하고, 미국 내에서 행하여진 행위가 손해의 직접적 원인을 구성하여야 한다고 판시하였다.

---

403) Dodge(1998), p. 85.

404) *Leasco Data Processing Equipment Corporation et al. v. Maxwell et al.*, 468 F.2d 1326 (2d Cir. 1972).

405) 상세는 김건식/송옥렬[2001], 499-500면 참조.

406) *Bersch v. Drexel Firestone, Inc.*, 519 F.2d 974 (2d Cir. 1975).

다. 혼합기준

혼합기준 내지 균형기준(balancing test)이란 효과심사와 행위심사를 병용하는 접근법이다. 이에 따르면 사기행위가 미국 내에 효과를 미친다고 하더라도 반드시 미국 증권관련법을 역외적용하여야 하는 것은 아니다.[407]

미국 연방제2순회항소법원은 Itoba 판결[408]에서 효과기준을 고려하여 행위기준을 완화하여 적용한 것으로 평가된다.[409] 미국 증권거래소에 상장되어 있는 버뮤다회사는 영국에서 증권분석가를 고용하여 영국 증권거래소에 상장되어 있고 미국예탁증권(American Depository Receipt, ADR)이 미국 증권거래소에 상장되어 있는 영국회사가 미국 증권거래위원회에 제출한 자료와 기타 영국에 있는 자료를 이용하여 작성한 보고서에 근거하여 해당 영국회사의 지배권을 확보하기로 결정하였는데, 버뮤다회사는 그 완전자회사인 역외회사로 하여금 영국회사의 주식을 매수하게 하였으나, 영국회사의 부실이 공개되어 주가가 하락하였고, 이에 역외회사는 영국회사가 미국 증권거래위원회에 제출한 보고서에 중요사실의 누락이 있었음을 이유로 미국 법원에 사기금지조항 위반에 따른 손해배상을 청구하였다. 영국회사의 사기행위 중 미국 내에서 행하여진 것은 미국예탁증권의 상장으로 인하여 1934년법상 부담하는 계속공시의무에 따라 미국 증권거래위원회에 대한 보고서 제출이 유일하지만, 미국 연방제2순회항소법원은 버뮤다회사가 고용한 증권분석가가 해당 보고서를 검토하여 그 결과를 버뮤다회사에 보고하였고, 버뮤다회사가 영국회사 주식 매수에 관한 실질적 결정을 하였으므로, 미국 증권거래위원회에 제출된 보고서는 단순히 사기의 준비행위에 불과한 것이 아니라 역외회사의 주식 매수에 실질적 원인으로 작용하였다고 판단하였다.

---

407) 석광현(2009), 67면, 주104 참조.

408) *Itoba Limited v. LEP Group PLC*, 545 F.3d 118 (2d Cir. 1995).

409) 김건식/송옥렬[2001], 501-503면 참조.

3. Morrison 판결의 분석

가. 사안의 개요

미국 국적의 투자자인 Robert Morrison은 호주은행인 National Australian Bank(이하 "NAB")의 미국예탁증권을 뉴욕증권거래소에서 매수하였고, 호주 국적의 투자자들 3인은 NAB의 보통주를 호주증권거래소에서 매수하였다. 이들 투자자 4인이 원고들이다.

NAB는 1998. 2. 미국 플로리다주에 본점을 두고 있는 담보대출 관리회사(mortgage service company)인 HomeSide Lending, Inc.(이하 "HomeSide")을 자회사로 인수하였다. HomeSide는 수수료를 받고 담보대출 관리업무를 수행하는 회사였는데, 인수 당시에 담보대출 관리업무 수수료를 받을 권리(mortgage-servicing rights)의 현재가치를 평가함에 있어서 담보대출의 만기가 도래하기 전에 그것이 전액 상환될 가능성을 고려하는 평가기법을 사용하였고, HomeSide의 자산가치는 NAB의 재무제표에 반영되었다.

그런데 NAB는 자산평가기법의 전제에 있었던 오류, 이자율 하락의 예측 실패, 영업권 상각을 이유로 2001. 7. 5. HomeSide의 자산가치에서 4억 5천만 달러를 상각하였고, 2001. 9. 3. 추가로 17억 5천만 달러를 상각하였다. 2001. 9.의 상각으로 NAB의 보통주 및 미국예탁증권의 가격은 각각 13%와 11.5% 가량 하락하였다.

원고들은 HomeSide 및 그 경영진이 자산평가기법을 조작하여 조기상환율을 하락시킴으로써 담보대출 관리업무 수수료를 받을 권리의 가치를 실제보다 높게 평가하였고, NAB 및 그 경영진도 이와 같은 사실을 2000. 7. 이전에 알았음에도 불구하고 아무런 조치를 취하지 않았다고 주장하면서 1934년법 제10조 (b)항, 제20조 (a)항 및 Rule 10b-5를 근거로 부실표시에 대한 손해배상청구를 제기하였다.

나. 판결의 요지

제1심 법원은 행위기준과 효과기준을 적용하여 물적 관할(subject-matter jurisdiction)이 인정되지 않는다고 판단하였다.[410] 연방제2순회항소법원은 원고들이 주장한 행위기준을 적용한 결과 물적 관할이 인정되지 않는다고 판단하였다.[411] 원고들은 행위기준을 원용하면서 상고하였으나, 연방대법원은 물적 관할의 문제가 아니라 본안판단의 문제(merits question)임을 지적하면서 행위기준도 효과기준도 아닌 거래기준(transactional test)에 의하여 1934년법 제10조 (b)항의 역외적용 여부를 판단하였다.

'반역외적용의 추정'은 1934년법에도 적용되는데, 미국 의회는 국내사건을 규율하려는 목적으로 입법을 행하는 것이 원칙이므로, 1934년법 제10조 (b)항은 미국 영토 내에서 발생한 증권거래와 관련된 사기행위에 한하여 적용된다. 즉, ① 미국 증권거래소에 상장된 증권을 매수하였거나, ② 미국 증권거래소에 상장되지 않은 증권을 미국 내에서 매수한 경우에만 1934년법 제10조 (b)항에 따라 손해배상을 청구할 수 있다. 미국 증권거래소에 상장되어 있다면 외국에서의 사기행위에도 1934년법 제10조 (b)항이 적용될 수 있다. 1934년법의 중점은 사기행위지보다는 사기행위가 미국 내에서의 국내거래에 영향을 미쳤는지 여부에 있다.

다. 평 가

미국에서도 국제적인 증권관련소송에서 미국 법원의 접근법, 즉 입법관할권의 문제로 파악하는 것의 불확실성을 지적하면서 행위기준과 효과기준의 지나친 복잡성에 대한 비판이 제기되어 왔다.[412] 1934년법상

---

410) *In re National Australia Bank Securities Litigation*, 2006 WL 3844465 (S.D.N.Y.).
411) *Morrison v. National Australia Bank Ltd.*, 547 F.3d 167 (2d Cir. 2008).
412) Choi/Silberman(2009), p. 489. 외국 발행인이 외국 자본시장에서 증권을 발행하

사기금지조항에 따른 사적 소권(private right of action)은 법률상 명문규정에 의하여 인정된 것이 아니라 법원의 판례에 의하여 정립된 것이었다.[413] 명문규정이 존재하지 않고, 역외적용을 인정하지 않는 것이 입법자의 의사라고 추정되는 이상, 이와 같은 추정을 깨뜨리기 위한 근거를 사실관계로부터 도출해내는 것이 중요하고, 이는 외국회사가 발행한 증권에 대한 사기행위가 외국에서 외국 투자자를 상대로 행하여진 삼면적 외국 관련 사안의 경우에 특히 그러하다.

Morrison 판결은 미국 연방대법원이 미국 증권관련법, 특히 1934년법 제10조 (b)항의 역외적용에 관하여 판단한 최초의 판결이다. 종래 연방 제2순회항소법원의 Henry Friendly 판사를 중심으로 연방항소법원은 외국적 요소가 있는 증권거래에 대하여 효과기준과 행위기준을 기초로 사기금지조항의 역외적용을 인정하는 판례를 정립하여 왔는데, Morrison 판결은 거래기준이라는 새로운 원칙을 제시하였다. 행위기준을 폐기하고 제한된 형태로 효과기준을 수용한 거래기준을 선언함으로써 사기금지조항의 역외적용 범위를 대폭 축소시켰을 뿐만 아니라 증권 관련 집단소송에도 현격한 변화를 초래하였다.[414] 자본시장법 제2조는 "국외에서 이루어진 행위"로서 "그 효과가 국내에 미치는 경우"라고 규정함으로써 미국 연방항소법원의 일련의 판례가 정립한 효과기준을 명문화하였는데, 오히려 미국 연방대법원은 Morrison 판결을 통하여 미국 내에서의 증권거래, 즉 ① 미국 증권거래소에 상장된 증권의 거래와 ② 미국 내에서의 기타 증권의 거래로 사기금지조항의 적용범위를 한정한 것이다.

였고 외국 투자자만 이를 취득하여 손해가 발생한 경우에는 미국의 입법관할권이 인정될 이유가 없다. 아무런 행위도 미국에서 발생하지 않았고, 미국 자본시장에 직접적 영향도 미치지 않았으며, 미국이 위 거래에 대하여 규제이익(regulation interest)을 가지고 있지도 않으므로, 미국의 금융소비자 보호법제가 적용될 이유가 없다는 것이다.

413) Silberman(2010), p. 124.

414) Silberman(2010), p. 123.

거래행위지에 주목하는 Morrison 판결의 태도는 불법행위의 국제재판관할의 연결점으로 행동지와 결과발생지 중에서 행동지에도 주목하는 브뤼셀 I 개정규정 제7조 제2항(브뤼셀규정 제5조 제3항)의 태도와 유사하다.[415] Morrison 판결의 거래기준은 우리 국제사법에 따른 행동지원칙의 판단기준으로도 원용할 수 있을 것이다. 다만, 사기행위지가 아니라 거래행위지를 연결점으로 채택함에 따라 외국에서의 사기행위가 미국 내에서의 거래로 귀결된 경우에만 사기금지조항이 적용되므로, 이는 반역외적용의 추정을 깨뜨리기 위하여 외국에서의 사기행위의 미국 내에서의 파급효과를 원용할 유인을 제공하고, 그 범위에서는 종래 연방항소법원의 효과기준이 유효하다고 할 수 있다.

4. Morrison 판결 이후의 변화

가. 도드-프랭크법에의 영향

Morrison 판결이 선고된 직후에 제정된 도드-프랭크법을 통하여 역외적용에 관한 명문규정이 1933년법과 1934년법에 신설되었다. 도드-프랭크법 제929P조 (b)항 (2)호 (B)목에 의하여 신설된 1934년법 제27조 (c)항[416]은 사기금지조항 위반을 이유로 미국 증권거래위원회 또는 미국 법무부[417]가 제기하는 공익적 성격의 사적 소송(meritorious private actions)[418]은 ① 증권거래가 미국 외에서 발생하고 외국 투자자들만을 포

415) Kiesselbach(2011), p. 197.
416) 도드-프랭크법 제929P조 (b)항 (1)호에 의하여 신설된 1933년법 제22조 (c)항과 동법 제929P조 (b)항 (3)호 (B)목에 의하여 신설된 1940년 투자자문업자법(Investment Advisers Act of 1940) 제214조도 같은 취지이다.
417) 법문상으로는 "by the United States"라고 규정하고 있으나, 이는 미국 법무부를 지칭한다. Silberman(2010), p. 124, n. 4 참조.
418) Staff of the U.S. Securities and Exchange Commission(2012), p. 5. 공익적 성격의

함하고 있다고 하더라도 위반행위의 주요단계(significant steps)를 구성하는 미국 내에서의 행위와 ② 미국 내에서 예견가능하고 실질적인 효과(foreseeable substantial effect)가 있는 미국 외에서 발생한 행위에 대하여 제기될 수 있다고 규정한다.[419] 이는 Morrison 판결에 따른 논란을 방지하기 위하여 미국의 입법자가 신속히 대응한 것으로서, 위 ①은 행위기준을, 위 ②는 효과기준을 명시한 것이다. 그러나 도드-프랭크법에 따라 신설된 역외적용 규정의 적용범위는 미국 증권거래위원회 또는 미국 법무부가 제기하는 공익적인 사적 소송에 한정된다. 이는 당초 법률안에는 사기금지조항 위반을 이유로 제기된 소송의 범위를 제한하는 "미국 증권거래위원회 또는 미국 법무부에 의하여(by the Commission or the United States)"라는 문언이 생략되어 있음으로써 공익적 성격의 소송뿐만 아니라 일반 민사소송 모두에 사기금지조항의 역외적용이 인정된다고 해석할 여지가 있었으나, 의회의 논의과정에서 위 문언이 추가되었고, 도드-프랭크법 제929P조의 표제가 '미국 증권거래위원회에 의한 집행의 강화

사적 소송은 일반적인 민사책임규제와 형사책임규제에 대한 중요한 보충적 수단으로 인식되어 왔다. Staff of the U.S. Securities and Exchange Commission(2012), p. i.

419) 조문은 다음과 같다(밑줄은 필자가 추가): Sec. 929P. Strengthening Enforcement by the Commission. (a) [중략] (b) Extraterritorial Jurisdiction of the Federal Securities Laws - (1) [중략] (2) Under the Securities Exchange Act of 1934 – Section 27 of the Securities Exchange Act of 1934 (15 U.S.C. 78aa) is amended (A) [중략] (B) by adding at the end the following new subsection: "(b) Extraterritorial Jurisdiction — The district courts of the United States and the United States courts of any Territory shall have jurisdiction of an action or proceeding brought or instituted by the Commission or the United States alleging a violation of the antifraud provisions of this title involving — (1) conduct within the United States that constitutes significant steps in furtherance of the violation, even if the securities transaction occurs outside the United States and involves only foreign investors; or (2) conduct occurring outside the United States that has a foreseeable substantial effect within the United States. [후략]"

(Strengthening Enforcement by the Commission)'이므로, 역외적용이 공익적 성격의 소송에 국한된다는 취지는 명확하다고 할 수 있다.[420)]

도드-프랭크법 제929P조 (b)항은 미국 증권거래위원회 또는 미국 법무부가 제기하는 공익적 성격의 소송에 대하여만 행위기준과 효과기준에 의한 역외적용을 인정하고 있다. 따라서 도드-프랭크법 제929Y조에 따라 발간된 보고서에서 미국 증권거래위원회가 표명하였듯이 법률 규정의 신설 및/또는 판례의 발전이 없는 한, Morrison 판결과 같은 일반 민사소송에는 1934년법 제10조 (b)항 및 Rule 10b-5에 대한 반역외적용의 추정 법리와 거래기준이 여전히 적용되고,[421)] 미국 증권거래소에 상장되지 않은 증권을 미국에서가 아니라 미국 외에서 매수한 자는 사기행위를 이유로 미국 법원에 손해배상청구를 제기할 수 없다.

나. 판결의 경향

① 미국 증권거래소에 상장된 증권의 매수와 ② 미국 증권거래소에 상장되지 않은 증권의 미국 내에서의 매수의 경우에만 사기금지조항의 역외적용이 인정된다는 Morrison 판결의 태도는 근자의 미국 하급심 판결에서도 유지되고 있음은 물론이고 그 기준이 점차 구체화되고 있다.

위 ①과 관련하여 연방제2순회항소법원의 2014년 UBS 판결[422)]은 사기금지조항의 역외적용은 증권이 미국 증권거래소에 상장되어 있다는 사실만에 근거하여 인정되는 것이 아니라 미국 내에서의 거래행위가 존재한다는 사실에 근거하여 인정되는 것이라고 판시하였다. 미국 증권거래소에서의 거래 여부는 쉽게 증명될 수 있으므로 비교적 명확한 기준이

---

420) Palmiter[2017], p. 639; 박권의(2010), 129면; 김용진(2011), 759면.

421) Staff of the U.S. Securities and Exchange Commission(2012), pp. 69-70.

422) *City of Pontiac Policeman's and Fireman's Retirement System et al. v. UBS AG et al.*, 752 F.3d 173 (2d Cir. 2014).

라고 할 수 있다. 미국 증권거래소에서 미국예탁증권을 거래하는 경우에도 사기금지조항의 역외적용이 인정된다.[423)]

위 ②와 관련하여 연방제2순회항소법원의 2012년 Absolute Activist 판결[424)]은 거래행위지는 해당 증권거래, 즉 증권의 인수, 지급, 인도 등에 관하여 구속력 있는 의무가 발생한 시점을 기준으로 판단하여야 하고, 사기금지조항의 역외적용이 인정되기 위하여는 미국 내에서 구속력 있는 의무가 발생하거나 증권의 권원(title)이 이전하여야 한다고 판시하였다. 또한 연방제2순회항소법원은 외국회사가 외국에서 발행한 증권의 미국 내에서의 거래 여부가 문제된 ParkCentral 판결[425)]에서, 독일, 스위스, 룩셈부르크, 영국에 상장되어 있는 독일회사의 주가에 연동된 증권연계스왑계약(securities-based swap agreements)과 관련하여, 미국 투자자를 비롯한 전세계 투자자가 독일에서 행하여진 부실표시에 접근할 수 있었다고 하더라도, 행위가 주로(predominantly) 독일에서 행하여졌으므로, 미국 내에서의 증권거래로 인정할 수 없고, 사기금지조항의 역외적용을 인정할 수도 없다고 판시하였다.

다. 1933년법에의 확대적용

Morrison 판결 이후 정립된 1934년법상 사기금지조항의 반역외적용 추정은 1933년법이 문제되는 사안에도 동일하게 적용되고 있다. 1934년법과 마찬가지로 1933년법에서도 미국 내에서의 거래기준에 의하여 역외적용 여부를 결정하여야 하고, 1934년법에서 미국 입법자의 명시적인

423) 원상철(2018), 211-212면 참조.

424) *Absolute Activist Value Master Fund Ltd. et al. v. Ficeto et al.*, 672 F.3d 143 (2d Cir. 2012).

425) *ParkCentral Global Hub Ltd. et al. v. Porsche Automobile Holdings SE et al.*, 763 F.3d 198 (2d Cir. 2014)

역외적용 의사를 확인할 수 없듯이 1933년법에서도 마찬가지로 그와 같은 입법자의 의사를 확인할 수 없다는 것이다.[426]

미국 하급심 법원은 등록신고서 및 투자설명서의 부실표시에 따른 민사책임에 관한 1933년법 제11조 및 제12조 (a)항 (2)호가 문제되는 사건에서 Morrison 판결이 제시한 거래기준을 충실히 적용하고 있다.[427] 1933년법 제11조와 제12조 (a)항 (2)호가 문제된 Smart Techs. 판결[428]과 Vivendi Universal 판결,[429] 그리고 1933년법 제11조가 문제된 Royal Bank of Scotland 판결[430]이 대표적이다. 또한 뉴욕남부지방법원은 미국 증권거래위원회가 1933년법 제17조 (a)항에 따라 제기한 공익적 성격의 일련의 사적 소송, 즉 2011년 SEC v. Goldman Sachs & Co. 사건,[431] 2012년 SEC v. ICP Asset Management, LLC 사건,[432] 2013년 SEC v. Tourre 사건[433] 등에서 1933년법의 반역외적용 추정을 확인하였고, 증권의 청약 또는 매매와 관련된 사기행위를 금지하는 1933년법 제17조 (a)항의 맥락에서는 증권의 청약 또는 매매가 미국 내에서 행하여진 경우에만 동 조항이 역외적용될 수 있다고 판시하였다.[434]

---

426) 130 S.Ct 2869, at 2885.

427) Conway(2014), pp. 11-12. 이하에서 언급하는 판결 외에 *In re Satyam Computer Services Ltd. Securities Litigation*, 915 F.Supp.2d 450 (S.D.N.Y. 2013)도 참조.

428) *In re Smart Technologies, Inc. Shareholder Litigation*, 295 F.R.D. 50 (2013).

429) *In re Vivendi Universal, S.A. Securities Litigation*, 842 F.Supp.2d 522 (S.D.N.Y. 2012).

430) *In re Royal Bank of Scotland Group plc Securities Litigation*, 765 F.Supp.2d 327 (S.D.N.Y. 2011).

431) 790 F.Supp.2d 147 (S.D.N.Y. 2011).

432) No. 10 Civ. 4791, 2012 WL 2359830 (S.D.N.Y. June 21, 2012).

433) No. 10 Civ. 3229 (KBF), 2013 WL 2407172 (S.D.N.Y. June 4, 2013).

434) 790 F.Supp.2d 147, at 164-165; No. 10 Civ. 4791, 2012 WL 2359830, at *6-*10.

Ⅳ. 역외적용규정의 의미와 준거법 결정원칙으로서의 기능

1. 자본시장법 제2조의 의미

자본시장법 제2조는 "국외에서 이루어진 행위로서 그 효과가 국내에 미치는 경우에도" 자본시장법이 적용된다고 규정한다. 여기에서의 '효과'의 의미가 문제되는데, 이는 대체로 ① 국내자본시장의 신뢰성, 안정성, 공정성에 영향을 미치는 경우와 ② 국내 투자자 보호에 영향을 미치는 경우를 의미한다.[435] 위 ①의 경우 '국내시장'에의 영향을 명시하고 있는 독점규제법 제2조의2에 관한 근자의 판례를 참고한다면,[436] 국내시장에 직접적이고 상당하며 합리적으로 예측 가능한 효과를 미치는 경우를 의미한다고 할 수 있다. 다만, 위 ②의 경우 자본시장법 제2조의 문언상 아무런 제한이 없으므로, 국내 투자자 1인이라도 어떤 방법으로든 증권을 취득하면 그에 해당한다고 볼 여지가 있으나,[437] 위 ①과 유사하게 제한 해석하거나, 지향된(targeted-at) 활동요건을 통한 목적론적 축소에 의하여 이를 적절히 통제할 수 있는 준거법 결정원칙을 모색해볼 필요가 있다.

자본시장법에 따른 규제로서의 행정규제, 형사처벌, 민사책임은 그 성질과 법적 효과에 차이가 있으므로 각각의 체계를 정립하여야 국제자본시장법의 전체상을 규명할 수 있다.[438] 다만, 자본시장법은 기본적으로 행정규제법이므로,[439] 자본시장법에 규정되어 있는 형사처벌조항과 민사책임조항도 행정규제와 밀접하게 연관되어 있는데, 행정규제 위반

---

435) 김건식/정순섭[2013], 833면.

436) 대법원 2014. 5. 16. 선고 2012두13269 판결; 대법원 2014. 5. 16. 선고 2012두13655 판결; 대법원 2014. 5. 16. 선고 2012두13689, 대법원 2014. 12. 24. 선고 2012두6216 판결 등 참조. 평석으로는 일단 주진열(2017), 53면 이하 참조.

437) 석광현(2019c), 348면 참조.

438) 석광현(2009), 64면.

439) 상세는 성희활[2018], 31-33, 49-51면 참조.

에 대한 행정제재뿐만 아니라, 형사처벌도 행정규제 위반에 대한 것이고, 민사책임도 행정규제 위반에 대한 것이다. 이를 통하여 형사처벌과 민사책임은 행정규제를 보완하는 기능을 수행한다.[440] 그런데 외국적 요소가 있는 자본시장 불법행위 사안의 경우 우리 자본시장법상 행정규제조항, 형사처벌조항, 민사책임조항의 각각이 어떤 근거로 어느 범위까지 적용되는지가 문제된다.[441]

일례로 발행공시규제 위반에 대하여는 행정규제, 형사처벌, 민사책임이 모두 부과될 수 있는데, 종래 외국회사의 외국에서의 증권발행[442]이 간주모집에 해당할 수 있는 기준을 내국회사의 외국에서의 증권발행과 동일하게 규정하였으나,[443] 2017. 2. 23. 증권발행공시규정의 개정으로

440) 김건식/정순섭[2013], 838면.

441) 자본시장법의 역외적용이 문제되는 대표적인 예는 ① 외국회사가 외국에서 발행하는 증권을 국내 투자자가 외국에서 취득하거나, 해당 증권이 국내 투자자에게 전매될 가능성이 있는 경우, ② 내국회사가 외국에서 증권을 발행하면서 외국 투자자에게, 또는 경우에 따라 국내 투자자에게 교부한 투자설명서에 부실표시가 있는 경우, ③ 외국인이 외국에서 국내 주권상장법인의 미공개중요정보를 지득하고 이를 그 주식의 거래에 이용하는 경우, ④ 외국인이 외국에서 국내 상장증권 또는 장내파생상품의 시세를 조종하는 경우, ⑤ 외국인이 외국에서 외국거래소에 상장된 국내기업의 증권예탁증권의 가격을 조작하여 국내 상장주식의 가격에 영향을 미치는 경우, ⑥ 외국인이 외국에서 국내 주권상장법인의 주식을 5% 이상 취득하는 경우, ⑦ 외국 금융투자업자가 국내에서 금융투자업 인가·등록이 없으나, 외국에서 행한 영업행위가 국내에 효과를 미쳐 미인가·미등록 영업행위 여부가 문제되는 경우 등이다. 변제호 등[2015], 39면; 석광현(2019c), 344면 참조. 자본시장법 위반행위별로 그 행위자가 행정규제, 형사처벌과 민사책임을 부담하는지 여부와 그 정도에는 차이가 있다. 위 예들의 경우 자본시장법 위반에 따른 행정규제와 형사처벌이 문제될 뿐인 위 ①, ⑥, ⑦과 달리, 위 ② 내지 ⑤는 그에 더하여 민사책임이 문제된다.

442) 증권발행공시규정 제2-2조의2 제1항에 따르면, 해외증권발행이란 청약의 권유, 청약 등 발행과 관련한 주요행위가 외국에서 행하여지는 경우를 말한다.

443) 자본시장법 시행령 제11조 제3항 및 2017. 2. 23. 개정되기 전의 구 증권발행공시규정 제2-2조의2(해외증권 발행시 증권의 모집으로 보는 전매기준) 참조.

외국법인의 경우 적용대상을 ① 국내에 증권을 상장한 외국법인 또는 ② 최근 사업연도말을 기준으로 지분증권 발행주식총수의 20% 이상을 거주자가 보유하고 있는 외국법인으로 한정하고, 간주모집에 해당하지 않기 위한 전매제한조치도 내국회사에 비하여 완화시켰다.[444] 이와 같은 개정은 청약의 권유를 받은 자의 수와 관계없이 전매 가능성만 있으면 공모로 간주하여 자본시장법의 역외적용범위가 과도하게 확대될 우려가 있다는 비판을 수용한 것이다.[445] 이는 행정규제의 역외적용과 관련하여 무제한적 효과주의를 제한한 것이다. 행정규제의 변화로 역외적용범위가 축소되면 형사처벌과 민사책임에도 파급효과가 미치게 된다.

다른 예로서 국내 금융투자업자가 형사처벌의 대상인 자본시장법 위반행위를 국외에서 수행한 경우에 형법 제3조(내국인의 국외범)에도 불구하고 형법 제8조(다른 법령에 특별한 규정이 있는 경우 형법총칙의 타법에의 적용 예외 인정)와 자본시장법 제2조(국외행위에 대한 적용)에

참고로 대법원 2004. 6. 17. 선고 2003도7645 전원합의체 판결; 대법원 2006. 4. 27. 선고 2003도135 판결은 구 증권거래법상 유가증권발행신고서 제출의무는 내국회사가 외국에서 외국 투자자를 상대로 증권을 공모하는 경우에는 인정되지 않는다고 판시하였다. 해당 의무는 국내시장에서 모집에 응하는 투자자를 보호하기 위한 것이므로 외국에서의 증권 공모발행에는 적용되지 않는다는 것이다. 국내시장에도 효과를 미치지 않고 국내 투자자에게도 효과를 미치지 않으므로 역외적용이 문제될 여지는 없는 것처럼 보인다. 그러나 해당 사안에서는 내국인이 최초 인수자인 외국 투자자로부터 재매수하기로 하는 이면계약을 체결하였고, 이와 같은 유효한 이면계약에 따라 실제로 재매수가 행하여졌지만, 대법원은 그 경우에도 유가증권발행신고서 제출의무는 인정되지 않는다고 판단한 것이다. 바꾸어 말하면, 내국인이 외국 투자자로부터 재매수하기로 하는 이면계약을 체결하는 정도의 국외행위만으로는 형사처벌을 부과하여야 할 정도로 그 효과가 국내에 미친다고 할 수는 없다는 것이다.

444) 발행 당시 또는 발행일로부터 1년 이내에 해당 증권 등을 거주자에게 양도할 수 없다는 뜻을 해당 증권의 권면(실물발행시), 인수계약서, 취득계약서 및 청약권유문서에 기재하고 국내 금융투자업자가 해당 증권 등을 중개 또는 주선하지 않는 경우이면 충분하다. 증권발행공시규정 제2-2조의2 제2항 제4호.

445) 비판론으로 석광현(2019c), 347-349면 참조.

따른 제한으로 인하여 형사처벌을 부과할 수는 없다고 하더라도, 금융 관련 법령을 위반하였음을 이유로 자본시장법 제420조 제1항 제7호에 따라 금융투자업 인가 또는 등록을 취소할 수는 있다.[446)]

이하에서는 행정규제, 형사처벌, 민사책임 각각의 역외적용을 규율하는 지도원리에 차이가 있고, 효과주의를 선언하고 있는 자본시장법 제2조가 삼자 모두에 적용되기는 하나, 지도원리를 교정하는 양상에는 일정한 차이가 있음을 논구한다.

2. 행정규제와 그 역외적용

자본시장법이 투자설명서 부실표시에 대하여 규정하고 있는 행정규제는 다음과 같다. 자본시장법에 규정된 행정규제사항은 대부분 위반행위에 대한 행정제재를 함께 규정하나, 행정제재와 항상 결부되어 있는 것은 아니다. ① 금융위원회는 투자설명서를 3년간 일정한 장소에 비치하고, 인터넷 홈페이지 등을 이용하여 공시하여야 한다.[447)] ② 금융위원회는 투자자 보호를 위하여 필요한 경우 증권의 발행인, 매출인, 인수인 기타 관계인에게 금융위원회가 참고할 수 있도록 보고 또는 자료제출을 명하거나, 금융감독원장에게 장부, 서류 기타 물건을 조사하게 할 수 있다.[448)] ③ 발행인, 매출인, 인수인 또는 주선인이 투자설명서의 작성·제출의무 또는 사용·교부의무를 위반하는 경우 금융위원회는 위반행위자

---

446) 참고로 일본은 내국인의 국외범에 대한 처벌범위를 제한하고 있고 우리 자본시장법 제2조에 상응하는 역외적용규정을 가지고 있지 않으므로, 형사처벌의 대상인 행위를 국외에서 수행한 경우를 형법 제2조(국내범)와 형법 제8조(다른 법령에 특별한 규정이 없는 한 형법총칙의 타법에의 적용)의 문제로 이해한다. 일본 금융상품거래법의 예에 관하여는 金融法委員会(2002), 8頁, 註22 참조.

447) 자본시장법 제129조 제2호.

448) 자본시장법 제131조 제1항 및 제2항.

에게 이유를 제시한 후 그 사실을 공고하고 정정을 명할 수 있고, 필요한 때에는 그 증권의 발행, 모집, 매출 기타 거래를 정지 또는 금지하는 등의 조치를 할 수 있다.[449] ④ 투자설명서 미제출 또는 부실표시의 경우 발행인, 매출인, 인수인 또는 주선인에게 모집가액 또는 매출가액의 100분의 3(20억원을 초과하는 경우에는 20억원)을 초과하지 않는 범위에서 과징금을 부과할 수 있다.[450] ⑤ 금융위원회는 금융투자업자의 임원에게 투자설명서 관련 일정한 사유가 있는 경우 해임요구 등 조치를 할 수 있다.[451] ⑥ 금융위원회는 금융투자업자의 직원에게 위 ⑤와 같은 사유가 있는 경우 금융투자업자에게 면직 등을 요구할 수 있다.[452]

문제는 외국회사가 외국에서 국내 투자자 또는 국내 자본시장에 영향을 미치는 행위를 하는 경우 우리 금융위원회 또는 금융감독원이 그에 대하여 행정규제를 부과할 수 있는지 여부이다.[453] 이는 각국의 국내 행

449) 자본시장법 제132조 제4호, 자본시장법 시행령 제138조 참조.

450) 자본시장법 제429조 제1항 제1호 및 제2호.

451) 자본시장법 제422조 제1항 제1호 내지 제6호, 제420조 제1항 제6호 [별표1] 144, 145, 146, 147, 147의2, 149, 150, 151. 그 사유는 다음과 같다: 투자설명서를 비치하지 않거나 일반인이 열람할 수 있도록 하지 않은 경우, 투자설명서에 증권신고서에 기재된 내용과 다른 내용을 표시하거나 그 기재사항을 누락한 경우, 투자설명서를 미리 교부하지 않고 증권을 취득하게 하거나 매도한 경우, 투자설명서를 자본시장법 제124조 제2항 각호에 해당하는 방법에 따르지 않고 청약의 권유 등을 한 경우, 투자자에게 투자설명서를 별도로 요청할 수 있음을 알리지 않은 경우, 금융위원회의 보고 또는 자료 제출명령을 위반한 경우, 금융감독원의 조사를 거부·방해 또는 기피한 경우, 투자설명서 미제출·미사용·미교부에 따른 금융위원회의 처분을 위반한 경우.

452) 자본시장법 제422조 제2항 제1호 내지 제7호, 제420조 제1항 제6호 [별표1] 144, 145, 146, 147, 147의2, 149, 150, 151.

453) 구 증권거래법은 2006. 11. 외국에서 비거주자를 상대로 증권을 발행하면서 증권이 1년 내에 국내에 다시 유입되지 않도록 전매제한조치를 취하지 않을 경우 유가증권신고서 제출의무를 부과하였다. 이는 외국에서의 증권발행임을 이유로 전매제한을 회피하는 편법을 예방하기 위한 것이었고, 일정한 범위에서 구 증권거래법의 역외적용을 규정한 것이었다. 같은 취지의 규정이

정법의 적용범위 내지 타당범위와 국내 행정기관의 권한을 정하는 국제행정법(또는 섭외공법)(internationales öffentliches Recht 또는 internationales Verwaltungsrecht)의 문제로서, 각국의 국내법이 일방적으로 정하는 저촉법규범의 일종이다.[454] 행정규제의 역외적용을 위하여는 우리 금융위원회 또는 금융감독원이 외국 금융투자업자 등의 국내 투자자 대상의 영업행위를 실제로 감독할 수 있어야 하나, 현실적인 어려움이 있으므로, 자본시장법은 일정한 전매제한조치가 취하여진 외국에서의 증권 발행을 모집의 기준에서 제외하거나,[455] 일정한 영업행위 유형을 금융투자업의 범위에서 제외함으로써,[456] 역외적용의 예외를 인정하고 있다.

자본시장법에 있는 행정법적 성질의 규정은 국제사법 규칙에 따른 준거법 결정원칙과는 다른 방법으로 국제적 적용범위가 결정된다.[457] 국제사법은 등가성 내지 평등성이 인정되는 서로 다른 법질서들 중에서 가장 적절한 것을 선택하는 방법을 채용하고 있음에 반하여, 행정법, 형사법 등을 포함하는 공법의 경우 복수의 법질서를 전제로 하기보다는 자국 법질서의 적용 가능성을 모색하는 방법을 채용하고 있다(공법의 속지성 내지 속지주의).[458]

자본시장법상 행정규제조항의 국제적 적용범위에 관한 이론은 속지주의, 효과주의, 수정효과주의의 셋으로 구분할 수 있다.[459] ① 속지주의

현행 증권발행공시규정 제2-2조의2에 있다. 일정한 조건에 해당하는 외국회사가 외국에서 발행하는 증권이 국내 투자자에게 전매될 가능성이 있는 경우 그 외국회사에 증권신고서 제출의무가 있다.

454) 山本草二(1983), 330頁 참조.

455) 석광현/정순섭(2010), 67-77면; 윤승한[2016], 374-376면 및 전술 제3장 제4절 IV. 1. 참조.

456) 변제호 등[2015], 40-43면; 정성구(2016), 259면 이하 참조.

457) 김건식/정순섭[2013], 833면.

458) 山内惟介(2016), 330-331頁.

459) 이하는 대체로 松尾直彦(2011), 278-279頁에서 제시된 분석틀을 구체화시킨 것이다.

는 규제대상행위의 일부가 국내에서 행하여지는 경우에는 자본시장법이 적용된다는 입장이다. 행정규제의 역외적용에 관한 원칙적인 태도이다.[460] 속지주의는 ⓐ 행위주체의 소재지국이 관할권을 행사하는 주관적 속지주의와 ⓑ 행위의 결과발생지국이 관할권을 행사하는 객관적 속지주의로 구분된다.[461] 다만, 행위와 결과의 구별이 항상 명확한 것은 아니다. ② 효과주의는 자본시장법이 보호하고자 하는 법익에 대한 침해의 가능성이 있는 경우에는 자본시장법이 적용된다는 입장이다. 독점규제법 제2조의2의 적용요건에 관한 우리 대법원 판결의 태도를 참고하자면,[462] 외국에서의 행위가 국내에서 예측가능하고 실질적인 효과를 가지는 경우에 관할권이 인정된다는 것이다. 효과주의에서의 '효과'를 객관적 속지주의에서의 '결과'와 동일시한다면, 효과주의는 속지주의의 한 형태라고 할 수 있다.[463] ③ 수정효과주의는 속지주의를 기본으로 하되, 그에 따라 자본시장법의 목적을 충분히 달성할 수 없는 경우에 효과주의를 가미하여 적용범위를 조정하는 입장이다.[464] 오늘날 금융행정의 실제상 채택되고 있는 방법은 수정효과주의라고 할 수 있다.

자본시장법상 공시규제는 한국에서 공모발행되거나 유통되는 증권에 대하여만 요구된다는 이유로 자본시장법은 투자설명서 부실표시 등에 대한 행정규제, 형사처벌과 민사책임을 포함하여 공시규제 전체의 역외적용을 예정하고 있지 않다고 보아야 한다는 견해도 있을 수 있다.[465]

460) 역외적용규정을 두고 있지 않았던 구 증권거래법은 속지주의에 입각하고 있는 것으로 평가되었다. 김연미(2014), 16면.

461) 석광현(2011), 17면 참조.

462) 전게 주436 참조.

463) 이한기[2006], 298면은 효과를 속지주의에 결부시키는 것에 의문을 제기한다.

464) 이한기[2006], 299면은 미국 내 주소가 없는 외국인이나 미국 내 영업소가 없는 외국법인의 미국 외에서의 행위라고 하더라도 미국과 경제활동상 연결관계가 있으면 미국의 관할권에 복종한다고 간주하는 미국의 태도를 '속인주의의 확대'로 설명한다.

465) 佐野寛(20092), 182頁 참조.

그러나 일반적으로는 행위주체와 그 소재지국을 결합하여 ① 내국인의 국내에서의 거래, ② 내국인의 외국에서의 거래, ③ 외국인의 국내에서의 거래, ④ 외국인의 외국에서의 거래의 네 가지 유형으로 구분할 수 있다. 주의할 점은 속지주의, 효과주의, 수정효과주의 중 어느 하나의 이론이 자본시장법상 행정규제 전체에 대하여 일원적으로 적용되는 것은 아니고, 개별사안에 따라 어느 이론에 의하여 설명할지를 구체적으로 검토할 필요가 있다는 것이다. 유형별로 자본시장법의 적용이 정당화되는 이론적 근거와 구체적으로 문제되는 예를 고찰한다.[466]

① 내국인의 국내에서의 거래의 경우 속지주의(주관적 속지주의)에 따라 자본시장법이 적용된다. 행위주체인 내국인의 상대방이 비거주자인 경우에도 해당 비거주자가 한국에 있는 때에는 여전히 ①의 유형에 해당한다. 증권의 모집에 해당하는지 여부를 판단할 때 한국 내에서 증권의 취득을 권유 받은 비거주자는 취득 권유 상대방 인원수에 포함된다. 또한 증권신고서 제출의무와 투자설명서 제출·작성·교부의무는 해당 증권이 한국에서 공모되는 경우에는 한국회사와 외국회사 모두에 적용된다. 외국회사에 대하여 규제가 미치지 않으면 한국 투자자는 충분한 정보를 제공 받은 상태에서 외국회사에 대한 투자판단을 할 수 없게 된다.

② 내국인이 국내에서 행위를 개시하고 국경을 넘어서 결과가 외국에서 발생하는 경우 내국인이 국내에서 행위하였다고 볼 수 있는 때에는 속지주의(주관적 속지주의)에 따라 자본시장법이 적용된다. 예컨대 내국인이 외국에서 비거주자인 외국 투자자를 상대로 증권 취득을 권유하는 경우, 원칙적으로 자본시장법의 보호대상은 거주자인 투자자이고 비거주자인 외국 투자자는 그에 포함되지 않으므로, 그것은 원칙적으로 자본시장법의 규제대상이 아니다. 반면에 한국 증권회사가 비거주자에게 한국에서 증권의 취득을 권유하는 경우 그 비거주자는 보호대상이 된다.

466) 이하는 대체로 松尾直彦(2011), 282-285頁에서 제시된 분석틀을 구체화시킨 것이다.

또한 한국 상장회사의 임원이 해당 상장회사의 업무 등에 관한 미공개 중요정보를 지득하고, 한국 내에서 주문을 발하여 미국 뉴욕증권거래소에 상장되어 있는 해당 상장회사의 미국예탁증권을 매매하는 경우 이는 내부자거래에 해당한다.

③ 외국인이 외국에서 행위를 개시하고 국경을 넘어서 결과가 한국에서 발생하는 경우 속지주의(객관적 속지주의)에 따라 자본시장법이 적용된다. 비거주자인 투자자가 한국에 상장된 내국회사가 발행하는 주식을 한국 유통시장에서 매매하는 경우 대량보유보고규제, 공개매수규제, 매매보고서제출의무규제, 내부자거래규제 등이 적용된다. 또한 비거주자인 투자자가 한국에 상장된 내국회사가 발행한 주식을 외국에서 매매하는 경우는 물론 외국에서 발행된 증권에 관한 권리를 표시하는 증권예탁증권을 외국에서 매매하는 경우도 대량보유보고규제, 공개매수규제, 매매보고서제출의무규제, 내부자거래규제 등이 적용된다. 이는 속지주의에 효과주의가 가미된 접근법이다.

④ 외국인이 외국에서 외국인과 행위를 하고 그 결과가 외국에서 발생하는 거래의 경우 속지주의에 따라 원칙적으로 자본시장법은 적용되지 않는다. 비거주자인 투자자가 국내 상장회사가 발행한 주식을 외국에서 매매하는 경우 대량보유보고규제, 공개매수규제, 매매보고서제출의무규제, 내부자거래규제 등은 원칙적으로 적용되지 않는다. 외국 증권회사가 외국에서 비거주자인 고객의 주문을 중개하고 한국 증권회사에 거래소 거래를 주문(위탁의 중개)하는 경우, 외국 투자일임업자가 외국에서 비거주자인 외국 투자자와 투자일임계약을 체결하고 투자일임업을 영위하는 경우에도 원칙적으로 자본시장법은 적용되지 않는다. 다만, 자본시장법의 적용을 면탈하려는 목적이 인정되는 등 효과주의의 관점에서 정당화되는 예외적인 경우에 한하여 우리 자본시장법의 적용이 긍정된다.

3. 형사처벌과 그 역외적용

자본시장법이 투자설명서에 관하여 규정하고 있는 형사처벌은 다음과 같다. ① 투자설명서의 중요사항에 관하여 부실표시를 한 자,[467] ② 투자설명서의 부실표시를 알고도 이를 진실 또는 정확하다고 증명하여 그 뜻을 기재한 공인회계사, 감정인 또는 신용평가를 전문으로 하는 자[468]는 5년 이하의 징역 또는 2억원 이하의 벌금에 처하여질 수 있다. ③ 투자설명서를 금융위원회에 제출하지 않은 자,[469] ④ 투자설명서를 사용하지 않고 청약의 권유 등을 한 자,[470] ⑤ 투자설명서를 미리 교부하지 않고 증권을 취득하게 하거나 매도한 자,[471] ⑥ 투자설명서 미제출, 미사용 또는 미교부에 대한 금융위원회의 처분을 위반한 자[472]는 1년 이하의 징역 또는 3천만원 이하의 벌금에 처하여질 수 있다.[473]

---

467) 자본시장법 제444조 제13호 다목. 한편 전술하였듯이(제2장 제2절 III. 2.) 부실표시 있는 투자설명서의 사용으로 금전 기타 재산상 이익을 취하는 경우 자본시장법 제178조 제1항 제2호 위반에 해당하고, 이에 대하여도 형사처벌이 규정되어 있는데, 금융투자상품의 매매(모집, 매출 포함) 등과 관련하여 부실표시 있는 문서를 사용하여 금전 기타 재산상 이익을 취하고자 하는 행위를 한 자는 10년 이하의 징역 또는 회피한 손실액의 2배 이상 5배 이하에 상당하는 벌금에 처하여질 수 있다(자본시장법 제443조 제1항 제8호).

468) 자본시장법 제444조 제13호 다목.

469) 자본시장법 제446조 제21호.

470) 자본시장법 제446조 제23호.

471) 자본시장법 제446조 제22호.

472) 자본시장법 제446조 제24호.

473) 자본시장법 주석서/이진호/이환기[2015], 제445조, 1101면에 따르면, 위 ③, ④, ⑤의 투자설명서 미제출, 미사용 또는 미교부는 부작위 자체로 범죄행위가 종료하는 상태범이므로, 공소시효는 증권의 모집 또는 매출의 종료시점부터 기산된다고 한다. 주석금융법/노철우[2013], 제446조, 720면은 공소시효가 보고기한 경과시점부터 기산된다고 하는데, 이는 위 ③에만 타당한 것으로 생각되고, 이는 증권신고 효력발생일이다(자본시장법 제123조 제1항).

문제는 내국인 또는 외국인이 외국에서 우리 자본시장법 위반행위를 하는 경우, 예컨대 투자설명서 부실표시에 대한 모의, 준비, 실행 등 사기적 행위가 복수의 국가에 걸쳐 행하여지는 경우 한국 법원이 우리 자본시장법을 적용하여 형사처벌을 부과할 수 있는지 여부이다.[474] 이는 외국적 요소가 있는 형사사건의 범죄행위자에 대하여 어느 국가의 형법이 적용되는가 하는 국제형법(또는 섭외형법)(internationales Strafrecht)[475] 또는 섭외형사사건에 관한 국제적 저촉법의 문제이다.[476] 개별국가의 형법을 기준으로는 그것의 장소적 적용범위와 인적 적용범위의 문제이다.[477]

형법전의 총칙편은 제2조와 제3조에서 속지주의 및 속인주의를 규정하고 있는데, 이는 우리 법원이 우리 자본시장법 위반행위에 대하여 형

474) 일례로 2010. 11. 11. 한국 주식시장에서 발생하였던 이른바 도이치증권 옵션쇼크 사건의 경우 한국 주식시장에서의 시세조종을 위한 공모(共謀)가 홍콩, 뉴욕, 서울에서 행하여진 것으로 보인다. 금융위원회의 2011. 2. 23.자 보도자료("옵션만기일(2010. 11. 11.) 주가급락 관련 불공정거래 혐의 조사결과 조치")에 따르면, 도이치은행 홍콩지점(Deutsche Bank AG, Hong Kong Branch) 지수차익거래팀(Absolute Strategy Group, ASG) 소속 팀장(Head of ASG Asia, 상무, 영국 국적), 팀원(이사, 프랑스 국적), 동 홍콩지점의 거래·리스크 담당 책임자(Head of Risks and Trading, 호주 국적), 뉴욕 도이치은행증권(Deutsche Bank Securities Inc.)의 글로벌 지수차익거래 담당 책임자(Head of ASG Global, 미국 국적), 한국 도이치증권의 파생상품 담당 상무는 사전에 구축한 파생상품의 투기적 포지션으로부터 이익을 취할 목적으로, 상호간 협의, 보고, 지시를 통하여 공모하고, 옵션만기일의 주식시장 마감 동시호가 시간에 KOSPI 200 구성종목 2조 4,424억원 상당을 전량 매도하여 KOSPI 200 지수를 하락시키는 시세조종을 실행함으로써 448억 7,873만원 상당의 부당이득을 취하였다.

475) 국제적 저촉법으로서의 협의의 국제형법에 더하여 국제형사재판관할, 외국형사판결의 국내적 효력, 범죄인인도 등 국제형사사법공조, 그리고 근자에 보편주의에 입각하여 설립된 국제형사재판소(International Criminal Court, ICC)의 관할, 재판절차, 집행절차 등을 포함시켜 광의의 국제형법이라고 할 수도 있다.

476) 이호정[1985], 6, 8면. 민사사건과 달리 형사사건의 경우 각국 법원은 자국 형법만을 적용하여야 하기 때문에, 국제형법은 형사재판관할권의 문제이기도 하다. 주석형법/김대휘[2011], 제2조, 106면 참조.

477) 주석형법/김대휘/임웅[2011], 제1장 총설, 73면.

사재판관할권을 행사할 수 있는 근거가 된다.[478] 속지주의의 경우 범죄행위자가 내국인인지, 외국인인지는 중요하지 않고, 범죄지가 어디인지가 중요한데, 범죄지에는 범죄행위가 행하여진 장소(행동지)와 범죄행위로 인한 결과가 발생한 장소(결과발생지)가 모두 포함되는바,[479] 범죄행위가 한국에서 개시되었으나 범죄결과는 외국에서 발생한 경우뿐만 아니라, 범죄행위가 외국에서 개시되었으나 범죄결과는 한국에서 발생한 경우에도 속지주의에 근거하여 한국 법원이 형사재판관할권을 행사할 수 있다. 자본시장법 위반행위의 준비행위, 실행행위, 결과발생이 복수의 국가에서 있는 경우, 동시상장으로 인하여 한 증권시장에서의 불공정거래행위가 다른 증권시장에 영향을 미치는 경우에는 속지주의가 중요한 의미를 가질 수 있다.[480] 그 밖에도 외국회사가 증권의 공모를 위한 투자설명서에 허위기재를 하거나 상장 이후 주기적으로 제출하는 사업보고서 등에 허위기재를 하는 경우, 한국 상장회사의 내부자가 전화, 인터넷 등을 사용하여 외국시장에서 거래하는 경우에는 속지주의에 따라 처벌이 가능하고, 외국인이 미공개중요정보를 한국에서 지득하고 외국에서 거래하는 경우에는 정보의 지득 자체가 구성요건에 해당한다면 마찬가지로 속지주의에 따라 처벌이 가능하다.[481]

다만, 민사책임규정이나 행정규제조항과 달리 형사처벌규정은 죄형법정주의에 따라 엄격히 해석되어야 하고, 이는 속지주의의 적용에서도 마찬가지이다.[482] 예컨대 단순한 준비행위는 그것이 별도로 구성요건에

478) 형법 제5조와 제6조가 규정하고 있는 보호주의는 자본시장법 위반행위에 대하여는 적용의 여지가 없다. 형법 제6조는 형법 제5조의 보호주의와 구별하여 피해자 국적주의(또는 수동적·소극적 속인주의)라고 하기도 한다. 형사재판관할권의 행사근거에 관한 국제공법상 논의는 정인섭[2019], 215-233면 참조.

479) 주석형법/김대휘[2011], 제2조, 111면. 이는 국제사법 제32조 제1항의 불법행위지의 개념과 유사하다.

480) 고창현 등(2002), 142면.

481) 石黒一憲(1992), 11-12, 18頁 참조.

482) 김건식/정순섭[2013], 839면.

해당하지 않는 한 속지주의에 따른 처벌이 불가할 것이다. 증권신고서 미제출, 투자설명서 미교부, 사업보고서 미제출 등 부작위는 작위의무지를 행동지로 보아서 속지주의에 따라 처벌할 수 있는지가 죄형법정주의와의 관계에서 논란의 여지가 있다.

문제는 형법 제8조와 자본시장법 제2조의 관계이다. 형법 제8조는 형법전의 총칙편(제1편)이 다른 법령에서 정한 죄에도 적용되나, 다른 법령에 특별한 규정이 있으면 예외로 한다고 규정한다. 자본시장법 제2조는 효과주의에 입각한 자본시장법의 역외적용을 특별히 규정하는데, 이것이 형법 제2조와 제3조의 속지주의 및 속인주의와 어떤 관계에 있는지가 문제된다.[483] 자본시장법 제2조의 역외적용규정이 없었더라면 속지주의 및 속인주의에 따라 자본시장법 위반행위가 처벌되었을 것이고, 속지주의 및 속인주의의 한계가 문제되었을 것이다.[484] 형법 제8조가 다른 법령에 특별한 규정이 있으면 예외로 한다고 규정하나, 이에 따르더라도 자본시장법 제2조에 의하여 형법 제2조와 제3조의 속지주의 및 속인주의가 배제된다고 해석할 것은 아니고,[485] 자본시장법 제2조가 제시하는 "효과가 국내에 미치는 경우"라는 문언의 의미를 죄형법정주의와의 관계 속에서 구체화함으로써 이를 속지주의 및 속인주의를 보충하거나 그 한계를 설정하는 기준으로 활용할 수 있을 것이다.[486] 예컨대 공모공동정

---

483) 김건식/정순섭[2013], 839면.

484) 石黒一憲(1992), 11頁은 국내범 처벌의 한계, 즉 속지주의의 한계만을 언급하는데, 그 이유는 일본 형법은 제3조에서 내국인의 국외범으로 처벌되는 범죄의 종류를 열거함으로써 속인주의의 한계를 명시하고 있기 때문이다. 우리 형법 제3조는 "본법은 대한민국 영역 외에서 죄를 범한 내국인에게 적용한다"고만 규정함으로써 내국인의 국외범의 처벌범위에 관하여 아무런 제한을 가하고 있지 않다.

485) 우리 형법 제3조와 같은 절대적(또는 적극적·무제한적) 속인주의는 다소 이례적이므로, 자본시장법 제2조에 의하여 형법 제3조는 배제된다고 주장할 여지도 있다. 조상제 등[2011], 45-46면은 절대적 속인주의를 비판하면서 이를 제한하는 해석론과 입법론을 제시한다.

범의 개념을 인정하는 한 그 경우에 속지주의를 따르면 공모만 국내에서 있더라도 전원에 대하여 국내에서 처벌할 수 있는데,[487] 효과주의에 의하여 형사처벌의 범위를 적절히 제한할 수 있을 것이다.[488]

또한 속인주의의 적용범위가 무제한적으로 확장되는 것을 방지하기 위하여, 범죄지에서 범죄로 인정되지 않는 경우에는 불가벌로 규정하거나, 처벌대상인 범죄의 종류를 제한하는 입법례도 있으나,[489] 우리 형법은 아무런 제한을 가하고 있지 않으므로, 자본시장법을 위반한 내국인의 국외범의 경우 효과주의에 의하여 형사처벌 부과 필요성을 개별적·구체적으로 검토함으로써 형사처벌의 범위를 적절히 제한할 필요가 있다. 최근 우리 하급심 판결은 내국인의 외국에서의 행위가 국내법에 위반되더라도 행위지에서 법령이나 사회상규에 의하여 허용되고, 국내법이 보호하고자 하는 법익을 침해하지 않아 우리나라의 국가안전보장, 질서유지 또는 공공복리와도 무관한 경우에는 형법 제20조를 유추적용하여 위법성이 조각된다는 법리를 제시하였고, 대법원도 이를 인정하였다.[490] 즉,

---

486) 김건식/정순섭[2013], 839면 참조.

487) 공범 또는 공동정범의 경우에는 논란의 여지가 있다. 石黒一憲(1992), 11頁은 전통적인 속지주의가 효과주의보다 국가관할권(형사재판관할권)이 미치는 범위를 오히려 더 넓히는 왜곡현상이 있음을 지적한다.

488) 전술한 도이치증권 옵션쇼크 사건에서도 효과주의에 의하여 속지주의의 한계를 설정할 수 있었을 것으로 보인다. 도이치은행 홍콩지점 지수차익거래팀장(영국 국적의 Derek Ong)은 국제형사경찰기구(International Criminal Police Organization, ICPO 또는 Interpol)의 적색수배에 따라 2019. 4. 1. 인도네시아에서 검거되어 범죄인인도절차가 진행되었다. 한국 도이치은행 담당 상무에 관한 형사재판에서 제1심 법원은 그를 공동정범으로 인정하여 징역 5년을 선고하였으나, 항소심 법원은 공모관계를 인정할 수 없다는 등의 이유로 무죄를 선고하였다. 중앙일보 2019. 4. 2.자, "'도이치 옵션쇼크' 외국인 주범 인도네시아서 검거… 檢, 범죄인 인도 청구" 제하 기사 참조.

489) 전자의 예로 독일 형법 제7조 제2항이 있고, 후자의 예로 일본 형법 제3조가 있다.

490) 서울고등법원 2018. 6. 14. 선고 2017노2802 판결 및 대법원 2018. 8. 30 선고 2018도10042 판결. 신동운[2019], 74면은 이를 유리한 유추해석을 허용한 판결

외국에서의 행위가 ① 국내법상 보호법익을 침해하더라도 ② 국가안전보장, 질서유지 또는 공공복리를 위하여 금지할 필요가 있는 경우에만 위법성을 인정할 수 있다는 것이다. 위 ①과 관련하여 자본시장법상 발행공시규제의 보호법익은 자본시장의 공정성·신뢰성·효율성과 투자자 보호라는 사회적 법익이고,[491] 위 ②는 널리 기본권 제한의 정당한 목적이 있는 경우를 말하는데,[492] 자본시장법상 형사처벌규정의 역외적용 맥락에서는 다의적·포괄적 의미를 가지는 공공복리의 개념을 구체화할 필요가 있고,[493] 경제에 관한 헌법 제9장, 특히 대외무역의 육성과 그에 대한 규제·조정을 명시하고 있는 헌법 제125조와의 연관 속에서 이를 해석하

이라고 평가한다. 다만, 해당 사안에서는 피고인의 베트남에서의 도박장소개설이 베트남법에 의하여 허용된다고 하더라도, 형법 제20조에서 정하고 있는 '법령에 의한 행위' 또는 '사회상규에 위배되지 않는 행위'에 해당하지 않으므로 위법성이 조각되지 않는다고 판단하였다.

491) 자본시장법 제1조의 목적조항 참조. 자본시장법상 불공정거래규제의 보호법익도 마찬가지이다. 대법원 2011. 10. 27. 선고 2011도8109 판결은 자본시장법 제176조와 제178조의 직접적 보호법익은 주식 등 거래의 공정성 및 유통의 원활성 확보라는 사회적 법익이고 투자자의 재산적 법익은 직접적 보호법익이 아니라고 판시하였다. 정순섭(2012), 119면도 같은 태도이다. '투자자의 재산(또는 재산적 법익)'이라는 개인적 법익이 불공정거래규제의 직접적 보호법익에 해당할 수는 없으나(부차적·간접적 보호법익 해당 여부는 별론), '투자자의 재산의 보호'는 사회적 법익으로서 직접적 보호법익 또는 적어도 부차적·간접적 보호법익에는 해당할 수 있다고 생각된다. 일반론으로 금융거래질서의 확립과 관련된 금융거래의 공정성은 공공의 이익뿐만 아니라 개인의 이익도 보호한다는 견해로 한기정(2006), 175-176면, 투자자 보호도 직접적 보호법익이라는 견해로 김영기(2015), 156면; 김정철(2015), 119-120면 참조. 김대근[2011], 125면은 시세조종행위에 대한 형사처벌의 보호법익으로 '시장의 거래질서'를 언급하고, 이는 침해범이 아니라 구체적 위험범이라고 한다. 발행공시규제로서 투자설명서 미교부·미사용에 대한 형사처벌의 경우에도 보호법익의 현실적 침해가 필요하지 않고 그에 대한 위험의 야기로 충분하며 위험의 인식이 고의의 내용이라고 할 수 있으므로, 구체적 위험범이라고 볼 수 있다.

492) 헌법주석/김대환[2013], 제37조, 1181-1182면.

493) 헌법주석/김대환[2013], 제37조, 1183-1184면 참조.

여야 할 것이다.[494] 대외무역의 규제·조정은 경제질서의 형성을 목적으로 할 수 없고(소극성), 국민의 자유로운 경제활동 보장이라는 한계 내에서만 인정되어야 하므로(보충성),[495] 이와 같은 헌법상 법리는 개별사안에서 자본시장법 제2조의 해석기준으로 원용할 수 있을 것이다.[496]

4. 투자설명서책임에서 역외적용규정의 보충적 기능

발행인이 한국회사인지, 외국회사인지 여부, 증권이 발행되는 시장이 한국 자본시장인지, 외국 자본시장인지 여부, 그리고 투자자가 한국 투자자인지, 외국 투자자인지 여부를 기준으로 국제적 증권발행의 거래유형을 8가지로 분류하여 자본시장법 제2조에 따른 역외적용 여부를 표시하면 아래 〈표 5〉와 같다.

---

494) 대외무역 규제법령의 대표적인 예로는 대외무역법, 외국환거래법, 무역거래기반조성에 관한 법률이 언급된다. 헌법주석/박종현[2018], 제125조, 1614면. 논의의 여지는 있으나, 여기의 예에 외국환거래법(제2조 제1항, 특히 효과주의를 명시하는 제2조 제1항 제2호)과 마찬가지로 역외적용규정을 포함하고 있는 자본시장법(제2조), 독점규제법(제2조의2)을 추가할 수도 있을 것이다.

495) 헌법주석/박종현[2018], 제125조, 1614면.

496) 형법의 적용범위 규정과 자본시장법 제2조의 상관관계를 정리하면 아래와 같다.

연번	발행인	시장	투자자	형법의 적용범위 해당 유형	처벌 가부 및 역외적용규정의 기능
1	한국회사	한국	한국인	국내범	처벌 가능, 역외적용과 무관
2	한국회사	한국	외국인		
3	한국회사	외국	한국인	내국인의 국외범	처벌 가능, 위법성 조각 기능
4	한국회사	외국	외국인		
5	외국회사	한국	한국인	국내범	처벌 가능, 역외적용과 무관
6	외국회사	한국	외국인		
7	외국회사	외국	한국인	외국인의 국외범	처벌 가능성 유, 형법 제6조 제한 기능
8	외국회사	외국	외국인		불가벌, 한국에 영향 없음 확인

〈표 5〉 거래유형별 자본시장법 역외적용 가능성

유형 연번	발행인	시장	투자자	국외에서 이루어진 행위로서 국내(국내 시장 및/또는 국내 투자자)에 영향 여부
1	한국회사	한국	한국인	×
2	한국회사	한국	외국인	×
3	한국회사	외국	한국인	○
4	한국회사	외국	외국인	×
5	외국회사	한국	한국인	×
6	외국회사	한국	외국인	×
7	외국회사	외국	한국인	○
8	외국회사	외국	외국인	×[497]

자본시장법 제2조는 "국외에서 이루어진 행위"에만 적용되므로, 제1유형, 제2유형, 제5유형, 제6유형의 경우 × 표시는 우리 자본시장법이 역외적용되는 것은 아니라는 의미이고(위 ▨ 부분), 이들 경우는 한국 자본시장에서 이루어진 행위로서 속지주의에 따라 우리 자본시장법이 적용된다. 제1유형은 순수한 국내사안이나, 제2유형, 제5유형, 제6유형은 외국적 요소가 있는 사안인데, 속지주의가 국제사법상 독자적인 준거법 결정원칙은 아니지만, 전술하였듯이 공모신고의무지이자 공모지인 시장지를 불법행위의 행동지로 이해한다면,[498] 제2유형, 제5유형, 제6유형은 준거법 결정원칙으로서의 불법행위지원칙(순전한 재산적 손해에 관한 행동지원칙)에 따른 결론이라고 볼 수 있다. 한편 자본시장법 제2조의 "효과가 국내에 미치는 경우"는 ① 국내 자본시장에의 영향 또는 ② 국내 투자자에의 영향을 의미하고, 양자 중 어느 하나에 해당하면 우리 자본시장법이 역외적용된다고 간주한다(제3유형 및 제7유형).

497) 제8유형은 외국회사가 외국 자본시장에서 증권을 공모발행하고 외국 투자자가 이에 투자하는 경우, 즉 삼면적 외국 관련 사안(foreign-cubed case)으로서 순수한 외국사건이므로, 한국 투자자에의 즉시적인 전매 가능성 등 특별한 사정이 없는 한, 우리 자본시장법은 적용되지 않는다.

498) 전술 제3장 제2절 Ⅳ. 참조.

제3유형, 제4유형, 제7유형, 제8유형의 경우 순전한 재산적 손해에 관한 준거법 결정원칙인 행동지원칙에 따르면, 시장지가 외국이므로 한국법이 준거법으로 지정될 수 없다. 그러나 제3유형과 제7유형의 경우 아래에서 보듯이 자본시장법 제2조의 역외적용규정이 독자적인 의미를 가질 수 있고(아래 □ 부분), 그 범위에서 독자적 저촉규범으로서의 보충적 기능을 수행한다고 볼 여지가 있다. 반면에 제4유형과 제8유형의 경우 국제사법상 불법행위지원칙에 따른 결론과 자본시장법상 역외적용규정에 따른 결론이 동일하므로, 후자는 전자를 확인하는 의미만 있다.

〈표 6〉 행동지 일원주의와 역외적용규정의 상관관계

유형 연번	발행인	시장 [행동지]	투자자	불법행위지원칙에 따른 한국법 적용 여부	역외적용에 의한 한국법 적용 여부
3	한국회사	외국	한국인	×	○
4	한국회사	외국	외국인	×	×
7	외국회사	외국	한국인	×	○
8	외국회사	외국	외국인	×	×

그러나 내국회사 또는 외국회사가 외국에서 증권을 발행하는 경우 어느 정도 규모의 국내 투자자가 이를 취득하거나 취득할 가능성이 있어야 위 ②의 국내 투자자에의 효과를 인정할지가 문제된다. 증권발행공시규정 제2-2조의2의 전매제한조치를 취하였다면 우리 자본시장법이 적용되지 않음이 명확하나, 전매제한조치를 취하지 않았다고 하더라도 적어도 우리 자본시장법상 공모에 해당하는 50인 이상이 취득하거나 취득할 가능성이 있어야 하고, 49인 이하의 한국 투자자가 취득하거나 취득할 가능성이 있다는 사정만으로 국내 투자자에의 영향을 바로 인정할 수는 없다고 본다. 그렇다면 위 제3유형과 제7유형에서도 역외적용규정의 특별저촉규정으로서의 보충적 기능은 제한적일 수밖에 없다.

결론적으로 역외적용규정은 행정규제, 형사제재, 민사책임에 모두 적용되나, 셋은 각각 서로 다른 지도원리에 의하여 원칙적인 적용범위를 결정하고, 역외적용규정의 효과기준은 삼자에 대하여 서로 다른 기능을 수행한다. 구체적으로 보면, 행정규제와 형사제재는 속지주의라는 지도원리에 의하여 원칙적인 적용범위를 결정하되, 전자는 역외적용규정의 효과기준에 의하여 적용범위가 확장되고, 후자는 효과기준에 의하여 적용범위가 오히려 제한된다. 반면에 민사책임조항의 역외적용 문제는 사법상 법률관계의 준거법을 결정하는 문제로서 역외적용의 요건을 검토하기 전에 국제사법 규칙을 적용하여야 하고, 순전한 재산적 손해가 문제되는 사안에서 행동지 일원주의를 취하는 경우 역외적용규정의 효과기준은 특별한 사정이 없는 한 국제사법에 따른 준거법 지정의 결과를 확인하는 의미가 있을 뿐이다.

위와 같은 취지를 자본시장법과 다른 법률 간의 관계에 관하여 규정하는 자본시장법 제10조에 제4항을 신설하여 명시할 수 있는데, 동조 제1항과 유사한 문언을 사용하여 "국외행위에 관하여는 국제사법에 특별한 규정이 있는 경우를 제외하고는 이 법이 정하는 바에 따른다"라고 규정할 수 있을 것이다.[499)]

499) 국외행위에 대하여 아래 ①의 형식에 따른 규정을 두자는 것이다. 자본시장법 제10조는 다른 법률과의 관계를 규정하면서 ① 다른 법률에 특별한 규정이 없는 한 자본시장법이 적용된다는 형식(제10조 제1항)과 ② 다른 법률의 특정한 규정이 자본시장법상 일정한 사항에는 적용되지 않는다는 형식(제10조 제2항 및 제3항)을 채용하고 있다. 자본시장법 제10조의 취지에 관하여는 변제호 등[2015], 44면 참조.

Ⅴ. 투자설명서책임규정의 국제적 강행법규성 검토

1. 서 설

투자설명서책임규정이 단순히 국내적 강행법규에 불과하다면, 국제사법 규칙에 따라 해당 국가의 법이 준거법으로 지정되는 경우에만 그 국가의 투자설명서책임규정이 적용될 수 있다. 일정한 법률규정이 국내적 강행법규에 해당한다고 하더라도 그로부터 바로 그것이 국제적 강행법규에 해당한다는 결론을 도출할 수는 없다.[500] 그러나 투자설명서책임규정이 국제적 강행법규성을 인정하기 위한 요건을 충족하는 경우에는 불법행위 일반의 준거법에 관한 통상의 저촉규정에 의하여 지정되는 투자설명서책임의 준거법과 관계없이 투자설명서책임규정 자체의 국제적 강행법규성에 근거하여 이를 적용할 수 있다. 다만, 특정국가의 자본시장관련법상 투자설명서책임규정의 국제적 강행법규성이 인정된다고 하더라도, 투자설명서책임이 그 국가의 법원에서 청구되는 경우에는 법정지의 국제적 강행법규로서 적용 여부가 문제되나, 그것이 다른 국가의 법원에서 제기되는 경우에는 준거법 소속국의 국제적 강행법규 또는 법정지와 준거법 소속국이 아닌 제3국의 국제적 강행법규로서 적용 여부가 문제된다. 셋은 그 적용을 정당화하는 이론적·법률적 근거에 차이가 있다.

이하에서는 국제적 강행법규 내지 최우선 강행법규의 개념과 특성, 인정요건 및 적용근거에 관하여 로마II규정과 우리 국제사법을 비교법적으로 검토하고, 개별법역의 투자설명서책임규정의 예로서 유럽연합 투자설명서규정 제11조 제2항, 독일 증권투자설명서법 제9조 및 제10조와 우리 자본시장법 제125조에 대하여 검토한다.

---

500) Kropholler[2006], S. 19.

2. 로마Ⅱ규정과 우리 국제사법의 비교법적 검토

가. 국제적 강행법규의 개념과 특성

로마Ⅰ규정과 로마Ⅱ규정은 국제적 강행법규(internationally mandatory rules)[501]라는 용어 대신에 최우선 강행규정(overriding mandatory provisions)이라는 용어를 사용한다. 로마Ⅱ규정 제16조는 로마Ⅱ규정의 어떤 조항도 계약외채무에 적용되는 준거법에 관계없이 사안을 강행적으로 규율하는 법정지법상 규정의 적용에 영향을 미치지 않는다고 언급하는 외에는 국제적 강행법규의 개념에 관하여 명시적인 정의규정을 두고 있지 않다. 이는 우리 국제사법 제7조가 입법목적에 비추어 준거법에 관계없이 해당 법률관계에 적용되어야 하는 한국의 강행규정은 국제사법에 의하여 외국법이 준거법으로 지정되는 경우에도 적용된다고 규정하는 것과 유사한 태도이다. 우리 국제사법은 '입법목적'이라는 기준을 명시적으로 언급한다는 점에서 로마Ⅱ규정과 차이가 있을 뿐이다.

반면에 로마Ⅰ규정은 제9조 제1항에서 국제적 강행법규의 개념에 관하여 명시적으로 정의하고 있다. 로마Ⅰ규정과 로마Ⅱ규정이 동일한 용어를 사용하는 경우 그 의미는 동일하게 해석되어야 하고,[502] 로마Ⅰ규정 제9조와 로마Ⅱ규정 제16조는 영어 표제가 '최우선 강행규정'으로 동일하므로,[503] 로마Ⅱ규정상 국제적 강행법규의 개념도 로마Ⅰ규정 제9조 제1항과 대체로 동일하게 이해할 수 있다.[504] 따라서 로마Ⅰ규정 제9조

501) 독어로는 '개입규범(또는 간섭규범)(Eingriffsnorm)'이라는 용어가 사용되고, 불어로는 '경찰법(또는 경찰·안전법)(*lois de police [et de sureté]*)'이라는 용어가 사용된다.

502) 로마Ⅰ규정 전문 제7항 및 로마Ⅱ규정 전문 제7항 참조.

503) 다만, 불어 표제로는 로마Ⅰ규정 제9조의 경우 'lois de police', 로마Ⅱ규정 제16조의 경우 'dispositions impérative dérogatoires'라는 서로 다른 용어가 사용되고 있다.

제1항에 비추어 보면, 로마II규정상 최우선 강행규정이란 로마II규정에 따라 계약외채무에 대하여 적용되는 준거법에 관계없이, 정치적·사회적 또는 경제적 조직(또는 질서)(political, social or economic organisation)과 같은 국가의 공적 이익(public interest)을 보호하기 위하여 그것을 존중하는 것이 결정적인 것으로 간주되어서 그 범위에 속하는 모든 상황에 적용되는 규정을 의미한다.[505] 국제적 강행법규는 법정지 법질서의 일부를 구성하면 충분하고 제정법이든 법원 판례이든 형식은 불문한다.[506] 로마II규정 제14조 제2항과 제3항은 당사자들이 합의에 의하여 배제할 수 없는 국내적 강행법규(internally or domestic mandatory rules)와 역내적 강행법규(intra-European mandatory rules)에 관하여 규정하는데, 이들은 외국법이 준거법으로 지정되는 경우에는 적용이 배제된다는 점에서 국제적 강행법규와는 중대한 차이가 있다.[507]

원칙적으로 국제적 강행법규는 국제사법 규칙에 따라 지정되는 준거법의 내용이나 그것을 적용한 결과를 사전적으로 고려하지 않고 적용되어야 한다. 이를 국제적 강행법규 적용의 사전적 성질(*ex ante* nature)이라고 한다.[508] 이는 준거법을 적용한 결과를 사전에 탐색할 것을 전제로

---

504) Huber/Fuchs[2011], Art. 16 Rome II, para. 6; Palandt/Thorn[2013], Art. 16 Rom II, Rn. 4; Calliess/von Hein[2015], Art. 16 Rome II, para. 12.

505) 이는 유럽사법재판소가 Arblade 판결, 즉 *Criminal proceedings against Jean-Claude Arblade and Arblade & Fils SARL and Bernard Leloup, Serge Leloup and Sofrage SARL*, Cases C-369/96, C-376/96, [1999] ECR I-8453, para. 30에서 제시한 일반적 정의가 로마I규정 제9조 제1항에 반영된 것이다. Magnus/Mankowski/Wautelet[2019], Art. 16 Rome II, para. 13. 로마II규정상 국제적 강행법규의 개념은 개별 회원국 법질서와 관계없이 유럽연합 규범 차원에서 독자적으로 해석되어야 한다. Magnus/Mankowski/Wautelet[2019], Art. 16 Rome II, paras. 11-12.

506) Magnus/Mankowski/Wautelet[2019], Art. 16 Rome II, para. 32.

507) Magnus/Mankowski/Wautelet[2019], Art. 16 Rome II, para. 6.

508) Magnus/Mankowski/Wautelet[2019], Art. 16 Rome II, para. 8. 국제사법 규칙에 의하여 지정되는 준거법을 적용함으로써 문제되는 공적 이익을 충분히 보호할 수 있는지, 아니면 그것으로는 불충분하여 국제적 강행법규의 적용이 필요한

하고 있는 로마II규정 제26조 및 우리 국제사법 제10조의 공서조항과는 방법론상 중대한 차이가 있다.[509)]

국제적 강행법규는 일면적 접근방법(unilateral approach)에 기초하고 있다. 문제되는 법률관계가 국제적 강행법규의 적용범위에 포함되는지 여부를 판단하는 과정은 서로 다른 국가의 법질서 간의 등가성을 인정하는 전제 위에서 어느 국가의 법질서가 문제되는 법률관계를 규율할 것인지를 분석하는 양면적 접근방법(multilateral approach)과 차이가 있다. 그러나 로마II규정 제16조 또는 우리 국제사법 제7조에 의하여 국제적 강행법규성이 인정되어 문제되는 법률관계에 적용되는 개별규정 자체가 일면적 저촉규범(unilateral conflict of laws rules)으로서의 성질을 가지게 되는 것은 아니다. 일면적 저촉규범은 로마II규정 또는 우리 국제사법의 적용대상에 해당하는 쟁점을 규율하고 있을 수 있는데, 그 경우 로마II규정 또는 우리 국제사법이 우선적으로 고려되고, 해당 일면적 저촉규범은 원칙적으로 고려되지 않는다.[510)]

불법행위의 준거법에 관하여 로마II규정이 제4조 제1항에서 결과발생지주의를 원칙으로 채택하고 제14조에서 당사자자치원칙을 인정함에 따라 국제적 강행법규에 관한 제16조가 교정적 기능(corrective function)을 수행할 여지가 더 커졌다고 볼 수 있다. 행동지국은 자국 영토 내에서

지를 비례원칙에 따라 심사하여 국제적 강행법규의 적용 여부를 결정하자는 견해도 있다. Magnus/Mankowski/Bonomi[2017], Art. 9 Rome I, para. 85; Magnus/Mankowski/Wautelet[2019], Art. 16 Rome II, paras. 16, 52. 그러나 이는 국제적 강행법규 적용의 사전적 성질에 반하여 채용할 수 없는 견해로 보인다.

509) Magnus/Mankowski/Wautelet[2019], Art. 16 Rome II, paras. 31, 50. 실무상으로는 법정지 법원이 국제사법에 따라 지정된 외국법을 적용한 결과를 고려하여 국제적 강행법규의 적용 여부를 결정하는 것이 일반적일 것이다. 법정지 법원이 특정한 법규의 성질결정에 관하여 의문이 있는 경우에는 특히 그러할 것이다. Magnus/Mankowski/Wautelet[2019], Art. 16 Rome II, para. 51.

510) Hüβtege/Mansel/Knöfel[2019], Art. 16 Rom II, Rn. 9; Magnus/Mankowski/Wautelet[2019], Art. 16 Rome II, para. 10.

발생하는 행위를 통제하는 것이 가능한데, 우리 국제사법과 같이 행동지주의가 인정되는 경우에는 행동지법이 준거법으로 적용될 가능성이 있으므로, 행동지법이 국제적 강행법규로서 적용될 것을 요구할 필요가 없기 때문이다. 다른 한편으로 로마Ⅱ규정이 제5조 내지 제9조에 부정경쟁행위, 경쟁제한행위, 환경손해, 지식재산권 침해 등 특수불법행위에 관한 특별저촉규정을 두고 있다는 사실은 국제적 강행법규의 적용 필요성을 감소시키고 있다.[511] 우리 국제사법은 로마Ⅱ규정과 달리 결과발생지주의와 행동지주의를 모두 인정하고 있는 것으로 해석되고, 불법행위의 준거법에 관하여 제한적으로만 당사자자치를 인정하고 있으며, 특수불법행위에 관한 특별저촉규정을 두고 있지 않으므로, 국제사법 규칙에 의하여 지정된 준거법을 교정하는 측면보다는 해당 국제적 강행법규가 기초하고 있는 공적 이익을 준거법과 무관하게 관철시키는 측면에 주목하여 국제적 강행법규의 기능을 이해하여야 할 것이다.

나. 국제적 강행법규의 인정요건

로마Ⅱ규정 제16조는 개별 회원국이 중대한 정책목표(policy goals)에 대하여 우선권을 부여할 자유를 인정하는 것이지만, 개방적이고 다원적인 국제사법 규칙을 정립함으로써 유럽연합 역내의 국제사법 규칙을 통일하고자 하는 로마Ⅱ규정의 체계 내에서는 예외적인 것이므로 제한적으로 해석되어야 한다.[512] 이는 우리 국제사법 제7조의 경우에도 마찬가

511) Magnus/Mankowski/Wautelet[2019], Art. 16 Rome II, para. 3. 그러나 특별저촉규정이 적용되는 경우에도 국제적 강행법규의 적용 여부가 얼마든지 문제될 수 있다. 국제적인 특수불법행위에 관한 소송이 특별저촉규정에 따른 준거법 소속국 이외의 국가의 법원에 제기된 경우에는 로마Ⅱ규정 제16조에 따라 법정지의 국제적 강행법규가 특별저촉규정에 따른 준거법보다 우선할 수 있다. Magnus/Mankowski/Wautelet[2019], Art. 16 Rome II, para. 25.

512) Magnus/Mankowski/Wautelet[2019], Art. 16 Rome II, para. 1.

지인데, 국제적 강행법규는 해당 규정의 의미와 목적에서 입법자의 적용의지를 발견해낼 수 있어야 한다.[513]

국내적 강행법규에 해당하는 개별조항이 국제적 강행법규에도 해당하는지 여부는 해당 조항의 대상, 목적과 정책목표를 고려하여 사안별로 판단하여야 하는데,[514] 해당 조항을 통하여 추구하고자 하는 공적 이익이 본질적인 것이어서 준거법과 관계없이 적용될 필요가 있는지를 중심으로 검토하여야 한다.[515] 로마II규정 전문 제32항은 국제적 강행법규성을 인정할 수 있는 요소로 공적 이익의 고려(consideration of public interest)를 언급하는데, 문제는 여기의 공적 이익이 공익적 목표의 추구에 한정되는지, 아니면 사인 또는 사적 이익의 보호도 포함하는지 여부이다.[516] 독성물질이나 핵폐기물의 유입 금지와 같이 국가의 총체적 이익(collective interests) 또는 일반이익(general interests)을 보호하고자 하는 법령이 그에 해당함은 명백하나, 문면상으로는 사인의 이익을 보호하고자 하는 법령도 경우에 따라서는 그에 해당할 수 있다. 예컨대 불법행위의 피해자를 유형화하여 증명책임의 전환, 손해액의 추정이나 최저배상액의 보장 등을 통하여 유형화된 피해자 집단의 이익을 보호하고자 하는 법령이 있을 수 있다.[517] 이와 같은 법령은 사인들의 상충하는 이익간의 균형을 회복하는 것을 직접적인 목표로 하지만, 국가의 경제적·사회적 질서의 보호에 기여하는 것도 간접적인 목표로 하고 있다. 국가의

513) 석광현[2013], 141면.

514) 장준혁(2007), 567면은 국제적 강행법규가 반드시 국내적 강행법규일 필요는 없다고 한다. 그러나 계약채무에 관한 것이든 계약외채무에 관한 것이든 국제적 강행법규도 국내적 강행법규와 마찬가지로 당사자들의 합의에 의하여 적용이 배제될 수 없다. Magnus/Mankowski/Wautelet[2019], Art. 16 Rome II, para. 14.

515) Magnus/Mankowski/Wautelet[2019], Art. 16 Rome II, para. 9.

516) 로마I규정 전문 제37항도 공적 이익의 고려를 언급하고 있기 때문에 로마I규정의 해석론으로도 동일한 논의가 있다. Magnus/Mankowski/Bonomi[2017], Art. 9 Rome I, paras. 68-85 참조.

517) Magnus/Mankowski/Wautelet[2019], Art. 16 Rome II, para. 15.

총제적 이익의 보호와 일정한 범주의 사인들의 이익의 보호를 항상 명확히 구별할 수 있는 것은 아니다. 양자를 명확히 구별할 수 없는 경우에는 사인 또는 사적 이익을 보호하고자 하는 목표를 가지고 있는 법령이라는 이유만으로 국제적 강행법규에 해당하지 않는다고 판단하기보다는 해당 법령이 명확한 규제이익(regulatory interest)을 추구하고 있는지, 그리고 해당 규제이익을 보호하는 것이 해당 국가에 본질적인 것인지를 기준으로 국제적 강행법규 해당 여부를 판단하여야 할 것이다. 일정한 유형의 사인들의 이익만을 보호하고자 하는 법령처럼 보이더라도, 국가의 일반이익을 보호하고자 하는 목표가 얼마든지 발견될 수 있다. 반대로 공적 이익을 보호하고자 하는 법령이라고 하더라도 항상 국제적 강행법규로 인정되는 것은 아니다. 핵심은 문제되는 공적 이익을 보호하여야 하는 절대적 필요(paramount need)가 있는지 여부이다.[518)]

국제적 강행법규성을 인정하기 위하여는 해당 법률의 제정과 관련된 모든 사정을 고려하여야 한다.[519)] 법률의 구체적인 문언뿐만 아니라 전체 구조도 검토하여야 한다. 문제되는 조항을 위반하는 경우에 형사처벌이 부과되는지 여부는 결정적이지는 않으나 주되게 고려할 수 있는 요소이다. 입법자가 예컨대 문제되는 조항의 적용범위를 제한하기 위한 목적으로 인적 요건이나 지리적(또는 영토적) 요건을 선별적으로 규정하는 등 해당 조항의 적용범위에 관하여 명시적으로 규정하고 있는 경우에는 국제적 강행법규성을 인정할 여지가 크나, 그와 같은 경우는 현실적으로 거의 없다.[520)] 문제되는 조항이 관할당국의 행정법적 절차를 통하여 정

518) Magnus/Mankowski/Wautelet[2019], Art. 16 Rome II, para. 16.

519) *United Antwerp Maritime Agencies (Unamar) NV v. Navigation Maritime Bulgare*, Case C-184/12 (ECLI:EU:C:2013:663), para. 50.

520) Magnus/Mankowski/Wautelet[2019], Art. 16 Rome II, para. 17. 서울고등법원 2007. 10. 12. 선고 2007나16900 판결(확정)은 국제적 강행법규성이 인정될 수 있는 경우로 "① 그 법규정을 적용하지 않으면 우리의 법체계와 사회질서 및 거래안전 등에 비추어 현저하게 불합리한 결과가 야기될 가능성이 있어서 이를

규적 집행을 예정하고 있는 경우에도 국제적 강행법규성을 인정할 여지가 크다.[521)]

또한 국제적 강행법규성을 인정하기 위하여는 사실관계와 법정지 간에 내국관련성(Inlandsbezug) 내지 실질적 관련성(substantial connection)이 존재하여야 한다.[522)] 로마Ⅱ규정 제16조가 이에 관하여 명시하고 있지는 않으나, 국제적 강행법규는 법정지국의 중대한 정책목표 때문에 적용되는 것이므로, 이는 해석상 당연히 인정되는 묵시적 요건이다.[523)] 내국관련성 요건은 각국의 입법관할권(jurisdiction to prescribe)의 범위는 자국과 진정한 관련성(genuine connection)이 있는 사안으로 제한된다는 국제공법상 원칙으로부터 도출할 수도 있다.[524)] 이에 따르면 법정지 법원은 법정지와의 내국관련성이 없는 사안에 대하여는 국내적 강행법규조차 적용할 수 없고, 불법행위로 인한 손해가 법정지 이외의 국가에서 발생하였고 피해자가 법정지와 근소한 관련만을 가지는 경우에는 법정지의 국제적 강행법규를 적용할 수 없음은 물론이다.[525)]

강제적으로 적용하는 것이 필요한 경우이거나, ② 법규정 자체에서 준거법과 관계없이 적용됨을 명시하고 있거나, ③ 자신의 국제적 또는 영토적 적용범위를 스스로 규율하고 있는 경우"를 언급하면서, 약관규제법 제3조의 국제적 강행법규성을 부정하였다.

521) von Bar/Mankowski[2003], § 4, Rn. 95.

522) MünchKomm/Junker[2015], Art. 16 Rom II, Rn. 20; Rauscher/Jakob/Picht[2016], Art. 16 Rom II, Rn. 7; Magnus/Mankowski/Wautelet[2019], Art. 16 Rome II, para. 49; Hüßtege/Mansel/Knöfel[2019], Art. 16 Rom II, Rns. 4, 6.

523) Magnus/Mankowski/Wautelet[2019], Art. 16 Rome II, para. 49.

524) Magnus/Mankowski/Bonomi[2017], Art. 9 Rome I, para. 96; Magnus/Mankowski/Wautelet[2019], Art. 16 Rome II, para. 49.

525) Magnus/Mankowski/Wautelet[2019], Art. 16 Rome II, para. 49.

다. 국제적 강행법규의 적용근거

국제적 강행법규는 법정지가 어디인지, 국제사법 규칙에 따라 지정되는 준거법이 무엇인지에 따라 ① 준거법 소속국의 국제적 강행법규, ② 법정지의 국제적 강행법규, ③ 양자 모두 아닌 제3국의 국제적 강행법규의 지위에 놓일 수 있다. 각각의 경우에 그 적용을 정당화하는 이론적·법률적 근거에는 차이가 있다. 특히 위 ②가 적용되는 이론적 근거에 관하여는 공법의 속지주의, 적극적 공서이론, 특별연결이론 등이, 위 ③이 적용되는 이론적 근거에 관하여는 준거법이론, 섭외공법이론, 특별연결이론 등이 주장되어 왔다.[526]

먼저 준거법 소속국의 국제적 강행법규는 국제사법 규칙에 따라 지정된 준거법의 일부로서 적용되는지, 아니면 국제사법 규칙과는 별도의 독자적 연결원칙, 예컨대 특별연결이론에 따라 적용되는지가 문제된다. 로마II규정 제16조와 우리 국제사법 제7조는 이에 관하여 명시하지 않고, 법정지의 국제적 강행법규가 적용된다는 점만을 명시한다. 그러나 유럽연합과 우리 입법자는 국제적 강행법규를 제외한 준거법 소속국법만을 적용할 것을 의도하지 않았고, 법정지 법원이 국제사법에 따라 지정된 준거법의 내용 중에서 국제적 강행법규와 그에 해당하지 않는 법규를 구별하는 것은 과중한 부담이며, 설령 구별이 가능하다고 하더라도 해당 준거법은 대개 국제적 강행법규의 적용이 배제되었을 경우를 대비하여 대안적 해결책을 규정하고 있지 않을 것이어서 문제된 사안의 적정한 해결이 어려워지게 되므로, 준거법 소속국의 국제적 강행법규는 로마II규정 제16조 또는 우리 국제사법 제7조를 거치지 않고 준거법의 일부로서 적용된다고 보아야 한다. 이는 로마II규정 제14조 또는 우리 국제사법 제33조의 당사자자치원칙에 따라 합의된 준거법의 경우에도 다

526) 상세는 Schäfer[2010], pp. 105-175; 최공웅(1994), 166-167면; 안춘수(2011), 194-201면; 신창선/윤남순[2016], 279-286면 참조.

르지 않다. 법정지 법원이 준거법의 일부로서 준거법 소속국의 국제적 강행법규에 효력을 부여하는 경우 법정지국이 아닌 다른 국가의 강행법규의 효력을 완전히 인정하게 되는데, 이에 대하여 일정한 제한을 가하고 있는 로마 I 규정 제9조 제3항의 태도와는 차이가 있게 된다.[527)]

다음으로 법정지의 국제적 강행법규는 실정법상으로는 로마II규정 제16조와 우리 국제사법 제7조에 근거하여 적용된다. 준거법 소속국의 강행법규와 법정지의 강행법규 간에 상위가 있는 경우에는 로마II규정 제16조와 우리 국제사법 제7조에 따라 후자가 우선적 지위를 가진다. 로마II규정에 따라 지정된 준거법이 유럽연합 회원국법이든 그렇지 않든 법정지의 국제적 강행법규의 우선적 지위에는 차이가 없다.[528)]

마지막으로 제3국의 국제적 강행법규의 적용근거에 관하여 로마II규정과 우리 국제사법에 명시적인 규정은 없으나, 유럽연합에서는 로마 I 규정 제9조 제3항을 유추적용하거나, 국내법의 일반조항을 통하여 제3국의 국제적 강행법규를 존중하자는 견해가 유력하다.[529)] 로마 I 규정 제9

527) Magnus/Mankowski/Wautelet[2019], Art. 16 Rome II, para. 34.

528) Magnus/Mankowski/Wautelet[2019], Art. 16 Rome II, para. 35.

529) MünchKomm/Junker[2015], Art. 16 Rom II, Rn. 25ff.; 석광현[2013], 150면. 로마II규정의 성안과정에서 제16조의 적용범위에서 제3국의 국제적 강행법규를 제외하는 것은 유럽연합 차원의 이익을 반영하지 못하는 것이라는 견해가 유럽연합 입법자들 간에 교환되기도 하였다. Huber/Fuchs[2011], Art. 16 Rome II, para. 27. 로마II규정 제16조의 한계를 극복하기 위한 실정법적 근거를 유럽연합조약 제4조 제3항에 따른 유럽연합 회원국들 간의 성실한 협력의무(duty of sincere cooperation)와 상호존중의무(obligation of mutual respect)에서 찾기도 한다. Magnus/Mankowski/Wautelet[2019], Art. 16 Rome II, para. 44. 부정설은 로마II규정 제16조를 확대해석하는 것은 문언에 반할 뿐만 아니라 로마협약 제7조 제1항의 태도를 로마 I 규정 제9조 제3항에 반영하고자 하였을 뿐인 유럽연합 입법자의 의사에도 반하고, 유럽연합 역내의 통일적인 국제사법 규칙 정립을 저해하며, 로마협약 제7조 제1항의 태도는 로마II규정뿐만 아니라 로마 I 규정에도 그대로 수용되지는 않았고, 로마협약 제7조 제1항이 초래할 수 있는 법적 불확실성을 수용할 수 없다는 이유로 그것을 유보하였던 7개의 유

조 제3항은 준거법 소속국과 법정지국이 아닌 제3국의 강행법규에 효력을 부여할 수 있다고 규정하는데, 제3국의 범위는 의무이행지 국가로 한정하고, 강행법규의 범위는 계약의 이행을 불법한 것으로 만드는 것으로 한정한다.[530] 로마협약 제7조 제1항은 사안과 밀접한 관련(close connection)을 가지는 제3국의 강행법규는 해당 국가에서 그것이 계약의 준거법에 관계없이 적용되는 경우에는 효력을 부여할 수 있다고 규정하는데,[531] 영국을 비롯한 7개의 유럽연합 회원국은 로마협약 제22조에 따라 제7조 제1항의 적용을 유보하였으나, 이와 같은 유보에도 불구하고 제3국의 국제적 강행법규에 효력을 부여하는 것은 가능하였다.[532]

3. 개별법역의 투자설명서책임규정의 검토

가. 일반이론

공법상 투자설명서 작성·교부의무(öffentlichrechtliche Prospektpflicht)와 민사법상 투자설명서 부실표시책임(zivilrechtliche Prospekthaftung)은 밀접한 사항적 관련성을 가지고 있으므로, 투자설명서책임규정이 국제적 강

럽연합 회원국에서 긍정설을 수용할 수는 없을 것이며, 부정설을 통하여 소송 결과의 예측가능성을 제고할 수 있다고 한다. Dickinson[2008], para. 15.25; Rauscher/Jakob/Picht[2016], Art. 16 Rom II, Rn. 9. 견해 대립의 상세한 현황은 Huber/Fuchs[2011], Art. 16 Rome II, para. 25, n. 29 참조.

530) 이는 유럽연합 회원국들의 타협의 산물로서, 영국의 Ralli Bros 판결(*Ralli Bros. v. Cia Naviera Sota y Aznar* [1920] 2 KB 287)의 태도가 반영된 것이다. Huber/Fuchs[2011], Art. 16 Rome II, para. 24.

531) 로마II규정 초안은 이에 더하여 국제적 강행법규의 성질과 목적(nature and purpose), 국제적 강행법규의 적용 결과를 고려요소로 언급하고 있었다. 이에 대하여 스웨덴은 제3국법이 로마II규정에 따라 준거법으로 지정되는 경우에도 제3국의 강행법규에 효력을 부여하는 것이 제한될 수 있다고 비판하였다. Magnus/Mankowski/Wautelet[2019], Art. 16 Rome II, para. 42.

532) 석광현[2013], 150면.

행법규에 해당하는지 여부를 검토하여야 한다.[533] 투자설명서책임청구권(Prospekthaftungsanpruch)의 특별연결은 투자설명서책임규정의 투자자 보호적 성질에 근거할 수 있는데,[534] 투자설명서책임규정은 유형화된 피해자, 즉 투자설명서 부실표시로 인하여 손해를 입은 투자자에 대한 증명책임의 전환, 손해액의 추정 등을 통하여 개별 투자자의 이익을 보호하고 자본시장의 질서와 기능을 유지하는 것을 목표로 하는바, 이를 국가의 공익 내지 일반이익의 보호를 위한 절대적 필요가 있는 법령이라고 볼 수 있다면, 이를 국제적 강행법규로 파악할 여지가 있다.[535] 입법자가 투자설명서책임규정의 적용범위를 제한하기 위하여 인적 요건이나 영토적 요건을 특별히 규정하는 등 해당 조항의 적용범위에 관하여 명시적으로 규정하고 있는 경우에는 국제적 강행법규성을 인정할 여지가 크다.[536] 또한 투자설명서 부실표시에 대하여는 민사책임뿐만 아니라 행정제재, 형사처벌이 함께 부과됨으로써 삼자가 전체로서 하나의 집체를 형성하여 기능하는 것이 예정되어 있으므로, 민사책임의 성립요건이 행정제재와 형사처벌의 요건에도 해당한다는 사정은 그것이 국제적 강행법규로서의 성질을 가지는 근거가 될 수 있다. 다만, 유의할 점은 각국의 투자설명서책임규정을 일면적 저촉규범으로 파악할 여지가 있다고 하더라도, 원칙적으로 국제사법이 우선적으로 적용되어야 한다는 것이다.[537]

과거 독일에서는 국제적 강행법규에 관한 로마협약 제7조 제2항과 구 민법시행법 제34조는 계약상 채무에 대하여만 적용되므로,[538] 투자설명

533) von Hein(2008), SS. 387-388.

534) von Hein(2008), S. 388.

535) Magnus/Mankowski/Wautelet[2019], Art. 16 Rome II, paras. 15-16 참조.

536) Magnus/Mankowski/Wautelet[2019], Art. 16 Rome II, para. 17 참조.

537) 석광현(2019c), 365-366면; Hüßtege/Mansel/Knöfel[2019], Art. 16 Rom II, Rn. 9; Magnus/Mankowski/Wautelet[2019], Art. 16 Rome II, para. 10 참조.

538) 독일은 2009. 12. 17. 로마 I 규정이 독일에서 발효함에 따라 일부 조항을 제외하고 구 민법시행법 제27조 내지 제37조를 삭제하였는데, 제34조는 이때 삭제되었다. 석광현(2013), 140면, 주1.

서책임을 불법행위책임으로 성질결정한다면 그 경우에는 국제적 강행법규성을 논의할 여지가 없다는 견해도 있었다.[539] 그러나 계약상 채무의 경우에는 구 민법시행법 제34조가 적용된다고 하더라도, 다른 영역에서는 강행법규의 특별연결이론에 의하여 국제적 강행법규성을 논의할 수 있다는 견해가 독일에서도 유력하였다.[540] 투자설명서책임이 로마Ⅱ규정의 적용범위에서 배제되지 않는다고 보는 이상 문제는 투자설명서책임에 관한 조항이 로마Ⅱ규정 제16조에 규정되어 있는 국제적 강행법규에 해당하는가 하는 것이다.

나. 유럽연합 투자설명서규정 제11조 제2항

로마Ⅱ규정 제16조는 유럽연합 규범상 강행법규의 적용 가능성에 관하여 명시하고 있지 않으나, 이를 금지하고 있지도 않다. 유럽연합 규범은 개별 회원국 법체계의 일부를 구성하기도 하므로, 로마Ⅱ규정 제16조가 법정지법상 국제적 강행법규만을 언급한다는 이유로 유럽연합 규범상 강행법규의 적용이 금지된다고 볼 것은 아니다. 이는 이사회지침이 제정된 분야에 관하여 개별 회원국이 관련 국내법을 제정한 경우 특히 그러하다.[541] 이사회지침,[542] 이사회규정[543]과 같은 2차 법원(法源)[544]

539) Floer[2002], S. 135; Kuntz(2007), S. 438.

540) von Hoffmann(2000), S. 283; von Hein(2008), S. 388.

541) Dickinson[2008], para. 15.19; Magnus/Mankowski/Wautelet[2019], Art. 16 Rome II, para. 36; Hüβtege/Mansel/Knöfel[2019], Art. 16 Rom II, Rn. 5.

542) 일례로 시장남용지침 제10조 및 국내 이행법률상 관련조항, UCITS지침 제74조, 제93조 제2항, 제94조 제1항이 그에 해당할 수 있다고 한다. Freitag(2015), S. 1171.

543) 일례로 신용평가기관책임규정(Rating Agency Liability Regulation) 제35조 제4항이 그에 해당할 수 있다고 한다. Freitag(2015), S. 1171.

544) '2차 법원(secondary sources/secondary legislation)'은 보카르트/함인선 譯[2014], 106면의 용례이다. 이주윤(2012), 65면은 '2차적 연원', 나카무라/박덕영 등 譯

외에 1차 법원(法源)[545]에 있는 강행법규도 적용될 수 있다. 유럽사법재판소는 Ingmar 판결에서 대리상지침에 따라 제정된 회원국 국내법상 대리상 보호 규정의 국제적 강행법규성을 인정하였는데,[546] 이는 역내시장에서의 부정경쟁을 방지하기 위한 목적으로 통일적인 규범을 형성하고 있는 영역이기 때문이라고 할 수 있으나, 투자설명서지침과 투자설명서규정은 투자설명서책임의 내용에 관하여 통일적인 규범을 형성하고 있지 못하다.

한편 로마II규정 제14조 제3항이 유럽연합 규범의 적용 보장에 관하여 규정하고 있으나, 이는 당사자들이 비회원국법을 준거법으로 합의한 경우에 국한되므로, 그것이 로마II규정 제16조에 따라 유럽연합 규범상 강행법규의 적용이 금지된다는 근거일 수는 없다.[547]

유럽연합 규범에 관한 법정지국의 이행법률과 로마II규정에 따른 준거법 소속국의 이행법률 간에 상위가 있는 경우 법정지 법원은 법정지의 이행법률상 관련조항을 국제적 강행법규로 성질결정할 수 있어야만 이를 우선적으로 적용할 수 있다. 이는 개별 회원국의 이행법률이 유럽연합 규범이 부여하는 보호보다 더 높은 수준의 보호를 제공하는 것을 당연한 전제로 한다.[548] 투자설명서규정 제11조 제2항 제1문은 개별 회원국이 투자설명서 부실표시에 관한 민사책임규정을 입법할 의무가 있음을 규정하면서, 최소한 투자설명서규정 제11조 제1항에 명시한 범위의 자연인 또는 법인은 투자설명서책임을 부담하여야 한다고 규정하고, 투자설명서규정 제11조 제2항 제2문은 간이투자설명서상 부실표시를 이유

[2018], 112면은 '파생법규'라는 용어를 사용한다.

545) '1차 법원(primary sources/primary law)'은 보카르트/함인선 譯[2014], 105면의 용례이다. 이주윤(2012), 65면은 '1차적 연원', 나카무라/박덕영 등 譯[2018], 112면은 '기본법규'라는 용어를 사용한다.

546) 평석은 석광현(2007a), 25-27면 참조.

547) Magnus/Mankowski/Wautelet[2019], Art. 16 Rome II, para. 36.

548) Magnus/Mankowski/Wautelet[2019], Art. 16 Rome II, para. 37.

로 민사책임을 부담시키기 위한 최소한의 요건을 규정하고 있을 뿐이다.

따라서 투자설명서규정 제11조 제2항은 투자설명서책임에 관한 최소한의 기준만을 제시한 것이고,[549] 그 자체로 국제적 강행법규로서의 성질을 가진다고 볼 수는 없다. 그러나 개별 회원국은 투자설명서규정이 제시한 최소한의 기준을 준수하면서 투자자 보호에 유리한 서로 다른 내용의 국내법을 시행하게 되므로, 법정지의 해당 국내법이 국제적 강행법규로서의 요건을 구비하는 경우에는 준거법에 관계없이 적용될 수 있고, 유럽연합 규범의 국내 이행법률이라는 이유만으로 로마Ⅱ규정 제16조에 근거한 적용이 배제될 수는 없다고 본다.

다. 독일 증권투자설명서법 제9조 및 제10조

유럽연합 투자설명서규정의 시행에 따라 2019. 7. 8. 개정된 독일 증권투자설명서법은 제9조 제1항과 제2항에서 독일 거래소에 상장된 증권의 매수인이 투자설명서의 작성자 기타 배상책임자를 상대로 청구할 수 있는 투자설명서책임에 관하여 규정하고, 제9조 제3항에서 증권의 발행인이 외국에 본거(Sitz)가 있는 경우에도 제9조 제1항과 제2항에 따른 투자설명서책임청구를 제기할 수 있는 요건을 규정한다. 그 요건은 다음과 같다. ① 첫째, 해당 증권이 외국 거래소에 상장되어 있어야 한다. ② 둘째, ⓐ 해당 증권이 독일 내에서 체결된 거래에 의하여 취득된 경우 또는 ⓑ 해당 증권이 독일 내에서 전부 또는 일부가 행하여진 증권 관련 서비스(Wertpapierdienstleistung)에 의하여 취득된 경우이어야 한다. 위 ⓐ는 독일 자본시장에서 증권의 모집이 행하여진 경우를 말하고, 위 ⓑ는 독일 금융기관이 독일에서 투자권유를 한 경우를 말한다. 한편 동법 제10조는 독일 거래소에의 상장 이외의 목적으로 작성된 투자설명서의 투자

549) 투자설명서지침 제6조에 관하여 같은 견해로 Benicke(2004), S. 36.

설명서책임에 대하여 제9조를 준용하는데, 제9조 제3항의 준용을 위하여는 위 ①과 ②에 더하여 ③ 해당 증권이 독일 외의 국가에서도 공모된 경우이어야 한다는 요건을 충족시켜야 한다.[550]

위와 같은 증권투자설명서법은 당초 투자설명서지침의 국내이행을 위하여 제정되었고 근자에 투자설명서규정의 시행에 즈음하여 개정되었는데, 원칙적으로 독일 자본시장에서 모집(공모, 사모 불문)이 행하여지는 증권에 관한 투자설명서책임만이 독일의 투자설명서책임 관련 특별법에 의하여 제기될 수 있고, 독일 자본시장과 외국 자본시장에서 모두 거래되는 증권의 경우 추가적인 연결점이 있어야만 독일법이 적용될 수 있다는 독일의 전통적인 태도를 유지한 것이다.[551]

증권투자설명서법 제9조와 제10조에 대하여 법정지의 국제적 강행법규로서의 성질을 인정하는 견해의 근거는 다음과 같다. 첫째, 투자설명서 작성·교부의무와 투자설명서책임 간의 밀접한 사항적 관련성과 투자자 보호라는 목적을 고려하여 투자설명서책임규정의 특별연결을 인정할 수 있다.[552] 둘째, 입법자가 투자설명서책임규정의 적용범위에 관한 인적 요건과 영토적 요건을 특별히 규정함으로써 그 적용범위를 명시적으로 규정하고 있으므로 이를 근거로 국제적 강행법규성을 인정할 수 있다.[553] 따라서 증권투자설명서법 제9조와 제10조는 독일 법원에서 재판하는 경우 동법이 정하고 있는 요건에 해당한다면 로마Ⅰ규정, 로마Ⅱ규정 또는 (발행인이 유럽연합 역외에 본거가 있는 경우) 독일 국제사법에서 정하는 저촉규칙에 따라 정하여지는 준거법과 관계없이, 또는 이들 규범에 따른 준거법 결정과정을 거칠 필요 없이 적용된다고 할 수 있고, 그 범위에서 증권투자설명서법 제9조와 제10조는 국제적 강행법규로서

---

550) 증권투자설명서법 제10조 제2호.

551) Kronke(2000), p. 310 참조.

552) von Hein(2008), S. 388, Fn. 84에 인용된 문헌들 참조.

553) Magnus/Mankowski/Wautelet[2019], Art. 16 Rome II, para. 17 참조.

의 성질과 동시에 특별저촉규칙으로서의 성질을 가진다. 나아가 증권투자설명서법의 적용범위에 해당하지 않아서 민법상 구제수단이 문제되는 경우에도 증권투자설명서법 제9조와 제10조가 제시하는 기준, 즉 모집지법이 준거법이 되어야 한다는 원칙이 유효하다는 견해가 있다.[554)]

반면에 증권투자설명서법 제9조와 제10조의 국제적 강행법규성을 인정하지 않는 견해의 근거는 다음과 같다.[555)] 첫째, 투자설명서책임규정의 공익적 기능과 시장질서유지적 기능을 고려한다고 하더라도, 이는 국내적 강행법규라고 보아야 하고, 국제적 강행법규로서의 성격을 인정하기에는 충분하지 않다. 둘째, 투자설명서책임규정의 목적은 개별 투자자의 보호와 자본시장의 질서유지라는 공익 내지 일반이익이지만, 이와 같은 공익이라는 목적은 부정경쟁과 경쟁제한을 방지하기 위한 법령에 기초하고 있고, 영향을 받는 시장의 법의 적용은 로마II규정 제16조가 아니라 제6조에 근거한 것이다.

라. 우리 자본시장법 제125조

우리 자본시장법 제125조의 투자설명서책임규정은 투자자 보호뿐만 아니라 자본시장 질서유지를 목적으로 하는데, 이는 한국이 법정지이고 한국의 국제사법 규칙에 따라 한국법이 준거법으로 지정되는 경우에만 적용된다는 견해도 있을 수 있으나,[556)] 다음과 같은 이유로 자본시장법 제125조의 국제적 강행법규성을 인정하여야 한다고 본다.

첫째, 증권의 매매 등을 위한 채권계약은 당사자가 준거법을 지정할

---

554) Kronke(2000), p. 311.

555) von Hein(2008), SS. 387-389; MünchKomm/Junker[2015], Art. 16 Rom II, Rn. 15; Calliess/von Hein[2015], Art 16 Rome II, para. 13.

556) 龍田節(1996), 102頁은 투자설명서책임규정은 사법적 성격이 있으므로 국제사법 규칙을 통하여 예컨대 증권의 모집 또는 매출에 관한 신고의무지를 불법행위지로 보아서 그 규정의 적용을 긍정할 수 있을 뿐이라고 한다.

수 있고, 사채의 경우 증권의 내용도 기본적으로는 채권관계이므로 당사자자치원칙이 관철되나, 자본시장법은 당사자자치에 맡겨서는 보호되지 않는 투자자의 이익을 확보하기 위하여 제정된 것이다.[557] 둘째, 투자설명서책임규정의 목적은 강행법규로서의 성격을 가지는 증권신고제도의 실효성을 담보하려는 것이므로 외국회사가 발행한 증권에도 적용되는 강행법규로서의 성격을 인정할 수 있다.[558] 셋째, 투자설명서책임규정은 자본시장법상 발행공시의무를 당사자에게 강제하기 위한 것이므로, 준거법에 관계없이 자본시장법의 적용범위에 포함되는 모든 거래에 직접 적용되고,[559] 투자설명서책임규정의 적용 여부는 자본시장법 자체의 적용 여부에 따라 결정된다.[560] 투자설명서책임규정은 자본시장법의 적용에 관한 한 그 요건의 구비 여부를 판단하여 적용범위를 획정하면 충분하고, 이 점에서 당해 거래의 준거법과는 아무런 관계가 없다.[561] 넷째, 증권이 한국 자본시장에서 거래되어 한국 자본시장의 질서유지 또는 한국 투자자의 보호 필요성이 있는 경우에는 한국 자본시장과 투자설명서책임규

---

557) 龍田節(1993), 33頁 참조. 이는 채무증권의 경우에만 타당한 논거이다. 지분증권의 경우 회사와 주주 간의 관계는 발행회사의 설립준거법에 의하여 일률적으로 규율된다. 그것에 계약적 성격이 없지는 않으나, 이를 채권관계라거나 당사자자치원칙이 관철되는 법률관계라고 할 수는 없으므로, 이 경우에도 타당한 논거는 아니다. 회사와 주주 간의 법률관계의 계약적 요소에 관하여는 권기범[2017], 84면 참조.

558) 龍田節(1996), 102頁; 藤澤尚江(2016), 177頁.

559) 龍田節(1993), 26頁 참조. 佐野寛(2002), 181頁은 이를 '직접적용설'이라고 한다.

560) 佐野寛(2002), 181頁.

561) 석광현(2019c), 344면 및 주26; Garcimartín(2007), para. 106 참조. 투자설명서 부실표시에 대한 행정규제조항은 국제사법 규칙과 무관하게 개별거래의 준거법과 관계없이, 그리고 손해배상주체의 속인법과 관계없이, 해당 규제를 향한 정책목표에 근거하여 법정지(행정규제를 포함하여 넓은 의미의 문제처리가 행하여지는 장소)의 국제적 강행법규(또는 절대적 강행법규)로서 적용된다. 반면에 형사처벌규정은 민사책임규정 및 행정규제조항과 무관하게 별도의 형법상 원칙에 따라 적용된다. 石黒一憲(1992), 12頁 참조.

정 간의 밀접한 관련성이 구체적으로 형성되었다고 할 수 있으므로, 한국의 국가관할권 행사, 즉 자본시장법의 역외적용이 인정될 수 있다.[562)]

다섯째, 우리 자본시장법 제125조는 추가적인 인적 요건 또는 영토적 요건을 직접 규정하지 않고, 동법 제2조도 효과주의라는 추상적 기준만을 규정할 뿐 역외적용범위의 한계를 획정할 만한 구체적 기준을 명확히 제시하고 있지 않으나, 자본시장법 제2조가 제한적으로나마 일정한 영토적 요건을 규정한 것으로 해석할 여지가 있고, 하위법령인 증권발행공시규정 제2-2조의2가 역외적용의 특별요건으로서 추가적인 인적·영토적 요건을 규정하고 있다고 볼 수 있다. 먼저 후자를 구체적으로 보면, 외국에서의 증권발행에 대하여 우리 자본시장법상 발행공시규제가 적용될 여지가 있는 외국법인의 범위는 ① 국내에 증권을 상장한 외국법인 또는 ② 최근 사업연도말을 기준으로 지분증권 발행주식총수의 20% 이상을 거주자가 보유하고 있는 외국법인으로 제한된다.[563)] 독일 증권투자설명서법 제9조 제3항, 일본 금융상품거래법 제15조[564)]와 같이 역외적용의 범위를 제한하기 위한 추가적인 인적·영토적 요건을 규정하고 있으므로, 이는 국제적 강행법규성 인정의 근거가 될 수 있다.

---

562) 石黒一憲(1992), 12頁 참조.

563) 증권발행공시규정 제2-2조의2 제1항 제1호 및 제2호. 위 ①과 ②는 기본적으로 인적 요건이나, 영토적 요건으로서의 성질도 가진다고 볼 수 있다. 국내시장에의 상장요건이나 지분 20% 이상 거주자 보유요건은 이를 매개로 대한민국과의 영토적 관련성 내지 대한민국 사회와의 경제적·사회적 관련성이 추단될 수 있기 때문이다.

564) 일본 금융상품거래법 제15조는 동법 제17조에 따른 투자설명서책임주체로서 우리 자본시장법상 주선인(내국회사, 외국회사 불문)을 지칭하기 위하여 "금융상품거래업자, 등록금융기관 또는 금융상품중개업자"를 병렬적으로 언급함으로써 주선인의 기능을 수행하는 금융기관은 일본에 등록된 금융기관일 것을 전제로 한다(금융상품거래법 제2조 제9항, 제2조 제11항 및 제33조의2, 제2조 제12항 참조). 반면에 인수인에 관하여는 일본에 등록된 금융기관일 것을 전제로 하지 않고, 내국회사, 외국회사를 불문하며, 기능 중심적으로 규정하고 있다(금융상품거래법 제2조 제6항 참조).

나아가 자본시장법 제2조의 효과기준을 구체적으로 보면, 투자설명서책임에서 행동지-결과발생지 결합유형[565]은 행동지 및/또는 결과발생지가 발행인 소재지, 시장지, 투자자 소재지 중 어디에 있는지를 기준으로 아래 〈표 7-1〉 내지 〈표 7-5〉와 같은 다섯 유형으로 재분류할 수 있고, 각 유형별로 국제사법 규칙(불법행위지원칙 및 편재원칙)에 따라 한국법이 준거법으로 지정되지 않는다고 하더라도 역외적용규정의 요건에 해당할 수 있는 경우를 □로 표시하면 아래와 같다.

〈표 7-1〉 단일불법행위지 제1유형

유형 연번	발행인	시장 [행동지 및/또는 결과발생지]	투자자	불법행위지원칙에 따른 한국법 적용 여부	역외적용에 의한 한국법 적용 여부
A-3	한국회사	외국	한국인	×	○
A-4	한국회사	외국	외국인	×	×
A-5	외국회사	한국	한국인	○	○
A-6	외국회사	한국	외국인	○	○
A-7	외국회사	외국	한국인	×	○
A-8	외국회사	외국	외국인	×	×

〈표 7-2〉 단일불법행위지 제2유형

유형 연번	발행인	시장	투자자 [결과발생지]	불법행위지원칙에 따른 한국법 적용 여부	역외적용에 의한 한국법 적용 여부
B-3	한국회사	외국	한국인	○	○
B-4	한국회사	외국	외국인	×	×

565) 행동지-결과발생지 결합유형을 종합한 전술 〈표 4〉를 다시 언급하면 아래와 같다.

연번	발행인 소재지	시장지	투자자 소재지
A		행동지 및/또는 결과발생지	
B			결과발생지
C	행동지	결과발생지	
D	행동지		결과발생지
E		행동지	결과발생지

유형 연번	발행인	시장	투자자 [결과발생지]	불법행위지원칙에 따른 한국법 적용 여부	역외적용에 의한 한국법 적용 여부
B-5	외국회사	한국	한국인	○	○
B-6	외국회사	한국	외국인	×	○
B-7	외국회사	외국	한국인	○	○
B-8	외국회사	외국	외국인	×	×

〈표 7-3〉 격지불법행위 제1유형

유형 연번	발행인 [행동지]	시장 [결과발생지]	투자자	편재원칙에 따른 한국법 적용 여부	역외적용에 의한 한국법 적용 여부
C-3	한국회사	외국	한국인	○	○
C-4	한국회사	외국	외국인	○	×
C-5	외국회사	한국	한국인	○	○
C-6	외국회사	한국	외국인	○	○
C-7	외국회사	외국	한국인	×	○
C-8	외국회사	외국	외국인	×	×

〈표 7-4〉 격지불법행위 제2유형

유형 연번	발행인 [행동지]	시장	투자자 [결과발생지]	편재원칙에 따른 한국법 적용 여부	역외적용에 의한 한국법 적용 여부
D-3	한국회사	외국	한국인	○	○
D-4	한국회사	외국	외국인	○	×
D-5	외국회사	한국	한국인	○	○
D-6	외국회사	한국	외국인	×	○
D-7	외국회사	외국	한국인	○	○
D-8	외국회사	외국	외국인	×	×

〈표 7-5〉 격지불법행위 제3유형

유형 연번	발행인	시장 [행동지]	투자자 [결과발생지]	편재원칙에 따른 한국법 적용 여부	역외적용에 의한 한국법 적용 여부
E-3	한국회사	외국	한국인	○	○
E-4	한국회사	외국	외국인	×	×
E-5	외국회사	한국	한국인	○	○
E-6	외국회사	한국	외국인	○	○
E-7	외국회사	외국	한국인	○	○
E-8	외국회사	외국	외국인	×	×

불법행위의 준거법 결정원칙에 따라 한국법이 준거법으로 지정되지 않았음에도 불구하고 자본시장법 제2조에 따라 투자설명서책임규정이 역외적용될 여지가 있는 유형으로 ① 한국회사가 외국 자본시장에서 한국 투자자를 대상으로 증권을 발행하는 경우(위 A-3), ② 외국회사가 한국 자본시장에서 외국 투자자를 대상으로 증권을 발행하는 경우(위 B-6, D-6), ③ 외국회사가 외국 자본시장에서 한국 투자자를 대상으로 증권을 발행하는 경우(위 A-7, C-7)가 있다. 위 ①과 ③은 발행인인 한국회사 또는 외국회사가 증권발행공시규정 제2-2조의2의 전매제한조치를 취하는 한 우리 자본시장법의 적용이 문제되지 않는다. 위 ②와 같이 외국회사가 한국 자본시장에서 외국 투자자만을 대상으로 증권을 발행하는 경우를 현실적으로는 상정하기 어려우나, 그와 같은 예외적인 경우에는 역외적용규정이 투자설명서책임규정의 적용범위를 특별히 정한 것으로 이해하여 투자설명서책임규정의 국제적 강행법규성을 인정하는 실익이 있다. 한편 순전한 재산적 손해에서는 결과발생지가 존재할 수 없고 시장지(공모신고의무지이자 공모지)를 행동지로 파악하여 시장지법을 일원적으로 적용하자는 견해(단일불법행위지 제1유형)를 취하지 않고 불법행위지원칙을 철저히 관철하는 경우에는 위 ②의 유형(위 B-6, D-6)에서 역외적용규정이 제한적 범위에서 특별저촉규정으로 기능한다고 볼 수 있다. 흥미롭게도 위 〈표 7-5〉의 경우에는 편재원칙에 따른 결론과 역외적용규정에 따른 결론이 일치한다.

Ⅵ. 결 어

우리 자본시장법 제2조는 효과주의에 기초한 역외적용규정을 두고 있다. 이는 미국 연방항소법원이 정립해온 행위기준과 효과기준 중에서 효과기준을 명시한 것이다. 그러나 미국 연방대법원은 2010년 Morrison

판결에서 반역외적용의 추정에 기초한 거래기준을 도입하였는데, ① 미국 증권거래소에 상장된 증권의 매매, ② 미국 증권거래소에 상장되지 않은 증권의 미국 내에서의 매매의 경우에만 사기금지조항의 역외적용이 인정된다고 판시하였고, 1933년법 제5조에 규정된 발행공시의무의 역외적용에도 같은 원칙이 적용된다고 선언하였는바, 위 거래기준은 불법행위의 준거법 결정원칙으로서의 행동지원칙을 구체화한 것으로 이해할 수 있다.

한편 우리 자본시장법 제2조의 효과기준이 행정규제, 형사처벌, 민사책임의 역외적용에 일원적으로 적용될 수는 없는데, 자본시장법이 행정규제의 실효성 확보수단의 하나로 규정하고 있는 투자설명서책임의 경우 그 준거법은 국제사법에 따라 결정되어야 하고, 순전한 재산적 손해의 경우 행동지 일원주의에 따라 불법행위지를 결정함과 동시에 자본시장법 제2조에 규정된 '국내에 미치는 효과'를 합리적으로 해석한다면 역외적용규정의 특별저촉규정으로서의 보충적 기능은 대단히 제한적이다. 반면에 행정규제조항은 속지주의를 원칙으로 삼아 효과기준을 통하여 역외적용범위를 확장하게 되고, 형사처벌조항은 속지주의와 속인주의를 원칙으로 삼아 효과기준을 통하여 역외적용범위를 제한하게 된다는 점에서, 투자설명서책임에서와 달리 효과기준이 유의미하게 기능한다.

또한 자본시장법 제2조의 역외적용규정과 발행공시규제의 역외적용요건에 관한 증권발행공시규정 제2-2조의2 등을 근거로 투자설명서책임규정의 국제적 강행법규성을 인정할 수는 있으나, 행동지-결과발생지 결합유형별로 역외적용규정이 독자적으로 의미가 있는 경우를 검토해보면, 국제적 강행법규성을 인정하는 실익은 크지 않은 것으로 보인다.

제5절 독립적 연결대상으로의 입법에 의한 해결

Ⅰ. 서 언

우리 국제사법에는 투자설명서책임에 관한 특별저촉규정이 존재하지 않는다. 전술하였듯이 우리 자본시장법 제2조는 예외적인 경우에만 특별저촉규칙으로서의 기능을 수행할 뿐이다.[566] 이하에서는 투자설명서책임에 관한 특별저촉규정을 두고 있는 스위스의 입법례를 고찰하고, 로마Ⅱ규정의 개정론을 독일국제사법협회가 제안한 개정안을 중심으로 검토하며, 우리 국제사법의 개정을 위한 입법론을 모색한다.

Ⅱ. 스위스의 입법례

1. 특별저촉규칙의 의의

스위스 국제사법은 제151조 제3항[567]에서 투자설명서책임의 국제재판관할에 관하여 규정하고, 제165조 제2항[568]에서 투자설명서책임에 관

566) 전술 제3장 제4절 Ⅳ. 4. 참조.

567) 스위스 국제사법 제151조 제3항은 다음과 같이 규정한다: "지분증권과 채무증권의 공모발행에 기한 책임에 관한 소에 대하여는 [제151조 제1항 및 제2항 이외에] 발행지(Ausgabeort)의 스위스 법원에 관할이 있다. 이 관할은 재판적의 합의에 의하여 배제될 수 있다." 국문번역은 이호정(1990), 34면; 석광현(2001d), 559면을 참고하여 다소 수정하였고, [ ] 부분은 필자가 문맥을 고려하여 삽입하였다.

568) 스위스 국제사법 제165조 제2항은 다음과 같이 규정한다: "투자설명서, 투자제안서 또는 이와 유사한 공지방법에 의한 지분증권과 채무증권의 공모발행에 기한 청구권에 관한 외국의 재판은 그것이 지분증권 또는 채무증권의 발행지가 소재하고 있는 국가에서 선고되고 피고가 그 주소를 스위스에 가지고

한 외국재판의 승인·집행에 관하여 규정함과 동시에, 제156조에서 투자설명서책임의 준거법에 관한 특별저촉규칙을 규정한다. 이는 투자자 보호와 자본시장 질서유지라는 실질법적 가치의 반영으로서,[569] 투자설명서책임의 준거법에 관한 명시적인 저촉규정을 두고 있는 유일한 입법례이다. 특별저촉규정에서 그 대상이 되는 쟁점을 명확히 규정하고 있으므로 스위스 국제사법에서는 원칙적으로 투자설명서책임의 성질결정이 문제되지 않는다.[570] 스위스 국제사법 제156조는 스위스 법원에 국제재판관할이 인정되는 경우에 스위스법의 적용범위를 정하는 일방적 저촉규범이 아니라, 외국의 자본시장관련법 내지 자본시장보호법제가 준거법으로 지정될 수도 있음을 전제한 쌍방적 저촉규범이고, 이는 국내외 투자자를 동일하게 취급함으로써 투자자 보호라는 정책목표를 달성하고자 하는 입법자의 의사가 국제사법에 반영된 것으로 볼 수 있다.[571]

2. 스위스 국제사법 제156조의 연결규칙

스위스 국제사법 제156조는 "투자설명서(Prospekte), 투자제안서(Zirkulare) 또는 이와 유사한 공지방법(Bekanntmachungen)에 의한 지분증권(Beteiligungspapiere)과 채무증권(Anleihen)[572]의 공모발행(öffentliche Ausgabe)으로부터 발생하는 청구권은 단체의 준거법 또는 발행이 행하여진 국가의 법에 의한다"라고 규정한다.[573] 스위스 국제사법은 제155조에서 단체의 준거법에

있지 않았던 경우에 스위스에서 승인된다." 국문번역은 이호정(1990), 36면; 석광현(2001d), 562면을 참고하여 다소 수정하였다.

569) Kondorosy[1999], S. 252.

570) 후술하듯이 특별저촉규정의 적용범위에는 지분증권과 채무증권만이 포함되고 수익증권은 포함되지 않으므로, 수익증권 공모발행에서 투자설명서책임이 문제되는 경우에는 그것의 저촉법상 성질결정이 문제될 수 있다.

571) 山内惟介(2012), 196頁 참조.

572) 수익증권은 특별저촉규정의 적용범위에서 제외되어 있다.

573) 국문번역은 이호정(1990), 35면; 석광현(2001d), 560면을 참고하여 다소 수정하

관하여 설립준거법주의를 규정한 다음에 제156조 내지 제161조에서 개별 문제에 대한 특별연결을 규정하는데, 그 목적은 단체와 법률관계를 형성하는 자의 이익을 보호하기 위함이다.[574] 투자설명서책임에서 발행지로의 선택적 연결의 이유는 발행지의 투자자 보호 규정 및 공시의무 관련 규정은 공서로서의 성질을 가지기 때문이다.[575] 다만, 선택적 연결의 취지상 투자자는 제15조의 일반예외조항을 원용할 수 없는데, 제156조는 가장 밀접한 관련의 원칙에 근거한 규정이 아니므로 동 원칙의 실현을 위한 제15조와 상충되고, 준거법 합의가 있으면 제15조를 원용할 수 없듯이 선택적 연결에서도 그러하다는 것이다.[576] 한편 사전적으로 증권(주로 채무증권) 자체의 준거법이 합의되어 있거나 투자설명서 등에 준거법 조항이 포함되어 있다고 하더라도, 투자자 보호와 자본시장 질서유지를 목적으로 하는 투자설명서책임제도의 목적을 고려한다면, 이와 같은 사전적 준거법 합의는 허용되지 않는다고 보아야 하고, 투자설명서책임은 제156조에 의하여 배타적으로 규율된다고 보아야 한다.[577]

제156조는 단체의 준거법이나 증권의 발행지법으로의 선택적 연결을 규정하므로, 투자설명서책임주체의 속인법 소속국과 증권의 발행지국이 서로 다른 경우에는 스위스 투자자이든 외국 투자자이든 투자설명서 부실표시로 인하여 손해를 입은 자는 투자설명서책임주체의 속인법과 증권의 발행지법 중에서 자신에게 유리한 것을 선택하여 손해배상청구권을 행사할 수 있다.[578] 준거법 선택은 구두, 서면에 의하여 명시적으로

였다. 스위스 국제사법 전체 조문의 국문번역은 이호정(1990), 12면 이하; 석광현(2001d), 527면 이하 참조. 이하에서 스위스 국제사법의 조문을 언급하는 경우에는 법명을 생략하고 조문만을 기재함을 원칙으로 한다.

574) 석광현(2001d), 518-519면.

575) Kondorosy[1999], SS. 264-265; 석광현(2001d), 519면.

576) Kondorosy[1999], S. 262.

577) Kondorosy[1999], S. 265.

578) Garcimartín(2011), p. 451; 山内惟介(2012), 196頁.

가능하나, 제반사정에 비추어 묵시적으로 인정될 수도 있다.[579] 그러나 일부 쟁점에 관한 준거법 선택은 허용되지 않는다.[580]

선택적 연결은 발행인으로 하여금 그 속인법 소속국과 증권의 발행지국의 공시규제를 모두 준수하게 하는 효과가 있다.[581] 스위스 회사가 스위스 아닌 국가에서 사기적 행위를 하고 그곳에서 증권을 발행·판매하는 경우에도 투자자가 투자설명서책임의 준거법으로 스위스 회사의 속인법을 선택하는 때에는 스위스법상 투자자 보호규정이 적용되는 효과가 있다.[582] 다만, 스위스가 아닌 국가의 법이 투자설명서책임주체의 속인법으로서 투자설명서책임의 준거법으로 선택되는 경우에도 형식적 및 실질적 투자설명서의무(formelle und materielle Prospektpflicht)와 그로부터 도출되는 청구권에 관한 스위스법은 제18조에 근거하여 강행법규로서 적용되어야 한다.[583]

발행지(Ausgabeort)는 투자설명서가 아니라 지분증권 또는 채무증권의 발행지를 의미한다.[584] 발행지에서의 공모행위는 영향을 받는 시장의 규제이익(Aufsichtsinteresse)과 영토적 관련(territoriale Verknüpfung)이 인정된다.[585] 인수인, 주선인 등이 투자자로 하여금 공모발행 예정인 증권의 모집에 응하도록 하기 위하여 투자설명서를 사용·교부함으로써 투

579) Kondorosy[1999], S. 266.

580) Kondorosy[1999], S. 266.

581) Kondorosy[1999], SS. 253, 263.

582) Kondorosy[1999], S. 260.

583) ZürchKomm/Vischer[2004], Art. 156, Rn. 10. 스위스 국제사법 제18조는 다음과 같이 규정한다: "[스위스법의 규정들]의 특별한 목적 때문에 이 법률에 의하여 지정되는 법과는 관계없이 강행적으로 적용되어야 하는 스위스법의 규정들은 [적용되기 위하여] 유보된다." 국문번역은 이호정(1990), 14면; 석광현(2001d), 531면을 참고하여 다소 수정하였고, [ ] 부분은 필자가 문맥을 고려하여 삽입하였다.

584) ZürchKomm/Vischer[2004], Art. 156, Rn. 5. 반면에 山内惟介(2012), 196頁은 투자설명서의 발행지라고 한다.

585) Kondorosy[1999], S. 261.

자자에게 청약을 권유하는 국가는 투자자의 청약에 기초하여 주간사 인수인이 투자자에게 증권의 수량을 배정하고 발행인이 실제로 증권을 발행하는 국가와 서로 다를 수 있다. 증권의 발행지가 둘 이상인 경우에는 손해배상주체[586]의 속인법 소속국과 함께 셋 이상의 법질서가 경합하나,[587] 투자자는 모든 발행지를 고려하여 그 중 가장 유리한 발행지법을 선택할 수 있는 것이 아니라 자신이 취득한 증권의 발행지에서만 관련성이 인정될 수 있으므로 그 발행지법만을 고려할 수 있다고 보아야 한다.[588] 특정한 법역의 발행공시규제와 무관하게 발행되는 유로채와 같은 초지역적(überregional) 발행의 경우에도 관련 발행지들 중 적어도 하나에서 공모발행에 해당하는 때에는 제156조가 적용된다.[589]

결국 발행지는 인수단(Emissionssyndikat)의 구성에 따라 결정된다. 예컨대 A국 회사가 발행하는 증권이 B국에 소재한 금융기관들로만 구성된 인수단에 의하여 모집되는 경우에는 A국 발행인의 의도는 B국 투자자들에게 투자를 권유함으로써 B국에서 증권을 발행하는 것이라고 할 수 있

---

586) 법문에 비추어 보면, 발행인, 인수인, 주선인 또는 기타 관여자를 구별하지 않는 것으로 보인다. 다만, 예컨대 투자설명서 기재사항의 진실성이나 정확성에 관하여 의견을 제출하거나 이를 확인하고 서명하는 등의 행위를 법무법인, 회계법인, 감정평가법인 등이 아니라 자연인으로서의 변호사, 공인회계사, 감정인 등이 행한 예외적인 경우에는 그가 단체로서의 법인격을 가질 수는 없으므로 그의 투자설명서책임이 문제된다면 증권의 발행지법으로 일원적으로 연결됨이 원칙이라고 할 수 있다.

587) BaslerKomm/Eberhard[2013], Art. 156, Rn. 13은 발행인이 그 본거지(Sitzland) 이외의 단일한 국가에 소재한 투자자에게만 발행하는 경우(internationale Platzierung)와 발행인이 복수의 국가에 소재한 투자자에게 발행하는 경우(multinationale Platzierung)를 구분한다. 후자의 경우 발행인의 본거지에서도 발행됨이 보통이다.

588) Kondorosy[1999], S. 261. 모집 및/또는 상장이 복수의 국가에서 행하여지는 경우 이를 분절적으로 파악하여 각각 상이한 국가의 법으로 연결시키는 것은 비효율적이다. Kronke(2000), p. 311

589) BaslerKomm/Eberhard[2013], Art. 156, Rn. 14.

다. 반면에 인수단이 B국, C국 등 서로 다른 국가에 소재한 금융기관들로 구성되는 경우에는 해당 증권은 그와 같은 내용으로 인수계약을 체결한 A국 발행인의 의도에 따라 복수의 국가에서 공모될 것이다. 이 경우 인수단의 구성을 제외한 나머지 요소는 부차적 의미만 있다.[590] 다만, 증권은 인수단을 구성하는 금융기관이 소재하고 있지 않은 제3국에서도 공모될 수 있는데, 예컨대 인수단에 속하는 스위스 금융기관이 리히텐슈타인 투자자에게 초국경적 투자권유를 할 수 있다. 이 경우 청약지가 발행지라는 견해도 있으나,[591] 청약지가 자의적으로 결정될 우려가 있으므로, 인수단을 구성하는 금융기관이 소재하고 있지 않은 제3국에서 청약이 행하여지는 경우에는 인수단을 구성하는 금융기관이 이를 승낙하는 때에 한하여 승낙지를 발행지로 인정할 수 있다는 견해가 설득력이 있다.[592]

한편 상장지, 즉 거래소 소재지를 발행지라고 볼 수 있는지가 문제된다. 증권을 거래소에 상장하는 것과 증권을 발행하는 것 자체는 개념적으로 구별되므로, 스위스 채무법 제1156조에 따라 인정되는 거래소 소재지에서 작성·교부된 상장 투자설명서(Börseneinführungsprospekt)의 부실표시에 대한 민사책임에도 제156조가 적용되는가의 문제이다.[593] 예컨대 영국회사가 스위스에서 발행한 증권을 룩셈부르크 거래소에 상장하고자 하는 경우, 증권의 발행지와 거래소 소재지는 서로 다르다. 거래소에의 상장을 위하여는 이미 발행된 증권이 있어야 하므로, 거래소에의 상장은 시간적

590) BaslerKomm/Eberhard[2013], Art. 156, Rn. 15 참조.

591) BaslerKomm/Eberhard[2013], Art. 156, Rn. 16. 발행시장에서는 초국경적 활동이 공법상 규제에 의하여 제한됨이 일반적이나, 유럽연합의 경우 서비스의 자유로운 이동이 보장되므로, 투자자가 제3국에 거주하였다는 사실과 자신의 주소지에서 공모가 있었다는 사실을 증명하는 경우 그 제3국을 발행지로 볼 수 있다고 한다.

592) ZürchKomm/Vischer[2004], Art. 156, Rn. 5.

593) ZürchKomm/Vischer[2004], Art. 156, Rn. 5; BaslerKomm/Eberhard[2013], Art. 156, Rn. 20.

으로 증권의 발행 이후에 행하여지는데, 발행 투자설명서(Emissionsprospekt)가 상장 투자설명서와 별도로 작성·교부된다. 투자자는 거래소 소재지국법에 의하여만 보호법익이 인정될 수 있으므로 상장지는 발행지에 포함되지 않는다는 견해도 있으나, 발행 투자설명서와 상장 투자설명서가 대체로 동일한 내용으로 작성되는 실무를 고려한다면 발행지에는 상장지도 포함된다고 확대해석하여야 한다는 견해도 있다.[594]

3. 평 가

스위스 국제사법이 위와 같은 특별저촉규칙을 채택함에 따라 복수의 국가에서 증권을 발행하고자 하는 발행인은 그 속인법이나 발행지국법(들) 중에서 투자자에게 가장 유리한 법, 바꾸어 말하면 발행인에게 가장 엄격한 법의 준수가 강제되고, 선택적 연결원칙은 발행공시규제 준수의 측면에서는 사실상 누적적 연결원칙으로 작동한다고 볼 수 있다.[595] 실제상으로 투자자의 준거법 선택권이 발행인에게 과도한 부담으로 작용하지는 않는다고 하나,[596] 선택적 연결은 문제를 정면으로 해결하는 방법은 아니라고 할 수 있고,[597] 스위스 투자자들이 상호간에 동등하게 취급되지 못하는 문제도 있다.[598]

무엇보다도 단체의 속인법이 투자자에게 더 유리하여 적용되는 경우가 아닌 한, 단체의 속인법의 적용은 이론적으로 근거가 없다.[599] 단체의 속인법이 규율하는 범위는 단체의 설립, 권리능력과 행위능력, 단체의 조직과 내부관계, 사원의 권리와 의무, 사원권의 양도, 합병 등 단체

594) BaslerKomm/Eberhard[2013], Art. 156, Rn. 20.
595) Kondorosy[1999], S. 253; 山内惟介(2012), 196頁 참조.
596) Ringe/Hellgardt(2011), p. 38.
597) Kondorosy[1999], S. 256.
598) Kondorosy[1999], S. 258.
599) 같은 견해로 Kronke(2000), p. 311.

의 설립부터 소멸까지 단체와 관련된 모든 사항이고, 내부문제 내지 조직법상 문제에 국한되지 않으며, 예컨대 단체의 채권자에 대한 사원의 개인적 책임 유무, 단체의 재산 외에 사원의 개인재산도 단체의 채권자에 대한 책임재산 해당 여부 등 단체의 외부문제도 단체의 속인법에 의하여 규율된다.[600] 단체의 외부문제 중에서 단체의 속인법에 의하여 규율되는 사항은 내부문제로서의 성격이 비교적 강한 것이라고 할 수 있다. 그런데 예컨대 투자설명서에 기초하여 발행인의 지분증권에 투자한 자가 회사의 주주로서의 지위를 취득함은 물론이나, 투자설명서 부실표시라는 행위는 그가 주주로서의 지위를 취득하기 전에 발생한 문제이고, 그 목적도 주주로서의 지위 보장 등 발행인과 주주 간의 내부관계 정립보다는 투자자의 적정한 투자판단을 보조하고 자본시장의 건전성을 유지하기 위한 것이므로, 투자설명서책임을 회사의 내부문제라거나 내부문제로서의 성격이 강한 외부문제라고 볼 수는 없는 것으로 생각된다.[601] 무엇보다도 투자자가 발행인이 아니라 인수인 또는 주선인, 투자설명서 부실표시에 관여한 법무법인, 회계법인, 감정평가법인 등 발행인 이외의 공모발행 관여자를 상대로 투자설명서책임을 추궁하는 경우에는 투자자와 해당 관여자 간에 내부문제적 성격의 법률관계가 존재하지 않으므로 해당 관여자의 속인법으로 연결시킬 정당한 근거가 없다고 생각된다.

또한 채무증권을 취득한 투자자는 발행인과의 관계에서 사채계약 등의 상대방 당사자 지위에 있을 뿐이고, 발행인과 채무증권 투자자 간의 관계를 발행인의 내부문제라고 볼 수는 없으므로, 채무증권 투자자가 발

600) 석광현[2013], 210면.

601) 김연미(2010), 9면은 주주, 이사, 임원 등 회사의 기관의 지위에서 보유하는 권리가 문제되는 경우에는 내부문제이고, 기관의 지위가 아니라 개별적 권리가 인정되는 경우에는 내부문제가 아니라고 한다. 투자설명서책임은 투자자가 주주의 지위에서 보유하는 권리의 문제라고 할 수 없다고 생각된다.

행인을 상대로 투자설명서책임을 추궁하는 경우에도 이를 발행인의 속인법으로 연결시킬 근거는 약하다고 생각된다.[602]

Ⅲ. 로마Ⅱ규정의 개정론

1. 특칙 존재 여부

가. 로마Ⅱ규정 제27조의 의의와 적용요건

로마Ⅱ규정 제27조는 로마Ⅱ규정과 다른 유럽연합 규범 간의 관계에 관하여 규정한다. 로마Ⅱ규정은 특정한 사안에 관하여 계약외채무의 준거법 결정규칙을 규정하고 있는 유럽연합 규범의 적용을 방해하지 않는다는 것이다. 이는 유럽연합 규범 차원에서 특별법 우선의 원칙(principle of *lex specialis*)을 규정한 것이다.[603]

로마Ⅱ규정보다 우선적으로 적용되는 다른 유럽연합 규범은 직접적 또는 간접적으로 계약외채무의 준거법 결정방법에 관하여 규정하고 있으면 충분하다. 이에 관하여 규정하고 있지 않은 규범이라면 로마Ⅱ규정과 규율범위가 중복되지 않으므로 로마Ⅱ규정과의 상충 문제도 발생하지 않는다.[604] 계약외채무에 관하여 규율하고 그 준거법에 관한 내용을 포함하고 있는 2차 법원이라고 하더라도, 반드시 로마Ⅱ규정과 상충되는 것은 아니고, 그것이 안전 및 행동(safety and conduct)과 관련되는 경우에는 로마Ⅱ규정의 규율범위에 묵시적으로 포함될 수 있다.[605]

---

602) 같은 견해로 Kondorosy[1999] S. 254. 시장지법(Marktstatut)으로의 연결을 지지한다.

603) Magnus/Mankowski/Mankowski[2019], Art. 27 Rome II, para. 1.

604) Magnus/Mankowski/Mankowski[2019], Art. 27 Rome II, para. 2.

유럽연합의 1차 법원에 해당하는 유럽연합기능조약 또는 유럽연합조약에서 준거법 결정규칙인 본원국(또는 기원국) 원칙(country of origin rule, Herkunftslandprinzips)을 도출할 수 있다는 주장이 있으나, 일반적으로는 이를 인정하지 않는다.[606] 2차 법원에 해당하는 이사회규정이나 이사회지침과 같은 2차 법원 중에서 계약외채무의 준거법 결정규칙을 규정하고 있는 대표적인 예로는 전자상거래지침(E-Commerce Directive)[607] 제3조, 일반개인정보보호규정(General Data Protection Regulation)[608] 제3조가 있다.[609] 기타 유럽연합 규범 중에는 제정과정에서 준거법에 관한 고려가 있었음에도 불구하고 로마II규정을 존중하여 의도적으로 이를 규정하지 않은 예도 있고, 이사회지침의 이행을 위하여 국내법이 제정되면 로마II규정 제27조를 통하여 그것이 로마II규정에 우선하게 된다고 논의되는 예도 있다.[610] 후자의 일례로 종래 거론되었던 것이 아래 투자설명서지침 제6조 제2항이다.

605) Magnus/Mankowski/Mankowski[2019], Art. 27 Rome II, para. 15. 로마II규정 제17조 및 전문 제34항 참조.

606) Magnus/Mankowski/Mankowski[2019], Art. 27 Rome II, paras. 3-4.

607) Directive 2000/31/EC of the European Parliament and of the Council of 8 June 2000 on certain legal aspects of information society services, in particular electronic commerce, in the Internal Market.

608) Regulation 679/2016/EU of the European Parliament and of the Council of 27 April 2016 on the protection of natural persons with regard to the processing of personal data and on the free movement of such data, repealing Directive 95/46/EEC (General Data Protection Regulation).

609) Magnus/Mankowski/Mankowski[2019], Art. 27 Rome II, paras. 7-8. 다만, 전자의 경우 저촉법 규칙이라는 견해, 실질법 규칙에 불과하다는 견해, 양자의 중간적 성격을 가진다는 견해가 대립한다. 상세는 Magnus/Mankowski/Mankowski[2019], Art. 27 Rome II, para. 7, nn. 13-16에 소개된 문헌 참조. von Hein(2008), S. 386은 전자상거래지침 제1조 제4항이 동 지침은 국제사법 규칙을 창설하려는 의도가 없다고 명시하고 있음에도 불구하고 동 지침 제3조 제1항 및 제2항은 저촉규범으로서의 본원국 원칙을 포함하고 있다고 한다.

610) Magnus/Mankowski/Mankowski[2019], Art. 27 Rome II, para. 9.

나. 투자설명서지침 제6조 제2항의 검토

투자설명서지침 제6조 제2항은 개별 유럽연합 회원국으로 하여금 투자설명서에 기재된 정보에 대하여 책임이 있는 자에게 해당 회원국의 민사책임에 관한 법령을 적용할 것을 규정한다. 이는 투자설명서지침 제6조 제1항에서 개별 유럽연합 회원국으로 하여금 적어도 발행인, 그 행정·관리·감독조직(administrative, management or supervisory bodies) 등 일정한 범위의 자에게는 투자설명서에 기재된 정보에 대한 책임을 부담시켜야 한다고 규정한 것과 결부되어 있다.[611] 유럽연합 차원의 입법관할권은 제한적이기 때문에 의무위반에 대한 제재는 각국의 입법자에게 위임하는 방법으로 법적 조화를 달성하고자 한 것이다.[612] 문제는 투자설명서지침 제6조 제2항이 숨은 저촉규범(versteckte Kollisionsnorm)으로 기능함으로써 개별 유럽연합 회원국의 투자설명서책임규정이 해당 회원국의 저촉규범에 따르면 투자설명서책임에 관한 외국법을 적용하여야 하는 경우에까지 적용되는지 여부이다.

이 경우에까지 개별 회원국의 투자설명서책임규정이 역외적용된다거나 로마II규정에 따라 지정되는 준거법에 관계없이 국제적 강행법규로서 적용된다는 견해는 예컨대 유럽사법재판소가 Ingmar 판결에서 대리상지침에 명시적인 언급이 없음에도 불구하고 대리상의 보호를 위한 개별 회원국 법률조항의 국제적 강행법규성을 인정하였다는 점, 유럽연합 역내시장의 적정한 기능을 위한 다른 유럽연합 규범(예컨대 전자상거래지침)이 로마II규정에 따라 지정되는 준거법에 우선할 수 있다는 로마II

611) 또한 투자설명서지침 제6조 제1항 제2문에 따르면, 투자설명서에는 투자설명서에 기재된 정보에 대하여 책임을 부담하는 자의 성명과 기능, 법인인 경우에는 성명과 등록사무소, 그리고 그가 알고 있는 한 투자설명서에 기재된 정보는 사실에 부합하고 의미(import)에 영향을 미치는 기재누락이 없다는 문구가 명시되어야 한다.

612) Benicke(2004), S. 35.

규정 전문 제35항 및 유럽연합 역내통용을 위하여 투자설명서가 최초로 승인을 받은 회원국이 발행인 규제를 위한 최선의 국가라는 투자설명서지침 전문 제14항으로부터 저촉규범으로서의 본원국 원칙을 도출할 수 있다는 점을 근거로 한다.[613] 그러나 투자설명서지침 제6조 제2항의 문언은 소비자계약지침(Consumer Contracts Directive)[614] 제6조 제2항, 금융담보지침(Financial Collateral Directive)[615] 제9조, 생명보험지침(Life Assurance Directive)[616] 제32조와 달리 그것이 저촉규범임을 명시하고 있지 않고,[617] 투자설명서지침 제6조 제1항은 투자설명서책임에 관한 최소한의 기준을 규정하고 있을 뿐이며,[618] 독립적인 국제사법 규칙을 포함하지 않고 개별 회원국 실질법의 입법기준을 제시하는 실질법으로서의 성격을 가질 뿐이므로, 외국적 요소가 있는지 여부를 불문하고 투자설명서책임이 문제되는 모든 사안에서 개별 유럽연합 회원국이 항상 자국법을 적용하여야 한다는 저촉규칙을 투자설명서지침 제6조 제2항으로부터 도출할 수는 없다고 보아야 한다.[619]

전술하였듯이 유럽연합은 투자설명서지침의 법적 형식을 이사회규정으로 변경하여 투자설명서규정을 제정하였고, 이는 2019. 7. 21.부터 시행되고 있다.[620] 투자설명서규정 제11조 제1항 및 제2항 제1문은 투자설명서지침 제6조 제1항 및 제2항에 해당하는 내용을 포함하고 있고, 투자설명서규정 제24조 제1항은 하나 이상의 회원국에서 또는 본원국(home

613) von Hein(2008), SS. 386-387.
614) Council Directive 93/13/EEC of 5 April 1993 on unfair terms in consumer contracts.
615) Directive 2002/47/EC of the European Parliament and of the Council of 6 June 2002 on financial collateral arrangements.
616) Directive 2002/83/EC of the European Parliament and of the Council of 5 November 2002 concerning life assurance.
617) Benicke(2004), S. 36; von Hein(2008), S. 385; Denninger[2015], S. 234.
618) Benicke(2004), S. 36.
619) Benicke(2004), S. 36; Steinrötter[2014], SS. 148-151; Denninger[2015], SS. 234-235.
620) 전술 제2장 제2절 Ⅲ. 4. 참조.

Member State) 이외의 회원국에서 공모 또는 상장이 행하여지는 경우 본원국에서 승인을 받은 투자설명서와 그 첨부서류는 여하한 유치국(host Member State)에서의 공모 또는 상장을 위하여도 유효하다는 투자설명서지침 제17조 제1항의 내용을 포함하고 있다. 그런데 투자설명서지침과 달리 투자설명서규정은 제11조 제2항 제2문에서 간이투자설명서(prospectus summary)의 부실표시에 대하여 민사책임을 부과할 수 있는 요건을 구체적으로 규정하고,[621] 투자설명서 역내통용을 위한 요건으로 유치국 관할당국의 승인이나 행정절차 없이 개별 유치국 관할당국에의 통지만을 요구하였던 투자설명서지침 제17조 제1항의 태도를 유지하면서도 제24조 제1항 제1문에서 통지의 객체로 유럽증권시장감독청을 추가하고 있다. 투자설명서규정에서 신설 및 개정된 이들 조항을 고려한다면, 투자설명서규정 제11조 제1항 및 제2항과 제24조 제1항의 저촉규범성을 인정할 여지도 없지 않다.[622] 이론적으로는 로마II규정 제27조의 목적론적 해석(purposive interpretation)을 통하여 국제사법 규칙을 명시적으로 규정하고 있지 않은 유럽연합 규범에서 묵시적인 특별저촉규칙을 발견해내는 것이 가능하나, 해당 유럽연합 규범 내의 개별규정이 어느 범위에서 로마II규정 제16조의 의미에서의 국제적 강행법규로 취급될 수 있는가 하는 어려운 문제가 남게 된다.[623]

---

621) 투자설명서규정 제11조 제2항 제2문 및 동 (a)호, (b)호에 따르면, ① 투자설명서의 다른 부분과 함께 파악하더라도 오인, 부정확이나 불일치가 있는 경우 또는 ② 투자설명서의 다른 부분과 함께 파악하더라도 해당 증권에 대한 투자 여부를 판단할 때 투자자에게 도움이 되는 핵심정보를 제공하지 있지 않은 경우가 아닌 한, 간이투자설명서에만 근거하여 누군가에게 민사책임을 부과할 수는 없다.

622) Magnus/Mankowski/Mankowski[2019], Art. 27 Rome II, para. 9은 이들 조항이 미치는 영향력은 명확하지 않다고 한다.

623) Magnus/Mankowski/Mankowski[2019], Art. 27 Rome II, para. 14.

2. 특칙 신설 필요성

로마II규정 전문 제19항은 가해자의 이익과 피해자의 이익을 비롯하여 문제되는 이익들 간의 합리적인 균형이 로마II규정의 일반원칙에 의하여 달성되지 않는 경우에는 특수불법행위에 관한 특별저촉규칙을 두어야 한다고 명시한다. 유럽연합 집행위원회가 투자설명서지침에 관하여 2015년 각국 정부기관, 각계 이익집단과 전문가를 대상으로 실시한 설문조사(Consultation on the Review of the Prospectus Directive)[624]에서 국제적인 투자설명서책임에 관한 소송이 복수 국가의 법원에서 제기되고 투자자별로 서로 다른 준거법이 적용될 위험에 관하여 많은 우려가 제기되었고,[625] 국제재판관할과 준거법에 관한 다양한 제안이 제출되었다.[626] 특히 투자설명서책임의 준거법에 관하여 업계를 중심으로 투자

---

624) 동 설문조사의 목적, 대상집단, 진행방법, 일반에 공개된 응답내용, 응답내용의 요약 등에 관한 상세는 http://ec.europa.eu/finance/consultations/2015/prospectus-directive/index_en.htm 참조.

625) https://ec.europa.eu/eusurvey/publication/prospectus-directive-2015의 Statistics 항목 제32항에 따르면, 투자설명서책임과 관련한 복수 국가에서의(또는 초국경적) 책임 문제가 식별되는가 하는 질문에 대하여, 응답자의 22.45%가 그렇다고 답하였고, 6.8%가 그렇지 않다고 답하였다(30.61%는 의견 없음, 40.14%는 무응답).

626) https://ec.europa.eu/eusurvey/publication/prospectus-directive-2015?surveylanguage=en에 공개된 응답내용 중 일반론에 관한 것을 보면, ① CFA Institute는 발행인이 각국의 투자설명서책임법제의 차이를 이용하여 본원국(투자설명서 최초 승인지)을 자의적으로 선택할 수 있음을 우려한다. ② 네덜란드 재무부, 금융시장감독청(AFM), 중앙은행(DNB)은 발행인이 복수의 국가에서 복수의 법률분쟁이 제기될 것을 우려하여 복수의 국가에서 증권 발행을 회피하는 현상이 있다고 지적하면서, 국제사법 규칙의 정립이 투자자보호를 저해하지 않음을 강조한다. ③ Association française des marchés financiers (AMAFI)라는 프랑스 이익단체는 Kolassa 판결을 계기로 유럽연합 차원에서 투자설명서책임에 관한 국제재판관할 및 준거법 관련 규칙을 정립하는 것이 적절한지 논의를 시작하자고 한다. ④ Eumedion Corporate Governance Forum이라는 네덜란드 단체는 유럽연합 차원에서 통일된 집단소송체제를 정립하자고 한다.

설명서 최초승인지법 또는 증권 자체의 준거법 소속국법에 의하자는 견해가 다수 제출된 것에 주목할 만하다.[627]

627) https://ec.europa.eu/eusurvey/publication/prospectus-directive-2015?surveylanguage=en에 공개된 응답내용을 구체적으로 보면(밑줄은 필자가 추가), ① DRS Belgium이라는 벨기에 법률회사는 예컨대 벨기에 회사가 발행한 주식을 네덜란드 투자자가 네덜란드 금융중개기관이 교부한 투자설명서에 기초하여 인수하였는데 그 투자자가 독일에 증권계좌를 보유하고 있는 경우 Kolassa 판결에 따르면 결과발생지가 어디인가, 투자자는 발행인을 상대로 어느 국가의 법원에서 어느 법을 적용하여 소를 제기하여야 하는가의 문제가 발생한다고 지적하고, 특히 집단소송에서 법적 불안정성과 비효율성을 초래한다고 하면서, 로마II규정 제4조 제3항의 예외조항이 대안이 될 수 있다고 한다. ② European Association of Public Banks라는 단체는 어느 국가의 투자설명서책임법제가 적용될지 명확하여야 투자자가 적정한 투자판단을 할 수 있다고 하면서, 준거법으로 투자설명서 최초승인지법(본원국법)을 적용하자고 한다. ③ International Capital Market Association (ICMA)이라는 단체는 잠재적인 법률분쟁을 예방하기 위하여, 국제재판관할의 경우 투자설명서 최초승인지의 관할이나 발행인의 선택이 반영된 합의관할을 인정하고, 준거법의 경우 증권 자체의 준거법 소속국법에 의하자고 한다. ④ 영국의 상업은행인 The Royal Bank of Scotland는 투자설명서규정에 명시하거나 당사자자치를 허용함으로써 준거법을 투자설명서 최초승인지법(본원국법), 유치국법 또는 증권 자체의 준거법 소속국법에 의하자고 한다. ⑤ Börse Stuttgart Holding GmbH는 준거법으로 투자설명서 최초승인지법(본원국법) 또는 증권 자체의 준거법 소속국법을 적용하자고 한다. ⑥ German Banking Industry Committee는 준거법으로 발행인의 등록사무소 소재지법(본원국법)을 적용하자고 한다. ⑦ De Brauw Blackstone Westbroek라는 네덜란드 법률회사는 국제재판관할의 경우 발행인 본거지에 전속관할을 인정하고, 준거법의 경우 발행인 본거지법에 의하되, 증권예탁증권(DR)의 경우 그 기초가 되는 주식을 발행한 회사의 본거지법에 의하자고 한다. ⑧ BNY Mellon이라는 영국 회사는 투자자 소재지보다는 투자설명서 최초승인지(본원국) 또는 상장승인을 받은 규제대상시장 소재지의 국제재판관할을 인정하자고 한다. ⑨ Association for Financial Markets in Europe (AFME)이라는 단체는 발행인이 투자설명서에 본원국의 전속관할조항을 명시하도록 하자고 한다.

3. 독일국제사법협회의 로마Ⅱ규정 개정안

독일국제사법협회(German Council for Private International Law)의 자본시장법 특별위원회(Special Committee on Financial Market Law)[628]는 2012. 3. 31. 뷔르츠부르크에서 채택한 결의문을 통하여,[629] 자본시장 불법행위의 준거법을 결정함에 있어서 현행 로마Ⅱ규정은 충분하지 않고, 새로운 규정이 필요하며, 신설 규정은 시장지(location of market, Marktort)를 연결점으로 규정하여야 한다는 입장을 표명하였다. 구체적으로는 로마Ⅱ규정 제6조의2로 자본시장 불법행위의 준거법에 관한 특칙을 신설하고, 전문 제20조항의2를 신설하며, 전문 제34항을 개정할 것을 제안하였다.[630] 독일국제사법협회의 개정안은 투자설명서책임에 국한하지 않고 자본시장 불법행위 일반에 관하여 준거법 결정규칙을 제시하고 있는데, 시장지주의를 원칙으로 하면서도, 예외조항을 통하여 구체적 타당성을 도모하고, 피해자의 준거법 선택권 인정과 당사자자치원칙 등을 통하여 당사자들의 이익을 고려하고 있다.

먼저 로마Ⅱ규정 제6조의2와 전문 제20항의2 신설안은 다음과 같다.[631] 신설안은 부정경쟁, 경쟁제한에 관한 기존 로마Ⅱ규정 제6조와의 정합성을 고려하되 자본시장 불법행위의 특수성을 반영하고 있다. 전문 제20항의2를 통하여 개별조항의 목적과 해석기준을 간취할 수 있다.

---

628) 동 위원회는 Hans-Jürgen Sonnenberger 교수(위원장), Sabine Corneloup 교수, Dorothee Einsele 교수, Jan von Hein 교수, Matthias Lehmann 교수, Stephan Leible 교수의 6인으로 구성되었다. German Council for Private International Law(2012), p. 472.

629) 결의문은 독어 버전과 영어 버전으로 발표되었다. 영어 버전은 German Council for Private International Law(2012), pp. 471-472 참조. 이하에서는 이를 기초로 논의한다.

630) German Council for Private International Law(2012), p. 471.

631) 번역문의 밑줄은 필자가 강조를 위하여 추가한 것이다.

제6조의2 (자본시장에서의 불법행위)

① 자본시장에서의 불법행위로부터 발생하는 계약외채무의 준거법은 그로 인하여 영향을 받은 금융투자상품(affected financial instrument)이 규제대상시장에의 상장을 승인 받은 국가의 법으로 한다. 금융투자상품이 복수의 국가에 상장된 경우에 그 준거법은 금융투자상품이 취득되거나 처분된 국가의 법으로 한다. 책임이 있다고 주장되는 자가 이를 합리적으로 예견할 수 없었던 경우가 아닌 한, 규제대상시장 외에서의 거래에도 같은 법이 적용된다.

② 당해 행위가 제1항에서 지정된 국가 이외의 국가와 명백히 더 밀접한 관련이 있음이 사안의 모든 사정에 비추어 분명한 경우에는 그 다른 국가의 법이 적용된다.

③ 제1항에 근거하여 준거법을 결정할 수 없는 경우에는 해당 계약외채무에는 가장 밀접한 관련이 있는 국가의 법이 적용된다.

④ 당해 불법행위가 둘 이상의 국가의 시장에 영향을 미치는 경우에 피고의 주소지 법원에 손해배상청구의 소를 제기한 자는 자신의 청구의 근거에 대하여 소가 제기된 법원이 있는 국가의 법을 대신 적용하기로 선택할 수 있다. 다만, 금융투자상품이 그 회원국에서 규제대상시장에의 상장을 승인 받았거나 그곳에서 공모가 행하여진 경우에만 그러하다.

⑤ 자본시장에서의 불법행위가 특정한 자의 이익에만 배타적으로 영향을 미치는 경우에는 제4조와 제14조를 적용한다.

⑥ 제1항 내지 제4항에 따른 준거법은 발생한 손해를 초래한 사건이 있은 후에 체결된 합의에 의하여만 적용하지 않을 수 있다.

전문 제20항의2

자본시장에서의 불법행위에 관한 준거법 결정규칙의 목적은 적정한 투자자 보호, 자본시장의 기능 유지, 준거법에 관한 예측가능성을 보장하기 위한 것이다. 거래소라는 규제대상시장에서의 거래의 경우에 이는 해당 금융투자상품이 상장

> 을 승인 받은 국가의 법을 적용함으로써 보장된다. 그러나 해당 금융투자상품이 복수의 시장에서 거래되거나 규제대상시장 외에서 거래되는 경우에는 그와 같은 연결이 해답을 제공해주지 않는다. 이 경우에는 일반적으로 해당 금융투자상품이 취득되었거나 처분된 국가의 법이 적용되어야 한다. 당해 사안의 사실관계가 발행인의 본원국(country of origin)과 더 밀접한 관련이 있는 경우에는 제6조의2 제2항의 회피조항이 적용되어야 한다. 가령 발행인의 신용도를 잘못 평가한 것에 따른 책임이 이에 해당할 수 있다.

제6조의2 제1항은 기존 제6조와 유사하게 투자설명서 부실표시를 비롯한 자본시장 불법행위의 준거법에 관하여도 시장지법을 원칙으로 규정한다. 다만, 공모지와 상장지를 모두 규율대상으로 삼는 투자설명서지침 및 투자설명서규정과는 달리, 영향을 받은 금융투자상품의 공모지는 제외하고 상장지만을 시장지로 규정하는데, 이는 자본시장 불법행위 일반을 포괄하려는 의도로 보인다. 투자설명서책임의 경우 상장지 대신에 공모지 또는 본원국이 최밀접관련국이라면 제6조의2 제2항의 특별예외조항에 따라 공모지법 또는 본원국법을 적용함으로써 교정이 가능할 것으로 보인다. 증권의 발행인이 그 증권의 투자설명서에 관하여 본원국의 관할당국에서 승인을 받는 경우에 해당 증권은 본원국에서 공모되거나 그곳에 소재한 규제대상시장에 상장됨이 보통이나, 발행인이 투자설명서규정 제25조에 따라 유럽증권시장감독청과 유치국의 관할당국에 통지함으로써 해당 증권은 본원국 이외의 다른 회원국(들)에서도 유효하게 공모되거나 규제대상시장에의 상장이 가능하므로,[632] 복수의 국가에 상장된 증권은 최종 투자자를 기준으로 본다면 해당 투자자가 이를 취득한 국가가 시장지에 해당한다고 할 수 있다. 제6조의2 제1항 제2문을 이

632) 투자설명서규정 제24조 제1항 참조. 또한 투자설명서규정 제2호 n호는 유치국을 "증권의 공모가 행하여지거나 규제대상시장에의 상장이 신청되는 회원국"이라고 정의하면서, 그것이 본원국과 다른 경우에만 그러하다고 명시한다.

를 명시한다. 또한 제6조의2 제1항 제3문은 배상책임자의 합리적 예견가능성을 조건으로 규제대상시장 외에서의 장외거래에도 시장지법원칙이 적용됨을 규정한다.

한편 제6조의2 제2항과 제3항은 동조 제1항의 저촉규칙에 의한 준거법 소속국법보다 명백히 더 밀접한 관련이 있는 국가가 있거나 동조 제1항에 의하여 준거법을 결정할 수 없는 경우에는 최밀접관련국법이 적용됨을 규정한다. 이는 자본시장 불법행위의 다종다양한 유형을 포괄하기 위한 특별예외조항이다. 이 점에서 특별예외조항을 두고 있지 않은 기존 제6조와는 중대한 차이가 있다. 전문 제20항의2는 제6조의2 제2항이 회피조항이라는 취지를 명시한다.

제6조의2 제4항은 기존 제6조 제3항 (b)호 제1문 및 제2문과 유사하게 피고로 하여금 영향을 받은 복수의 시장지들 중 하나인 법정지의 법을 선택할 수 있도록 허용한다. 피해자의 이익을 고려하여 제한적으로나마 준거법 선택권을 인정하는 조항이다.

제6조의2 제5항은 기존 제6조 제2항과 유사하게 특정한 자의 이익에만 배타적으로 영향을 미치는 자본시장 불법행위에는 제4조가 적용된다고 규정하고, 그 경우 기존 제14조에 따른 당사자자치원칙까지도 허용한다. 그러나 제6조 제2항의 해석론을 참고한다면,633) 제6조의2 제5항도 원칙과 예외의 관계를 엄격하게 해석하여야 하는데, 순전히 객관적이고 효과중심적인 접근법(purely objective, effect-based approach)을 취하였을 때 특정한 자본시장 불법행위로 인하여 시장의 보호는 전혀 문제되지 않고 개별 투자자의 이익만 영향을 받는 예외적인 경우에 제6조의2 제5항에 따라 불법행위지원칙과 당사자자치원칙이 적용될 수 있다고 보아야 한다. 또한 제6조의2 제6항은 당사자자치원칙을 전혀 허용하지 않는 기존 제6조 제4항과 달리 사후적 준거법 합의를 허용한다. 다만, 투자설명서

633) Magnus/Mankowski/Illmer[2019], Art. 6 Rome II, paras. 7-10 참조.

책임제도의 목적과 취지를 고려한다면, 개정안이 채택되더라도 발행시장에서의 투자설명서책임의 준거법 합의는 사전적으로든 사후적으로든 여전히 허용되지 않는다고 해석하여야 할 것으로 보인다.[634]

독일국제사법협회는 자본시장 불법행위에 대하여 배상책임이 있다고 주장되는 자의 행위를 평가할 때 행동지에서 시행 중이었던 안전 및 행동에 관한 규칙(rules of safety and conduct)이 고려되어야 한다는 로마II 규정 제17조를 그대로 유지하되, 그에 관한 전문 제34항을 개정하자고 제안한다. 그 내용은 다음과 같다.[635]

전문 제34항

당사자들 간의 합리적 균형을 달성하기 위한 목적에서, 계약외채무의 준거법이 다른 국가의 법이라고 하더라도, 책임을 초래한 사건이 발생한 국가에서 시행 중인 안전 및 행동에 관한 규칙을 적절한 범위 내에서 고려하여야 한다. "안전 및 행동에 관한 규칙"이라는 문언은 사고에 대비한 도로안전규칙(road safety rules) 또는 자본시장에서의 불법행위에 대비한 자본시장규칙(financial market rules)을 포함하여, 안전 및 행동과 여하한 관련이 있는 모든 규제를 의미하는 것으로 해석되어야 한다. 책임을 초래한 사건이 있은 장소의 판단에 있어서, 이것은 반드시 당해 행위가 행하여진 장소(place where the act was committed)를 의미하는 것은 아니고, 가령 일정한 정보가 제공되었어야 하는 장소(place where certain information should have been provided) 또는 행위나 정보가 효력을 가지는 시장의 소재지(location of the market upon which the act or the information takes effect)와 같이 다른 장소를 의미할 수도 있음에 유의하여야 한다.

---

634) 전술 제3장 제2절 II. 3. 나. (3) 참조.
635) 번역문의 밑줄은 현행 규정과 비교하여 추가된 부분을 표시한 것이다.

로마II규정 제17조는 행동지의 "안전 및 행동에 관한 규칙"에 대하여 효력을 부여할 수 있다고 규정하는데, 그 규칙은 안전과 직접적 연관(direct link)이 있거나 특정한 행동을 요구하는 것이어야 하지만, 그 규칙의 법적 성질에 관하여는 아무런 언급이 없다. 따라서 그것은 민사책임을 발생시키는 것이거나 강행법규에 해당하는 것일 수도 있다. 이를 통하여 일정한 범위에서는 준거법 소속국이나 법정지국이 아닌 제3국의 국제적 강행법규에 효력을 부여하는 결과가 될 수도 있다.[636] 다만, 투자설명서책임과 같은 불법행위책임의 문제는 로마II규정이 직접 규율하는 사항이어서 로마II규정 제17조의 "안전 및 행동에 관한 규칙"에 해당하는지를 놓고 논란이 있을 수 있으므로,[637] 전문 제34항을 개정하여 자본시장에서의 불법행위에 대비한 자본시장규칙이 로마II규정 제17조의 맥락에서의 "행동에 관한 규칙"에 해당함을 명확히 하자는 것으로 보인다. 또한 전문 개정안 제34항은 행동지가 작위행위지만을 의미하는 것이 아니라, 부작위의 경우에는 정보제공의무 등이 있었으나 그것이 이행되지 않은 작위의무 소재지를 의미할 수도 있고, 실제 행동지와 그에 따른 효력이 발생하는 시장이 서로 다른 경우에는 후자가 행동지로 취급되어야 함을 명시한다. 위와 같이 부작위의 행동지를 작위의무지로 이해하는 태도는 순전한 재산적 손해의 경우 행동지만을 불법행위지로 보아야 하고, 그 경우 작위의무지, 정확히는 발행공시에 관한 행정규제법상 의무의 소재지가 불법행위지라는 본서의 결론과 일맥상통하는 것으로 보인다.

---

636) Magnus/Mankowski/Wautelet[2019], Art. 16 Rome II, paras. 46-47.
637) Magnus/Mankowski/Wautelet[2019], Art. 16 Rome II, para. 47 참조.

Ⅳ. 우리 국제사법의 개정론

우리 국제사법은 특수불법행위에 관한 특별저촉규정을 두고 있지 않다. 향후 이를 신설한다면 자본시장 불법행위에 관하여도 특별저촉규정을 두는 것이 바람직하다. 일반적 성격의 특별저촉규정으로서 순전한 재산적 손해를 발생시키는 불법행위에 관한 규정을 두는 방법도 있는데, 불법행위 일반에 관하여는 행동지에 대한 결과발생지의 우위를 인정하되, 단서조항에 의하여 자본시장 불법행위와 같이 순전한 재산적 손해를 발생시키는 불법행위에 대하여는 행동지만을 불법행위지로 인정하는 방법이다. 이에 따른 개정안을 제시하자면 아래와 같다.

> [제1안] 제[32]조(불법행위) ① 불법행위는 그 행위의 결과가 발생한 곳의 법에 의한다. 다만, 불법행위로 인하여 재산상 손해만 발생하는 경우에는 그 행위가 행하여진 곳의 법에 의한다.

위 제1안의 "재산상 손해"라는 용어는 우리 민법 제752조와 제806조 제2항에서 취한 것이다. 최소한의 개정을 가하기 위하여 제1안의 단서는 기존 제32조 제1항의 "그 행위가 행하여진 곳의 법에 의한다"라는 문언을 그대로 취하였으나, 결과발생지주의를 명시하는 제1안의 본문을 고려한다면 제1안의 단서를 행동지주의로 해석함에 무리가 없다고 본다. 다만, 해석론상 혼선의 우려가 있다면 우리 민법 제750조 이하에서 반복적으로 사용하는 "손해를 가한"이라는 문언을 취하여 "손해를 가한 행위"라는 용어를 사용함으로써 아래와 같이 개정할 수도 있다.[638]

638) 참고로 일본 법적용통칙법 제17조는 "가해행위"라는 용어를 사용한다.

[제2안] 제[32]조(불법행위) ① 불법행위는 손해를 가한 행위의 결과가 발생한 곳의 법에 의한다. 다만, 불법행위로 인하여 재산상 손해만 발생하는 경우에는 손해를 가한 행위가 행하여진 곳의 법에 의한다.

자본시장 불법행위에 관한 보다 정치한 특별저촉규정을 두자면 독일국제사법협회의 로마II규정에 대한 개정안을 참고하여 시장지원칙을 입법화하는 것이 바람직하다. 그 경우에도 위 제1안 또는 제2안에 따라 순전한 재산적 손해를 발생시키는 불법행위에 관한 일반적 성격의 조문을 두는 것이 바람직하다. 다만, 우리 국제사법은 제8조에 일반예외조항을 두고 있으므로 독일국제사법협회의 개정안 제6조의2 제1항 제3문, 제2항, 제3항 및 제5항은 해석론으로 고려하면 충분하고 조문으로 명시할 필요는 없다고 본다. 동 개정안 제6조의2 제6항은 불법행위의 준거법의 사후적 합의만을 허용하는 우리 국제사법 제33조와 상충되지 않으므로 별도로 조문화할 필요는 없을 것이다. 개정안을 제시하자면 아래와 같다.

[제3안] 제[*]조(자본시장에서의 불법행위) 자본시장에서의 불법행위는 피해자가 그곳의 시장에서 불법행위로 인하여 직접 영향을 받은 국가의 법에 의한다.

위 제3안은 로마II규정 제6조 제2항 및 제3항 (a)호를 참고하여 시장지원칙을 일반적인 문언으로 조문화한 것이다. 독일국제사법협회의 로마II규정 개정안을 반영한 더 정치한 조문을 제시하자면 아래 제4안과 같다. 다만, 위 제1안 또는 제2안을 함께 채택하지 않아 피해자의 준거법 선택권이 여전히 인정된다면, 독일국제사법협회의 개정안 제6조의2 제4항을 아래 제4안의 제2항에 반영할 필요는 없을 것으로 보인다. 위 제1안 또는 제2안을 함께 채택한다면, 아래 제4안은 제1항의 내용만으로는 불충분하다. 그 경우 우리 국제사법 제8조의 일반예외조항을 통하여 아래 제4안의 제2항과 같은 결론에 도달할 수 있는지, 그리하여 조문화가 불필요한지 여부는 추가적인 검토가 필요하다.

> [제4안] 제[*]조(자본시장에서의 불법행위) ① 자본시장에서의 불법행위는 그로 인하여 영향을 받은 금융투자상품이 상장된 국가의 법에 의한다. 다만, 금융투자상품이 복수의 국가에 상장된 경우에는 금융투자상품이 취득되거나 처분된 국가의 법에 의한다.
> ② 제1항 단서의 경우 피해자가 법원에 소를 제기하였고 제[3]조에 따른 국제재판관할이 법원에 있는 때에는 피해자는 대한민국 법에 의할 수 있다. 다만, 대한민국이 제1항 단서의 국가에 해당하지 아니하는 경우에는 그러하지 아니하다.

위 제4안의 제1항과 같이 우리 자본시장법 제3조에 정의된 "금융투자상품"이라는 개념을 특별저촉규정의 연결대상으로 규정하여도 무방한지가 문제되나, 법정지 실질법상 체계개념을 사용하는 것은 입법기술상 불가피하다고 본다. 우리 자본시장법상 금융투자상품에 상응하는 외국법상 개념을 포괄할 수 있도록 기능적 성질결정론에 입각한 성질결정이 행하여져야 함은 물론이다. 한편 위 제4안의 제2항은 일반관할 관련 국제사법 조항을 언급하는데, 정부가 2020. 8. 7. 제21대 국회에 제출한 국제사법 개정안(의안번호: 2102818)에는 제3조에 규정되어 있었다. 또한 제4안의 제2항에서 말하는 "법원"은 위 개정안에서와 마찬가지로 대한민국 법원을 의미한다.

제6절 결 어

자본시장 불법행위의 한 유형인 투자설명서책임은 우리 자본시장법 제2조의 역외적용규정과는 무관하게 국제사법을 적용함으로써 국제사법이 정하고 있는 방법론에 따라 준거법을 결정하여야 한다.

투자설명서책임은 순전한 재산적 손해가 문제되는 유형인데, 이 경우 재산적 법익의 직접적 침해지로서의 결과발생지는 개념적으로 상정할 수 없다고 본다. 그 이유는 순전한 재산적 손해를 발생시키는 불법행위의 경우 재산 자체에 대한 손해와 재산적 가치의 감소가 일원적으로 발생하므로 전자를 기준으로 결과발생지를 특정한 국가로 지역화하는 작업이 불가능하기 때문이다. 불법행위지의 개념에 관하여 결과발생지 일원주의를 취하고 있는 로마II규정에서는 결과발생지를 특정하기 위하여 투자자의 계좌소재지, 재산중심지, 상거소지 등을 추상적·가상적으로 재산적 법익의 소재지로 특정하고자 하나, 이들은 모두 자본시장 불법행위 자체와는 무관하다. 불법행위지의 개념에 관하여 행동지-결과발생지 이원주의를 취하고 있는 우리 국제사법의 해석론으로는 순전한 재산적 손해를 발생시키는 자본시장 불법행위에서 결과발생지의 특정이 반드시 필요하지는 않고, 행동지 일원주의를 취하면 충분하며, 로마II규정에서도 제4조 제3항의 특별예외조항을 통하여 같은 결론에 도달할 수 있다고 본다.

그렇다면 투자설명서책임에서 불법행위의 행동지를 검토하여야 하는데, 공모지이자 공모신고의무지인 시장지를 행동지로 보아야 한다. 발행인이 공모 관련 신고의무를 이행하기 위하여 투자설명서를 관할당국에 제출하고 발행인, 인수인 등이 투자자에 대한 청약의 권유를 위하여 투자설명서를 사용·교부한 공모지를 행동지로 파악할 수 있고, 부실표시 없는 투자설명서를 작성·교부할 의무를 불이행한 장소, 즉 공모신고의무지도 부작위의 행동지로 파악할 수 있다. 일반적으로는 공모신고의무지와 공모지가 동일한 국가이나, 투자설명서 역내통용체계를 정립하고 있는 유럽연합에서는 공모신고의무지, 즉 투자설명서 최초승인지와 실제 공모지가 서로 다를 수 있다. 한편 투자설명서 부실표시를 위한 모의, 준비, 실행 등이 복수의 국가에 걸쳐 행하여져 행동지가 복수인 경우를 상정할 수 있으나, 이와 같은 산재불법행위는 여러 행동지 중 하나로 시장지를 반드시 포함할 수밖에 없으므로, 가장 중요한 행동지인 시장지법에 의하여 일원적으로 당해 불법행위를 규율하여야 한다. 행동지 일원주의에 의하여 투자설명서책임의 불법행위지를 파악한다면 결과발생지와 행동지가 달라짐에 따르는 격지불법행위의 문제가 발생하지 않는다.

문제는 불법행위의 준거법에 관한 단계적 연결원칙이다. 행동지로서의 시장지의 법을 투자설명서책임의 준거법으로 적용하기 위한 목적으로 예외조항을 통하여 불법행위지원칙에 우선하는 당사자자치원칙, 종속적 연결원칙, 공통상거소지원칙을 회피할 수 있는지가 문제된다. ① 투자설명서책임제도의 실효성 확보를 위하여 투자설명서책임의 준거법을 사전적으로뿐만 아니라 사후적으로도 합의하는 것은 허용되지 않고 (당사자자치원칙의 배척), ② 투자자가 직접 법률관계를 형성하고 있는 투자설명서책임주체에 대한 투자설명서책임만을 해당 법률관계의 준거법으로 종속적으로 연결하는 것은 법률관계의 직접 형성 여부와 무관하게 모든 투자설명서책임주체에 대하여 손해배상책임을 일률적으로 인정하는 투자설명서책임제도의 취지에 비추어 타당하지 않으며(종속적 연결원칙의 배척), ③ 복수의 국가에 소재한 투자설명서책임주체와 복수의 국가에 소재한 투자자가 문제되는 경우에 원고와 피고의 상거소를 비교하여 그것이 같은 때에는 공통상거소지원칙에 의하고 다른 때에는 불법행위지원칙에 의하는 것은 같은 투자설명서에 기초하여 투자를 결정한 투자자들을 평등원칙에 반하여 달리 취급하는 것으로 부당하다(공통상거소지원칙의 배척). 따라서 예외조항의 목적과 취지, 특히 투자자들 간에 같은 준거법에 의하여 손해전보가 인정되어야 한다는 전제를 고려한다면, 예외조항을 통한 행동지로서의 시장지로의 연결이 정당화된다고 본다. 이는 우리 국제사법 제8조를 제32조 제1항과 결합하여 도출할 수 있는 결론이다.

한편 자본시장법 제2조가 보충적 저촉규정으로 기능하거나, 자본시장법 제2조, 증권발행공시규정 제2-2조의2 등을 근거로 자본시장법 제125조의 국제적 강행법규성이 인정되는지가 문제되나, 경우를 나누어 구체적으로 검토해보면, 보충적 저촉규정으로서의 기능이나 국제적 강행법규성을 인정할 실익은 제한적인 것으로 보인다.

제4장

결 론

증권을 공모의 방법으로 발행하는 경우에 투자자가 투자위험을 인지할 수 있도록 발행인이 작성하여 직접 또는 인수인이나 주선인을 통하여 투자자에게 교부하는 문서가 바로 투자설명서이다. 각국의 자본시장관련법은 투자자의 정확한 투자판단을 보장하기 위하여 발행인과 해당 증권에 관한 정보가 정확히 기재된 투자설명서가 투자자에 대한 투자권유시 사용되고 투자자에게 교부될 것을 강제한다. 이를 위하여 투자설명서의 부실표시에 대한 행정규제와 형사처벌뿐만 아니라, 일반불법행위책임에 대한 특칙으로 발행인, 인수인, 주선인 등의 민사책임, 즉 투자설명서책임을 규정하고, 증명책임의 전환, 손해배상액의 추정 등 투자자에게 유리한 규정을 두는 것이 보통이다. 문제는 국제적 증권공모발행과 같이 발행인 소재지, 증권의 공모지, 투자자 소재지 등이 서로 다른 경우에는 어느 국가의 자본시장관련법상 투자설명서책임규정이 적용되는가 하는 것이다. 이는 국제적인 자본시장관련법 위반행위의 준거법 결정원칙, 즉 국제자본시장법 내지 자본시장저촉법에 속하는 문제이다.

실질법 차원에서와 마찬가지로 저촉법 차원에서도 투자설명서책임은 불법행위책임으로 성질결정하여야 한다. 우리 국제사법상 불법행위에 관한 일반저촉규정인 제32조 제1항의 불법행위지에는 행동지와 결과발생지가 모두 포함되나, 투자설명서책임과 같이 순전한 재산적 손해를 발생시키는 자본시장 불법행위에서는 결과발생지의 개념을 상정할 수 없으므로 행동지만을 기준으로 불법행위지를 확정하여야 한다. 로마II규정의 해석론으로 송금계좌 소재지, 투자자 재산중심지, 투자자 상거소지 등을 결과발생지로 파악하려는 시도는 로마II규정 제4조 제1항이 결과발생지 일원주의를 채택함에 따라 불가피하게 제시된 것이고, 우리 국제사법의 해석론으로는 적당하지 않고 필요하지도 않다. 결국 투자설명서책임에서 불법행위지는 행동지로서의 시장지이고, 이는 발행인이 공모 관련 신고의무를 이행하기 위하여 관할당국에 투자설명서를 제출하고 발행인, 인수인 등이 투자자에 대한 청약의 권유를 위하여 투자설명서를 사용·교부한 공모지를 의미함과 동시에, 부실표시 없는 투자설명서를 작성·교부할 작위의무가 있음에도 이를 이행하지 않은 공모신고의무지를 의미한다. 유럽연합은 투자설명서 역내통용체계를 정립함으로써 공모신고의무지가 공모지와 분리될 수 있음을 예정하고 있으나, 일반적으로는 증권의 공모가 행하여지는 국가에서 공모에 관한 신고의무도 이행하여야 하므로, 공모신고의무지와 공모지는 같은 국가임이 원칙이고, 문제되는 사안에 따라 양자 중 어느 하나의 속성이 부각될 뿐이다.[1)]

다만, 불법행위의 준거법 결정원칙에 따르는 경우 불법행위지원칙에 우선하는 당사자자치원칙, 종속적 연결원칙, 공통상거소지원칙의 처리가 문제된다. 목적론적 축소에 의하여 당사자자치를 인정하지 않고, 예외조항을 통하여 종속적 연결원칙과 공통상거소지원칙을 회피함으로써, 행동지로서의 시장지로 연결하는 것이 가능하다고 본다. 먼저 투자설명서책임은 발행공시규제의 실효성 확보를 위하여 당사자자치원칙이 타당하지 않은 영역이다. 다음으로 공모 관련 신고의무는 당사자들 간의 기존 법률관계가 아니라 관할당국과 발행인 간의 행정규제법상 관계이고, 투자자와 투자설명서책임주체 간에 직접 성립된 계약관계 등이 있는지 여부는 투자설명서책임의 준거법 결정에 중대한 의미가 없으므로, 투자

1) 서론에서 제시한 문제상황의 경우 발행인인 중국회사와 주간사 인수인인 한국증권회사를 상대로 시장지법인 한국법에 따라 투자설명서책임을 청구할 수 있음은 명확하다. 다만, 참가 주선인인 일본 증권회사의 경우 한국 자본시장에서 공모와 관련한 아무런 의무도 부담하지 않았고, 일본 자본시장에서도 금융상품거래법상 공모에 해당하지 않음을 전제로 일본 투자자에게 증권을 판매하기만 하였다. 따라서 일본 증권회사로서는 한국과 일본 모두 시장지는 아니고, 판매에 따른 책임만을 불법행위지인 일본의 금융상품거래법이나 민법에 근거하여 부담할 뿐이라고 보아야 한다.

설명서책임에는 종속적 연결원칙도 타당하지 않다. 마지막으로 투자자와 투자설명서책임주체 간의 공통상거소지 여부에 따라 공통상거소지법과 불법행위지법을 개별화하여 적용하는 것은 합리적이지 않다. 따라서 예외조항의 목적과 취지, 특히 투자자들 간에 같은 준거법이 적용되어야 할 필요성을 고려한다면, 예외조항을 통하여 행동지로서의 시장지로의 연결이 정당화된다. 이는 투자설명서책임에 대하여 우리 국제사법 제8조와 제32조 제1항을 정형적으로 결합하여 도출해낼 수 있는 결론이다.

한편 자본시장법 제2조는 미국 연방항소법원이 사기금지조항의 역외적용에 관하여 정립한 효과기준을 입법화하고 있는데, 그것이 특별저촉규정으로 기능하는지가 문제된다. 미국 연방대법원은 Morrison 판결에서 반역외적용의 추정에 입각하여 거래기준을 정립하였고, 이는 사실상 행동지원칙을 선언한 것이다. 자본시장법 제2조는 특별저촉규정으로서 독자적인 의미를 가진다기보다는 불법행위지원칙으로서의 행동지원칙에 따른 시장지법의 적용을 확인해주는 보충적 의미만 있다고 본다. 또한 자본시장법 제2조, 증권발행공시규정 제2-2조의2 등을 근거로 자본시장법 제125조의 국제적 강행법규성을 인정할 수 있으나, 행동지원칙을 따르는 이상 아주 예외적인 상황이 아닌 한 자본시장법 제125조의 적용근거를 그것의 국제적 강행법규성에서 찾는 실익은 제한적인 것으로 보인다.

본서에서는 자본시장 불법행위책임의 한 유형인 투자설명서책임의 준거법 문제를 고찰하였다. 결론은 행동지 일원주의에 입각하여 시장지를 불법행위지로 파악함이 타당하고, 예외조항의 합리적 해석 등을 통하여 불법행위지원칙에 우선하는 원칙들을 회피함이 가능하다는 것이다. 향후의 과제는 이와 같은 결론을 다른 유형의 자본시장 불법행위에도 적용할 수 있는지를 검토하는 것이다. 예컨대 국내외 거래소에 동시상장된 내국회사의 외국인투자자가 동 회사의 미공개정보를 이용하여 외국거래소에서 거래하는 경우, 외국 자본시장과 한국 자본시장을 연계하여 시세조종행위를 하는 경우,[2)] 인터넷을 이용하여 외국 자본시장에 대한 시장질서 교란행위를 하는 경우, 장외거래에서 부실표시 있는 투자권유 문서를 사용하는 경우[3] 등이 문제될 수 있다.[4] 이들 경우에 준거법 결정이라는 협의의 국제사법 쟁점 외에도 국제재판관할, 외국재판의 승인·집행 등 광의의 국제사법 쟁점이 함께 제기될 수 있음은 물론이다.

---

2) 이 경우 국제적인 시세조종행위의 성질결정이 문제되고(불법행위 또는 부당이득), 불법행위로 성질결정한다면 거래소 소재지, 대량매도의 주문지, 대량매도에 관한 협의, 보고, 지시 등이 있은 공모지(共謀地) 중 어디가 불법행위지인지가 문제될 수 있다. 국제사법 제8조의 예외조항을 어떻게 활용할지도 중요한 문제이다.

3) 이 경우 장외거래시스템 소재지, 금융중개기관 소재지, 투자자 상거소지 중 어디가 결과발생지인지가 문제된다. Weber(2008), S. 1587; Kiesselbach(2011), p. 196 참조.

4) 전자증권제도의 시행으로 새로운 국제사법 쟁점이 등장할 수 있다. 예컨대 전자등록기관이 운영하는 시스템을 외국에서 해킹 등으로 침입하여 불법행위를 발생시킬 수 있다. 전자증권의 국제사법 쟁점 일반은 우선 천창민(2019), 85-102면 참조.

참고문헌*

Ⅰ. 국내문헌

1. 주석서

곽윤직 편집대표, 민법주해 제XIV권[채권(7)] 중판(박영사, 2009) = 민법주해/집필자명[2009], 집필부분
김용담 편집대표, 주석민법[채권각칙(1)] 제5판(한국사법행정학회, 2014) = 주석민법/집필자명[2014], 집필부분
박재윤 편집대표, 주석형법[형법총칙(1)] 제2판(한국사법행정학회, 2011) = 주석형법/집필자명[2011], 집필부분
정찬형 편집대표, 주석금융법(III)[자본시장법(3)](한국사법행정학회, 2013) = 주석금융법/집필자명[2013], 집필부분
한국증권법학회, 자본시장법[주석서(1)] 개정판(박영사, 2015) = 자본시장법 주석서/초판 집필자명/개정판 집필자명[2015], 집필부분
한국증권법학회, 자본시장법[주석서(2)] 개정판(박영사, 2015) = 자본시장법 주석서/초판 집필자명/개정판 집필자명[2015], 집필부분
한국헌법학회 編, 헌법주석[I](박영사, 2013) = 헌법주석/집필자[2013], 집필부분
한국헌법학회 編, 헌법주석[법원, 경제질서 등](경인문화사, 2018) = 헌법주석/집필자[2018], 집필부분

2. 단행본

곽윤직, 채권각론[민법강의IV](제6판)(박영사, 2003) = 곽윤직[2003a]
곽윤직, 채권총론[민법강의III](제6판)(박영사, 2003) = 곽윤직[2003b]

---

* 인용방법은 아래 열거된 각 문헌의 말미에 표시하였다.

구로누마 에츠로우(권종호 譯), 일본 금융상품거래법 입문 제6판(피앤씨미디어, 2015) = 구로누마/권종호 譯[2015]
권기범, 현대회사법론 제7판(삼영사, 2017) = 권기범[2017]
권순일, 증권투자 권유자 책임론(박영사, 2002) = 권순일[2002]
금융감독원, 기업공시 실무안내 제12증보판(금융감독원, 2018) = 금융감독원[2018]
김건식/송옥렬, 미국의 증권규제(홍문사, 2001) = 김건식/송옥렬[2001]
김건식/정순섭, 새로 쓴 자본시장법 제3판(두성사, 2013) = 김건식/정순섭[2013]
김대근, 자본시장법상 형사제재의 한계와 개선방안에 관한 연구(연구총서 11-10)(한국형사정책연구원, 2011) = 김대근[2011]
김병연/권재열/양기진, 자본시장법: 사례와 이론 제3판(박영사, 2017) = 김병연 등[2017]
김상만, 국제거래법 개정판(박영사, 2018) = 김상만[2018]
김연/박정기/김인유, 국제사법 제3판 보정판(법문사, 2014) = 김연 등[2014]
김영무/정계성/주성민/현천욱, 해외증권 발행의 법과 실무(한국경제신문사, 1989) = 김영무 등[1989]
김용재, 자본시장과 법 개정판(고려대학교 출판문화원, 2016) = 김용재[2016]
김용한/조명래, 국제사법 전정판(정일출판사, 1992) = 김용한/조명래[1992]
김인제/서경무, 국제사법[국제사법강좌II](홍익재, 1995) = 김인제/서경무[1995]
김정수, 자본시장법원론 제2판(서울파이낸스앤로그룹, 2014) = 김정수[2014]
김종민, 아시아 펀드 패스포트(ARFP)에 대한 논의와 시사점(이슈&정책 13-09)(자본시장연구원, 2013) = 김종민[2013]
김진, 신국제사법(법문사, 1962) = 김진[1962]
김화진, 자본시장법 이론 제2판(박영사, 2016) = 김화진[2016]
김화진, 투자은행 제2판(머니투데이 더벨, 2015) = 김화진[2015]
나카무라 타미오(박덕영/윤재훈/정정민 譯), EU란 무엇인가(박영사, 2018) = 나카무라/박덕영 등 譯[2018]
맹신균, 자본시장법과 금융투자분쟁(법률&출판, 2017) = 맹신균[2017]
박기갑, 국제사법총론: 법률충돌이론을 중심으로(삼우사, 1996) = 박기갑[1996]
박준/정순섭, 자본시장법 기본 판례(BFL 총서 제11권)(소화, 2016) = 박준/정순섭[2016]
박준/한민, 금융거래와 법(박영사, 2018) = 박준/한민[2018]
박훤일, 국제거래법(한국경영법무연구소, 1995) = 박훤일[1995]
배성현, 미국 연방 증권법과 대리인권(파랑새미디어, 2014) = 배성현[2014]
변제호/홍성기/김종훈/김성진/엄세용/김유석, 자본시장법 제2판(지원출판사, 2015) = 변제호 등[2015]

서완석, 유가증권 발행시장의 공시제도(한국학술정보, 2007) = 서완석[2007]
서희원, 국제사법강의 개정신판(일조각, 1999) = 서희원[1999]
석광현, 국제민사소송법: 국제사법(절차편)(박영사, 2012) = 석광현[2012]
석광현, 국제사법 해설(박영사, 2013) = 석광현[2013]
성희활, 자본시장법 강의: 입문에서 중급까지(캐피털북스, 2018) = 성희활[2018]
손경한/석광현/노태악/이규호/장준혁/한애라, 국제사법 개정 방안 연구(법무부 국제법무과, 2014) = 손경한 등[2014]
송덕수, 신민법강의 제12판(혁신수정판)(박영사, 2019) = 송덕수[2019]
신동운, 형법총론 제11판(법문사, 2019) = 신동운[2019]
신영무, 증권거래법(서울대학교 출판부, 1987) = 신영무[1987]
신창선/윤남순, 신국제사법 제2판(피데스, 2016) = 신창선/윤남순[2016]
신창섭, 국제사법 제4판(세창출판사, 2018) = 신창섭[2018]
안문택, 증권거래법체계(육법사, 1985) = 안문택[1985]
안춘수, 국제사법(법문사, 2017) = 안춘수[2017]
양창수 譯, 2018년판 독일민법전: 총칙·채권·물권(박영사, 2018) = 양창수 譯[2018]
윤승한, 자본시장법 강의 개정증보판(삼일인포마인, 2016) = 윤승한[2016]
이영기, 자본시장법 해설 제3판(동아대학교 출판부, 2016) = 이영기[2016]
이영훈/박기주/이명휘/최상오, 한국의 유가증권 100년사(증권예탁결제원, 2005) = 이영훈 등[2005]
이용우, EU 금융서비스 통합 실행계획(FSAP)의 구조와 체계(조사보고서 11-02)(자본시장연구원, 2011) = 이용우[2011]
이태희, 국제계약법 전정판: 이론과 실무(법문사, 2001) = 이태희[2001]
이한기, 국제법강의 신정판 중판(박영사, 2006) = 이한기[2006]
이호정, 국제사법 중판(경문사, 1985) = 이호정[1985]
이호정, 영국 계약법(경문사, 2003) = 이호정[2003]
임재연, 미국증권법(박영사, 2009) = 임재연[2009]
임재연, 자본시장법 2019년판(박영사, 2019) = 임재연[2019]
장문철, 국제사법총론(홍문사, 1996) = 장문철[1996]
정인섭, 신국제법강의: 이론과 사례 제9판(박영사, 2019) = 정인섭[2019]
조상제/천진호/류전철/이진국, 국제형법(준커뮤니케이션즈, 2011) = 조상제 등[2011]
최공웅, 국제소송 개정판(육법사, 1988) = 최공웅[1988]
최성현/신종신, 국제금융관계법률 전면개정판(한국금융연수원 도서출판부, 2014) = 최성현/신종신[2014]
최승재, 금융거래법(피앤씨미디어, 2016) = 최승재[2016]

최승재/변상엽/박중원, 집단소송제도 설계에 대한 연구(대한변호사협회 법제연구원, 2017) = 최승재 등[2017]

최정식, 증권집단소송법의 이해(삼영사, 2008) = 최정식[2008]

클라우스-디터 보카르트(함인선 譯), EU법 입문(전남대학교 출판부, 2014) = 보카르트/함인선 譯[2014]

한국상장회사협의회, 상장회사 유·무상증자 실무해설(한국상장회사협의회, 2016) = 한국상장회사협의회[2016]

한국예탁결제원, 증권예탁결제제도 개정증보 제4판(박영사, 2018) = 한국예탁결제원[2018]

한국은행 금융시장국, 한국의 금융시장(한국은행, 2016) = 한국은행[2016]

한복룡, 국제사법 수정판(충남대학교 출판문화원, 2013) = 한복룡[2013]

황산덕/김용한, 신국제사법[대학전서 법률학강의](박영사, 1988) = 황산덕/김용한[1988]

허항진, 국제증권시장의 법과 실무(세창출판사, 2009) = 허항진[2009]

홍대희, 국제채 및 신디케이티드론 제4판(한국금융연수원 출판사업부, 2017) = 홍대희[2017]

Kraakman, Reinier/Armour, John/Davies, Paul/Enriques, Luca/Hansmann, Henry/Hertig, Gerard/Hopt, Klaus/Kanda, Hideki/Rock, Edward(김건식/노혁준/박준/송옥렬/안수현/윤영신/천경훈/최문희 譯), 회사법의 해부(소화, 2014) = 회사법의 해부/역자 譯[2014], 번역부분

3. 논문, 보고서 등

강대섭, "증권시장에서의 부실공시로 인한 손해배상책임에 관한 연구", 고려대학교 법학박사 학위논문(1992) = 강대섭(1992)

강현중, "증권관련집단소송법에 관한 연구", 법학논총 제17집(국민대학교 법학연구소, 2005) = 강현중(2005)

고창현/김연미, "기업회계관련법의 분석과 평가", BFL 제4호(서울대학교 금융법센터, 2004) = 고창현/김연미(2004)

고창현/정명재/김연미, "국내외 증권시장 동시상장에 관한 법적 문제점", 증권법연구 제3권 제2호(한국증권법학회, 2002) = 고창현 등(2002)

권종걸, "법정채무의 준거법에 관한 EU 규정 분석: 미국 국제사법에 중점을 둔 비판", 중앙법학 제14집 제1호(중앙법학회, 2012) = 권종걸(2012)

권종호, "사이버증권거래상의 불공정거래", 증권법연구 제2권 제2호(한국증권법학회, 2001) = 권종호(2001)

김건식/김주영/신필종/윤세리/이상윤/이승한, "좌담회: 증권관련집단소송법", BFL 제8호(2004) = 좌담회/발언자(2004)

김건식/정순섭, "증권거래법의 역외적용 및 외국감독기관과의 공조제도 정비방안 연구"(금융감독원 연구용역 최종보고서)(서울대학교 금융법센터, 2004) = 김건식/정순섭(2004)

김성태, "인터넷 증권거래의 법적 문제와 증권거래약관", 비교사법 제7권 제2호(한국비교사법학회, 2000) = 김성태(2000)

김순석, "우리나라 기업의 해외 증권시장 동시상장에 관한 법적 연구", 인권과 정의 2007년 7월호(통권 제371호)(대한변호사협회, 2007) = 김순석(2007)

김연미, "상법상 외국 회사의 지위", BFL 제42호(서울대학교 금융법센터, 2010) = 김연미(2010)

김연미, "외국기업 국내상장에 대한 국내법 적용: 국제사법, 상법 및 자본시장법을 중심으로", 국제사법연구 제20권 제2호(한국국제사법학회, 2014) = 김연미(2014)

김영기, "자본시장 불공정행위의 죄수와 부당이득 산정: 대법원 2011. 10. 27. 선고 2011도8109 판결을 중심으로", 형사판례연구 제23호(한국형사판례연구회, 2015) = 김영기(2015)

김영환, "법학방법론의 관점에서 본 유추와 목적론적 축소", 김도균 編, 한국 법질서와 법해석론(법철학연구 총서1)(세창출판사, 2013) = 김영환(2013)

김용진, "미국 증권법의 역외적 적용에 관한 최근 동향과 미국 증권집단소송에 대한 국내기업의 대응 방안", 동아법학 제52호(동아대학교 법학연구소, 2011) = 김용진(2011)

김용진, "방송을 통한 불법행위의 저촉법적 문제", 서강법학 제11권 제1호(서강대학교 법학연구소, 2009) = 김용진(2009)

김운호, "UDRP에 의한 조정결정에 따른 도메인 강제이전과 부당이득의 성립 여부", 대법원 판례해설 제75호(2008년 상권)(법원행정처, 2008) = 김운호(2008)

김은집, "자본시장통합법상 펀드 증권신고서제도에 대한 소고", 증권법연구 제9권 제2호(한국증권법학회, 2008) = 김은집(2008)

김인호, "국제지식재산권 침해에 대한 보호국법의 적용과 그 한계", 인권과 정의 2012년 11월호(통권 제429호)(대한변호사협회, 2012) = 김인호(2012)

김인호, "종속적 연결에 의한 불법행위의 준거법", 인권과 정의 2009년 4월호(통권 제392호)(대한변호사협회, 2009) = 김인호(2009)

김일중/모병욱, "증권시장 위법행위들의 효율적 억지시스템에 관한 법경제학적 분석", 금융연구 제20권 제2호(한국금융연구원, 2006) = 김일중/모병욱(2006)

김일중/김진호/모병욱, "규제와 사적 책임원리의 조합에 관한 법경제학적 분석: 증권거래 분야를 중심으로", 비교사법 제14권 제3호(한국비교사법학회, 2007) = 김일중 등(2007)

김정연, "금융상품자문법리 정립을 위한 시론", 서울대학교 법학 제58권 제1호(서울대학교 법학연구소, 2017) = 김정연(2017)

김정운, "도메인이름 법적 성격과 강제집행", Internet & Security Focus, 2013년 11월호(한국인터넷진흥원, 2013) = 김정운(2013)

김정철, "투자자보호를 위한 자본시장과 금융투자업에 관한 제178조 제1항 제1호의 부정거래행위에 대한 해석", 안암법학 제48권(안암법학회, 2015) = 김정철(2015)

김주영, "금융소비자 피해의 사법적 구제에 관한 소고", BFL 제58호(서울대학교 금융법센터, 2013) = 김주영(2013)

노태악, "사이버불법행위의 재판관할과 준거법", 국제사법연구 제8호(한국국제사법학회, 2003) = 노태악(2003)

문만석, "자본시장법상 역외적용의 문제점과 개선방안에 관한 연구: 미국 사례의 고찰을 중심으로", 성균관대학교 법학박사 학위논문(2015) = 문만석(2015)

박권의, "미국 증권관련법상 사기금지조항의 역외적용: 연방대법원의 Morrison v. National Australia Bak Ltd. 판결", BFL 제43호(서울대학교 금융법센터, 2010) = 박권의(2010)

박승배, "자본시장법상 불공정거래행위로 인한 손해배상책임에 관한 연구", 연세대학교 법학박사 학위논문(2010) = 박승배(2010)

박준, "인수인 면책약정의 효력", BFL 제82호(서울대학교 금융법센터, 2017. 3.) = 박준(2017)

박준/김무겸/김주영/이숭희/전원열/정순섭, "좌담회: 금융상품 분쟁해결의 법리", BFL 제58호(서울대학교 금융법센터, 2013) = 좌담회/발언자(2013)

박찬주, "섭외불법행위에 관한 준거법", 섭외사건의 제문제(하)(재판자료 제34집)(법원행정처, 1986) = 박찬주(1986)

변환봉, "증권관련집단소송법의 실제 운용과정에서의 문제점", 서울지방변호사회 법제연구원 編, 증권관련집단소송법 개정론(법률신문사, 2014) = 변환봉(2014)

서홍석, "Class Action에 의한 미국 판결의 국내 승인·집행에 관한 연구", 서울대학교 법학석사 학위논문(2015) = 서홍석(2015)

석광현, "강제징용사건의 준거법", 국제사법과 국제소송 제6권(박영사, 2019) = 석광현(2019a)

석광현, "계약외채무의 준거법에 관한 유럽연합 규정(로마II)", 국제사법과 국제소송 제6권(박영사, 2019) = 석광현(2019b)

석광현, "국내기업의 해외사채 발행의 실무와 법적인 문제점: 유로채(Eurobond) 발행시 우리 법의 적용범위에 관한 문제를 중심으로", 국제사법과 국제소송 제1권(박영사, 2001) = 석광현(2001a)

석광현, "국제거래에서의 대리상의 보호: 상법 제92조의2의 적용범위와 관련하여", 국제사법과 국제소송 제4권(박영사, 2007) = 석광현(2007a)

석광현, "국제금융과 국제사법", 석광현/정순섭 編, 국제금융법의 현상과 과제 제1권(소화, 2009) = 석광현(2009)

석광현, "국제계약의 준거법에 관한 몇 가지 논점 — 섭외사법의 해석론을 중심으로: 개정된 국제사법의 소개를 포함하여", 국제사법과 국제소송 제1권(박영사, 2001) = 석광현(2001b)

석광현, "동시상장 기타 자본시장 국제화에 따른 국제사법 문제의 서론적 고찰", 국제사법과 국제소송 제6권(박영사, 2019) = 석광현(2019c)

석광현, "섭외불법행위의 준거법결정에 관한 소고: 공통의 속인법에 관한 대법원 판결을 계기로 본 섭외사법의 적용범위와 관련하여", 국제사법과 국제소송 제1권(박영사, 2001) = 석광현(2001c)

석광현, "스위스 국제사법(IPRG)", 국제사법과 국제소송 제1권(박영사, 2001) = 석광현(2001d)

석광현, "용선계약상 중재조항의 선하증권에의 편입: 대법원 2003. 1. 10. 선고 2000다70064 판결에 대한 평석", 국제사법과 국제소송 제4권(박영사, 2007) = 석광현(2007b)

석광현, "우리 기업의 해외증권 발행과 관련한 법적인 미비점과 개선방안", 국제사법과 국제소송 제3권(박영사, 2004) = 석광현(2004)

석광현, "클라우드 컴퓨팅의 규제 및 관할권과 준거법", Law & Technology 제7권 제5호(서울대학교 기술과법센터, 2011) = 석광현(2011)

석광현, "한국에 있어서 지적재산권분쟁의 국제재판관할", 국제사법과 국제소송 제4권(박영사, 2007) = 석광현(2007c)

석광현/정순섭, "국제자본시장법의 서론적 고찰: 역외적용 및 역외투자자문업자 등의 특례를 중심으로", 증권법연구 제11권 제2호(한국증권법학회, 2010) = 석광현/정순섭(2010)

손영화, "증권인수인의 주의의무와 책임에 관한 일고찰: 자본시장법 제125조의

합리적인 개선방안", 증권법연구 제12권 제1호(한국증권법학회, 2011) = 손영화(2011)
심인숙, "회사분할시 유로본드 투자자의 법적 지위", 민사판례연구회 編, 민사판례연구 제32권(민사판례연구회, 2010) = 심인숙(2010)
안춘수, "국제사법상 절대적 강행규정의 처리: 이론의 전개와 국제사법 제6조, 제7조의 의미", 법학논총 제23권 제2호(국민대학교 법학연구소, 2011) = 안춘수(2011)
안춘수, "국제사법에 있어서의 성질결정 문제", 비교사법 제11권 제2호(한국비교사법학회, 2004) = 안춘수(2004)
양창수, "계약체결상의 과실", 민법연구 제1권(박영사, 1991) = 양창수(1991)
오영준, "유럽포괄사채권이 발행된 기명식 해외전환사채에 관한 법률관계 — 대상판결: 대법원 2010. 1. 28. 선고 2008다54587 판결", BFL 제44호(서울대학교 금융법센터, 2010) = 오영준(2010)
원상철, "미국 연방증권법 사기방지 규정의 역외적용에 관한 고찰", 법이론실무연구 제6권 제2호(한국법이론실무학회, 2018) = 원상철(2018)
유영일, "국제불법행위 등 법정채권의 준거법에 관한 소고", 법조 통권 제536호(법조협회, 2001) = 유영일(2001)
윤남순, "EU법상 금융투자상품계약의 준거법: 로마 I 규칙을 중심으로", 국제사법연구 제19권 제2호(한국국제사법학회, 2013) = 윤남순(2013)
이갑수, "증권의 국제거래와 적용법률", 증권조사월보 1986년 2월호(증권감독원, 1986) = 이갑수(1986)
이규수, "자본시장의 국제화에 따른 법적 과제에 관한 연구", 연세대학교 법학박사 학위논문(2005) = 이규수(2005)
이병화, "섭외불법행위에 관한 연구", 이화여자대학교 법학박사 학위논문(1992)
이상복, "EU의 펀드 패스포트(Fund Passport) 규제 동향과 법적 시사점: 아시아 펀드 패스포트의 도입 가능성 검토", 증권법연구 제13권 제3호(한국증권법학회, 2013) = 이상복(2013)
이성덕, "EU의 분쟁해결제도", 박덕영 외 16인 공저, EU법 강의(제2판)(박영사, 2012) = 이성덕(2012)
이주윤, "EU법의 연원과 입법절차", 박덕영 외 16인 공저, EU법 강의(제2판)(박영사, 2012) = 이주윤(2012)
이준섭, "증권집단소송의 도입과 증권거래법상 손해배상책임체계의 개선방안", 증권법연구 제4권 제2호(한국증권법학회, 2003) = 이준섭(2003)
이지은, "외국법인의 국내상장에 관한 법적 쟁점", BFL 제52호(서울대학교 금융법

센터, 2012) = 이지은(2012)
이진, "금융규제의 상호인증(Mutual Recognition) 관련 국제적 동향과 시사점", 증권법연구 제15권 제1호(한국증권법학회, 2014) = 이진(2014)
이호정, "스위스의 개정국제사법전", 서울대학교 법학 제31권 제3/4호(서울대학교 법학연구소, 1990) = 이호정(1990)
임정하, "외국법인에 대한 공시규제에 있어서 최대주주의 개념: 대법원 2018. 8. 1. 선고 2015두2994 판결을 중심으로", 상사법연구 제38권 제1호(한국상사법학회, 2019) = 임정하(2019)
임치용, "국제사법에 있어서 사무관리·부당이득·불법행위", 국제사법연구 제7호(한국국제사법학회, 2002) = 임치용(2002)
장근영, "시장사기이론과 거래인과관계의 재평가", 비교사법 제23권 제3호(한국비교사법학회, 2016) = 장근영(2016)
장근영, "인터넷의 발달과 증권규제: 내부자거래를 중심으로", 비교사법 제14권 제3호(한국비교사법학회, 2007) = 장근영(2007)
장근영, "자본시장법상 증권공모시의 행위규제에 관한 고찰: 미국 증권법과의 비교를 중심으로", 증권법연구 제10권 제1호(한국증권법학회, 2009) = 장근영(2009)
장근영, "증권공시기준의 국제적 통일과 그 타당성", 비교사법 제11권 제3호(한국비교사법학회, 2004) = 장근영(2004)
장준혁, "국제적 강행법규 개념의 요소로서의 저촉법적 강행성", 성균관법학 제19권 제2호(성균관대학교 법학연구소, 2007) = 장준혁(2007)
장준혁, "브뤼셀 제1규정상 출판물에 의한 명예훼손의 불법행위지관할", 성균관법학 제25권 제1호(성균관대학교 법학연구소, 2013) = 장준혁(2013)
정성구, "국제증권거래와 관련한 자본시장법의 역외적용: 외국 투자매매업자 및 외국 투자중개업자에 대한 진입규제문제를 중심으로", 국제거래법연구 제25집 제1호(국제거래법학회, 2016) = 정성구(2016)
정순섭, "자본시장법상 불공정거래와 보호법익: 시세조종과 부당이득을 중심으로", 한국상사판례연구 제25집 제1권(한국상사판례학회, 2012) = 정순섭(2012)
주진열, "한국 독점규제법의 역외적용 및 면제 요건에 대한 고찰: 항공사 국제카르텔 관련 대법원 2014. 5. 16. 선고 2012두13689 판결을 중심으로", 통상법률 제134호(법무부, 2017) = 주진열(2017)
천창민, "외국주식의 상장과 투자자 보호에 관한 고찰", 민사판례연구회 編, 민사판례연구 제35권(박영사, 2013) = 천창민(2013)
천창민, "외화증권 예탁법리의 정립 방향에 관한 고찰: 대법원 2010. 1. 28. 선고

2008다54587 판결에 대한 평석을 겸하여", 국제사법연구 제20권 제2호(한국국제사법학회, 2014) = 천창민(2014)

천창민, "전자증권의 국제사법적 쟁점", BFL 제96호(서울대학교 금융법센터, 2019) = 천창민(2019)

천창민, "EU 발행공시규제 개편의 주요내용과 시사점", 자본시장포커스 2018-17호(자본시장연구원, 2018) = 천창민(2018)

최공웅, "역외관할권과 국제사법", 국제거래법연구 제3집(국제거래법학회, 1994) = 최공웅(1994)

최광선, "현행 증권관련집단소송법의 주요내용과 개선방안", 서울지방변호사회 법제연구원 編, 증권관련집단소송법 개정론(법률신문사, 2014) = 최광선(2014)

최광준, "새로운 유럽공동체법(Rome II Regulation)상 불법행위에 관한 준거법", 재산법연구 제26권 제3호(한국재산법학회, 2010) = 최광준(2010)

최준선, "인터넷을 통한 증권거래의 규제문제", 저스티스 제33권 제2호(한국법학원, 2000) = 최준선(2000)

최현숙, "서비스계약에 있어서 정보제공의무에 관한 고찰", 경성법학 제15집 제2호(경성대학교 법학연구소, 2006) = 최현숙(2006)

최흥섭, "국제사법에서 '계약체결상의 과실'의 준거법", 법학연구 제15집 제3호(인하대학교 법학연구소, 2012) = 최흥섭(2012)

최흥섭, "국제사법에서 일상거소의 의미와 내용", 국제사법연구 제3호(한국국제사법학회, 1998) = 최흥섭(1998)

최흥섭, "비계약적 채무관계 및 물건에 대한 새로운 독일국제사법규정의 성립과정과 그 내용", 국제사법연구 제5호(한국국제사법학회, 2000) = 최흥섭(2000)

최흥섭, "한국법의 불법행위책임에서 순수경제적 손실(pure economic loss)", 민사법학 제71호(한국민사법학회, 2015) = 최흥섭(2015)

한기정, "금융기관의 영업행위규제", 김건식/정순섭 編, 새로운 금융법 체제의 모색(BFL 총서 제2권)(소화, 2006) = 한기정(2006)

허항진, "외국법을 준거법으로 발행한 포괄사채권(Global Certificate)의 사채권자와 사채권의 행사주체: 대법원 2010. 1. 28. 선고 2008다54847 판결", 상사판례연구 제23권 제3호(한국상사판례학회, 2010) = 허항진(2010)

홍승일, "증권공모에 있어 청약의 권유 규제에 대한 고찰: 실무에서의 적용과 미국 증권법과의 비교를 중심으로", BFL 제80호(서울대학교 금융법센터, 2016) = 홍승일(2016)

황진자, "금융상품 불완전판매와 소비자보호 법정책 방향", 이은영 編, 금융시장과 소비자보호(세창출판사, 2011) = 황진자(2011)

Ⅱ. 구미문헌**

1. 주석서

Basedow, Jürgen/Hopt, Klaus J./Zimmermann, Reinhard (eds.), *The Max Planck Encyclopedia of European Private Law*, Vols. 1 and 2 (Oxford University Press, 2012) = Encyclopedia EPL/집필자[2012], 집필부분

Basedow, Jürgen/Rühl, Giesela/Ferrari, Franco/de Miguel Asensio, Pedro (eds.), *Encyclopedia of Private International Law*, Vols. 1 and Vol. 2 (Edward Elgar, 2017) = Encyclopedia PIL/집필자[2017], 집필부분

Bassenge, Peter/Brudermüller, Gerd/Ellenberger, Jürgen/Götz, Isabell/Grüneberg, Christian/Sprau, Hartwig/Thorn, Karsten/Weidenkaff, Walter/Weidlich, Dietmar (hrsg.), *Palandt Bürgerliches Gesetzbuch*, Band 7, 72. Auflage (C.H. Beck, 2013) = Palandt/집필자[2013], 집필부분

Calliess, Gralf-Peter (ed.), *Rome Regulations: Commentary on the European Rules on the Conflict of Laws*, Second Edition (Wolters Kluwer, 2015) = Calliess/집필자[2015], 집필부분

Girsberger, Daniel/Heini, Anton/Keller, Max/Kostkiewicz, Jolanta Kren/Siehr Kurt/Vischer, Frank/Volken, Paul (hrsg.), *Zürcher Kommentar zum IPRG: Kommentar zum Bundesgesetz über das Internationale Privatrecht (IPRG) vom 18. Dezember 1987*, 2. Auflage (Schulthess, 2004) = ZürchKomm/집필자[2004], 집필부분

Groβ, Wolfgang, *Kapitalmarktrecht: Kommentar zum Börsengesetz, zur Börsenzulassungs-Verordnung und zum Wertpapierprospektgesetz*, 6. Auflage (C.H. Beck, 2016) = Groβ[2016]

von Hein, Jan (hrsg.), *Münchener Kommentar zum Bürgerlichen Gesetzbuch*, Band 10, Internationales Privatrecht I, Europäisches Kollisionsrecht, Einführungsgesetz zum Bürgerlichen Gesetzbuche (Art. 1-24), 6. Auflage (C.H. Beck, 2015) = MünchKomm/집필자[2015], 집필부분

von Hein, Jan (hrsg.), *Münchener Kommentar zum Bürgerlichen Gesetzbuch*, Band 11,

** 모든 문헌은 약식명칭이 아닌 정식명칭으로 기재하였고, 주석서, 단행본, 학술지의 각 명칭은 이탤릭체로 표시하였다.

Internationales Privatrecht II, Internationales Wirtschaftsrecht, Einführungsgesetz zum Bürgerlichen Gesetzbuche (Art. 25-248), 6. Auflage (C.H. Beck, 2015) = MünchKomm/집필자[2015], 집필부분

Honsell, Heinrich/Vogt, Nedim Peter/Schnyder, Anton K./Berti, Stephen V. (hrsg.), *Internationales Privatrecht: Basler Kommentar*, 3. Auflage (Helbing Lichtenhahn Verlag, 2013) = BaslerKomm/집필자[2013], 집필부분

Hopt, Klaus, J./Wiedemann, Herbert (hrsg.), *Aktiengesetz: Groβkommentar*, Band 1, Einleitung; § § 1-53, 4. Auflage (De Gruyter, 2004) = Hopt/Wiedemann/집필자[2004], 집필부분

Huber, Peter (ed.), *Rome II Regulation: Pocket Commentary* (De Gruyter, 2011) = Huber/집필자[2011], 집필부분

Hüβtege, Rainer/Mansel, Heinz-Peter (hrsg.), *Nomos Kommentar: BGB: Rom-Verordnungen, EuGüVO, EuPartVO*, HUP, EuErbVO, Band 6, 3. Auflage (Nomos, 2019) = Hüβtege/Mansel/집필자[2019], 집필부분

Kropholler, Jan/von Hoffmann, Bernd (hrsg.), *Julius von Staudingers Kommentar zum Bürgerlichen Gesetzbuch mit Einführungsgesetz und Nebengesetzen*, EGBGB/IPR: Einführungsgesetz zum Bürgerlichen Gesetzbuche/IPR, Art. 38-42 (Internationales Recht der auβervertraglichen Schuldverhältnisse), 14. Auflage (Sellier/de Gruyter, 2001) = Staudinger/집필자[2001], 집필부분

Magnus, Ulrich/Mankowski, Peter (ed.), *Commentary: Brussels I*bis *Regulation, European Commentaries on Private International Law*, Vol. 1 (Verlag Dr. Otto Schmidt, 2016) = Magnus/Mankowski/집필자[2016], 집필부분

Magnus, Ulrich/Mankowski, Peter (ed.), *Commentary: Rome II Regulation, European Commentaries on Private International Law*, Vol. 3 (Verlag Dr. Otto Schmidt, 2019) = Magnus/Mankowski/집필자[2019], 집필부분

Rauscher, Thomas (hrsg.), *Kommentar: Rom I-VO, Rom II, Europäisches Zivilprozess- und Kollisionsrecht (EuZPR/EuIPR)*, Band III, 4. Auflage (Verlag Dr. Otto Schmidt, 2016) = Rauscher/집필자[2016], 집필부분

2. 단행본

Arons, Tomas M. C., *Cross-border Enforcement of Listed Companies' Duties to Inform: A Comparative Research into Prospectus Liability Regimes and Private*

International Law Problems Arising in Collective Proceedings (Wolters Kluwer, 2012) = Arons[2012]

Bamford, Colin, *Principles of International Financial Law* (Oxford University Press, 2011) = Bamford[2011]

von Bar, Christian/Mankowski, Peter, *Internationales Privatrecht Band 1: Allgemeine Lehren*, 2. Auflage (Verlag C.H. Beck, 2003) = von Bar/Mankowski[2003]

Bosters, Thijs, *Collective Redress and Private International Law in the EU* (T.M.C. Asser Press, 2017) = Boster[2017]

van Calster, Geert, *European Private International Law*, Second Edition (Hart Publishing, 2016) = van Calster[2016]

de Carlos Bertrán, Luis (ed.), *Raising Capital in Europe* (Richmond Law & Tax/International Bar Association, 2005) = de Carlos Bertrán (ed.)[2005]

Collins, Lawrence *et al.* (ed.), *Dicey, Morris and Collins on the Conflict of Laws*, Fifteenth Edition (Sweet & Maxwell/Thomson Reuters, 2015) = Dicey/Morris/Collins[2015]

Denninger, Philip, *Grenzüberschreitende Prospekthaftung und Internationales Privatrecht* (Nomos, 2015) = Denninger[2015]

Dickinson, Andrew, *The Rome II Regulation: The Law Applicable to Non-Contractual Obligations* (Oxford University Press, 2008) = Dickinson[2008]

Fawcett, James J./Harris, Jonathan M./Bridge, Michael, *International Sale of Goods in the Conflict of Laws*, First Edition (Oxford University Press, 2005) = Fawcett/Harris/Bridge[2005]

Floer, Annette, *Internationale Reichweite der Prospekthaftung: Zum Kollisionsrecht der Haftung für fehlerhafte Verkaufs- und Börsenzulassungsprospekte* (Nomos, 2002) = Floer[2002]

Fröhlich, Claus Wilhelm, *The Private International Law of Non-Contractual Obligations according to the Rome II Regulation: A Comparative Study of the Choice of Law Rules in Tort under European, English and German Law* (Verlag Dr. Kovač, 2008)

Hay, Peter/Borchers, Patrick J./Symeonides, Symeon C., *Conflict of Laws*, Fifth Edition (West Academic, 2010) = Hay/Borchers/Symeonides[2010]

von Hein, Jan, *Das Günstigkeitsprinzip im Internationalen Deliktsrecht* (Mohr Siebeck, 1999) = von Hein[1999]

Hopt, Klaus, J./Voigt, Hans-Christoph (hrsg.), *Prospekt- und Kapitalmarktinformations-*

haftung: Recht und Reform in der Europäischen Union, der Schweiz und den USA (Mohr Siebeck, 2005) = Hopt/Voigt/집필자[2005], 집필부분

Karrer, Pierre A./Arnold, Karl W./Patocchi, Paolo Michele, *Switzerland's Private International Law*, Second Edition (Kluwer/Schulthess, 1994) = Karrer/Arnold/Patocchi[1994]

Kondorosy, Kinga Maria, *Die Prospekthaftung im internationalen Privatrecht: Unter Berücksichtigung des US-amerikanischen, englischen und deutschen Rechts* (Difo-Druck OHG, 1999) = Kondorosy[1999]

Kropholler, Jan, *Internationales Privatrecht: Einschliesslich der Grundbegriffe des internationalen Zivilverfahrensrechts*, 6. Auflage (Mohr Siebeck, 2006) = Kropholler[2006]

Palmiter, Alan R., *Securities Regulation*, Seventh Edition (Wolters Kluwer, 2017) = Palmiter[2017]

Plender, Richard/Wilderspin, Michael, *The European Private International Law of Obligations*, Fourth Edition (Sweet & Maxwell, 2015) = Plender/Wilderspin[2015]

Reithmann, Christoph/Martiny, Dieter (hrsg.), *Internationales Vertragsrecht*, 8. Auflage (Otto Schmidt, 2015) = Reithmann/Martiny/집필자[2015], 집필부분

Santelmann, Matthias, *Angebotsunterlagenhaftung: Die Haftung für fehlerhafte Angebotsunterlagen bei öffentlichen Wertpapiererwerbs- und Übernahmeangeboten nach 12 WpÜG im Kontext konkurrierender Anspruchsgrundlagen und im Vergleich zu anderen Rechtsordnungen* (Juristische Reihe, Band 44)(TENEA, 2003) = Santelmann[2003]

Schäfer, Kerstin Ann-Susann, *Application of Mandatory Rules in the Private International Law of Contracts: A Critical Analysis of Approaches in Selected Continental and Common Law Jurisdictions, with a View to the Development of South African Law* (Peter Lang, 2010) = Schäfer[2010]

Schammo, Pierre, *EU Prospectus Law: New Perspectives on Regulatory Competition in Securities Markets* (Cambridge University Press, 2011) = Schammo[2011]

Steinrötter, Björn, *Beschränkte Rechtswahl im internationalen Kapitalmarktprivatrecht und akzessorische Anknüpfung an das Kapitalmarktordnungsstatut* (Jenaer Wissenschaftliche Verlagsgesellschaft, 2014) = Steinrötter[2014]

Svantesson, Dan Jerker B., *Private International Law and the Internet* (Kluwer Law International, 2007) = Svantesson[2007]

Torremans, Paul (ed.), *Cheshire, North & Fawcett Private International Law*, Fifteenth Edition (Oxford University Press, 2017) = Cheshire/North/Fawcett[2017]

Wood, Philip, *Conflict of Laws and International Finance*, First Edition (The Law and Practice of International Finance Series, Vol. 6)(Sweet & Maxwell, 2007) = Wood[2007]

Wood, Philip, *Law and Practice of International Finance*, University Edition (Sweet & Maxwell, 2008) = Wood[2008]

3. 논문

Arner, Douglas W., "Globalisation of Financial Markets: An International Passport for Securities Offerings?", Norton, Joseph J./Andenas, Mads (eds.), *International Monetary and Financial Law upon Entering the New Millennium: A Tribute to Sir Joseph and Ruth Gold* (British Institute of International and Comparative Law, 2002) = Arner(2002)

Arons, Tomas M. C., "All Roads Lead to Rome: Beware of the Consequence! The Law Applicable to Prospectus Liability Claims under the Rome II Regulation", *Nederlands Internationaal Privaatrecht*, Vol. 26 (T.M.C. Asser Press, 2008) = Arons(2008)

Arons, Tomas M. C., "On Financial Losses, Prospectuses, Liability, Jurisdiction (Clause) and Applicable Law: European Court of Justice 28 January 2015, Case C-375/13", *Nederlands Internationaal Privaatrecht*, Vol. 33 (T.M.C. Asser Press, 2015) = Arons(2015)

Benicke, Christoph, "Prospektpflicht und Prospekthaftung bei grenzüberschreitenden Emissionen", Mansel, Heinz-Peter/Pfeiffer, Thomas/Kronke, Herbert/Kohler, Christian/Hausmann, Rainer (hrsg.), *Festschrift für Erik Jayme*, Band 1 (Sellier European Law Publishers, 2004) = Benicke(2004)

van Bochove, Laura, "Purely Economic Loss in Conflict of Laws: The Case of Tortious Interference with Contract", *Nederlands Internationaal Privaatrecht*, Vol. 34 (T.M.C. Asser Press, 2016) = van Bochove(2016)

Carruthers, Janeen/Crawford, Elizabeth, "Variations on a Theme of Rome II: Reflections on Proposed Choice of Law Rules for Non-Contractual Obligations: Part II", *Edinburgh Law Review*, Vol. 9 (2005) = Carruthers/Crawford(2005)

Choi, Stephen./Silberman, Linda, "Transnational Litigation and Global Securities Class-Action Lawsuits", Wisconsin Law Review, Vol. 2009 (2009) = Choi/Silberman(2009)

Conway, George III, "Morrison at Four: A Survey of Its Impact on Securities Litigation", *Federal Cases from Foreign Places: How the Supreme Court Has Limited Foreign Disputes from Flooding U.S. Courts* (U.S. Chamber Institute for Legal Reform, 2014) = Conway(2014)

Corneloup, Sabine, "Rome II and the Law of Financial Markets: The Case of Damage Caused by the Breach of Disclosure", Nuyts, Arnaud/Hatzimihail, Nikitas (eds.), *Cross-Border Class Actions: The European Way* (Sellier European Law Publishers, 2014) = Corneloup(2014)

Dodge, William, "Extraterritoriality and Conflict-of-Laws Theory: An Argument for Judicial Unilateralism", *Harvard International Law Journal*, Vol. 39, No. 1 (1998) = Dodge(1998)

Einsele, Dorothee, "Kapitalmarktrecht und Internationales Privatrechts", *Rabels Zeitschrift für ausländisches und internationales Privatrecht* (RabelsZ), Jahrgang 81, Heft 4 (Mohr Siebeck, 2017) = Einsele(2017)

Fama, Eugene, "Efficient Capital Markets: A Review of Theory and Empirical Work", *The Journal of Finance*, Vol. 25, No. 2 (Blackwell Publishers, 1970) = Fama(1970)

Fentiman, Richard, "Recognition, Enforcement and Collective Judgments", Nuyts, Arnaud/Hatzimihail, Nikitas (eds.), *Cross-Border Class Actions — The European Way* (Sellier European Louisiana Publishers GmbH, 2014) = Fentiman(2014)

Fischer-Appelt, Dorothee/Werlen, Thomas, "The EU Prospectus Directive: An Overview of the Unified European Prospectus Regime, Part 1", *Butterworths Journal of International Banking and Financial Law*, November 2004 (Butterworth & Co., 2004) = Fischer-Appelt/Werlen(2004a)

Fischer-Appelt, Dorothee/Werlen, Thomas, "The EU Prospectus Directive: An Overview of the Unified European Prospectus Regime, Part 2", *Butterworths Journal of International Banking and Financial Law*, December 2004 (Butterworth & Co., 2004) = Fischer-Appelt/Werlen(2004b)

Garcimartín, Francisco, "Cross-Border Listed Companies", *Recueil des Cours* (Collected Courses of the Hague Academy of International Law), Vol. 328 (Brill, 2007) = Garcimartín(2007)

Garcimartín, Francisco, "The Law Applicable to the Prospectus Liability in the European Union", *Law and Finance Markets Review*, Vol. 5, No. 6 (Taylor & Francis,

2011) = Garcimartín(2011)

Hartley, Trevor C., "Jurisdiction in Tort Claims for Non-Physical Harm under Brussels 2012, Article 7(2)", *International and Comparative Law Quarterly*, Vol. 67 (British Institute of International and Comparative Law, 2018) = Hartley(2018)

Halfmeier, Axel, "Anwendbares Recht bei Schadensersatzanspruch gegen Internet-Wettveranstalter", *Zeitschrift für Europäisches Privatrecht* (ZEuP), Jahr 2012, Heft 2 (Verlag C.H. Beck, 2012) = Halfmeier(2012)

von Hein, Jan, "Die Internationale Prospekthaftung im Lichte der Rom II-Verordnung", Baum, Harald/Fleckner, Andreas M./Hellgardt, Alexander/Roth, Markus *et al.* (hrsg.), *Perspektiven des Wirtschaftsrechts: Deutsches, europäisches und internationales Handels-, Gesellschafts- und Kapitalmarktrecht — Beiträge für Klaus J. Hopt aus Anlass seiner Emeritierung* (De Gruyter, 2008) = von Hein(2008)

von Hein, Jan, "Die Kodifikation des europäischen Internationalen Deliktsrechts — Zur geplanten EU-Verordnung über das auf außervertragliche Schuldverhältnisse anzuwendende Recht", *Zeitschrift für Vergleichende Rechtswissenschaft* (ZVglRWiss), Band 102 (Deutscher Fachverlag, 2003) = von Hein(2003)

von Hein, Jan, "Protecting Victims of Cross-Border Torts under Article 7 No. 2 Brussels I*bis*: Towards a more Differentiated and Balanced Approach", *Yearbook of Private International Law*, Vol. 16 (Verlag Dr. Otto Schmidt/Swiss Institute of Comparative Law, 2014/2015) = von Hein(2014/2015)

Hernández-Breton, Eugenio, "An Attempt to Regulate the Problem of "Characterization" in Private International Law", Mansel, Heinz-Peter/Pfeiffer, Thomas/Kronke, Herbert/Kohler, Christian/Hausmann, Rainer (hrsg.), *Festschrift für Erik Jayme*, Band 1 (Sellier European Law Publishers, 2004) = Hernández-Breton(2004)

von Hoffmann, Bernd, "Sonderanknüpfung zwingender Normen im Internationalen Deliktsrecht: Eine kollisionsrechtliche Skizze", Gottward, Peter/Jayme, Erik/Schwab, Dieter (hrsg.), *Festschrift für Dieter Henrich zum 70. Geburtstag 1. Dezember 2000* (Gieseking Verlag, 2000) = von Hoffmann(2000)

Junker, Abbo, "Der Reformbedarf im Internationalen Deliktsrecht der Rom II-Verordnung drei Jahre nach ihrer Verabschiedung", *Recht der internationalen Wirtschaft* (RIW), Jahr 2010, Heft 5 (Deutscher Fachverlag, 2010)

Kalss, Susanne, "Recent Developments in Liability for Nondisclosure of Capital Market Information", *International Review of Law and Economics*, Vol. 27 (Elsevier

Inc., 2007) = Kalss(2007)

Kiesselbach, Pamela, "Prospectus Liability: Which Law Applies under Rome II?", *Butterworths Journal of International Banking and Financial Law*, Vol. 26 (Butterworth & Co., 2011) = Kiesselbach(2011)

Kronke, Herbert, "Capital Markets and Conflict of Laws", *Recueil des Cours* (Collected Courses of the Hague Academy of International Law), Vol. 286 (Brill, 2000) = Kronke(2000)

Kuntz, Thilo, "Internationale Prospekthaftung nach Inkrafttreten des Wertpapierprospektgesetzes", *Zeitschrift für Wirtschafts- und Bankrecht* (Wertpapier-Mitteilungen, Teil IV), Heft 10/2007 (2007) = Kuntz(2007)

La Porta, Rafael/Lopez-de-Silanes, Florencio/Shleifer, Andrei, "What Works in Securities Law?", *The Journal of Finance*, Vol. 61, No. 1 (Blackwell Publishers, 2006) = La Porta/Lopez-de-Silanes/Shleifer(2006)

Lehmann, Matthias, "Prospectus Liability and Private International Law: Assessing the Landscape after the CJEU's Kolassa Ruling (Case C-375/13)", *Journal of Private International Law*, Vol. 12, No. 2 (Taylor & Francis, 2016) = Lehmann(2016a)

Lehmann, Matthias, "Recognition as a Substitute for Conflict of Laws?", Leible, Stefan (ed.), *General Principles of European Private International Law* (Wolters Kluwer, 2016) = Lehmann(2016b)

Lehmann, Matthias, "Where does economic loss occur?", *Journal of Private International Law*, Vol. 7, No. 3 (Taylor & Francis, 2011) = Lehmann(2011)

Michel, Sandra, "Die akzessorische Anknüpfung - Grundfragen und Grundprobleme: Unter besonderer Berücksichtigung des Gesetzes zum Internationalen Privatrecht für auβervertragliche Schuldverhältnisse und Sachen von 1999", Dissertation zur Erlangung eines Doktorgrades der Juristischen Fakultät der Georg-August-Universität zu Göttingen (2004) = Michel(2004)

Mills, Alex, "The Application of Multiple Laws under the Rome II Regulation", Ahern, John/Binchy, William (eds.), *The Rome II Regulation on the Law Applicable to Non-Contractual Obligations: A New International Litigation Regime* (Martinus Nijhoff Publishers, 2009) = Mills(2009)

Ostendorf, Patrick, "Die Wahl des auf internationale Wirtschaftsverträge anwendbaren Rechtsrahmens im Europäischen Kollisionsrecht: Rechtswahlklauseln 2.0", *Internationales Handelsrecht: Zeitschrift für das Recht des internationalen Warenkaufs und Warenvertriebs* (IHR), Jahr 2012, Heft 5 (Verlag Dr. Otto

Schmidt, 2012) = Ostendorf(2012)

Ringe, Wolf-Georg/Hellgardt, Alexander, "The International Dimension of Issuer Liability: Liability and Choice of Law from a Transatlantic Perspective", *Oxford Journal of Legal Studies*, Vol. 31, No. 1 (2011) = Ringe/Hellgardt(2011)[1]

Rushworth, Adam/Scott, Andrew, "Rome II Regulation: Choice of Law for Non-contractual Obligations", *Lloyd's Maritime and Commercial Law Quarterly* (Lloyd's, 2008) = Rushworth/Scott(2008)

Scott, Andrew, "The Scope of 'Non-Contractual Obligations'", Ahern, John/Binchy, William (eds.), *The Rome II Regulation on the Law Applicable to Non-contractual Obligations: A New International Litigation Regime* (Martinus Nijhoff Publishers, 2009) = Scott(2009)

Silberman, Linda J., "Morrison v. National Australia Bank: Implications for Global Securities Class Actions", *Yearbook of Private International Law*, Vol. 12 (Sellier/Swiss Institute of Comparative Law, 2010) = Silberman(2010)

Sommer, Joseph, "Where is a Bank Account?", *Maryland Law Review*, Vol. 57, No. 1 (1998) = Sommer(1998)

Stadtfeld, David, "Annexkompetenzen am Delikts- und Vertragsgerichtsstand der Brüssel Ia-VO bei Anspruchsgrundlagenkonkurrenz", Dissertation zur Erlangung des Grades eines Doktors der Rechte des Fachbereichs Rechts- und Wirtschaftswissenschaften der Johannes Gutenberg-Universität Mainz (2018) = Stadtfeld(2018)

Staudinger, Ansgar, "Rome II and Traffic Accidents", *The European Legal Forum*, Issue 2-2005 (IPR Verlag GmbH, 2005) = Staudinger(2005)

Steinrötter, Björn, "Der notorische Problemfall der grenzüberschreitenden Prospekthaftung", *Recht der internationalen Wirtschaft* (RIW), Jahr 2015, Heft 7 (Deutscher Fachverlag, 2015) = Steinrötter(2015)

Weber, Christoph, "Internationale Prospekthaftung nach der Rom II-Verordnung", *Zeitschrift für Wirtschafts- und Bankrecht* (Wertpapier-Mitteilungen, Teil IV), Heft 34/2008 (2008) = Weber(2008)

Wegen, Gerhard/Lindemann, Christian, "The Law Applicable to Public Offerings in Continental Europe", van Houtte, Hans (ed.), *The Law of Cross-Border Securities Transactions* (Sweet & Maxwell, 1999) = Wegen/Lindemann(1999)

1) 이 논문은 일부 내용을 제외하고 Fairgrieve, Duncan/Lein, Eva (eds.), *Extraterritoriality and Collective Redress* (Oxford University Press, 2012)의 Chapter 22에 전재되었다.

4. 자 료

European Securities and Markets Authority, "Report: Comparison of Liability Regimes in Member States in relation to the Prospectus Directive"(2013) = ESMA(2013)

European Securities and Markets Authority, "Annex III: Individual Responsesfrom EEA States - Comparison of Liability Regimes in Member States in relation to the Prospectus Directive"(2013) = ESMA/Annex III(2013) 또는 ESMA/Annex III/작성기관(2013)

Commission of the European Communities,[2] "Explanatory Memorandum", Proposal for a Regulation of the European Parliament and the Council on the Law Applicable to Non-Contractual Obligations ("Rome II"), COM(2003) 427 final, 2003/0168 (COD) = Explanatory Memorandum

Council of the European Union, Document No. 7928/06, ADD 1 JUSTCIV 84 CODEC 295

Council of the European Union, Document No. 7709/06, LIMITE JUSTCIV 79 CODEC 277

Davies, Paul, "Davies Review of Issuer Liability: Final Report"(June 2007) = Davies(2007)

German Council for Private International Law, "Resolution of the German Council for Private International Law, Special Committee on Financial Market Law", *Praxis des internationalen Privat- und Verfahrensrechts* (IPRax), Jahr 2012 Heft 05 (Verlag Ernst und Werner Gieseking, 2012) = German Council for Private International Law(2012)

Staff of the U.S. Securities and Exchange Commission, "Study on the Cross-Border Scope of the Private Right of Action Under Section 10(b) of the Securities Exchange Act of 1934: As Required by Section 929Y of the Dodd-Frank Wall Street Reform and Consumer Protection Act"(April 2012) = Staff of the U.S. Securities and Exchange Commission(2012)

---

2) 현재의 유럽연합 집행위원회의 과거 명칭이다.

Ⅲ. 일본문헌

1. 단행본

江川英文, 国際私法(改訂版)[法律学講座双書](弘文堂, 1973) = 江川英文[1973]
道垣内正人, ポイント 国際私法 各論 第2版(有斐閣, 2014) = 道垣内正人[2014]
山田鐐一, 国際私法 第3版(有斐閣, 2004) = 山田鐐一[2004]
櫻田嘉章, 国際私法 第6版(有斐閣, 2016) = 櫻田嘉章[2016]
溜池良夫, 国際私法講義 第3版(有斐閣, 2005) = 溜池良夫[2005]
折茂豊, 国際私法(各論)[新版](有斐閣, 1972) = 折茂豊[1972]
青木浩子, 国際證券取引と開示規制(東京大学出版会, 2000) = 青木浩子[2000]
黒沼悦郎, 金融商品取引法(有斐閣, 2016) = 黒沼悦郎[2016]

2. 논문

高橋一章, "専属的合意管轄により日本の管轄がない被告に対して併合管轄を肯定した事例", ジュリスト 2014年 8月号(No. 1470)(有斐閣, 2014) = 高橋一章(2014)
金融法委員会, "金融関連法令のクロスボーダー適用に関する中間論点整理: 証券取引法を中心に"(2002. 9. 13.) = 金融法委員会(2002)
渡辺惺之, "共同訴訟の国際裁判管轄と共同被告の一人に関する外国裁判所の専属裁判管轄合意", 私法判例リマークス 2012年 2月号(No. 44)(日本評論社, 2012) = 渡辺惺之(2012)
藤澤尚江, "証券取引における民事責任と法の適用関係", 筑波ロー·ジャーナル 第20号(筑波大学 法科大学院, 2016) = 藤澤尚江(2016)
藤澤尚江, "EU公開買付指令と法の適用関係", 筑波ロー·ジャーナル 第11号(筑波大学 法科大学院, 2012) = 藤澤尚江(2012)
不破茂, "証券取引規制における民事責任規定の国際的適用", 国際商取引学会年報 第13巻(国際商取引学会, 2011) = 不破茂(2011)
山内惟介, "競争法と国際私法との関係について: 国際私法による国際的競争行為の規制可能性", 21世紀国際私法の課題(信山社, 2012) = 山内惟介(2012)
山内惟介, "刑法との対話: 適用法規性の有無", 国際私法の深化と発展(信山社, 2016) = 山内惟介(2016)

山本草二, "国際行政法", 雄川一郎/鹽野宏/園部逸夫 編, 現代行政法大系 第1巻 現代行政法の課題(有斐閣, 1983) = 山本草二(1983)

石黒一憲, "証券取引法の国際的適用に関する諸問題 ― 序説的覚書として", 証券研究 第102巻(日本證券經濟研究所, 1992) = 石黒一憲(1992)

松尾直彦, "金融商品取引法の国際的適用範囲", 東京大学法科大学院ローレビュー 第6巻(2011) = 松尾直彦(2011)

龍田節, "商法483条と証券取引法", 澤木敬郎 編輯, 国際私法の争点[新版](有斐閣, 1996) = 龍田節(1996)

龍田節, "証券取引法の域外適用", 国際経済法 第2号(国際商事法研究所, 1993) = 龍田節(1993)

元永和彦, "国際的な株式公開買い付けにおける抵触法上の諸問題(下)", 国際商事法務 第19巻 第8号(国際商事法研究所, 1991) = 元永和彦(1991)

佐野寛, "国際証券取引法と証券取引の域外適用", 渡辺惺之/野村美明 編輯, 論点解説 国際取引法(法律文化社, 2002) = 佐野寛(2002)

찾아보기

■ 이종혁(李鍾赫)

서울대학교 법과대학 법학사
서울대학교 법학전문대학원 법학전문석사
서울대학교 대학원 법학박사
해군법무관, 법무법인 광장 변호사
현재 한양대학교 법학전문대학원 조교수

국제자본시장법시론
-국제적 증권공모발행에서 투자설명서책임의 준거법-

초판 1쇄 인쇄 | 2021년 5월 25일
초판 1쇄 발행 | 2021년 6월 8일

지 은 이 이종혁

발 행 인 한정희
발 행 처 경인문화사
편 집 박지현 김지선 유지혜 한주연 이다빈
마 케 팅 전병관 하재일 유인순
출판번호 제406-1973-000003호
주 소 경기도 파주시 회동길 445-1 경인빌딩 B동 4층
전 화 031-955-9300 팩 스 031-955-9310
홈페이지 www.kyunginp.co.kr
이 메 일 kyungin@kyunginp.co.kr

ISBN 978-89-499-4970-3 93360
값 25,000원